RÓMULO E. DURÓN
HONDURAS LITERARIA TOMO I

ERANDIQUE
LITERATURA

HONDURAS LITERARIA
ESCRITORES EN PROSA TOMO I
RÓMULO E. DURÓN

©Colección Erandique
Supervisión Editorial: Óscar Flores López
Diseño de portada: Andrea Rodríguez
Administración: Tesla Rodas y Jessica Cordero
Director Ejecutivo: José Azcona Bocock

Segunda Edición
Tegucigalpa, Honduras—Octubre de 2024

UN ESFUERZO SIN IGUAL

Este es el primero de dos tomos de una recopilación realizada por Rómulo E. Durón con los escritos de algunos de los hondureños más brillantes; inicia con el Acta de Independencia redactada por el sabio José Cecilio del Valle y concluye con un artículo del doctor Eduardo Martínez López.

Mucho le debemos las actuales generaciones a don Rómulo, ya que se dedicó durante su vida a recoger, cuidar y preservar grandes joyas de la literatura nacional que hoy podemos disfrutar.

Honduras Literaria I y II son un esfuerzo hermoso por reunir en poco más de ochocientas páginas algunos de los mejores escritos y discursos de Francisco Morazán, Dionisio de Herrera, José Trinidad Reyes, León Alvarado, Francisco Cruz, Álvaro Contreras, Marco Aurelio Soto, Ramón Rosa, Jeremías Cisneros, Policarpo Bonilla y Alberto Membreño, entre otros.

Aquí podemos (Tomo I), encontrar desde el amor de Valle por la naturaleza, a *Las Memorias* de Morazán, o documentos históricos como la renuncia a la presidencia de Francisco Ferrera y el rechazo que Sofía Seyers (seudónimo del padre Reyes), hace del machismo.

"No hallo razón suficiente para que se dé á los varones el privilegio exclusivo de optar por los empleos, de dictar leyes y de gobernar á los dos sexos", escribió el padre Trino, en lo que, con toda seguridad, fue una opinión que escandalizó a la sociedad conservadora en la que vivió.

En este primer tomo aparece, además, el bellísimo discurso de Álvaro Contreras en la inauguración del monumento de Morazán en San Salvador.

Dolorosamente, el gran orador de Cedros fallecería treinta y nueve días después de pronunciar su elegía a Morazán: "Suprimid el genio de Morazán y habréis aniquilado el alma de la historia de Centro América".

En lo particular, me conmueve una pieza que no conocía: Manuel Molina Vijil de Adolfo Zúniga.

"Por eso es hasta hoy, que puedo dar algún desahogo al quebranto indecible, á la amarga pena de mi corazón, por la súbita muerte de

Manuel Molina Vijil", escribió Zúniga el abril 9 de 1883, es decir, un mes después del suicidio del poeta.

En la triste mañana del 9 de marzo, un grito desolado de mi esposa me despertó diciendo que "Manuel Molina Vijil se había matado". Pocas veces hubo un despertar más horrible, aun para un hombre como yo, que ha conocido los horrores y peligros de fratricida guerra y los horrores y peligros de nuestra funesta política… Vuelo á la casa de la inmensa desgracia, de la sangrienta catástrofe. ¡Qué escena más lúgubre! ¡Qué cuadro más desgarrador! —escribió Zúniga.

Trágicamente, Molina Vijil, atacado por la locura, abriría la puerta del suicidio y de la autodestrucción por la que pasarían más tarde otros grandes poetas hondureños.

Los tomos de Honduras Literaria I y II han sido apenas publicados un par de veces; la última de ellas, por Editorial Universitaria en 1996. Veintiocho años de eso. Hemos respetado el estilo original en el que fue escrito, incluyendo acentuación que hoy ya no utilizamos.

Con ello queremos rendir homenajes a todos las plumas que aparecen en ambos tomos; y también a don Rómulo E. Durón, por su dedicación, esfuerzo sin igual y generosidad para inmortalizar innumerables piezas literarias, sin importar las ideologías de aquellos que las escribieron.

Honduras Literaria, escritores en prosa, son dos… ¡Librazos!

ÓSCAR FLORES LÓPEZ
EDITOR COLECCIÓN ERANDIQUE

PRÓLOGO

No será de seguro, materia de disputas el servicio que viene á prestar hoy á la historia del desarrollo de las letras en Honduras, don Rómulo E. Durón con la publicación de su libro titulado "HONDURAS LITERARIA"

Su utilidad es tan patente que ha de serme permitido no insista en demostrarla, sobre todo donde faltan como aquí poderosos estímulos, para dedicarse á producir obras cuyo desempeño requiere arduo trabajo y grande aliento. No acierto hasta qué punto pueda convenir á este libro el título que su autor y compilador le ha dado de "HONDUDURAS LITERARIA".

En sus páginas se encuentra sin disputa mucho que es literario; pero también abundan en ellas producciones que ni aun hablando en sentido figurado pudieran colocarse bajo semejante denominación. "HONDURAS LITERARIA" contiene de todo y de todos, bueno y malo, literario y no literario, razón por la cual hubiera sido tal vez más propio llamarla *"Speculum literarium hondurensis".*[1]

Todos los que hemos dado en la manía de buscar palabras para ofrecerlas á la estampa engarzadas en renglones cortos ó largos animados ya por una verdadera afición á las letras ó simplemente por el afán de echarla de entendidos en el difícil arte de la composición, ahí estamos de reflejo retratados. La galería es completa. Ni uno solo falta: Valle, Herrera, Morazán (como autor de Memorias), Reyes, Rosa, Gutiérrez, etc., etc., y después de estos, todos los demás.

Bien hecho; el sistema tiene muchas ventajas, entre las cuales no será la menor, la de que el señor Durón quede a cubierto de reclamaciones que se le hubieran presentado, á haber omitido en su libro á escritores muy recomendables en su propio concepto.

Pero si esto va de broma, no lo es la idea capital que preside en la formación de la obra.

Para juzgar de un país, en cualquier sentido, no hay que tomar aspectos determinados. Es preciso verlo en conjunto, con todas sus cualidades y defectos. Los accidentes sirven de punto de comparación, y unos y otros proporcionan su propia medida.

---

[1] Traducción: Espejo literario hondureño.

Imposible sería apreciar las alturas si no se tomaran por base los terrenos llanos y bajos.

En este particular, el señor Durón ha sido oportuno; más que oportuno filosófico. Precisaba pintar literariamente al país tal como es y no desde el punto de vista de un convencionalismo individual. ¿Qué sistema más propio, para el ca so, que hacer que los escritores mismos aboguen en favor de su propia causa? De esta manera, sin un fin preconcebido, sin el intento de nadie, sin que él mismo lo sospeche tal vez, el señor Durón da á conocer mejor lo que se propone.

Nada de juicios críticos emítense en la "HONDURAS LITERARIA". No contiene otra cosa que rasgos biográficos y producciones del autor á que se refieren, electas al acaso. Del conjunto han de resaltar, sin duda, la nota predominante, el rasgo característico del espíritu hondureño y la idiosincracia especial de nuestro pueblo. El señor Durón ha sabido evitar así el error muy común de hacer ver á los demás los objetos con el lente con que uno los observa.

En resumen: la "HONDURAS LITERARIA" es un libro en que los hondureños se pintan á sí mismos.

Conviene, pues, adquirirlo y guardarlo en nuestra casa como un álbum de familia para enseñarlo sólo á los íntimos.

J. A. LÓPEZ.

DOS PALABRAS

Hace más de diez años que concebí el proyecto de publicar la presente obra con el objeto de dar á conocer la vida literaria de Honduras en sus distintas manifestaciones, desde el 15 DE SEPTIEMBRE DE 1821, fecha de la emancipación política de Centro-América, hasta nuestros días.

No son para dichas las dificultades con que he tropezado al procurar su realización, las cuales fueron tantas y de tal magnitud que más de una vez estuvieron á punto de desalentarme y de hacerme desistir de mis propósitos.

Pero he logrado por fin vencerlas, y la obra aparece hoy.

No es este un trabajo de selección; pues proponiéndome lo que dejo dicho, he comprendido en él obras de distintos méritos. En tal concepto, muchas veces se encontrarán en estas páginas, entre las producciones literarias destinadas á vivir, otras que, consideradas desde el punto de vista artístico ó científico, tendrán que caer en el olvido, aunque se deba recordarlas ya por la influencia que hayan ejercido en la vida política de nuestro país, ya por haber sido un esfuerzo literario de un tiempo determinado, ó ya por cualquiera otra circunstancia ajena al arte y á la ciencia.

Esta obra está dividida en dos partes. Comprende la primera los ESCRITORES EN PROSA, que forman el presente volumen, y la segunda los ESCRITORES EN VERSO, que formarán volumen separado. En una y otra he seguido, hasta donde ha sido posible, el orden cronológico, sirviéndome de base la fecha del nacimiento de los autores.

Los rasgos biográficos que he puesto al frente de cada colección son cortos, excepto unos pocos, los primeros, á los que he dado alguna extensión porque narran las vidas, fecundas en hechos de gran significación y alto valer, de los hombres que echaron las bases de nuestra existencia política y lucharon por asegurarla y defenderla.

He procurado que todos los que han escrito entre nosotros figuren en la obra, para que pueda ser, en lo que cabe, la total expresión de la vida literaria de Honduras. Si alguien falta, no se deberá á descuido ó menosprecio de mi parte, sino á que ignore su existencia ó á que me haya sido absolutamente imposible obtener sus escritos.

9

No puede ponerse en duda la importancia de un trabajo como éste. Aparte de otras consideraciones, salta á la vista desde luego la de que la generación que se levanta podrá estudiar en las diversas producciones que lo componen, el grado de civilización que alcanzaron las que le precedieron y la de que tendrá en él un poderoso estímulo para dedicarse, de un modo formal y serio, al cultivo de las ciencias y las letras, pudiendo así hacer bien lo que antes se hizo mal y hacer mejor lo que antes se hizo bien, y buscar en nuevas fuentes nuevos elementos, nuevo caudal de ideas para elevar el nivel de nuestra cultura y trabajar por la prosperidad y el engrandecimiento de la Patria.

Creo, por tanto, prestar un servicio á mi país con la publicación de esta obra. Con ella digo á todos mis compatriotas: He aquí lo que, á pesar de nuestros escasos recursos y en medio de las vicisitudes de nuestra vida política, hemos pedido hacer: he aquí lo que representa nuestra cultura intelectual. Considérese cuánto más no podremos hacer si al amparo de una paz duradera é imperturbable, basada en la unión y en el patriotismo bien entendido, nos consagramos, como se debe, á las nobles y provechosas labores de la inteligencia.

RÓMULO E. DURÓN.

Tegucigalpa, 4 de septiembre de 1896.

JOSÉ CECILIO DEL VALLE

Nació don José Cecilio del Valle en la Villa de Choluteca el 22 de noviembre de 1780.

Era hijo de don José Antonio Díaz del Valle y doña Gertrudis Díaz del Valle, quienes se trasladaron á Guatemala, para procurarle su educación, en 1789. Aprendió las primeras letras en la Escuela de Belem; estudió Gramática Latina en el Colegio Tridentino; y en la Universidad de San Carlos cursó las asignaturas de Filosofía, Derecho Civil y Derecho Canónico.

Recibió la investidura de Abogado antes de cumplir los veintitrés años.

Valle logró extender sus conocimientos, recibiendo las enseñanzas de los hombres doctos de aquella época, entre los que se contaba Fray José Antonio de Liendo y Goicoechea, y debido á ellos y á sil conducta obtuvo en edad muy temprana, á pesar de los usos de entonces, varios cargos públicos, que supo desempeñar con notable acierto.

Cuando ocurrieron los primeros movimientos en favor de la Independencia, Valle fué leal servidor del régimen colonial. Figuró entonces come Jefe del partido evolucionista y como redactor del importante periódico "El Amigo de la Patria". Cuando llegó el memorable 15 DE SEPTIEMBRE DE 1821, no creía que fuese llegada la hora de proclamar la Independencia, y manifestó, en la junta que se verificó en el palacio de los Capitanes Generales de Guatemala, que para hacerlo debía oírse el voto de las Provincias; pero su parecer no fué adoptado. La Independencia fué proclamada inmediatamente, y Valle redactó el Acta en que se hizo constar aquel glorioso acontecimiento.

En 1822 promovióse la anexión de Guatemala al Imperio Mexicano. Valle se opuso á ella enérgicamente. Pero intrigas de mal género dieron el triunfo á los anexionistas, y creada, debido á esto, una nueva situación política, el país debía tener representación en el Congreso de México. Valle fué electo Diputado á ese Congreso, por Tegucigalpa y Chiquimula, y en él supo distinguirse por su vasto saber, por su elocuencia y por sus ideas independientes. Estas fueron causa de que el Emperador Agustín I lo mandara poner preso en el Convento de Santo Domingo; pero á los siete meses de prisión, no sólo recobró la libertad sino que fué nombrado Ministro de Relaciones Exteriores del Imperio. Valle renunció el alto puesto que se le ofrecía en reconocimiento de sus méritos y como una reparación por los agravios que había sufrido, pero el Emperador se empeñó en que había de aceptarlo, y tuvo que entrar al ejercicio de sus funciones. En el Ministerio se condujo como era de esperarse de sus sobresalientes dotes de hombre de Estado. Cuando cayó el Imperio, Valle volvió á ocupar su puesto en el Congreso, ante el cual hizo una representación evidenciando la nulidad del Acta de anexión de Guatemala á México. El Congreso, de acuerdo con el Ministerio del nuevo Gobierno que se había organizado, reconoció expresamente los derechos que los centroamericanos tenían á constituirse como les pareciese, y de esta manera se puso término al orden de cosas creado por la Junta Provisional Consultiva en 5 de enero de 1822.

De regreso á Guatemala, á donde llegó cuando ya se había emitido por la Constituyente el célebre decreto de 1.° de julio de 1823, fué uno de los individuos que desempeñaron el Poder Ejecutivo de las Provincias de Centro América, y en unión de don Tomás O' Horán y don José Manuel de la Cerda, sus colegas, puso el "Ejecútese" a la Constitución Federal dictada el 22 de noviembre de 1824. Posteriormente los pueblos lo eligieron Presidente de la República; pero el Congreso, mediante el fraude, hizo recaer el cargo en el General don Manuel José Arco y nombró Vicepresidente á Valle. Este no aceptó el nombramiento, sosteniendo que era nulo, como nulo era el de Presidente recaído en el General Arce.

La presencia de Arce en el Poder Ejecutivo produjo serios conflictos en Centro América. El Salvador y Honduras fueron invadidos por fuerzas federales, y mientras la guerra civil hacía sus estragos, Valle permanecía entregado al estudio de las ciencias y al cultivo de las letras y á mantener activa correspondencia con los sabios de Europa y América que le honraban con su amistad, uno de los cuales era Jeremías Bentham, el gran jurisconsulto inglés.

Por este tiempo fundó "El Redactor General", periódico que, según la expresión de Marure, sobrepujó á todos lo escritos de su tiempo.

La política de Arce sucumbió por fin el 13 de abril de 1829, en que el General Morazán, á la cabeza del Ejército aliado, protector de la ley, entró triunfante á Guatemala. Valle volvió entonces á tomar parte en la política, ocupó su puesto en el Congreso donde pronunció magníficos discursos, y sin trabajo alguno y con el prestigio solo de su nombre, hizo competencia al General Morazán, cuya popularidad era inmensa, cuando se procedió á elecciones de Presidente de la República. No obtuvo entonces la mayoría de votos; pero fué suya en las elecciones que se practicaron en 1834, en las que habían vuelto á ser competidores el hombre de ciencia y el hombre de guerra. Mas la suerte había decidido que Valle no fuera jamás Presidente de la República, pues falleció el 2 de marzo de aquel año, en el camino de su hacienda "La Concepción" á Guatemala, casi al mismo tiempo en que se abrían los pliegos en que constaba su elección.

Valle recibió de sus contemporáneos el renombre de Sabio, que justifican sus notables y luminosos escritos, y tuvo la honra de ser nombrado Individuo de la Academia de Ciencias de París. Su muerte fué hondamente sentida. La Asamblea de Guatemala acordó que su retrato fuese colocado en el salón de sesiones y que en demostración de duelo por su muerte, todos los funcionarios públicos llevasen luto por tres días. Los mismos honores fúnebres decretó la Asamblea del Salvador, poco después, á la memoria del ilustre centroamericano.

En Honduras fué honrada ésta posteriormente. En 1875 acordó el Congreso mandar imprimir por cuenta del Estado las obras de Valle, y mandar hacer dos retratos del eminente sabio para colocarlos uno en el salón de sesiones del Cuerpo Legislativo y el otro en el de los actos literarios de la Universidad de la República. Este acuerdo no pudo llevarse á efecto, á causa del levantamiento del General Medina en Gracias. Con fecha 22 de diciembre de 1881, el Gobierno del Doctor Soto acordó que se hiciera una edición de las obras del ilustre hijo de Honduras, y comisionó, para que las revisara y ordenara y pusiera al frente de ellas la Biografía del autor, entendiéndose en los trabajos de la edición, al Doctor don Ramón Rosa. La Biografía fué escrita, y es una obra que honra á las letras centroamericanas; pero en cuanto á los otros puntos, el acuerdo no fué llevado á efecto desgraciadamente. El 27 de agosto de 1882 decretó el mismo Gobierno la erección de un monumento á Valle en la plaza de San

Francisco, de esta capital. El monumento se inauguró el 30 de noviembre de 1883 y en el lugar designado, vése ahora una estatua de mármol de Carrara del gran Sabio, colocada sobre un pedestal de piedra y mármol, en el que hay inscripciones relativas á su alta significación y à la gratitud que la Patria le consagra por sus servicios. He aquí una noticia bibliográfica incompleta de las obras de don José Cecilio del Valle:

*ACTA DE INDEPENDENCIA DEL ANTIGUO REINO DE GUATEMALA.

*SOÑABA EL ABAD DE SAN PEDRO, Y YO TAMBIÉN SÉ SONAR.

*CÓDIGO LEGISLATIVO.

*LA LEGISLACIÓN ESPAÑOLA.

*ELOGIO FÚNEBRE de Fray José Antonio de Liendo y Goicoechea.

*APUNTES para una memoria ó ensayo sobre la Jurisprudencia Criminal en las relaciones que debe tener con la Anatomía y la Fisiología.

*PLAN DE BUEN GOBIERNO.

*JUICIO sobre "Las instituciones de Derecho" del Doctor Álvarez.

*MANIFIESTO á la Nación Guatemalana.

*MEMORIA sobre la educación.

*MEMORIA sobre el abasto de carne.

*DISCURSO sobre la renta de tabaco.

*DISCURSOS pronunciados en el Congreso Federal de Centro América en 1826.

*DISCURSO pronunciado en el acto de la instalación de la Sociedad Económica.

*DISCURSO sobre la necesidad de publicar un periódico contraído á dar en extracto las sesiones del Congreso. —1826.

*PENSAMIENTOS. Sistema Económico. —Garantías sociales. —Guatemala.

*DE LA OPOSICIÓN á los Gobiernos representativos.

*EL SABIO.

*EL ECONOMISTA.

*CIENCIAS.

*GOBIERNO.

*LOS MAESTROS.

*EL CAMPO.

*ESTADÍSTICA,

*LIBERTAD DE IMPRENTA.

*COMERCIO.

*NIVELACIÓN del Istmo de Panamá.

*PROSPECTO de la Historia de Guatemala.

*DESCRIPCIÓN geográfica de Guatemala.

*NAVEGACIÓN DEL ULUA.

*INSTRUCCIÓN sobre el cultivo y beneficio de la grana.

*PRINCIPIOS DEL DERECHO DE GENTES que deben respetar las Repúblicas de América para ser felices y no entorpecer su marcha política.

*LOS RECURSOS DE AMÉRICA para sostener su independencia en el caso de agresión.

*SERIE CONCATENADA de las ideas de Buffon.

*FORMACIÓN DE LOS PLANETAS.

*ENSAYO sobre una ciencia que enseñe á reproducir las actitudes en que el hombre es más pensador.

*SOBRE LA RIQUEZA.

*TIERRAS, MINERALES Y VEGETALES.

*APUNTAMIENTOS sobre el carácter de los hombres de letras.

*SISTEMA POLÍTICO.

*POLÉMICA. —A los Editores del INDICADOR.

*APUNTAMIENTOS para una memoria sobre los indios.

*APUNTAMIENTOS para la mejor inteligencia del sistema de Gall.

ACTA DE INDEPENDENCIA

del antiguo reino de Guatemala, proclamada el 15 de septiembre de 1821, separándose del dominio de la España.

Palacio Nacional de Guatemala, 15 de septiembre de 1821. —Siendo públicos é indudables los deseos de independencia del Gobierno español que, por escrito y de palabras ha manifestado el pueblo de esta capital: recibidos por el último correo diversos oficios de los Ayuntamientos constitucionales de Ciudad—Real, Comitán y Tuxtla, en que comunican haber proclamado y jurado dicha independencia, y excitan á que se haga lo mismo en esta ciudad: siendo positivo que han circulado iguales oficios á otros Ayuntamientos: determinado de acuerdo con la Excelentísima Diputación Provincial, que para tratar de asunto tan grave, se reuniese en uno de los salones de este palacio la misma Diputación provincial, el Ilustrísimo señor Arzobispo, los señores individuos que diputasen la Excelentísima Audiencia territorial y el venerable señor Dean y Cabildo eclesiástico, el Excelentísimo Ayuntamiento, el muy ilustre Colegio de Abogados, los prelados regulares, jefes y funcionarios públicos: congregados todos en el mismo salón: leídos los oficios expresados, discutido y meditado detenidamente el asunto, y oído el clamor de **VIVA LA INDEPENDENCIA** que repetía de continuo el pueblo, que se veía reunido en las calles, plaza, patio, corredores y antesala de este palacio, se acordó por esta Diputación é individuos del Excelentísimo Ayuntamiento:

1.° Que siendo la independencia del Gobierno español la voluntad general del pueblo de Guatemala, y sin perjuicio de lo que determine sobre ella el Congreso que debe formarse, el señor Jefe Político la mande publicar para prevenir las consecuencias que serían temibles en el caso de que la proclamase de hecho el mismo pueblo.

2.° Que desde luego se circulen oficios á las provincias, por correos extraordinarios, para que, sin demora alguna, se sirvan proceder á elegir Diputados ó Representantes suyos, y éstos concurran á esta capital á formar el Congreso que debe decidir el punto de

Independencia general y absoluta, y fijar, en caso de acordarla, la forma de gobierno y ley fundamental que deba regir.

3.° Que para facilitar el nombramiento de Diputados, se sirvan hacerlo las mismas juntas electorales de provincia que hicieron ó debieron hacer las elecciones de los últimos Diputados á Cortes.

4.° Que el número de estos Diputados sea en proporción de uno por cada quince mil individuos; sin excluir de la ciudadanía á los originarios de África.

5.° Que las mismas juntas electorales de provincia, teniendo presente los últimos censos, se sirvan determinar, según esta base, el número de Diputados ó Representantes que deben elegir.

6.° Que en atención á la gravedad y urgencia del asunto, se sirvan hacer las elecciones de modo que el día 1.° de marzo del año próximo de 1822, estén reunidos en esta capital todos los Diputados.

7.° Que entretanto, no haciéndose novedad en las autoridades establecidas, sigan éstas ejerciendo sus atribuciones respectivas, con arreglo á la Constitución, decretos y leyes, hasta que el Congreso indicado determine lo que sea más justo y benéfico.

8.° Que el señor Jefe Político, Brigadier don Gabino Gainza, continúe con el Gobierno Superior político y militar; y para que éste tenga el carácter que parece propio de las circunstancias, se forme una Junta provisional consultiva, compuesta de los señores individuos actuales de esta Diputación provincial, y de los señores don Miguel Larreinaga, Ministro de esta Audiencia: don José del Valle, Auditor de Guerra: Marqués de Aycinena: Doctor José Valdés, Tesorero de esta Santa Iglesia: Doctor don Ángel María Candina; y Licenciado don Antonio Robles, Alcalde 3.° Constitucional: el primero, por la provincia de León; el segundo, por la de Comayagua; el tercero, por Quezaltenango; el cuarto, por Sololá y Chimaltenango; el quinto por Sonsonate; y el sexto, por Ciudad—Real de Chiapas.

9.° Que esta Junta provisional consulte al señor Jefe Político en todos los asuntos económicos y gubernativos, dignos de su atención.

10. ° Que la Religión Católica, que hemos profesado en los siglos anteriores y profesaremos en los siglos sucesivos, se conserve pura e inalterable, manteniendo vivo el espíritu de religiosidad que ha distinguido siempre á Guatemala, respetando á los miembros

eclesiásticos, seculares y regulares, y protegiéndolos en sus personas y propiedades.

11. ° Que se pase oficio á los dignos prelados de las comunidades religiosas, para que, cooperando á la paz y sosiego, que es la primera necesidad de los pueblos, cuando pasan de un Gobierno à otro, dispongan que sus individuos exhorten á la fraternidad y concordia á los que, estando unidos en el sentimiento general de la Independencia, deben estarlo también en todo lo demás, sofocando pasiones individuales dividen los ánimos y producen funestas consecuencias.

12.° Que el Excelentisimo Ayuntamiento, á quien corresponde la conservación del orden y tranquilidad tome las medidas más activas para mantenerla imperturbable en toda esta capital y pueblos inmediatos.

13°. Que el señor Jefe Político publique un manifiesto, haciendo notorios, á la faz de todos, los sentimientos generales del pueblo, la opinión de las autoridades y corporaciones, las medidas de este Gobierno, las causas y circunstancias que lo decidieron á prestar en manos del señor Alcalde 1.°, á pedimento del pueblo, el juramento de independencia y fidelidad al Gobierno americano que se establezca.

14.° Que igual juramento preste la Junta provisional, el Excelentísimo Ayuntamiento, el Ilustrísimo señor Arzobispo, los tribunales, jefes políticos y militares, los prelados regulares, sus comunidades religiosas, jefes y empleados en las rentas, autoridades, corporaciones y tropas de las respectivas guarniciones.

15.° Que el señor Jefe Político, de acuerdo con el Excelentísimo Ayuntamiento, disponga la solemnidad y señale el día en que el pueblo deba hacer la proclamación y juramento expresado de independencia.

16.° Que el Excelentísimo Ayuntamiento acuerde la acuñación de una medalla que perpetúe en los siglos la memoria del día QUINCE DE SEPTIEMBRE DE MIL OCHOCIENTOS VEINTIUNO, en que se proclamó su feliz independencia.

17. ° Que imprimiéndose esta acta y el manifiesto expresado, se circule á las excelentísimas diputaciones provinciales, ayuntamientos constitucionales y demás autoridades eclesiásticas, seculares, regalares y militares, para que, siendo acorde en los mismos

sentimientos que ha manifestado este pueblo, se sirvan obrar con arreglo á todo lo expuesto.

18.° Que se cante, el día que designe el señor Jefe Político, una misa solemne de gracias, con asistencia de la Junta Provisional, de todas las autoridades, corporaciones y jefes, haciéndose salvas de artillería y tres días de iluminación.

Palacio Nacional de Guatemala, septiembre 15 de 1821. —Gabino Gainza, Mariano de Beltranena, José Mariano Calderón, José Matías Delgado, Manuel Antonio Molina, Mariano de Larrave, Antonio de Rivera, José Antonio de Larrave, Isidoro de Valle y Castriciones, Mariano de Aycinena, Pedro de Arroyave, Lorenzo de Romaña, Secretario. —Domingo Diéguez, Secretario.

ELOGIO FÚNEBRE DEL PADRE GOICOECHEA

Señores:

En diversos países, la mente de un hombre de letras es suceso indiferente que no merece la atención que se da a un ignorante, rico o poderoso; y el honor de los panegíricos fúnebres, reservado a ciertas clases, no se cree debido a los que, reformando algunas ciencias o creando otras, aumentan la suma de nuestra felicidad.

En Guatemala, la sociedad, después de haber llorado la muerte de Fray José Antonio de Liendo y Goicoechea, uno de sus fundadores, acordó que se formase su elogio, porque, superior a las preocupaciones de la vanidad, está convencida de los derechos que tiene a la gratitud pública el mérito de cualquiera clase, sea literario, político, militar o fabril.

Este es acaso el primer ejemplo en 289 años corridos desde la fundación de esta ciudad. La sociedad es el cuerpo benéfico que lo da; y cuando siga sus pasos la Universidad: cuando los literatos trabajen para serlo positivamente, sabiendo que después de su muerte serán juzgados por hombres respetables: cuando este estímulo, creando o desarrollando talentos, haga avanzar las ciencias que nos interesan: cuando el sabio, teniendo la opinión de la posteridad, no sea un Doctor ocioso ocupado en lecturas improductivas o abstracciones estériles, sino un hombre útil al país que habita: cuando, unidos todos los hechos posibles sobre la vida de los hombres de talento, se llenen los votos de quien deseaba la formación de una especie de física experimental sobre las almas, entonces las generaciones futuras, recibiendo luces unas de otras, designarán a VV.SS. como autores de su bien y recordarán con ternura el nombre de esta sociedad.

Yo he sido el individuo electo para publicar sus sentimientos. Otros podrían expresarlos con mayor elocuencia. Pero el honor de manifestar a Guatemala lo que debe al P. Goicoechea: el placer puro de hablar de un amigo sincero, son de ascendiente muy poderoso para una alma sensible.

Que los hombres fríos censuren mis expresiones: que los razonadores a compás burlen mis sentimientos.

Si tu alma, fundador benéfico de esta sociedad, se complacía en abrirse a la mía sin ocultar misterios o esconder secretos: si tu mano poderosa fue la que rompió las cadenas con que el escolasticismo filosófico tenía oprimida la razón de nuestros mayores: si tu larga y laboriosa vida fue útilmente empleada en formar el espíritu de la juventud, yo, sensible a tu fiel amistad, sensible al bien de la patria, seré el eco de la voz universal que se oye en toda la provincia: uniré mis votos a los del pueblo, a las bendiciones del pobre, a los efectos tiernos de esa juventud amable que reconoce en ti el reformador de sus estudios. Pero celebrando tu memoria, no olvidaré tu máxima. La adulación, objeto de tus risas, no será jamás el alma de mis discursos.

Si un elogio sincero debe tener forma distinta de las demostraciones del geómetra, hasta cierto punto debe ser como ellas el cálculo del valor positivo de un hombre grande: la medida justa de sus talentos: la estimación exacta de sus servicios.

Para numerar los del P. Goicoechea recordaré primero el estado de nuestros estudios antes de su nacimiento: manifestaré después el grado a que se elevaron por la fuerza de sus talentos: hablaré seguidamente de la instrucción que dio a Guatemala; y para que sus servicios no sean los últimos, concluiré indicando una de tantas medidas felices para multiplicar esa clase útil de hombres ilustrados.

I

Recorriendo la historia de los pueblos antiguos, y volviendo la vista a los modernos, se observa que todos tienen uno de tres estados: el de la ignorancia: el del error; y el de la ilustración.

Los primeros son como las tierras incultas, pero limpias, en que basta arrojar buenas semillas para que broten plantas útiles: los segundos, semejantes a aquellos campos llenos de espinas y raíces enmarañadas, en que es preciso arrancar la maleza que los cubre antes de comenzar a sembrar; y los terceros, son esos huertos hermosos cubiertos de frutos regalados.

Guatemala... permítaseme hablar con libertad. Livio no ofendió a Roma pintando la ignorancia de los primeros romanos, y Newton recordaba con placer los tiempos de su niñez. Guatemala no era un pueblo ignorante, ni una capital ilustrada. Era el país del error.

Se afectaba un respeto ciego a los antiguos: se miraba con horror toda verdad nueva; pero realmente no era la ciencia de la antigüedad la que se cultivaba.

La antigüedad era sabia: y si en las ciencias experimentales y exactas se ha avanzado más que los antiguos, en los demás géneros se ha hecho bastante acercándose a su saber. La antigüedad fue la que fijó las leyes del gusto: la que señaló la línea de perfección en las Bellas Artes: la que produjo esos modelos grandes que los genios sublimes han procurado imitar.

Diez y ocho siglos no han podido presentar un poeta superior al autor de la Eneida. Tácito, Plutarco y Livio son hasta ahora en posesión de primeros historiadores; y el elogio más grande de Buffón ha sido compararle con Plinio y Aristóteles.

No era su más sabia doctrina, ni la de los filósofos de la antigüedad la que formaba nuestro sistema de estudios. El escolasticismo era infelizmente el que lo regía: el que influyó en las constituciones de nuestra Universidad: el que hizo de esta respetable casa una habitación obscura donde no penetraba la luz sino envuelta en nieblas, o confundida con exhalaciones pútridas: el que, entreteniendo a nuestros mayores en sutilezas inútiles, les alejaba de las ciencias provechosas que aumentan los brazos del hombre inventando máquinas, mejoran los instrumentos de las artes, señalan las fuentes de riqueza pública, descubren la de nuestro suelo, manifiestan las plantas útiles que hermosean su superficie, y abren los tesoros ocultos en el seno de la naturaleza.

Nuestro idioma, cuya armonía y riqueza confiesan los mismos extranjeros, rivales de la literatura de Castilla, se veía abandonado por cultivar otro que estanca las ciencias. La elocuencia sagrada, que tiene tantos motivos para ser sublime y patética, porque ella sólo habla de verdades grandes al pueblo, unido en un lugar santo, era como la del orador que un talento feliz supo ridiculizar con tantas gracias.

La del foro, que si no discute entre nosotros los asuntos que examinaba en Roma, debe al menos ser clara e interesante, porque siempre lo es la propiedad aun de una cabaña pajiza, se ocupaba en hacinar leyes romanas y glosas bárbaras sin discurrir con precisión, ni expresarse con propiedad; y la de la Academia que pudo ya haber ilustrado a este país en actos literarios tan repetidos, se reducía a disertar sobre lo que se llama problema sin ser más que una duda afectada o insulsa.

El arte grande de saber discurrir: este arte, alma de todas las ciencias, que en las audiencias y juzgados decide nuestra suerte, era entonces un sistema mal organizado de abstracciones inútiles, un diccionario bárbaro de voces obscuras y sutiles. Las ciencias naturales que deben levantarse sobre la observación razonada de la naturaleza, eran romances menos ingeniosos que los de Descartes, formados por el delirio de las sectas que dividían el escolasticismo.

Las líneas del geómetra y las ecuaciones del álgebra parecían cifras de magia, o caracteres de aquella filosofía teúrgica que se ocupaba en misterios y encantos. Las familias eran espantadas por duendes: los jueces seriamente ocupados en procesar brujos; y las escuelas de filosofía convertidas en torneos de caballeros que se batían por el ente de razón y otras hermosuras imaginarias.

No fue este el único mal. Semejantes a aquellas nubes densas que extendiéndose con los vapores sucesivos que reciben, cubren últimamente toda la atmósfera y oscurecen el día. El escolasticismo se dilató al fin por las ciencias más sublimes e importantes.

La de la religión, pura en el libro sublime de la Biblia, no era enseñada con el método que exige la sublimidad misma de su objeto. La jurisprudencia, tan grande en las manos de los autores felices que han sabido manejarla, era un puñado de fragmentos de leyes derivadas de las sectas que dividieron el imperio romano: leyes sutiles que no lo son para nosotros y dictadas por gobierno distinto, en tiempos diversos, no tienen relaciones de analogía con los nuestros.

El estudio de la historia respetable de la Iglesia: el de los concilios y cánones sancionados en ellos; estudio necesario para el eclesiástico, útil para el filósofo e interesante para el político, se verá olvidado por dedicarse al de las decretales que no forman un cuerpo organizado de derecho, sino una colección de casos decididos por principios diversos en muchos puntos de los de Castilla; y la legislación que debe ser sabida de todos, porque es la guía del hombre desde que se forma su razón hasta que entra en el sepulcro, enredada por las argucias escolásticas, era misterio para el pueblo, tormento para el juez íntegro, juego criminal para el perverso, arma doble para el abogado.

Los que se llamaban filósofos eran entonces unas cabezas llenas de aniversales {sic}, de categorías y sutilezas metafísicas; y estos eran los sabios que en las cátedras daban lecciones a la juventud.

El escolasticismo no sólo la formaba en este sistema de errores. Le impedía también salir de él: le prohibía aun el derecho de dudar, que exige la debilidad de nuestra constitución física; y aun en lo que no era dogmático, se ordenaba la fe, que sólo es debida a nuestra religión.

Fe ciega en la Dialéctica: fe ciega en la Metafísica: fe ciega en la Jurisprudencia. La razón era víctima de lo que se llamaba filosofía. Y lo que diste para pensar como el don precioso de tu bondad, Ser eterno, amigo del hombre: lo que nos eleva sobre todos los seres: lo que distingue al filósofo, que sube al sublime de las ciencias, del insecto que se arrastra por el suelo: la razón, esa emanación luminosa de tu sabiduría, era un presente inútil, que sólo servía para repetir las inepcias de los glosadores de Aristóteles y llenar cursos largos y penosos de nadas y pequeñeces.

II

En tiempos tan infelices nació, a 400 leguas de esta capital, el que debía dar alguna luz a este caos tenebroso.

Los filósofos más grandes: los talentos que admiramos en los cuatro siglos que forman como las épocas de la grandeza del espíritu humano: los que brillaron en las edades venturosas de Pericles, Augusto, León X y Luis IX nacieron en países cultos donde las ciencias tenían premios y los auxilios literarios eran multiplicados.

El P. Goicoechea nació el día 3 de mayo de 1735, en Cartago, donde apenas había escuela de primeras letras. Perdió a sus padres y quedó huérfano a los 9 años de su edad: tomó el hábito de San Francisco a los 12: fue ligado por el voto de obediencia: obligado por las constituciones de su orden y la autoridad de los prelados, a hacer los estudios de aquellos tiempos obscuros: formado en aulas donde sólo se oía la vociglería de los escotistas: enseñado por lectores que no permitían dudas; y condenado a seguir la escolástica por todo el poder de la opinión pública, sostenida en la Universidad y comunidad religiosas, únicas que le daban dirección.

Era semejante a aquellas plantas útiles que nacen entre yerbas y espinas, y no pueden crecer sino abriéndose paso por en medio de ellas. Pero si la mano dura de la suerte le arrojaba estorbos por todas partes, la naturaleza, destinándole a objetos sublimes, le dio un cuerpo robusto, capaz de pruebas que otros no pudieran hacer: una alma digna de él, infatigable para el trabajo: un espíritu penetrador que se anticipa a las glosas y comentos: una memoria prodigiosa que, a la edad en que los septuagenarios sólo piensan en las necesidades físicas que los afligen, repetía las canciones más hermosas de los poetas que habían deleitado su juventud: un genio lleno de gracias, inclinado como el de Fontellene, Quevedo, La – Fontaine y Boileau a ver las cosas por aspecto que mueve a risa: un carácter de naturalidad, enemigo de artes y afectaciones: un deseo insaciable de saber.

Distinguido por dotes tan brillantes fue, a pesar de ellas, discípulo del escotismo, porque esta fue la primera doctrina que se le enseñó; porque sus talentos no eran aún desarrollados, porque la niñez es inocente y no tiene copia abundante de hechos para entrar en comparaciones.

Cuando la lectura le ofreció datos para hacerlas y sus talentos comenzaron a predecir lo que serían, las disputas que en los demás no producían otro efecto que hacerlos más reacios en sus sectas fueron para él como el choque o colisión de los cuerpos que, frotándose unos con otros, arrojan chispas luminosas.

Descartes, elevándose a la altura a que se sube un filósofo: considerando, dice un autor, que lo era, las opiniones de los hombres: viendo tanta contrariedad de ideas, tanta oposición de sentimientos, tanta variedad de abusos y costumbres: he aquí, dijo, lo que es la razón de los pueblos.

Goicoechea, observando los sistemas de las sectas, la contradicción de sus pensamientos, el furor con que se batían, la confianza con que se creía cada una posesora exclusiva de la verdad, dudó de todos, y decidido a cultivar sus talentos en la soledad, concibió la idea grande, origen de nuestros progresos, de no seguir otra guía que la que nos ha dado el Creador de nuestra especie.

Solo, en el ámbito estrecho de su celda, entregado en el silencio de la soledad a meditaciones de que solo es capaz quien ha adquirido el hábito feliz de pensar, recorría cuanto había aprendido: sometía a la severidad del análisis la doctrina decisiva de sus lectores: juzgaba a sus mismos maestros.

Su genio, siempre pronto a descubrir ridiculeces, le hizo ver todas las del escolasticismo; y su alma sintió la necesidad de otros estudios, diversos en el todo de los que había hecho.

Las matemáticas puras, que son siempre el recurso del filósofo en aquellas situaciones de tormento, en que sólo puede contentar lo que es verdadera demostración, le presentaron el método de exactitud, necesario para una alma melindrosa que, burlada por el escolasticismo, sospechaba ya de las demás ciencias.

Hubo tiempo en que sólo las exactas llenaban los deseos de su alma: hubo tiempo en que sólo los números y líneas escapaban a la risa de su genio. Pero cansado al fin de tantas abstracciones, volvió los ojos al campo de la naturaleza, a esos jardines que deleitaban a Newton después de los trabajos complicados del cálculo.

Los libros de Pluche, los primeros que leyó en este género, le presentaron un espectáculo muy diverso del que entretenía a los escolásticos; y los experimentos célebres de Toricelli, Pascal y Perrier, le indicaron el verdadero método de estudiar la naturaleza.

El gusto que tomó por ella y el espíritu de exactitud que se había formado, le hicieron sentir los efectos del sistema con que habían sido tratadas las demás ciencias: la jurisprudencia, sobre todo, que debe ser clara y sencilla, porque debe ser una ciencia popular; y la de la religión, donde las equivocaciones son de tanta trascendencia.

Si la ley es sancionada para el bien universal de los pueblos, el cálculo o comparación exacta de los bienes y males que puede producir, debe ser la guía de la Jurisprudencia; y si la religión se estableció y dilató por el mundo, enseñando las verdades sublimes de la Biblia, expuestas por el juicio de la Iglesia, la autoridad de ésta y la Escritura, deben ser la luz de la ciencia.

Estos raciocinios le fijaron por último en el medio sabio a que no se llega sino después de haber pasado por extremos. Discípulo del escotismo al principio: escéptico después en lo que no era dogmático, conoció al fin, que las ciencias no lo serían si no tuvieran principios incontestables: que en las exactas, la demostración: en las naturales, los experimentos: en la legislativa, el bien de los pueblos; y en la de nuestra religión, la Biblia y la Iglesia deben ser la guía de sus estudios.

Tal fue el principio a que se elevó, luchando consigo mismo, para borrar las primeras impresiones de su educación. Apoyado en él entró en el estudio de los elementos de casi todas las ciencias, porque todas tienen gracias para quien sabe sentirlas.

Las obras de los mejores escritores de las edades felices de Atenas y Roma: las de Wolf, que manejó la Lógica, la Moral y la Jurisprudencia, con el mismo método con que había tratado las matemáticas: las de Locke, ese hombre modesto que, descubriendo la generación de nuestras ideas, confesaba su ignorancia cuando no podía penetrar la verdad: las de Nollet, que enseñó a estudiar la Física, haciendo experimentos y deduciendo de ellos consecuencias útiles para las artes y oficios: las de Buffón, que presentan cuadros en grande y en detalle de la naturaleza e individuos de los reinos animal y mineral: las de Linneo, donde se reunen los elementos de la ciencia provechosa e inocente de los vegetales: las de Mably, que supo manifestar la identidad de principios en la moral privada y la pública: las del género sublime que, abrazando los objetos más grandes de la ciencia legislativa, la simplificó, reduciéndola a dos puntos: las primeras de los que han sabido cultivar la ciencia de la religión, que era una de las que más le ocupaban: todas fueron formando sucesivamente su espíritu y llenándolo de conocimientos. Su lectura fue extendida más allá de lo que puedo indicar.

Yo os pongo por testigos hombres dichosos que fuisteis sus amigos y merecisteis su confianza.

Pero no bastaron los conocimientos de los libros. Quiso adquirir los que dan los viajes, porque los viajes son los que hacen conocer el mundo, no el mundo hecho en el cerebro exaltado por el entusiasmo, sino el mundo verdadero, el mundo de la naturaleza.

Viajaron los filósofos más grandes de la antigüedad para recoger conocimientos de los pueblos ilustrados. Viajó Goicoechea; y tuvo la felicidad de hacer su viaje a España en el reinado venturoso de Carlos III, cuando la nación recibió un impulso feliz en todos los ramos útiles: cuando Iriarte enriquecía nuestra literatura y satirizaba las fruslerías de los escolásticos: cuando Cruz llenaba de gracias el teatro español, y Moratin elevaba la poesía en género distinto: cuando hermoseaban a la Península dos Condes célebres, ambos fiscales dignos del consejo: el uno, escritor de materias útiles y amigo de las sociedades patrióticas; el otro, protector de las ciencias, Ministro y Presidente de la central: cuando se atraía los votos públicos Jovellanos, ese hombre raro, poeta, político y filósofo a un mismo tiempo, desgraciado y perseguido por ese genio maligno que en todos los tiempos y países se place en morder todo lo grande.

El P. Goicoechea supo reunir los conocimientos que recoge un viajero ilustrado. Visitó las mejores bibliotecas, leyendo manuscritos preciosos que hasta ahora no han sido publicados: observó el jardín botánico y oyó la voz de Ortega que le dirigía: reconoció el gabinete de historia natural: asistió a las juntas generales de diversas academias y sociedades: observó los estudios restablecidos por Carlos III y el sistema de sus calificaciones menos equívoco que el de nuestra Universidad: fue espectador de dos sucesos grandes para quien sabía pensar, la muerte de Carlos III y la coronación de Carlos IV: vio en Castilla los efectos tristes de una y otra amortización; en Cataluña, el honor que se da a los artesanos; en Navarra, la sabiduría de sus fueros; en Aragón, la historia de sus antiguas instituciones; en algunas provincias de Francia el genio de esa nación que ha tenido influjo tan grande en los sucesos de nuestros días; en Madrid, el espectáculo de una Corte, los movimientos de la intriga, las artes de todo género, tanto bien y tanto mal reunidos en un punto.

Espectador de objetos tan grandes, capaces de ocupar el alma en su totalidad, no olvidó lo que debía a esta provincia donde había nacido. Regresó a Guatemala lleno de riquezas literarias, de conocimientos, de globos, de tablas y libros, raros aun en la Corte de donde venía.

Dedicado a su lectura, cualquiera otro hubiera llenado sus deseos en el goce pacífico de sus conocimientos. Pero la vista de los salvajes donde se ve la naturaleza pura sin las formas del arte, no era para él menos interesante que el espectáculo de los pueblos ilustrados.

Semejante a los sacerdotes de los celtas y de los seitas que buscaban la filosofía en los bosques y montañas, superior a ellos en conocimientos y con miras más grandes, hizo viaje a nuestros montes de Agalta.

Los eruditos de estrado: esos hombres que agonizan el día que no pueden visitar todos los cuarteles de una ciudad, habrían muerto seguramente en las soledades de Agalta.

El P. Goicoechea, solo con su pensamiento y los indios, pasaba días más deliciosos que en el ruido de esta capital. Conservo como un tesoro las cartas que escribía desde esas montañas célebres entonces por su residencia. En ellas decía: que nunca había repasado en su corazón, con más placer, la hermosa estrofa de Horacio, Beatus illequí procul negotiis: que la soledad le comunicaba a manos llenas el contento: que su vida era alegre, porque entre los cien aspectos de las cosas, las miraba por el único que podía ser útil: que ejercitado en trasegar corazones, se valía de la llave maestra de ciertas notas que rara vez le engañaban: que los vestidos de la naturaleza son sencillos: que se deleitaba en contemplarla acechando los momentos en que descubre algunas de sus travesuras, meditando los apotegmas de Erasmo y las aventuras del amor propio, y observando a los indios, vistos por muchos, conocidos de pocos y demostrados por Paw, aquel extranjero atrevido que sin conocer la América arrojó aserciones desmentidas por la experiencia.

Este tono, señores, no es el de un charlatán que quiere imponer. Es el del hombre de la naturaleza que se abraza con ella y los seres que produce: es el del amigo de los indios que interesaron siempre su compasión.

No hizo en la ciencia aquellos descubrimientos que las hacen progresar a pasos largos: no formó sistemas como Buffón, ni fue como Newton inventor de la teoría sencilla del universo. Pero pudo impugnar los sistemas de Buffón: y fue capaz de entender las obras de Newton que, aun entre los hombres de letras, encuentran pocos lectores.

III

En el seno mismo de los escotistas: en la edad de los errores, supo elegir los libros más sublimes de las ciencias a que fue dedicado: apropiarse los conocimientos más grandes: darles las gracias de su genio, y comunicarlos a nosotros y a nuestros mayores. Ved aquí su justo valor. Fue lo que Fontenelle dice de un filósofo: el Prometeo de la fábula que robó el fuego a los Dioses para comunicarlo a los hombres.

En la oratoria dio modelos predicando el Evangelio en su pureza, presentando la escritura en el sentido genuino de la iglesia y de los

Padres, distinguiéndose en la elocuencia didáctica que era su género; pero acreditando a veces que también era capaz de la fuerza de Bridaine, y la sublimidad de Bossuet.

En los estudios de la filosofía tuvo la entereza noble de sostener los derechos de la razón: y cuando Jovellanos decía en España que mientras las universidades fuesen lo que habían sido y lo que eran entonces, jamás progresarían en ellas las ciencias experimentales, él había ya combatido la tiranía escolástica: preparado una revolución feliz de ideas: dado lecciones de física experimental, y leído un curso de Aritmética y Geometría.

En los de Teología dio a esta ciencia la sencillez majestuosa que debe tener: señaló los puntos diversos de contacto en que se unía la escolástica con la religión: desenvolvió la extensión de la moral, que fue su estudio predilecto: manifestó la que publicaba el estoico, la que predicaba Epicuro y la que enseña la Biblia, que no es un sistema de escepticismo como la de Montaigne, ni una invectiva acre como la de Rochefoucault, sino una moral pura, superior a la de Sócrates y Confucio.

En la Botánica, nombrado por el Gobierno para elegir muestras de las maderas más exquisitas de nuestras montañas, y comisionado por el Intendente del Jardín de Madrid para la remisión a España de las plantas y semillas dignas de cultivo, llenó ambas comisiones acreditando sus conocimientos, y trabajando una memoria sobre el plátano, gloria de la América, y el vegetal, que entre todos los conocidos da más cantidad de materia alimenticia, en igual espacio de tierra.

En esta sociedad, VV.SS. han sido testigos de su ilustrado patriotismo: de este celo activo con que cooperó a su establecimiento: de la voluntad con que asistió a todas sus juntas: de los pensamientos útiles que daba en ellas, fijo siempre en mejorar nuestra suerte o hacerla menos infeliz: de sus notas sabias como útiles a la memoria que publicó Mosiño sobre nuestro añil: de la memoria que escribió para destruir la mendicidad que no existe en los países estériles y helados del Norte, y se veía multiplicada en las tierras feraces de Guatemala: del discurso que dijo en este lugar, desplegando sobre el mismo asunto, la humanidad de su filosofía, para que el verdadero pobre fuese socorrido y los mendigos robustos o capaces de trabajar, no ensuciasen los portales, no se oyese en nuestras calles el zumbido desapacible de estos moscones, sino el cencerro deleitoso de las recuas o el ruido agradable de un trajín activo: de la representación que dirigió desde su celda a la Corte de Carlos IV, manifestando la necesidad de dar honor a las clases infelices, porque ellas son las que ejercen nuestras artes y oficios; y las artes no prosperan cuando están envilecidas las manos que las manejan: de la memoria que trabajó sobre los indios, objeto de sus meditaciones en el púlpito, donde predicó sus virtudes, en sus conversaciones de amistad, donde acumulaba hechos y discurría sobre ellos, y en la memoria donde trató de su industria y trabajos rurales.

En Agalta fundó dos pequeñas poblaciones; interesó en su beneficio la atención del Gobierno; y dando a los indios lecciones de religión, de física rural y de sociedad, recordaba la pintura de aquellos Dioses que bajaron del cielo para enseñar a los salvajes de Grecia la justicia, el manejo del arado y el uso del trigo.

En nuestra Universidad no cesó de trabajar para que este establecimiento, fundado para perfeccionar el espíritu, no le empeorase cargándole de preocupaciones y paralogismos.

Cerca de treinta años ocupó en dar lecciones como Catedrático de Filosofía y Teología: y estas lecciones son las que influyeron para que se mudase el aspecto de nuestros estudios. En ellas fue donde hizo conocer a la juventud, que el pensamiento sofocado por el escolasticismo es el atentado más grande contra la naturaleza humana: donde haciendo comparaciones felices de la exactitud de la Geometría y la algarabía de los escolásticos, inspiró gusto por las matemáticas, y comenzó a formar el espíritu geométrico, más útil aún que la misma Geometría: donde manifestando las amenidades de la naturaleza, comunicó a los jóvenes el entusiasmo con que se habla siempre de los objetos que se aman: donde dio los principios sublimes del gusto y trabajó en la destrucción del que había en aquella edad: donde desenvolviendo la teoría grande del enlace de los idiomas con el arte de pensar, hizo conocer la necesidad de progresar en los unos para adelantar en el otro.

Tantas verdades no fueron oídas sin espanto. La verdad, dice un escritor, es como ese elemento útil y terrible que alumbra, pero quema y puede devorar al mismo que se sirve de él para el bien público. Los que la han dicho: los que han levantado la voz contra la doctrina de las escuelas: los que han sabido distinguirse, han sido siempre víctimas de las pasiones. Sócrates, condenado a muerte: Aristóteles, fugo: Descartes, acusado: Galileo, preso: Jovellanos, desterrado; son ejemplos tristes que atestan la miseria del hombre y deben cubrirle de oprobio.

Los escolásticos, viendo que se destruía la base única de su nombre, se ligaron para anonadar el del P. Goicoechea. La envidia movió los resortes de su encono. La Hipocresía jugó sus antiguos ardides: la intriga maniobró en secreto: los Prelados penitenciaron y condenaron a ser último lector a quien tenía tantos derechos para ser el primero: la opinión se volvió contra quien la ilustraba; y el público, señores, el público a quien daba luces provechosas: el público a quien hacia servicios tan heroicos, llegó a verle como objeto de horror.

Una alma pequeña hubiera renunciado el derecho de servir a ingratos dejándolos en la oscuridad que les placía.

Goicoechea, firme en sus principios, siguió la marcha de su genio, porque sabía que si los primeros rayos de luz hieren los ojos de quien sale de tinieblas, los siguientes hacen sus delicias y hermosean su existencia.

La verdad fue desenvolviendo sus bellezas. La juventud, siempre la primera en sentirlas, comenzó a tomar gusto por ella. Cesó el vértigo; y se hizo justicia a quien era digno de ella.

Su Majestad mandó que en su real nombre se le diesen gracias por el celo con que se dedicaba a la enseñanza de la juventud e instrucción del vecindario. Su comunidad le eligió Prelado de la provincia. Esta Sociedad, que por estatutos y por principios, no prodiga jamás sus sufragios, acordó que se hiciese mención honrosa de su mérito: la Universidad mandó poner su retrato en el salón de actos literarios. Y el pueblo llenó de bendiciones a su bienhechor.

Mereciéndolas cada día más: ejerciendo su ministerio con celo infatigable; dando el ejemplo útil de una virtud pura que conoce las añagazas de la hipocresía: amando a los pobres y presentándoles la religión en el aspecto en que ofrece más consuelos al infeliz, comenzó a sentir flojedad en los resortes de la máquina.

Sintió su debilidad progresiva; pero la sintió sin perturbarse, porque una alma acostumbrada a observar la naturaleza, ve sin susto una de sus más sabias leyes.

Que la vean con espanto los hombres pequeños que se han enlazado con todas las fruslerías del suelo: los impostores que han seducido a los pueblos: los miserables que después de haber hecho daño se ven en la situación terrible de no poderlo reparar.

Pero tú, hombre superior a la edad en que viviste: tú has llenado el lugar donde fuiste colocado. Perfeccionaste tu espíritu. Mejoraste el espíritu público de Guatemala. Enseñaste verdades útiles. No hiciste mal; y si erraste, tus errores fueron de buena fe.

Esto es hecho, señores. Se ha cumplido la ley. A la voz de su muerte lloraron los pobres; y llevando cestillos de flores, cubrían de ellas su cadáver. VV.SS. han perdido un ilustrado y activo compañero; y yo he quedado sin un buen amigo.

Para reponerle y llenar su vacío es preciso duplicar los esfuerzos. Sírvanse VV.SS. trabajar en el cultivo de los talentos nacientes de la juventud, dándole dirección recta, porque acaso en ellos hay alguno semejante a los del hombre que lloramos: sírvanse formar su gusto, porque el gusto es el tacto o instinto del hombre de letras y el primer paso que debe darse para la ilustración. Sírvanse fundar una academia de bellas letras, porque las bellas letras son el precursor feliz de las ciencias útiles y el garante más cierto de sus progresos. Si se unen los hombres para ocuparse en conversaciones insípidas o para verse unos a otros, fumar y bostezar, únanse VV.SS. para cultivar las ciencias, comenzando por donde debe principiarse. Todo origen es pequeño.

Las academias que ahora son la luz más hermosa de la razón, fueron oscuras en su principio; y a la fecha de su erección, muchos países donde se establecieron tenían menos conocimientos que Guatemala. Si dura siglos, se extenderá el bien que promete a las últimas generaciones; y si es un establecimiento momentáneo, lo gozará al menos la presente. La Academia del Cimento sólo duró diez años; y sus descubrimientos serán eternamente memorables en la historia de las ciencias experimentales.

Que se de principio a la obra, señores. Esto perpetuará la memoria de la Sociedad: creará genios como el del individuo que hemos perdido; y abrirá a las ciencias el camino por donde deben ser dirigidas.

Guatemala, 7 de agosto de 1814.

EL SABIO

En la escala de los seres, el hombre es el primero. En la escala de los hombres, el sabio es el más grande.

El sabio es el que más se aproxima a la Divinidad: el que da honor a la especie y luces a la tierra.

El nacimiento de otros hombres es suceso ordinario, que no influye en las sociedades. El nacimiento de un sabio es época en la historia del género humano.

Cantad himnos de gozo, hombres de todos los países. Ya nació el que había de manifestar vuestros derechos y dignidad: el que ha de dar conocimientos a los que son desvalidos porque no los tienen: el que ha de escribir para que los hombres no sean tiranos de los hombres: el que ha de iluminar la oscuridad del África, ilustrar la India y derramar luces sobre nuestra patria.

Tendiendo la vista por toda la tierra, ve el sabio que después de siglos hay todavía salvajes en ella: ve que hay samoyedos y lapones, cafres y hotentotes en el otro continente, omeguas y chaymas, automacuos y guararnos en éste; lacandones y caribes en Guatemala.

El amante de las artes no tiene sentimiento tan profundo viendo manchas en el cuadro más acabado de un genio, como el sabio viendo aquellas hordas en la superficie hermosa del globo.

En el santuario de la sabiduría hace el juramento grande. Oídlo hombres de todas clases. Jura sacrificar a la ilustración general todos los momentos de su existencia: reunir todo lo que se ha pensado desde que hay ciencias en el mundo: añadir a la suma de pensamientos creados en los siglos pretéritos, los que él mismo ha de crear en el de su vida: difundirlos por los cuartos del globo: aumentar las luces en unos, disipar las tinieblas en otros. Es inmenso su trabajo, diarias sus vigilias, sin interrupción sus tareas.

Vedlo cogitabundo y abstraído, investigando y observando, revolviendo en la profundidad de la mente alguna teoría útil o algún pensamiento provechoso. Pide observaciones a todos los individuos y clases: las hace él mismo en uno y otro continente: da vuelta a todo el globo para hacerlas: vela para sorprender a la naturaleza en los momentos en que se deja ver: la forza en otros a descubrir sus secretos: examina todos sus seres: recoge todos sus fenómenos.

Humboldt, el hijo amado de la fortuna, posesor de los dones que ésta regala a sus favoritos, rico y titulado, querido de unos, respetado de otros, sacrificó a las ciencias estos goces pacíficos. Salió del Antiguo al Nuevo Mundo y recorrió las dos Américas durmiendo en playas cubiertas de cocodrilos, internándose en bosques poblados de tigres, pisando las nieves de los Andes, subiendo al Chimborazo y trepando al pico del Orizaba, levantando planos y determinando posiciones para conocer este inmenso continente, para desmentir a los que hacían cuadros horrorosos de esta bella mitad de la tierra, para vindicarnos de las injurias de Paw y de los que decían que los americanos estamos condenados a la ignorancia por el influjo del clima.

Lleno de hechos, rico en observaciones, el sabio se retira a la soledad, porque en la soledad es donde el hombre tiene toda la energía y libertad de su ser: en la soledad es donde el alma, sin pesos que la compriman, se dilata en toda su expansibilidad: en la soledad es donde se produce lo grande, lo perfecto y lo sublime.

Allí medita el sabio: allí desenvuelve sucesivamente todos los siglos; ve en el que precede el germen del que sigue, examina lo presente y se lanza a lo futuro: allí observa la marcha de las sociedades, calcula su movimiento y pronostica su término: allí abraza la naturaleza eterna, y humilde primero en la acumulación de detalles, es sublime después en la teoría general del Universo.

No hay clase que no tenga títulos de gloria en algunos de sus individuos. La que más se desdeña: la que más se desprecia, tiene hijos que admiran con su virtud, o cooperan a la riqueza por su industria. Pero la de los sabios es la que presenta lo más grande, la que hace bien más universal y duradero.

Enorgullécete, hombre, al considerarlo. El sabio es individuo de tu especie; y el sabio ha determinado la figura de la tierra y medido la extensión de su superficie: el sabio ha enumerado la multitud inmensa de seres que la pueblan y señalado los caracteres que los distinguen: el sabio ha dado las dimensiones de los astros que rotan en el espacio: el sabio ha descubierto las fuerzas de la naturaleza y enseñado al hombre el uso de ellas: el sabio ha hablado a los reyes de los derechos de los pueblos: el sabio ha trabajado los códigos más justos de las leyes: el sabio descubre nuevos alimentos, cuando las plagas destruyen los antiguos: el sabio hace llorar al rico y enternece al poderoso; el sabio dirige la opinión pública, y la opinión pública es el tribunal que juzga a los funcionarios.

Si el género humano no es una sociedad de hordas salvajes: si el Asia creó las ciencias útiles y las artes provechosas, y la Europa perfecciona unas y adelanta otras, el sabio es el autor de estas maravillas.

La civilización, lo sublime, lo bello y lo útil, todo ha sido formado o perfeccionado por el sabio. Quitad a los sabios, y la tierra entera será un mundo de horror y un caos de muerte: Casiquiario donde el salvaje comerá dos libras de tierra: África donde el hombre venderá al hombre.

Un ser tan grande es natural que conozca su magnitud: que sienta sus fuerzas: que calcule sus alcances. No es la vanidad la que le ensoberbece. Es la conciencia de su poder la que le hace hablar.

Píndaro, inspirado por el genio que lo eleva sobre sus enemigos, cantaba: Mis palabras están acordes con mis pensamientos. La envidia sólo me merece un desprecio que la humilla. Los gritos del ave tímida y celosa jamás suspenderán el vuelo del águila que se pasea por los aires.

Buffón, lleno de pensamientos sobre toda la creación, inmensos como el Universo, mis pasos, dice, son los de la naturaleza: el orden de mis ideas es el de la sucesión de los tiempos.

El idioma del sabio es augusto; sus palabras parecen de un dios. Dadme un punto, decía Arquímides, y moveré el globo. Dadme materia y movimiento, decía Descartes, y formaré un mundo. Toma los alimentos que recetaré, decía Galeno, y te haré más moderado, más emprendedor o más tímido.

Confesémoslo con noble orgullo. De la boca de los Césares, jamás salieron palabras tan expresivas del poder del hombre, como de los labios del sabio.

El conquistador de Europa pedía cañones para destruir al mundo y el sabio pide materia para hacer otros mundos. Responded, hombres que desdeñáis a los sabios. ¿Quién será más grande, el conquistador o el sabio? ¿Dionisio, tirano de Siracusa, o Arquímides, honor y defensa de su patria?

Filipo maquinando la esclavitud de la Grecia; Alejandro devastando la Persia; César hollando los derechos de Roma, han adquirido el título de héroes.

Sócrates enseñando virtudes a la Grecia; Zoroastro dando moral a la Persia; Cicerón ilustrando a Roma, han merecido el nombre de sabios.

En las nomenclaturas de la vanidad, no hay título de igual precio. Él solo, sin bandas ni medallas, sin oro ni diamantes, manifiesta la grandeza de quien lo merece: él solo es el timbre de su mayor gloria.

Lejos del turbión de los hombres, distante de la sociedad en la misma sociedad, sin ambición de empleos ni deseos de riquezas, ocupado en la ciencia, fijo solamente en ella, el sabio es un ser de paz, que ignora las artes de la intriga, que detesta el mal y quiere el bien.

Suele errar en las teorías que más admira: suele equivocarse en los pensamientos que más asombran. Esta es su pena más escocedora; estos son sus tormentos más vivos.

Trabaja día y noche para no errar: se sacrifica a la meditación, al cálculo y a la observación: consume en las ciencias la vida entera de su ser: desea otras vidas para dedicarlas a las ciencias. ¿Será culpable por haber errado el que trabaja más para no errar? La verdad es el objeto grande de sus inquisiciones. Sólo verdades quisiera presentar. Las busca en la naturaleza entera, en las regiones altas y en los abismos hondos.

No encuentra todas las que busca, a pesar de trabajos, sacrificios y penas. Se equivoca, yerra, se hace ilusión. ¿Será culpa suya enseñar verdades y errores? ¿La hay en el astro de la luz dando noches y días?

Hace más el sabio. Es señor de sí mismo: sabe domar la pasión que domina con más imperio. No olvidéis, siglos, la memoria de sus triunfos. El sabio confiesa sus errores al momento que los conoce.

Saussure hizo catorce viajes a los Alpes: trepó al Etna; subió al Cramont; formó nuevos instrumentos para observar; meditó sistemas; y después de sus trabajos, cuando conoció el vacío de ellos, el mejor sistema, dijo, es no tenerlo.

Si presentando verdades, descubiertas con penas, brilla la sabiduría del filósofo, confesando errores, advertidos con trabajos, triunfa la virtud del sabio. Fenelón es grande haciendo amable la religión: Fenelón es grande enseñando a los reyes; pero Fenelón es superior a sí mismo condenando en Cambray sus pensamientos.

Todo es espectable en el sabio. Son inmensas sus tareas: sublimes sus obras; heroicos sus triunfos.

Si entre los humanos hay seres que merezcan himnos, ¿no es al sabio a quien deben cantarse? ¿no es a los pies de su estatua donde debe oírse la voz del afecto, el acento de la gratitud?

Jóvenes, ved aquí la carrera grande de la gloria. Los cuerpos políticos necesitan almas, y las almas de estos cuerpos deben ser los sabios. El patriotismo ilustrado avanza la causa de la patria: el patriotismo que no lo es la atrasa y la entorpece.

Cultivad las ciencias: trabajad para ser sabios. Pero no esperéis serlo sin alejaros de lo que distrae o embaraza el pensamiento. La sobriedad en todo es el primer elemento de la sabiduría. Un obeso no puede pensar: un sibarita es incapaz de meditaciones profundas. No hay vicio que no arrebate el tiempo a sus víctimas: no hay pasión que no turbe el reposo.

En el seno de la templanza, en la tranquilidad de la virtud es donde se forma el pensador profundo; el sabio grande y sublime. Si buscáis placeres, las ciencias son las fuentes más inagotables. César viendo a Cleopatra: Creso acumulando riquezas no probaron jamás el placer que se goza leyendo el libro de un sabio, observando la naturaleza, o pensando en las sociedades. Si en la misma meditación se ve de repente iluminado lo que antes era tenebroso: si contemplando un objeto se descubren teorías nuevas, o pensamientos originales, entonces... oh, jóvenes no es posible explicar estos momentos de delicias. Afectan todo el ser. Newton queda arrobado; Arquímides sale por las calles publicando su descubrimiento. Las ciencias os llaman, jóvenes: sed dignos de ellas: sed sabios: sed justos: observad primero: reunid hechos: meditad después: escribid al fin, y presentad a la patria las luces a que tiene derecho.

LOS MAESTROS

Los seres que forman el sistema de la naturaleza se mueven según las leyes a que están sometidos; y moviéndose según ellas, llevan a los hombres en su movimiento: los colocan en posiciones diversas y obran sobre ellas con la energía respectiva de sus fuerzas.

Los hombres sienten: piensan y expresan lo que sienten y piensan. Las expresiones son análogas a los pensamientos: los pensamientos son hijos de las sensaciones: las sensaciones son obra de los seres que las producen.

El hombre en los espacios dilatados de la naturaleza tiene sensaciones diversas de las del mismo hombre colocado en el círculo pequeño de un pueblo. El Gobierno de Constantinopla afecta de una manera a los que le sufren; y el Gobierno de Londres penetra de otro modo a los que le gozan.

Una sensación sólo es sentida en toda su intensidad por el que sufre la acción de los seres que la producen: un pensamiento sólo es percibido en toda su extensión por el que tiene la sensación que lo hace nacer: una expresión sólo es entendida en toda su energía por el que concibe el pensamiento de que es imagen.

Para sentir toda la energía de los pensamientos de un inglés es necesario trasladarse a Londres y colocarse en la misma posición que los hizo nacer. Para sentir toda la abyección de los pensamientos de un turco es preciso vivir en Turquía y situarse en las mismas circunstancias que los han producido. Pasando de unos a otros van pareciendo obscuras las expresiones, menos claros los pensamientos, más débiles las sensaciones.

Los pensamientos de un siglo son para otro siglo menos perceptibles que para el mismo en que han nacido. El idioma de una edad es más oscuro para otra edad que para la misma que lo ha formado.

Las Décadas de Livio eran obscuras en la época de inercia y de silencio. Comenzó el movimiento de la América que proclamaba sus derechos: empezó el choque de las clases: empezaron a estrellarse los intereses y a dividirse las opiniones. Un rayo de luz disipó las tinieblas. Se iluminó lo que era oscuro; y vi claro el origen de la discordia entre el pueblo y los patricios, las capitulaciones de los nobles y la plebe, la energía de los tribunos, la política del Senado, la conspiración de Catalina, la ambición de César, el patriotismo de Tulio y la moral de Catón.

La oscuridad es progresiva desde el primero que concibe un pensamiento y forma el idioma que lo expresa hasta el último que estudia el uno y procura entender el otro. A cada siglo se disminuye la luz; y lo que el primero era día claro, en el último parece noche tenebrosa.

Es una la excepción de esta teoría. Cesa la progresión: renace la luz cuando el movimiento de la naturaleza, reproduciendo su marcha, coloca a los hombres en posiciones idénticas o semejantes: cuando los pone en situación igual a la del creador de un sistema o productor de un pensamiento. Si a cada generación renacieran las mismas circunstancias o se produjeran las mismas posiciones, los hombres verían claros los pensamientos y las ciencias serían sistemas luminosos de doctrina. Pero el círculo de la naturaleza es muy grande, y su movimiento no vuelve a los puntos de donde ha partido sino al cabo de años o al fin de los siglos.

Los hombres impelidos a puntos diversos o situaciones distintas van expresando sensaciones y pensamientos diferentes; y la suma de ellos, pequeña en el origen del tiempo, se va aumentando en el progreso sucesivo de las edades.

Un sabio reúne lo que han pensado los hombres: se cree posesor de sus pensamientos, y quiere que lo sean sus semejantes. Toma el carácter de Maestro: resuelve comunicar a la generación presente las luces de las anteriores: desea perpetuar en los tiempos la clase noble de los que ilustran a los pueblos: quiere ser el punto de contacto entre los hombres que han existido en el pasado y los que existen al presente o nacerán en lo futuro: trabaja para que los siglos no estén separados de los siglos. Para que sea uno el tiempo, una la clase que honra más a la especie: la clase que eleva al género humano sobre todos los seres: la clase que hace al hombre señor de la naturaleza.

Es benéfico su deseo: grande su resolución: sublime su objeto. El género humano le debe gratitud: los siglos deben eternizar su memoria. Pero no es posible que haya un Maestro perfecto.

Para que lo hubiera era preciso que el sabio destinado a serlo fuese colocado en las mismas posiciones en que se hubiesen hallado los creadores de las ciencias: que respirase la misma atmósfera, bebiese las mismas aguas y pisase el mismo suelo: que tuviese las mismas sensaciones y hablase el mismo idioma: que hubiese recibido un entendimiento vasto, capaz de abrazar todos los pensamientos de la ciencia, creados en la serie de los siglos: que poseyese el arte de poner tantas ideas en el orden sucesivo de su generación: que supiese el de explicarlas con el mismo método de su filiación o genealogía: que tuviese la potencia o facultad de ir colocando a sus discípulos en las posiciones más análogas para hacerles penetrar los pensamientos: que fuese un Dios, señor de los hombres y de los seres que obran sobre los hombres.

No son divinidades los maestros. Son hombres; y lejos de aproximarse al plan que enseña la razón, lejos de colocar a sus discípulos en las posiciones en que verían más claros los pensamientos, enseñan:

El geógrafo, la ciencia descriptiva de la Tierra lejos de la Tierra:

El astrónomo, la ciencia sublime de los astros lejos de los astros:

El naturalista, la ciencia hermosa de la naturaleza lejos de la naturaleza:

El político, la ciencia importante de los gobiernos lejos de los gobiernos, en el retiro de un colegio o soledad de un claustro.

No es el verdadero objeto de una ciencia el que se enseña en las lecciones de la ciencia. Es un libro, una lámina, un globo de madera, las líneas de una pizarra.

Recorre un joven el círculo de las aulas: sale del colegio; y entra en los pueblos. Todo es nuevo a sus ojos. No sabe cultivar la tierra: no sabe formar un libro de caja: no sabe medir un campo: no sabe determinar la posición de un lugar: no sabe observar un eclipse. Es nulo en la sociedad.

Después de años ocupados en la ciencia de los libros es necesario que emplee otros años en la ciencia de la naturaleza. Se divide la enseñanza que debía ser una: se consumen años que debían economizarse.

El tiempo es precioso: la vida es breve: los jóvenes tienen derechos; y la nación les debe la mejor enseñanza. Si no es posible la perfección, debemos al menos aproximarnos a ella.

Yo quisiera:

1. Que se destruyese el muro levantado entre las teorías abstractas y sus útiles aplicaciones: que no se dividiese en dos ciencias, metafísica y práctica, la que es una sola: que las observaciones o hechos que han servido de base a las ciencias, los principios o consecuencias que se deducen de las relaciones entre los hechos, y las aplicaciones en bien de la sociedad que se hacen de los principios se miren como partes de un solo Todo:

2. Que los maestros antes de recibir este título fuesen examinados no en los colegios o universidades sino en medio de la naturaleza que ofrecen explicar: que a vista de los examinadores mida un campo o calcule una altura el que prometa dar lecciones de geometría: que determine la posición de un pueblo, mida un grado del meridiano y levante la carta de un lugar el que ofrezca darlas de geografía:

3. Que no fuese sedentaria su vida ni dictadas sus lecciones desde una cátedra de orgullo: que recorriesen la naturaleza los profesores de la naturaleza: que en las riberas de los ríos clasificase el botánico los vegetales que las hermosean, haga análisis de las partes que los forman y desenvuelva los prodigios de la vegetación y que en las montañas más ricas, a vista de las vetas, en medio de las canteras, manifestase el mineralogista las clases de fósiles, sus caracteres y métodos de explotación.

4. Que tuviesen presente en sus lecciones el orden sucesivo con que se han ido creando las ciencias: que los hombres observaron primero seres individuales, pensaron después en las relaciones de semejanza o diferencia que había entre los seres, y formaron últimamente principios o expresiones generales de aquellas relaciones: que si este método llevó a la formación de las ciencias, el mismo sistema debe llevar a su posición: que enseñar abstracciones primero y hechos u observaciones después es invertir el orden y fijarse primero en las consecuencias y después en las premisas:

5. Que tuviesen lugar muy distinguido en el orden jerárquico de las sociedades, porque ellos son los que dan luces a los que han de ser legisladores, magistrados o funcionarios de otro género: que se les dotase como corresponde a su representación y exige lo penoso de sus tareas:

6. Que formasen un libro, y clasificando en él los talentos y progresos de sus discípulos, lo presentasen anualmente al Gobierno, y éste lo conservase como la hoja más digna de servicios: como una indicación de los jóvenes que debe proteger, de los hombres que a su tiempo debe ocupar en servicio del Estado:

7. Que cada año manifestasen al Gobierno las necesidades de las ciencias: lo que atrasa su marcha o puede influir en sus progresos: las causas que las estancan en un lugar y las que podrían dilatarlas por muchos:

8. Que hubiese un fondo destinado para los gastos de instrucción pública, como los que hay para los de justicia, hacienda y guerra: que con aquel fondo se dotase a los maestros, se premiase a los discípulos y se socorriesen las necesidades de las ciencias.

La ilustración es el origen del bien. La ignorancia es el origen del mal. En el centro de la riqueza, la América ha sido pobre porque ha sido ignorante. En medio de la pobreza, la Europa es rica porque es ilustrada.

Los que enseñan las ciencias: los que comunican sus principios y derraman sus luces son, entre todos, los de más valor. El de los hombres se deriva de lo que saben ejecutar; y los sabios son los que enseñan a los hombres.

Que los maestros sean honrados por la nación; y premiados por el Gobierno: que la juventud sea protegida y las ciencias difundidas. La naturaleza, yerma ahora, salvaje y horrible, será en lo futuro poblada, culta y hermosa.

LIBERTAD DE IMPRENTA

La libertad de imprenta, dice un escritor, fecundiza la opinión pública: amenaza al crimen; y si este es feliz, ella es el castigo de su mismo suceso. Todos los pueblos libres la protegen: en ningún país esclavo se sufre. Roma no la perdió sino en el decenvirato de Apio y bajo el imperio de los Césares.

La imprenta es el sentido universal del cuerpo político, así como el tacto es el sentido general del cuerpo humano. Su libertad es consecuencia necesaria de la falibilidad común. Es preciso permitirla, o decir que los que gobiernan no pueden errar. Ella enfurece al espíritu orgulloso de dominación, porque le quita la máscara: ella intimida y desconcierta a la audacia y tiranía por la posibilidad sola de su vigilancia; pero estos temores que inspira son elogios serios, y una prueba más de su necesidad.

Feliz la libertad que va a buscar al conspirador que en las tinieblas se esconde bajo velos, o al hipócrita que se disfraza con ellos, o al charlatán que se engaña a sí mismo por el suceso que ha tenido su impostura.

¿El primer peligro público no es siempre la tiranía? ¿El instante en que acaba de nacer un Gobierno no es el momento en que se debe velar más el ejercicio del poder confiado a los que mandan?

Cuando ya está consolidada una constitución, el tiempo ha hecho inmobles los límites del círculo dentro del cual deben moverse las autoridades; pero antes de consolidarse la Ley Fundamental, una ambición desordenada, una audacia feliz pueden fácilmente saltar aquellos límites o darles más extensión.

La razón como una antorcha se enciende en un espacio vasto y ventilado y muere reducida en un vaso estrecho. Leed la historia de las naciones y veréis en ella el derecho de pensar y escribir comprimido en proporción de su esclavitud. ¿La Francia hubiera sucumbido bajo el despotismo del ministro que ocupó largo tiempo el trono en que Luis XIII parecía sentado, si filósofos elocuentes hubieran podido vengar la libertad que aquel funcionario acabó de alarmar con sus amenazas y envilecer con sus ultrajes?.

Yo lo repito. Es necesario decir que los que mandan son infalibles, o permitir que se les censure. ¿Quién publicará, sino es la imprenta, sus errores, sus cargos o delitos? Puede concebirse que un país sea libre cuando no lo son el pensamiento, o la palabra que es su expresión? ¿Cuándo hay pensamientos vasallos y sólo un pensamiento soberano?

La obediencia debe ser fiel; pero ilustrada. Asegurar que se le hace traición reclamando los derechos violados del pueblo es revelar ese secreto de los déspotas. Desde el momento en que un hombre o un cuerpo restringen o encadenan la libertad de escribir garantizada por el pacto social, anuncian a la nación entera que el Gobierno se ha mudado o se va a mudar: publican indirectamente el manifiesto de la tiranía.

Leed los códigos de todos los pueblos libres. El de Pensilvania en el artículo 35 abandona expresamente las leyes a la discusión pública. La libertad de imprenta, dice la declaración de los derechos que precede a la Constitución de Virginia, no puede ser restringida sino por los gobiernos despóticos. Hablar con franqueza sobre los actos u operaciones del Gobierno es servir a la patria y a la libertad: tal es la máxima tutelar de los ingleses. La censura de aquellos actos fue también expresamente autorizada por la primera Constitución de la Francia.

Llamar criminal o peligrosa la censura de un acuerdo o decreto violadores de nuestros derechos sería idea muy servil. ¿Sólo contra la tiranía antigua será permitido escribir? Cuando lo que se hace está en oposición con la justicia, con la razón, con la naturaleza, es lícito, es preciso sin duda reclamar a favor de estos sentimientos, más antiguos que todos los códigos, más respetables que todas las leyes. Hombres impuros desahogarán las venganzas de su corazón y servirán a la facción que los paga.

Y la virtud, objeto de sus calumnias, no podrá ser vengada con sus celosos adoradores?

¿No consideráis que se creería que teméis en tal caso los gritos del pueblo y queréis sofocarlos? Fabricio Vejento había ofendido al Senado con sus escritos. Se buscaban, dice Tácito, aquellos escritos y se leían con ardor; pero se olvidaron así que fue permitida su lectura. No son las calumnias: son los crímenes los que deshonran al poder supremo: la inepcia de los magistrados es la que los envilece.

Podría haber peligros contra una Constitución o un Gobierno cuando una sola clase de escritores, o si se quiere un solo partido tuviese el derecho de publicar sus opiniones y pensamientos; pero si este derecho es universal, debe cesar todo temor. El mal que la Imprenta pudiera hacer se destruye entonces por la facilidad de curarle.

Cuando el cuerpo legislativo o el Gobierno prohíben o restringen la libertad de Imprenta, la prohibición o restricción sólo es relativa a los ciudadanos. Los poderes legislativo y ejecutivo conservan aquella libertad; y si llegaran a   atacar los derechos del pueblo, ¿qué voz se levantaría en tal caso para reclamarlos?

No digáis que los tiempos borrascosos en que vivimos exigen medidas de rigor... Vuestros raciocinios, cualquiera que sea el colorido que les deis, desaparecen ante estas cuestiones terribles: ¿Cómo se ha conservado la tiranía en todos los tiempos, en todos los pueblos? Por la esclavitud de la Imprenta. ¿Cómo se ha destruido la tiranía? Por la libertad de Imprenta. En medio de las tempestades de una revolución es precisamente cuando las pasiones aumentan su audacia y actividad, pero esas pasiones se neutralizan por su misma lucha... su vigilancia activa compensa y repara los males que hacen nacer.

Yo me extiendo más. ¿El Gobierno representativo subsistirá en realidad cuando no hay entre los pensamientos de un Diputado y los del pueblo que lo ha elegido una comunicación abierta y necesaria? ¿Cuándo los representados no ejercen una vigilancia general? ¿Cuándo no tienen el derecho de proclamar libremente o hacer que se proclame con franqueza la opinión nacional de que los representantes deben siempre ser órgano?

Se dirá que la Imprenta sirve de instrumento a algunos delitos... Pero yo quiero que en vez de hacer una ley particular sobre el agente pasivo del crimen, se haga sobre el mismo crimen.

Si se roba a un autor el fruto de su trabajo este plagio debe ser determinado en el Código Penal: si se calumnia a alguno, esta acción debe también tener lugar en el mismo Código, etcétera.

Una censura necesaria y justa, se dice, no será para un hombre poderoso una provocación a la desobediencia. ¿Quién podrá, pues, seguir la cadena entre un escrito publicado y un atentado cometido?

¿Cómo osarás llenar el intervalo que lo separa? ¿Quién os ha dicho que el proyecto del crimen no estaba ya en el alma del culpado? ¿La presunción sólo será bastante para condenar? No basta haber sido ocasión del delito: es preciso haber sido causa de él.

Yo tengo una vela en las manos, y la destino a alumbrar. ¿Si otro se quema con ella, me creerás autor del incendio?

Censurar o criticar una ley es por ventura excitar a violarla? ¿Si no es permitido criticar un decreto, dónde está la esperanza de hacer que se revoque? ¿Dónde está la libertad de escribir, si un autor puede ser cargado de cadenas porque un hombre ha desobedecido la ley que aquel ha criticado?

En breve se exigirá para todo lo que haga el Gobierno un respeto supersticioso, un decreto: una proclama serían actos de fe o dogmas ante los cuales debería arrodillarse la razón.

Tú has decretado una ley injusta: yo la he criticado: otro la ha desobedecido. ¿Quién es causa de la desobediencia? Tú que has hecho la ley injusta o yo, que he criticado tu injusticia? Crees digno de cadenas al escritor enérgico que censura lo injusto?

¿Y tú que eres autor de la injusticia, cuál es el infierno que mereces? Llamas desorganizadores políticos: denominas perturbadores del orden a los hombres justos que reclaman el cumplimiento de las leyes divinas, o humanas, eclesiásticas y civiles. Y tú que las desprecias o has hollado, cuál es el nombre que debes tener?

En una nación que comienza a existir, en un sistema que empieza a formarse debe haber inexperiencia, equivocaciones y errores.

Si los hombres de probidad y luces no pueden publicar las que les ha dado el estudio de toda su vida y la experiencia de muchos años, ¿a qué abismo serían llevados los pueblos que no han proclamado su independencia para ser infelices sino para mejorar sus destinos gozando suma más grande de felicidad?

Pero la religión no debe ser confundida con los asuntos a que puede extenderse la libertad de Imprenta. La religión es un objeto sagrado, y sus dignos ministros merecen nuestros respetos. Que no sean nuestras manos las que toquen la religión.

Su influencia es benéfica: su moral es divina. ¿Puede haber filantropía más sublime que la de identificar a todos los hombres haciendo que en mí semejante vea otro yo?

COMERCIO

El comercio lleva a las plazas más lejanas los frutos del campo y los artefactos de los talleres: da extensión y valor a la industria y a la agricultura, fuentes primeras de riqueza.

Tres son las causas que deciden sus destinos haciéndolo pobre o rico, dilatado o reducido: la libertad que abre las puertas a todas las naciones, los caminos que facilitan el transporte de las mercaderías: y los aranceles que fijan sus derechos.

La libertad de comercio decretada desde el año de 1821, fue uno de los primeros acuerdos después de la voz gloriosa de nuestra independencia. Los caminos serán objeto de nuestros pensamientos, y sobre aranceles tenemos el honor de presentar el que rige en la República de Centroamérica: las bases en que se funda; y el discurso que manifiesta la libertad de sus principios.

Guatemala acordó desde 1822 los que deben servir de fundamento a un arancel que no sea destructor del comercio: Guatemala decretó derechos más moderados que los que se cobran en las demás naciones de América: Guatemala distinguió a los americanos y es equitativo para los europeos.

EL CAMPO

Salgo de la ciudad donde, unidos elementos tan contrarios, estremecen en su choque estrepitoso. Huyo del ruido pomposo del orgullo, de las vanidades del lujo, de las artes de la sociedad.

Vuelo á tí, campo venturoso, mansión del alma paz, fuente pura de goces, centro feliz de lo dulce. No hay falsedad ni doblez, ni ficción, ni los ardides que ocultan pechos dañados. El beso es de amor sincero, la sonrisa de contento puro, el semblante copia fiel de almas inocentes.

Aquí está la amorosa Filis, el cestillo que Cloe no daba por un rebaño, la virtuosa Gliceria, el piadoso Menalco.

En este lugar fueron dictadas las pastorales del Tasso. Aquí formó sus idilios Gesner sensible; y de estos valles es la sencillez plácida de Teócrito.

Las Gracias, las Ninfas, los Amores, los Céfiros que el hijo triste de la ciudad mira como imaginaciones del delirio, son en el campo seres reales que alegran mi existencia.

No oigo el sonido facticio del alambre ó el ruido forzado del viento. Veo el prototipo mismo de la Belleza, que las artes serviles pretenden imitar. Los maestros de la armonía son los que al principio de la mañana encantan mis oídos en la mansión deliciosa de estas familias de vegetales.

En ella es donde se pinta la violeta humilde, donde sube erguida la azucena cándida, donde se enreda la tourneforcia sensible. Asombran los trabajos de esos observadores infatigables, amigos pacíficos de las plantas: los tuyos sobre los demás, Sueco dichoso, luz brillante del Norte, guía feliz del Mediodía. Pero la naturaleza es más vasta que el Genio más sublime; y en veinticuatro ángulos de un jardín tristemente simétrico no es dado encerrar la región de vegetales sin cuento. Se comparan semejanzas en un punto, y se olvidan diferencias mayores en otros: so ve la superficie; no se penetra el fondo: se perciben algunas cualidades; no se conoce la sustancia.

El cuadro de los animales se comenzó desde siglos. La mano del griego tiró las primeras líneas: la del romano hermoseó los dibujos: la del galo dió colores, gracias y bellezas. En obra del Genio lo que se ha trabajado. Aristóteles, Plinio, Buffon serán eternos como las especies que pintaron. Pero ¿qué son las obras del hombre comparadas con los originales de la naturaleza? ¿Dónde hay voces para expresar ó pinceles para retratar esta fecundidad asombrosa que brota vidas à millares en cada punto de la tierra, esta escala aún más prodigiosa de instintos, tantas clases de estupidez, tantos grados de inteligencia, la multitud de caracteres en tantos individuos de tantas especies, la variedad de formas desde el insecto mínimo hasta el elefante colosal, los esmaltes, los matices de esos plumajes donde brillan en mil combinaciones los colores de las piedras de la India y del Brasil?

La creación animal: esta colección infinita de átomos con vida. y de masas enormes que también la gozan se burlan de los sistemas, humillan al naturalista, confunden á Cuvier.

¿Y la creación mineral? Estas otras colecciones de seres distintos: estas montañas, depósitos inmensos de fósiles tan diversos: estas canteras de minerales pintados por la naturaleza: estos prismas, cubos, pirámides y figuras labradas por el Geómetra, autor de ellas: estas masas de rocas asentadas por la mano omnipotente de su Creador: los cuarzos, los jaspes, feldspatos, granitos, talcos, lavas, basaltos, pomes, mármoles, yesos. Tantas tierras, sales, vidrios y betunes ¿podrán ser reducidos á clases, numerados o descritos?

Se han agitado los talentos para conocer estas riquezas que deleitan mi existencia sin corromper mi pecho. Bergman, Werner, Brunner quisieron abrazar la creación mineral: formaron largas y laboriosas nomenclaturas: pidieron voces á las lenguas: subieron á la antigüedad á buscar en idiomas añejos las que no encontraban en las modernas: fijaron caracteres distintos; formaron sistemas diversos. Pero no hay idiomas bastantes para expresar todo lo precioso que esconde la Tierra. Una combinación nueva de la materia trastorna los sistemas: un rasgo destruye las teorías.

Fué el orgullo del entusiasmo el que hizo decir à Buffon: Mis pasos son los de la Naturaleza: el orden de mis ideas es el de la sucesión de los tiempos.

Infinita la carrera de la naturaleza, ¿podrá darle alcance la marcha tardía del hombre? Parte minutisima el uno; todo inmenso la otra, ¿podrá el Genio más vasto abrazar esta inmensidad, comprender estos mundos, analizar estos compuestos de seres jamás simples?

El sabio en su gabinete contempla, absorto en las ilusiones del éxtasis, los cuadros grandes de este hermoso esferoide. Thompson...

¡Oh, Thompson! Pintor inmortal de la naturaleza en las cuatro faces con que se presenta en su giro majestuoso! Tu pincel parece divino. El genio unido de las musas parece haberte inspirado. Pero más feliz que el solitario observador de tu obra eterna, estoy sentado en el carro mismo de las estaciones No leo descripciones hechas con caracteres negros de tinta. Siento los ardores del estío, y abrasado, sudoroso, corro á la fuente fresca por la sombra de un bosque hojoso. Silba por las cabañas el huracán horrísono, destructor de la vegetación. Veo caer unos sobre otros los álamos y ceibas, reventarse las raíces más robustas, formarse acá y allá montañas de arena, obscurecerse la atmósfera en negra noche, temblar incendiada la bóveda del cielo, caer rayos, y tras ellos un diluvio de agua que torna en lago toda la extensión del valle. Amanece después un día hermoso: sale la rosa de su botón: se abre en multitud de pétalos la adormidera: el suelo brota bellezas, gracias, amores; y yo respiro una atmosfera de aromas en medio de un campo florido.

No bastan los sentidos para tantos goces. Variadas á lo infinito las formas de la hermosura: poblado de innumerables seres cada uno de los tres reinos: un mundo entero en cada sér: inmensa la fecundidad de la naturaleza que en cada instante produce maravillas, mis sonidos no alcanzan á gozar tantos mundos de bellezas, te adoro, Dios eterno, amigo del hombre. Recibe mis votos de gratitud, sencillos y puros como los del Universo. Platón te llamaba Geómetra eterno, y Young, Gran Todo, causa de todas las causas. Yo te llamo Autor de las bellezas del campo, creador del buey compañero del labrador. Mientras respire este aire vital que anima mi existencia: mientras haya vivo un solo punto de sensibilidad será vana para mí la voz orgullosa del impío. Yo te adoro en la sencillez pura de mi corazón. Derrama luces sobre todos los individuos de mi especie. Insectos acumulados para morderse en la superficie pequeña de una hoja, los hijos infelices de la sociedad se ocupan solamente en dañarse. Levanta el velo, Dios de paz. Haz que el hombre sea imagen tuya, Dios de bondad, y no del tigre que devora ó del león que despedaza. Qué se vea después de tantos horrores, que la felicidad es hija de la unión armoniosa: que nacidos en lo bajo del valle, en el declive de la montaña, aquí ó allí, todos somos hijos de un Padre, criaturas de un mismo Hacedor: que no se oigan gritos de victoria cuando los campos son inundados de sangre: que la canción enseñada en la escuela, inscrita en las casas, sea esta:

"Todos, tus hijos somos:
el tártaro, el lapón. el indio rudo;
el tostado africano
es un hombre, es tu imagen, es mi hermano!".

PROSPECTO DE LA HISTORIA DE GUATEMALA

La historia de una nación es uno de sus libros más importantes. En ella debe un político profundizar el estudio de su ciencia: un legislador formar su plan de legislación: un gobernante recibir lecciones de gobierno.

Viendo a los Estados nacer al principio pequeños y casi confundidos con la nada: subir después gradualmente, llevados por la mano de la prudencia; y bajar últimamente con precipitación por no haber talentos que sepan mantenerlos en la altura del poder: observando sus movimientos: investigando las causas de sus progresos y retrocesos, el hombre que estudia la ciencia de las sociedades aprende en una escuela práctica lo que no podría enseñarle la teoría más sutil.

El que no observa a un pueblo más que en su actual posición es como el que no ve a un hombre más que un acto sólo de su vida. Para conocer a un hombre es preciso verlo en todos los períodos; y para conocer a un pueblo es necesario observarle en todas las épocas de su historia.

La de una nación es la que manifiesta su vida pública y privada: la que designa los pasos que ha ido dando en el transcurso de los siglos: la que indica lo que puede dar para llegar gradualmente a la altura a que puede subir. Cicerón llama a la historia Magistra vitoe; y este pensamiento es un libro grande reducido al laconismo de dos palabras.

Todas las naciones deben tener su historia particular. Es el libro que debe presentar a sus legisladores y gobernantes para que vean en él como en un cuadro el pueblo que van a mandar, la marcha que ha seguido, los estados por donde ha pasado, y el último que tiene en el momento presente.

Cuando Córcega se pronunció independiente, el autor del Contrato Social, invitado para formar el plan de su legislación, no se contentó con pedir noticias del estado que tenía aquella nación. Manifestó que era necesaria una buena carta de la isla donde estuviesen bien designados y distinguidos todos sus distritos: una descripción exacta de ella, su historia natural, su cultivo, su población, el número e influencia respectiva de los eclesiásticos y notables, el estado de los puertos y fortalezas, la industria, las artes, el comercio, etcétera; la historia de la nación, sus leyes, y todo lo respectivo a la administración pública, rentas, contribuciones, lo que pagaba el pueblo y lo que podía pagar. Guatemala no tiene aún la historia que debe haber. Se considera su estado presente, y no se ha hecho estudio de los anteriores por donde ha pasado: se ve su superficie, y no se penetra más allá: se mira su fisonomía exterior; y no se tiene idea de su alma. Guatemala no es conocida como debe serlo; y sin tener conocimiento profundo de ella, ¿podrá ser bien gobernada?

El patriotismo debe interesarse en llenar tan gran vacío, para que su administración sea menos desgraciada, para que se mida el espacio que ha corrido viendo el punto mínimo en que comenzó a existir y el máximo a que puede elevarse, para que conozca su verdadero ser y las causas que lo han ido formando y desarrollando, para que se aprenda a gobernarla con prudencia y levantarla con sabiduría a la altura a que la llaman sus destinos.

Es importante el asunto, y grandes las consecuencias. El celo debe darle toda la atención que demanda. Pero debe tener presente una verdad incontestable. No son todos los talentos dignos de escribir la historia. Unos calculan el movimiento de los astros; y otros observan el de los pueblos. Tulio gobernaba a Roma y Livio escribió su historia.

Si en Guatemala existen hombres dignos de escribir la de una nación: si los acontecimientos del mundo político les interesan y ocupan más que los fenómenos del mundo físico: si el libro de las causas de la grandeza y decadencia de los Romanos escrito por Montesquieu les llama la atención más que la épocas de la Naturaleza publicadas por Buffón: si el discurso de Bossuet que ve pasar sucesivamente a los Asirios , a los Medos, a los Persas, a los Griegos, a los Romanos, y caer, por decirlo así, unos sobre otros, es obra que leen con más placer que la de Deluc, que manifiesta las revoluciones progresivas de la tierra: si han hecho estudio profundo del hombre y la ciencia de sus derechos y deberes: si leyendo la historia de las naciones se han complacido en observar cómo ha obrado ese hombre y por qué causas han sido esos derechos hollados en unas y respetados en otras: si investigando esas causas se han dedicado a descubrir la influencia del clima, la religión y el gobierno, que son las principales que obran en los pueblos y les dan la forma que tienen: si considerando la acción de esos grandes agentes se han ejercitado en observar la genealogía de los sucesos, viendo en los primeros el germen de los segundos y en los segundos el principio de los terceros: si acostumbrados a conocer los enlaces o conexiones que tienen unos con otros todos los acontecimientos, han aprendido a ponerlos en orden y expresarlos con el idioma propio de cada asunto: últimamente, si han nacido con el talento de los historiadores, y han sabido cultivar ese talento, la patria tiene derecho para pedir que lo empleen en escribir su historia.

Para formarla como exigen sus intereses no bastan estudios comunes de libros publicados sobre principios generales. Los que emprendan trabajos tan importantes deben fijar su atención en tres grandes objetos: España, México y Guatemala: deben estudiar la historia de España observando la forma de su gobierno y la influencia que debió tener en las Indias, su sistema respecto de la América, y de Guatemala, parte muy distinguida de la América, y las revoluciones que sufrió en el período dilatado de 1524 en que Pedro de Alvarado fundó la capital en nuestra República hasta en 1821 en que se pronunció independiente: deben leer todo lo que se ha escrito de Guatemala antes y después de ser conquistada por España haciendo estudio profundo de los códigos legislativos que la han regido desde el Fuero Juzgo hasta la recopilación de Indias, recorriendo las órdenes y cédulas particulares expedidas para estas provincias, registrando los archivos del gobierno y antigua capitanía general, de la audiencia y ayuntamientos de las ciudades principales, viendo los planos, croquis y cartas de los puertos, costas y partidos de esta nación, recogiendo las tradiciones conservadas por los hombres más fidedignos, y reconociendo las antigüedades que existan: deben instruirse de la historia de México dando una ojeada a los tiempos anteriores a su independencia, haciendo estudio particular de su larga y desastrosa revolución, y deteniéndose especialmente en el período desgraciado de su gobierno imperial: deben observar a Guatemala en todos sus períodos desde que era cachiquel hasta que subió a República soberana y federal: deben meditar la naturaleza respectiva de cada uno de los gobiernos que la han administrado y los efectos necesarios que debía producir su forma en la civilización, moralidad y carácter de sus habitantes.

Un gobierno es decisivo de la suerte de los pueblos. Tiene todos los poderes: se ocupa exclusivamente en ejercerlos; y los emplea en llevar al término que quiere a los hombres desvalidos, distraídos o dedicados a atenciones de diverso género. La historia de Luis XIV, protector de las artes y ciencias, es la de Francia ilustrada por los talentos más brillantes. La de Godoy que tuvo el atrevimiento de gobernar sin haber aprendido la ciencia difícil de los gobiernos, es la de España que llegó casi a ser borrada del mapa de Europa.

Conociendo la forma de un gobierno: leyendo la Constitución que lo ha creado u organizado; y viendo las manos que lo dirigen, yo no exigiría otros datos para adivinar los destinos de una nación. Diría asertivamente sin temor de equivocarme: los pueblos serán ignorantes o civilizados: pobres o ricos: inmorales o virtuosos: brillarán en el horizonte de las repúblicas libres, o volverán a la oscuridad de las colonias o provincias subalternas.

Si Guatemala ha tenido cuatro estados principales, y en cada uno de ellos ha sido regida por gobiernos diversos: si dividida en naciones pequeñas y gobernadas como lo eran las de los indígenas antes del descubrimiento del Nuevo Mundo, fue conquistada por los españoles, y sometida a su imperio cerca de tres siglos: si proclamándose independiente del gobierno de Castilla fue, cuando empezaba a gozar de su independencia, sujetada a México y administrada por el gobierno de la Nueva España; si pronunciada por vez segunda su libertad se ha erigido en República independiente y federal, parece que su historia debe tener cuatro grandes secciones: Guatemala Indica: Guatemala provincia de España: Guatemala provincia de México; y Guatemala República libre. Estos son los cuadros que debe pintar el historiador digno de la nación.

No han ocurrido en ella las guerras estrepitosas que llenan los anales de otros estados.

Una paz de siglos ha distinguido a Guatemala; (2) y en sus pueblos jamás se han visto revoluciones tan horrorosas como las que han desolado a otros.

Pero ¿dejará de interesar el cuadro de una nación pacífica que en su mayoría ha conocido los valores del orden y tranquilidad? ¿de una nación justa que ha sabido respetar los derechos de los demás? ¿de una nación prudente que no proclamó sus fueros y libertades sino en el momento de la oportunidad, cuando podía hacerlo sin sangre ni muertes?

SISTEMA POLÍTICO

Desde que los hombres, dice un escritor, existen en sociedad, dos grandes procesos agitan el espíritu humano y arman alternativamente con la cuchilla de las proscripciones a una y otra de las partes contendoras.

1. Ha existido antes y existe ahora un proceso entre los pueblos que quieren la libertad política y civil, y los jefes, temporales o vitalicios, electivos o hereditarios, reyes o emperadores que quieren tener poder absoluto.

2. Ha existido antes y existe ahora otro proceso entre los pueblos que no quieren admitir otras distinciones que aquellas que sean convenientes al interés de todos; y las clases de aquellos individuos que han usurpado y quieren todavía conservar para su privativo interés privilegios honoríficos o pecuniarios.

Combate del espíritu de libertad con el de dominación o poder absoluto: combate del espíritu de igualdad con el de distinción o privilegio. Este es el cuadro de las naciones o sociedades políticas del mundo antiguo.

Los pueblos de Europa, salvajes o bárbaros primero, dominados después por Roma antigua que, liberal o justa para sí, era una tirana para los demás: invadidos posteriormente y subyugados por los godos, vándalos, hunos, etcétera, oprimidos por monarcas absolutos y ministros ignorantes o inmorales: sensibles al sufrimiento de tantos males: ilustrados en sus derechos por hombres que desde la altura de sus gabinetes derramaban luces sobre toda la especie, quieren ser menos infelices: quieren constitución: quieren una ley que señale límites a los poderes, dé a todos derechos, y prescriba a todos deberes.

Es justa su demanda y no tiene moral, o no habla lo que siente, el que niegue la justicia de solicitud tan conforme a razón. Pero los gobiernos y las clases no quieren dejar de ser aquéllos absolutos y éstas privilegiadas.

El interés personal unió a las clases con los gobiernos; y el interés público o social unió a los pueblos entre sí. Empezó el combate o lucha: empezaron los gobiernos a ser enemigos de los gobiernos: y no hay armonía entre los que mandan y los que obedecen; y la Europa se ve amenazada de todos los males temibles en posición semejante.

Los pueblos de América, salvajes también al principio: dominados después con arbitrariedad por los Incas y Moctezumas: conquistados posteriormente por los Corteses y Pizarros: envueltos en las desgracias que afligían a los europeos ilustrados con las luces que del norte del mundo antiguo pasaban al norte del nuevo, y desde él volaban por el centro y mediodía, quieren tener cerca los gobiernos directores de sus destinos.

Su demanda es igualmente justa. La religión la aprueba, y la razón la defiende. Pero el mismo espíritu de privilegio y poder absoluto que repugna el bien de los pueblos de Europa resiste también el de los de América.

Se ha formado una alianza que con escándalo se llama santa; y el objeto de esa santa alianza es que no haya constituciones justas: que no haya leyes iguales para todos: que el mundo nuevo esté sujeto al viejo; y dominen los poderes absolutos.

No es general esa liga. La Inglaterra que es la primera potencia del mundo: la Inglaterra que tiene la corona del Océano, y es para los gobiernos de las demás naciones como la cámara de los comunes que se ha reservado el bolsillo, no ha entrado en aquella coalición. Ha reconocido por el contrario la independencia de Colombia y México, y tenemos datos para asegurar que reconocerá también la de Guatemala. La Holanda empieza a hacer iguales reconocimientos, los Estados Unidos los han hecho ya; y tienen intereses semejantes a los del resto de la América; y otras potencias son neutrales o seguirán su ejemplo.

Los gobiernos de Francia, Austria, Rusia y Prusia son los que forman la alianza que resiste en Europa las instituciones liberales; y a esos Gobiernos quiere España interesar en sus pretensiones sobre la América. ¿Cuál será el resultado final de la contienda entre los Gobiernos y las naciones? Cuál será el término de la lucha entre las clases privilegiadas y los pueblos de Europa? ¿Triunfará la justicia? ¿Será victoriosa la razón?

¿Los gobiernos de la Alianza darán a España los auxilios que necesite? ¿Y dándole lo que ha menester, se encenderán en Europa los fuegos de una guerra que en tal caso sería general? ¿Y encendiéndose aquellos fuegos, avanzará la América en su causa, o será atrasada en su carrera? ¿Y cuando no hubiese guerra en Europa, será posible que

España vuelva a conquistar la América? ¿ Y cuando llegase a conquistarla podrá la conquista ser duradera?

Deseamos que los hombres de todas clases tengan rango más elevado que el de lectores pasivos. Queremos que sean pensadores activos: queremos que se aumente la masa de luces; y que enviándose a nuestro periódico las que produzca la meditación sea El Redactor[2] del sol que las vaya difundiendo por todas partes.

Nosotros no quedaremos ociosos. Publicaremos noticias acordes o contradictorias, obscuras o claras, así como las encontremos en las gacetas o periódicos de otros países. Presen taremos a su tiempo nuestros pensamientos. Enderezaremos también lo que se nos demuestre ser torcido: seguiremos lo que sea recto; y de uno u otro modo avanzaremos siempre a nuestro término.

II

La independencia absoluta es nuestro primer derecho y el fundamento de los demás. El espíritu público es la garantía más firme de la independencia; y la libertad justa de imprenta es la que forma y dirige el espíritu público.

El pueblo de la República Federal de Centro América, dice el artículo #1 de nuestra Constitución Política, es soberano e independiente.

No podrán, dice el artículo 175, el Congreso, las asambleas, ni las demás autoridades coartar en ningún caso ni por pretexto alguno la libertad del pensamiento, la de la palabra, la de la escritura, y la de la imprenta.

Esta es la Ley Fundamental que decretó la Asamblea y ha jurado la Nación: esta es nuestra carta: este es nuestro pacto. Penetrémonos de su importancia en las actuales circunstancias: conozcamos toda su influencia: y no olvidemos los derechos del juramento.

III

Siendo independiente esta nación, sus destinos dependerán de ella misma. No será Lima, no será Bogotá: no será México la que le dará leyes. Será Guatemala la que las dictará a Guatemala.

---

[2] El Redactor General, periódico que fundó y dirigió don José del Valle en 1825.

Sus hijos tendrán elevación en su carácter, nobleza en sus sentimientos. Somos, dirán, independientes y libres. No es el Norte ni el Sur el que nos enviará empleados. Nosotros mismos elegiremos a nuestros legisladores, a nuestros jefes, a nuestros jueces. Si el hijo de Roma conquistando, destruyendo, talando a los pueblos se enorgullecía de ser romano, nosotros proclamando nuestros derechos y respetando los de nuestros vecinos, nos gloriamos de ser guatemalanos:

Sus Diputados no tendrán que atravesar centenas de leguas para ir a Colombia, Nueva-España u otra nación a formar una minoría de representantes guatemalanos, sujeta a la mayoría de representantes colombianos o mexicanos. En su misma patria, sin salir de su territorio, sin sentir influencias extrañas, sin multiplicar gastos, se unirán en congreso, y elevándose sobre pasiones y errores trabajarán en el mayor bien posible del mayor número posible.

Sus jefes serán hijos suyos, elegidos por los pueblos, y ejecutores no de las leyes que dicten naciones extrañas sino de las que acuerden sus conciudadanos y convengan al interés de la patria.

Sus magistrados serán también hijos de ella misma, electos igualmente por los pueblos, para decidir con arreglo a leyes guatemalanas las diferencias de guatemalanos, paisanos suyos, individuos de la misma República.

Sus tropas no serán divisiones militares de soldados extraños que vengan a atropellar nuestros fueros y hollar nuestros derechos. Serán regimientos de guatemalanos formados y disciplinados para defender la libertad de los guatemalanos.

Sus individuos no tendrán que emprender largos viajes, consumir mucho tiempo, y erogar muchos gastos para interponer recursos ante el Tribunal Supremo de Justicia que resida en Pekín, en Calcuta, en México o en Bogotá.

Sus pueblos no serán gravados con los gastos que aumenta la distancia, ni con las contribuciones que quiera imponer un congreso extranjero.

Sus aranceles serán los más moderados en toda la América: su hacienda será la menos gravosa en todo el Nuevo Mundo.

Hagamos cuentas exactas: sofoquemos el interés mal calculado de familia o de individuo: no oigamos las voces fieras del orgullo sino los acentos dulces de la razón.

¿Querremos que nuestra patria sea libre, independiente, y señora de sí misma, o colonia, o provincia de otro pueblo?

IV

La identidad de intereses hizo que desde 1810 comenzase en América a resonar sucesivamente la voz lisonjera: somos hombres, y por serlo tenemos los mismos derechos que los habitantes de Europa. No es justo que las naciones europeas sean regidas por gobiernos americanos. No es conforme a razón que los pueblos americanos sean administrados por gobiernos europeos.

Esta misma identidad hace que en la misma América se empiece a oír otra voz igualmente agradable: Nacimos en un mismo continente: somos hijos de una misma madre: somos hermanos: hablamos un mismo idioma: defendemos una misma causa: somos llamados a iguales destinos. La amistad más cordial: la liga más íntima: la confederación más estrecha deben unir a todas las Repúblicas del Nuevo Mundo.

V

Los pueblos que desean una ley, expresión de sus derechos y fueros; y la Santa Alianza que trabaja para tenerlos sometidos a los rigores del poder absoluto: la América que después de tres siglos de sujeción a un gobierno lejano se pronunció al fin independiente; y la España que posesora de la América igual espacio de tiempo, no quiere reconocer su independencia , son los asuntos que continúan ocupando a los talentos y ejercitando a los estadistas.

Siguen los periódicos contradictorios entre sí, unos alegres prometiendo paz perpetua, y otros melancólicos amenazando guerras destructoras: aquellos pintando futuros lisonjeros, y estos bosquejando venideros funestos.

En este caos, tenebroso como la noche, hay cuatro verdades superiores a las contradicciones de los periódicos. La libertad dirigida por la ley, es justa; y parece natural que los pueblos quieran constituciones y progresar en la marcha de su prosperidad.

El poder absoluto acostumbrado a dominar sin oposición desea continuar del mismo modo, y ve su sepulcro en las leyes que enfrenan la arbitrariedad.

La América es un mundo de valores infinitos, y no es creíble que su antiguo posesor quiera de grado perder tanta riqueza. La España después de años de sufrimientos y desorganización debe estar abatida, en situación muy desgraciada; y sin el auxilio de fuerzas y fondos de otras naciones no puede acometer empresa tan grande como la reconquista de un mundo decidido a defender sus derechos.

DIONISIO DE HERRERA

Hijo primogénito de don Juan Jacinto Herrera y doña Paula Díaz del Valle, nació en Tegucigalpa en el último cuarto del siglo pasado. No se ha podido averiguar fijamente la fecha de su nacimiento. Sólo se sabe que en 1794 se hallaba en Guatemala, á donde había sido enviado á estudiar. En 31 de julio de ese año, se presentó su señora madre ante el Alcalde Ordinario de primer voto, don Mariano Urmeneta, solicitando se siguiera información sobre que tanto la peticionaria como su esposo eran tenidos y reputados en la Provincia de Honduras como "españoles de primera distinción, limpios de toda mala raza, de mulato, zambo, indio y hereje", sobre que ninguno de la familia fué castigado por el Santo Oficio y sobre que muchos de los ascendientes de don Juan Jacinto Herrera tuvieron empleos honoríficos, así en lo secular como en lo eclesiástico.

Por aquel tiempo, gracias á los esfuerzos de los señores Villaurrutia, Ramírez, Goicoechea y Cañas, se había extendido y mejorado el plan de enseñanza en Guatemala, abriéndose escuelas de dibujo, adoptándose un nuevo curso de Filosofía en la Universidad y estableciéndose otras notables reformas. Tocóle, pues, á don Dionisio de Herrera aprovechar esta favorable circunstancia, y debido á ella y al estudio que hizo de la Historia y de los filósofos y escritores franceses más profundos, "era ya un literato y un hombre de estado, de pensamiento y acción"[3] cuando se declaró la independencia de Centro América.

Concluidos sus estudios regresó á Tegucigalpa, donde, en 7 de agosto de 1820, empezó á desempeñar la Secretaria del Ayuntamiento. Dejó este modesto empleo el 3 de febrero de 1822, fecha en que entró á servir otro más importante: el de Jefe Político de la Provincia, que desempeñó con singular tino y circunspección. Reunida la Asamblea Constituyente que declaró, por decreto de 1⁰ de julio de 1823, la independencia absoluta de Centro América que, poco antes, merced á los patrióticos trabajos de Valle, se había desligado de México, muchos Diputados distinguidos se esforzaron en el seno de

---

[3] **Biografía de don Dionisio de Herrera, por Victoriano Rodríguez.**

67

aquélla por que don Dionisio de Herrera fuese uno de los nombrados para el ejercicio del Poder Ejecutivo, en lugar de don Juan Vicente Villacorta; pero no consiguieron su objeto.

La Asamblea Constituyente expidió el decreto de convocatoria para que, en los que habían de ser Estados, se procediese á organizar las Asambleas Constituyentes respectivas y á la elección de Jefes y Vicejefes que debían ejercer el Ejecutivo de cada uno de ellos. Practicadas las elecciones y reunida la Asamblea de Honduras en Tegucigalpa, eligió ésta Jefe del Estado al señor Herrera, á virtud de no haber habido mayoría de votos en las elecciones primarias. Cesó, pues, en sus funciones de Jefe de la Provincia, y tomó posesión de su nuevo cargo el 16 de septiembre de 1824.

La Asamblea, que se había trasladado á Comayagua, á donde tuvo que trasladarse también el Ejecutivo, dictó allá la Constitución del Estado el 11 de diciembre de 1825, y en la misma fecha la refrendó el señor Herrera con su Secretario General, el señor don Francisco Morazán.

A virtud de decreto de la misma Asamblea, que había emitido con anterioridad á la Constitución, procedióse á la elección de Diputados á una Asamblea Legislativa. Esta se reunió en Comayagua el 5 de abril de 1826. Ante ella leyó el señor Herrera el importante discurso que se inserta en esta colección.

A pesar de que los actos del Jefe del Estado se encaminaban á la organización de la hacienda pública, de las milicias y de la administración de justicia, al fomento de la agricultura, de la inmigración de la industria y, en fin, al establecimiento de un buen sistema de gobierno, bajo el cual todo floreciera en el país, pronto se levantó contra él la reacción, al frente de la cual se puso el Vicario, Canónigo don José Nicolás Irías, contando con el apoyo del Presidente de la República, General don Manuel José Arce, quien, habiendo entrado ya en el camino de la arbitrariedad, veía en Herrera un obstáculo serio al desarrollo de sus planes. El Vicario Irías lanzó excomunión contra el Jefe Herrera, so pretexto de haberse echado sobre los bienes de la Iglesia, y debido á esto se le intimó orden de prisión y señalósele por cárcel el recinto de la ciudad de Comayagua. Irías se fugó, y sublevó contra Herrera los departamentos de Santa Bárbara, Gracias y Olancho, exigió préstamos y contribuciones, mandó extraer algunas alhajas de la Catedral de Comayagua, las que hizo vender, invirtiendo luego su producto en la compra de fusiles para armar á los descontentos, fomentó cuanto pudo la anarquía y provocó la invasión de Honduras por tropas federales, la que al fin conceptuó Arce necesaria, ya que la facción encabezada por aquel sacerdote no fué bastante para derrocar al señor Herrera.

En efecto, con el pretexto de custodiar los tabacos pertenecientes á la Federación, almacenados en la Villa de Santa Rosa de Copán, fuerzas federales, mandadas por el Coronel Justo Milla, invadieron el Estado. Como no fuera aquel su verdadero objeto, avanzaron hacia Intibucá, pero fueron detenidas en su marcha, por algún tiempo, al llegar á Yamaranguila, por el oficial Francisco Ferrera que mandaba diez soldados con los que estaba allí de observación. Sin más contratiempo las tropas de Milla llegaron á Comayagua y le pusieron sitio. Sucedió esto el 4 de abril de 1827.

Comayagua fué incendiada y saqueada en gran parte, y aunque las fuerzas con que se defendía eran inferiores en número á las del invasor, hubieran triunfado de éstas si su Comandante, el Coronel Antonio Fernández, español, no hubiera traicionado al señor Herrera, poniéndolo preso y entendiéndose con el Coronel Milla, con quien ajustó una capitulación el 9 de mayo, en virtud de la cual le entregó la plaza y la persona del Jefe.

El señor Herrera fué conducido á Guatemala, en donde debió habérsele sometido á la Asamblea para que declarara si su conducta daba ó no lugar á formación de causa. Pero como no se le acusaba de arbitrariedades, y el Presidente Arce, al hacerle la guerra, no tenía más mira que la de separarlo del Gobierno de Honduras para organizarlo conforme á sus intereses, lo que estaba ya conseguido, el Presidente de la República no se preocupó de aquello, y retuvo al prisionero en su propia casa de habitación.

Arce cayó, y después de una serie no interrumpida de gloriosos triunfos, el General Morazán ocupó la ciudad de Guatemala. Restablecióronse las autoridades disueltas por aquél en 1826, y entró al ejercicio del Poder Ejecutivo Federal el distinguido patriota don José Francisco Barrundia.

En Nicaragua estaba encendida la guerra civil desde hacía tres años. Era preciso ponerle término cuanto antes. El General Morazán, de acuerdo con el Presidente Barrundia, envió allá á don Dionisio de Herrera, con la misión de pacificar el país, atrayendo á los pueblos al orden por medio de la persuasión. El éxito demostró que la elección no pudo ser más acertada. La anarquía cesó como por encanto, y el pueblo, agradecido á las gestiones de su pacificador, le diò sus votos para Jefe del Estado. La Asamblea declaró la elección el 2 de noviembre de 1829, pero hallándose ausente á la sazón el señor Herrera, entró al ejercicio de su elevado cargo hasta el 12 de mayo de 1830.

Los enemigos de la Federación trabajaban sin descanso por destruirla, y para conseguirlo procuraban encender la guerra civil en los Estados. Varias Municipalidades de Nicaragua publicaron exposiciones contra el Jefe Herrera. Este entonces presentó su renuncia.

La Asamblea acordó admitirla en 1° de marzo de 1833, ocasionado con esto grandes agitaciones, tres días después revocó el acuerdo y llamó al ejercicio del poder al señor Herrera, autorizándolo para hacer uso de las facultades extraordinarias de que lo había investido por decreto de 8 de febrero del mismo año. Con este motivo, los desafectos de Herrera se insurreccionaron.

Herrera se propuso conjurar la insurrección por medios suaves, pero no tuvieron eficacia, y se vió en la dura necesidad de emplear la fuerza. El foco principal da la insurrección ern Managua, a quien hablan seguido Masaya y Matagalpa y el departamento de Nicaragua. León y Granada permanecieron fieles al Gobierno.

Una partida de disidentes se dirigió á León con el objeto de sorprender la ciudad, pero los leoneses le salieron al encuentro, y en la Huerta de Delgado la derrotaron al amanecer del 1° de mayo de 1833. Al mismo tiempo las tropas de Granada triunfaban sobre los rebeldes cerca de Masaya. La acción decisiva fué la de Managua, que fué tomada el 30 de junio. El señor Herrera, que no quería abusar del triunfo, dictó el 17 de julio siguiente un decreto de amnistía, y pasó luego á Granada desde donde se puso en comunicación con los rebeldes del departamento de Nicaragua. Estos se sometieron pronto, espontáneamente.

Concluida la guerra, se presentó una ocasión que puso de manifiesto la magnanimidad del señor Herrera. Habiéndosele presentado varios documentos en que constaban las maniobras y tendencias de sus enemigos, los mandó quemar sin haberlos visto. A este propósito el Doctor Montúfar refiere que en la tertulia del Doctor Gálvez, en Guatemala, hubo quien comparara á Herrera, por lo del incendio de los papeles, con Napoleón I, y otro dijo que mucho antes de Napoleón, había observado Pompeyo igual conducta.

En 10 de diciembre de aquel año, trató la Asamblea de la apertura del Canal interoceánico por Nicaragua, que había sido decretada por el primer Congreso federal con fecha 16 de junio de 1825. Al señor Herrera, verdadero hombre de Estado, no podía ocultársele la importancia del gran proyecto y la necesidad de su pronta realización, y fué uno de sus más entusiastas colaboradores.

Terminada la administración del señor Herrera en Nicaragua, trasladóse al Salvador. Rodeado de la aureola que prestan las virtudes republicanas, no es de extrañarse que haya sido electo allí Jefe del Estado. No ha habido en la historia de Centro América otro ciudadano que, como el señor Herrera, haya sido electo popularmente Jefe de tres Estados. ¿Puede darse mejor prueba de los méritos de aquel hombre extraordinario?

En vano se pretenderá empequeñecer la fi- gura de aquel ilustre repúblico. Grande y serena, ella se destacará inalterable del pedestal magnífico en que la colocaron sus gloriosos hechos.

El señor Herrera no aceptó la Jefatura del Estado de El Salvador y presentó su renuncia. La Asamblea se negó á admitírsela. Repitióla entonces con instancia, y le fué admitida por decreto de 2 de marzo de 1835.

De regreso á Honduras, todavía tomó parte en la política del país y, como Diputado por Nacaome, fué Vicepresidente de la Asamblea que dictó la Constitución de 11 de enero de 1839.

Pronto estalló la guerra que debía traer por resultado el fraccionamiento de Centro América. En vano la victoria coronó de nuevo las sienes del General Morazán: las batallas del Espíritu Santo y Perulapán, libradas en defensa de la gran patria, fueron infructuosas: la causa federal sucumbió, y el señor Herrera, que había sido uno de sus más firmes sostenedores, fué víctima de la persecución. Sus enemigos devastaron sus ricas haciendas y destruyeron sus demás bienes hasta dejarlo en la miseria, y en este triste estado emigró al Salvador, en cuya hospitalaria capital falleció el 13 de junio de 1850.

Esta es, á grandes rasgos, la vida de aquel ciudadano eminente, cuyo nombre será pronunciado en Centro América con cariño y respeto, mientras rindamos culto á la inteligencia y á las virtudes republicanas.

DISCURSO

del primer Jefe Supremo de Honduras en la instalación de la primera Asamblea ordinaria del Estado.

ASAMBLEA ORDINARIA:

La Asamblea Constituyente abrió sus sesiones en Cedros, las continuó en Tegucigalpa y las cerró en Comayagua en diciembre del año anterior.

Desde este momento sus tareas pertenecen sólo al tribunal de la opinión pública, y en él van á ser juzgadas con la severidad de la razón fría y tranquila. No tienen las pasiones, no tienen los partidos, no tienen los intereses privados influjo alguno en los decretos de este tribunal irrefragable. En su justa balanza sólo se pesan el bien ó el mal que hayan hecho, el esmero ó descuido con que hayan llenado sus deberes los Diputados y la suma de felicidad ó desgracia que hayan causado ó preparado á los pueblos, sus comitentes.

La Asamblea ordinaria abre sus sesiones después de un receso que pudo sumir á los pueblos en un abismo de males y que es consecuencia natural de que el espíritu público aún no ha llegado al grado de perfección á que debe llegar, para que la independencia y las instituciones que hemos adoptado produzcan todos los bienes que deben producir y que columbramos aún á distancia harto remota.

Es dado á los legisladores de un gran pueblo abreviar el camino y llegar al término de la carrera en un tiempo más corto que el que parecen demandar los obstáculos que se presentan por todas partes y las combinaciones de espíritus pequeños, apáticos, é intereses que causan tantos atrasos à la prosperidad pública como los enemigos de ésta.

¿Y por qué Honduras ha de caminar con tanta lentitud, teniendo elementos para marchar á par de los primeros Estados? Volved la vista, ciudadanos legisladores, á esa área inmensa comprendida desde el Atlántico al Pacifico. Ella es habitada por hombres que conservan

en la mayor parte su inocencia primitiva y que se hallan dispuestos á recibir las mejores impresiones. No han sido corrompidos por vicios revoluciones desastrosas. Se han hecho siempre destructores ni por revoluciones desastrosas. distinguir por sus talentos, por su carácter y por sus virtudes. Nada más les falta, para no ser inferiores á los habitantes de la Ática y del Lacio, que los medios de ilustrarse y de desarrollar toda la energía de su genio.

Ved esos campos en que parece que la naturaleza ha querido ca tentar su poder ya en la variedad de producciones, ya en la fuerza y vigor de su vegetación. No necesitaríamos que los dominadores de las orillas del Indostán nos trajesen el té, la canela y la pimienta, arráncandola allá por la fuerza, y dándola á nosotros por el engaño. Nuestros campos bastan para surtir al África de aromas y perfumes, al Asia de plantas medicinales, á la Europa de tintes y de frutos que no deben temer la concurrencia de ningunos otros. Nada nos falta más que brazos y fomento; lo uno y lo otro puede proporcionar la Legislatura.

Ved nuestras montañas, que parecen creadas para mitigar los ardores del sol. Ellas son el depósito de todos los minerales. El oro y la plata son, respectivamente, entre nosotros, más abundantes que en el Perú y en México. Nuestras inmensas masas de hierro harán buscar al sueco y al vizcaíno otra clase de industria. Nuestras minas de cobre son abundantes, y nuestro cobre tiene mayor precio en los mercados por la mucha cantidad de oro con que está mezclado. Hay muchas minas de estaño y de plomo: se han descubierto de azogue: son conocidas algunas de varios semimetales; y llegará el tiempo en que el sexo hermoso de Europa se adorne con nuestros diamantes y piedras preciosas. El amianto y tierra sellada de nuestros minerales, que sirven, el uno, para el lujo de opinión, y la otra para aliviar á la humanidad, no serán la posesión exclusiva de los poderosos porque Honduras los producirá en tanta abundancia que perderán el prestigio de la rareza. Brazos, conocimientos y caudales son los agentes que sacarán de las entrañas de la tierra tan grandes é inmensos tesoros. La Europa nos ofrece en abundancia estos poderosos agentes: el Gobierno ha indicado diversos medios: hay en la Secretaría de la Asamblea propuestas de varias casas extranjeras, y ella puede hacer que estos bienes sean perdidos para los hijos de Honduras y que puedan muy pronto gozar de ellos.

Nuestros grandes ríos fertilizan los campos y pueden dar impulso grandioso al comercio de toda la República. La navegación del Ulúa ahorra tiempo, fletes y riesgos: el Aguán facilita la comunicación y socorros de Olanchito y Trujillo, puntos que interesan á la República por su seguridad: el Guayape y el Guayambre, regando á un tiempo, por los campos, el oro y el limo, más precioso que el oro, facilitan lo transportes en lo interior del Estado, la conducción de máquinas varios minerales y la exportación de los departamentos más distante de los puertos del Norte. Hay otros ríos de menos nombradía; per que todos ellos facilitan al traficante y al viajero sus empresas y le compensan los grandes obstáculos que lo quebrado del terreno les oponía. Pero sólo la mano del legislador puede allanar las dificultades que la naturaleza y el Gobierno antiguo opusieron á esta parte de nuestra felicidad. Dictar las providencias que quepan en sus atribuciones: solicitar de la Federación las que la ley ha reservado á esta parte de nuestra soberanía, es un deber de la Legislatura de Honduras.

Nuestros hermosos puertos del Norte, las seguras ensenadas del Sur, que pueden dar abrigo á muchos buques.... pero no trato de hacer la enumeración de todas las fuentes de riqueza que posee este Estado privilegiado por la Providencia y por la naturaleza. En cuanto vió Colón: en todos los países que pisaron los inhumanos Pizarro, Almagro, Cortés y Alvarado, por nuestro mal, no se da un Estado que reúna todas las ventajas y proporciones que el de Honduras.

¿Qué falta, pues, á éste para ser el primero de los de América? Nada absolutamente, nada le falta más que lo que puede darle esta Asamblea: buenas leyes, y esto es todo lo que demandan y esperan doscientos mil habitantes, que la han reunido, la sostienen, la respetan y han depositado en ella su poder; poder soberano, el mayor y más precioso de todos los poderes.

La ley que forma los vínculos de la sociedad: que señala los derechos y prescribe los deberes: que cría los diversos poderes que la gobiernan: que, teniendo un origen divino, es la fuente de donde emana toda justicia y toda felicidad en el orden social, será obra de la Asamblea que con este fin ha sido reunida.

Son muchos los objetos que reclaman su atención. El Gobierno que ha meditado los atrasos del Estado: que ve sus necesidades y desea ardientemente su remedio, indicará los más precisos.

Todos los departamentos de la administración pública demandan leyes organizadoras. Se ha creado un Gobierno que la Constitución de la República prescribe: se ha fijado la base de sus atribuciones; pero debe vacilar en su aplicación y en la inmensa ramificación de su poder.

Los Gobiernos de los Estados están muy distantes de haber sido instituidos para decretar por rutina el cumplimiento de las leyes, comunicarlas á los funcionarios á quienes corresponda y dar y quitar los empleos. Tienen otros deberes, son otras sus atribuciones, grandes en su extensión y de un influjo decidido en el orden, en la paz, en la seguridad, en la prosperidad de los pueblos, en la respetabilidad del Estado, en sus relaciones y atingencias con los otros Estados, en su propia administración y en la administración de los demás funcionarios; pero el Gobierno de Honduras carece de norma, de los reglamentos tan necesarios para saber la senda que debe seguir en cada ramo y hasta qué punto debe dirigir su inspección, su celo y sus providencias: carece, sobre todo, de conocimiento de los puntos de contacto en que se tocan todos los poderes, en dónde acaban las facultades del uno y comienzan las del otro, que aseguran la independencia de todos, mantienen el equilibrio y la armonía, y los estrecha para provecho de la sociedad.

A esta falta se añade la de los demás elementos que constituyen un Gobierno: elementos precisos, y sin los cuales, las leyes más benéficas serian tan poco provechosas como las de la República de Platón.

Organizado el Ejecutivo, fijados sus deberes y señalados los medios y facultades con que debe llenarlos, su primer elemento es la fuerza, elemento terrible y que ha producido tantos bienes como males; pero que es menos peligroso en la clase de gobierno que se ha adoptado, que en ninguna otra; pero necesario mientras los hombres no sean todos justos y los Gobiernos todos razonables.

La fuerza de Honduras se halla enteramente desorganizada. El Gobierno ha indicado repetidas veces este mal y el remedio que ha creído conveniente. Si se quiere que existan los poderes, autoridades y funcionarios: que éstos puedan obrar con arreglo á las leyes: que éstas sean cumplidas: que los jueces no teman dar una sentencia; y no se vean en la necesidad de contemporizar á un tiempo con el que reclama el castigo del delito, como con el delincuente, es necesario que haya una fuerza.

Pero no basta que la ley la críe. La Asamblea Constituyente conoció la necesidad de su existencia. Es necesario que el Estado sostenga esta fuerza; y para su existencia como igualmente para la de todos los demás empleados y funcionarios, debe haber Hacienda Pública.

La Hacienda en un Estado independiente y soberano es el elemento más necesario, porque es el que da vida á los otros. La de Honduras, después de la dilapidación vergonzosa en que estuvo por muchos años, entregada á manos muy impuras, tuvo que hacer frente á los gastos que causó la división de las dos provincias que forman hoy el Estado. Cuatrocientos mil pesos se gastaron, por lo menos, en saber si la provincia de Tegucigalpa debía estar sujeta á la Junta provincial de Comayagua, y al que entonces gobernaba á nombre del rey de España, ó si tenía derecho para adoptar el acta de 15 de septiembre proclamada en Guatemala. A este desorden que no fué de los pueblos, como se ha querido decir, sino obra de intereses particulares, siguió la centralización de las rentas más productivas, la arbitrariedad y dilapidación de las que quedaron al Estado, la ley que decretaba nuevas erogaciones, los obstáculos que se oponían á los nuevos impuestos, la resistencia de los pueblos, la apatía de los funcionarios y el temor de la Asamblea Constituyente en arreglar el ramo.

Si se añade á todo ésto la circulación de las malas monedas de que se ha hecho un tráfico vergonzoso, en que sólo la Hacienda pública ha perdido, se verá la multitud de causas que han influido en su decadencia y que tiene gravadas las rentas de los años siguientes y no presenta otra cosa con claridad á los ojos del espectador, que un déficit espantoso en medio de un caos que todo lo oscurece.

Ha manifestado el Gobierno diversas veces la necesidad del arreglo de esta parte de la administración pública. Ha querido, que se reduzca á un sistema, como debe serlo, y no á una máquina tan complicada cuyos resortes enmohecidos por el tiempo y debilitados por la violencia de su acción, no es compatible en ningún aspecto con el nuevo orden de cosas, ni con los principios de la ciencia económica. Ha trabajado incesantemente por el establecimiento de la Casa de Moneda, por perfeccionar siquiera la acuñación provisional. Hizo cuanto dependía de sus facultades para la acuñación de millón y medio de pesos decretada por la Asamblea Constituyente, necesaria para el arreglo del Estado, para dar impulso y fomento á todos los ramos de prosperidad de que abunda el mismo Estado, y precisa para sostener el sistema, no ya porque sea el mejor, sino porque es necesario para sostener la independencia.

Documentos de todo encontrará la Asamblea en su Secretaria. La Memoria del Ministro dará una idea de los trabajos del Gobierno en esta parte; y las nuevas comunicaciones que se hagan, manifestarán todos los datos sobre que deben recaer las resoluciones de la Legislatura.

Tiene esta materia un estrecho enlace con el arreglo que debe hacerse sobre las obligaciones y facultades de los Jefes Intendentes de los Departamentos. Ellos son los ejes principales del Gobierno, ya en la recaudación y manejo de las rentas del Estado, ya en la economía interior de los pueblos. Son nombrados algunos de los que deben desempeñar estas altas funciones; pero ni la escasez del Erario permite, por ahora, el nombramiento de los demás, ni ellos pueden conocer la órbita de sus facultades, pues no se han designado, y se ven en la necesidad de tocar en uno de dos extremos, ambos perjudiciales, ó el de la arbitrariedad, ó el de la inacción; y esta materia demanda con preferencia la atención de la Legislatura.

El Consejo de Estado, este cuerpo conservador, que vigila sobre el cumplimiento de la Constitución, que participa á un tiempo del Poder Legislativo y del Ejecutivo, tiene en lo general demarcadas su facultades, mandado á instalar un día después de instalada la Legislatura; pero mientras carezca de un reglamento, sus funciones deben ser embarazosas y carecen de la precisión y del orden con que debe ser llenadas.

Pero si en esta parte se halla incompleta la Administración. de Estado, en la del Poder Judicial, de este poder tan necesario y lo otros poderes para su conservación, que teniendo tan inmediata trascendencia en el orden, en la seguridad y en la prosperidad de los ciudadanos, es la más firme garantía de sus derechos, que aplicando la ley à los hechos particulares y públicos de los individuos, decide de su suerte y de su vida, puede decirse que es enteramente nula, la más desarreglada y la más incompleta.

Todo el Poder Judicial está comprendido desde las funciones de Alcalde que concilia hasta las de la Corte de Justicia que decide en última instancia. Algunas leyes antiguas que no han sido derogadas pero que se resienten de los efectos del tiempo, del lugar y del sistema en que fueron dictadas: la de 9 de octubre del año de 12 dada por les Cortes de España, poco compatible con nuestra situación y Gobierno, y algunas providencias parciales dictadas por la Asamblea Constituyente, es cuanto existe entre nosotros para arreglar el Poder Judicial conforme á los principios sancionados en la Carta Federal y en la particular del Estado.

Como no han sido fijados hasta ahora los dotes que deben tener los Alcaldes conciliadores, se ha creído que por la pequeña cuantía de los asuntos en que deciden, cualquiera puede ejercer sus funciones; sin acordarse que es grande el número de los asuntos en que lo ejercen: que la conciliación (este acto que recuerda el origen de las sociedades, y que comenzó en donde concluyó el furor del hombre insocial), recae sobre el máximo ó el mínimo de los intereses: que la cuantía en las decisiones es siempre relativa y no absoluta, y que siéndolo tan grave y funesto, puede ser el mal de la ignorancia y de la injusticia del juez conciliador como la del tribunal superior; y se ha mirado con el más alto descuido el primer paso que decide de la paz y de la suerte de las familias, y se ha creído que sin propiedad y sin ilustración pueden ejercer tan importantes funciones.

Concluida la conciliación, el ciudadano ignora quién es el juez ante quien debe ir á reclamar su derecho, y si lo sabe, tiene para hacerlo, que caminar muchas leguas, que sujetarse á un juez hecho por elección, pero en la que él no tuvo parte ninguna, que ignora casi siempre las fórmulas y trámites de un proceso, que no tiene á quien consultar aunque desee el acierto, y que teniendo otros funcionarios lucro en el ejercicio de sus funciones, el Juez de 1º Instancia, al trabajo y odiosidad que trae siempre consigo el desempeño de las suyas, tiene que hacer gastos que el Estado no hace por él. De aquí es que en las causas civiles casi siempre se arruinan las partes, y hace muchos años que no se ha castigado en Honduras á un criminal. Al asesino, al revolucionario y al ladrón, se les ve muchas veces sentarse al lado de sus jueces.

Se halla nombrado el de 2^0 Instancia; pero él mismo no sabe á qué atenerse, porque no se han detallado sus facultades.

Se mandó instalar la Corte Suprema de Justicia; pero recayó la elección de sus individuos en personas que, ó no han querido admitir, ó si han admitido, no han venido à ejercer sus funciones en ninguno de los diversos términos que se han fijado, y por decirlo de una vez, no existe ninguna de las partes que deben componer el Poder Judicial.

Tal es en compendio el cuadro que el Gobierno ha creído un deber presentar á la primera Legislatura ordinaria. Él es melancólico y funesto; pero es cierto en toda su perspectiva. La Legislatura debe volver á él la vista con toda preferencia: debe organizar en todas sus partes un poder, que partiendo de principios más generales que ningún otro, necesita de detalles más extensos, más demarcados y fijos.

He dado una ojeada á los diversos ramos de la administración pública y que constituyen un Gobierno en su más lata acepción. He manifestado los males de que adolece el de Honduras: he procurado indicar su remedio. La Secretaría de la Asamblea abunda en datos que ha pasado el Gobierno: yo veo esta misma Asamblea compuesta de hombres que han merecido la confianza de los pueblos, que se hallan animados de los sentimientos que hacen nacer el celo, la gratitud, el honor, el amor á la patria y à la humanidad.

El Jefe del Estado que ha hecho el juramento más solemne de cumplir sus deberes en toda su latitud: que al hacer este juramento no hizo otra cosa que satisfacer los votos de su corazón: que nada de- sea con más ansia que ver felices á los pueblos á quienes ha debido la mayor confianza y las pruebas menos equívocas de su amor, ofrece de nuevo consagrar todos sus pensamientos al bien de la patria y coadyuvar à las miras benéficas de la Asamblea.

En ella ve el Gobierno la salvación del Estado: en ella ve uno de los primeros baluartes del sistema y de la independencia: en ella ve la fuente primera de donde van á fluir y derramarse, hasta los últimos pueblos, la paz, la ilustración, la riqueza y la felicidad.

Las circunstancias son felices. Es ya pasado el tiempo de la anarquía y del desorden: se aumentan cada día en Honduras los amigos del orden: se multiplican los recursos naturales: los demás Estados se hallan perfectamente constituidos: el Gobierno puede ofrecer á la Asamblea poderosos auxilios de los Estados de El Salvador y Guatemala, que volarán al momento de la necesidad como lo han ofrecido; y á pesar de la situación de Nicaragua y de la distancia del de Costa Rica, puede contarse con los suyos cuando la urgencia los demande. Nada tiene que temer la Asamblea al emprender su marcha. Todo convida à ejecutarla con utilidad y decoro.

Yo felicito á la Asamblea por el bien que se promete hacer y que todos esperan con ansia: la felicito porque supo allanar los obstáculos de toda especie que estorbaban su reunión: la felicito á nombre de todos los pueblos del Estado. Si el recelo de la Legislatura hizo temer la anarquía, el desorden y todos los males, la instalación de la Asamblea ordinaria hace desaparecer aquellos temores y conservar las esperanzas más lisonjeras.

Yo me gozo con ellas. La perspectiva risueña que se me presenta, penetra mi alma de la más dulce emoción. Yo siento la del Ministro del Altar en el fomento y conservación del culto de nuestros mayores: siento la del labrador que va á aumentar sus cosechas, porque se cree seguro de que con ellas aumenta la subsistencia de su numerosa familia: siento la del comerciante que calcula nuevas empresas, porque no teme que la revolución ni un Gobierno destructor le priven del fruto de sus afanes: siento la del padre, que ve en sus hijos el báculo de su vejez y la columna del Estado; la del ciudadano que conoce todo el precio de la libertad y el valor de los deberes que le hacen gozar: siento finalmente, y me glorío en los bienes inmensos que las futuras generaciones van á disfrutar en el suelo de Honduras.

El día 5 de abril de 1826 es en el que comienza la época de la felicidad del Estado, y este día lo consagraré siempre á los recuerdos más dulces. Los hijos de mis hijos lo celebrarán penetrados de júbilo.

Comayagua: 5 de abril de 1826.

FRANCISCO MORAZÁN

En esta ligera reseña biográfica nos concretaremos à las épocas de la vida de este gran repúblico no comprendidas en sus Memorias.

Don Francisco Morazán nació en Tegucigalpa el 3 de octubre de 1792. Fueron sus padres don Eusebio Morazán y doña Guadalupe Quezada. Hizo el aprendizaje de las primeras letras en escuelas privadas, pues no había por entonces en ciudad establecimientos públicos de instrucción primaria, y asistió á la clase de Gramática Latina que se abrió en 1804, á esfuerzos de Fray Santiago Gabrielín, guardián del Convento de San Francisco, la que desempeñó Fray José Antonio Murga y fué cerrada un año después por el español Fray José Antonio López, que vino á reemplazar á Gabrielín. Morazán, deseoso de aprender, supo captarse el aprecio de las personas cuyas enseñanzas podía aprovechar, y así logró adquirir varios conocimientos, principalmente en Matemáticas, Dibujo y Derecho Civil.

En 1824 había tomado posesión de la Jefatura del Estado don Dionisio de Herrera. Justo apreciador de las felices' aptitudes de Morazán, lo nombró Secretario General del Gobierno. Los importantes servicios que en este puesto prestara á Honduras, lo hicieron acreedor á que se le nombrara luego Presidente del Consejo de Estado. Hasta allí, Morazán no era más que un hombre civil; pero con ocasión de la guerra que hizo al Estado el Presidente de la Federación don Manuel José Arce, su genio militar se manifestó y aquel hombre extraordinario tuvo entonces un teatro más vasto en que distinguirse. Con sencilla elocuencia narra en sus Memorias los hechos en que tomó parte desde esta época, explicando sus antecedentes: el triunfo de la Trinidad en que derrotó á Milla que había incendiado á Comayagua: el de Gualcho, en que deshizo á Domínguez, contribuyendo con él á que los sitiadores de San Salvador quedaran en poder de los sitiados: el de San Antonio, en que se condujo con Aycinena con una generosidad que éste no supo corresponder: el de San Miguelito, en que una parte de su fuerza venció á Pacheco: el de Las Charcas, en que puso en vergonzosa fuga el ejército de Prado muy superior en número: y la rendición de

Guatemala, verificada à los tres días de asedio, bajo las condiciones que impusiera.

Después del 13 de abril de 1829, en que entró à dicha capital, fueron restablecidas las autoridades que Arce había disuelto en 1826, y don José Francisco Barrundia fué designado por el Congreso para el ejercicio del Poder Ejecutivo Federal. Este y el General victorioso se pusieron de acuerdo inmediatamente para procurar la pacificación del Estado de Nicaragua, anarquizado hacía tres años, y dispusieron emplear, ante todo, gestiones pacificas, las que, encomendadas á don Dionisio de Herrera, obtuvieron el mejor éxito.

En el año de 1829, España intentó reconquistar la América. Informado el General Morazán de que en La Habana se preparaba una expedición de tres ó cuatro mil hombres que se introducirían por Omoa hasta Guatemala, dictó, en su carácter de Comandante del Ejército aliado, las disposiciones conducentes á la defensa de la autonomía del país; pero la intentona no tuvo efecto, debido, probablemente, al desgraciado éxito que tuvo la expedición del General Barradas á la República de México.

El 2 de diciembre de aquel año tomó posesión el General Morazán de la Jefatura del Estado de Honduras, para la cual había sido electo desde el 5 de marzo. El departamento de Olancho estaba en armas contra el Gobierno, inquietado por algunos de los desterrados de Honduras y Guatemala que residían en Belice. El Vicejefe Vijil había hecho esfuerzos por reducir á los descontentos pacíficamente, pero sin resultado favorable. El General Morazán dirigió un manifiesto á los pueblos llamándolos al orden, en términos conciliadores, pero enérgicos. Como la guerra se encendiera en Olancho cada vez más, depositó el poder en el Consejero don Juan Ángel Arina y se puso en marcha para Juticalpa á la cabeza del ejército. Ocupó la ciudad á principios de enero de 1830, y el 21 del mismo mes hizo capitular á los facciosos en el paraje llamado Las vueltas del Ocote. Concluida así la campaña de Olancho, dirigióse à Opoteca donde se había levantado otra facción al mando del Presbítero Antonio Rivas. El 10 de febrero derrotó á los rebeldes completamente, y el cabecilla fué sentenciado á cinco años de presidio en el Castillo de San Felipe.

Afirmada la paz, volvió al ejercicio de las funciones de Jefe del Estado, de las que tuvo que separarse el 28 de julio, para dirigirse á

Guatemala á donde había sido llamado para que tomara posesión de la Presidencia de Centro América. El 14 de septiembre hizo su entrada á Guatemala y el 16 tomó posesión de su elevado cargo.

Terminado su período en 1834, fué electo Presidente don José del Valle que había sido vencido en las anteriores elecciones; pero Valle murió en los momentos en que iba á declararse la elección, y los pueblos tuvieron que elegir de nuevo Presidente. Reeligieron entonces al General Morazán, quien tomó posesión el 14 de febrero de 1835, en San Salvador, que poco antes había sido erigida en Distrito Federal. Cuando principiaba su primer período de Gobierno hubo algunas conmociones. El Jefe de El Salvador, Cornejo, se insurreccionó, y declaró que el Estado se sustraía del Pacto Federal; el General Arce invadió á Guatemala por Soconusco; y, á la vez, fué tomado en Honduras el puerto de Omoa, en el que se izó la bandera española. Las acciones de Jocoro y San Salvador, libradas personalmente por el General Morazán, fueron el castigo de Cornejo, y las victorias alcanzadas en la frontera de Guatemala y en el interior y Norte de Honduras, pusieron término á los demás movimientos. También suscitó dificultades el señor San Martín, Vicejefe de El Salvador, pero San Martin cayó, y el orden quedó restablecido.

Cuando espiró su segundo período, en el que había tenido que combatir la facción de Carrera, y en el que había dado muestras de su republicanismo rechazando la dictadura en Guatemala, fué nombrado Comandante de las armas de la Federación. Honduras y Nicaragua se habían unido para hacer la guerra al gobierno Nacional. El General Ferrera, al mando del ejército aliado, invadió el Estado de El Salvador; el General Morazán, con un ejército muy inferior en número, le salió al encuentro y lo derrotó en la memorable batalla de El Espíritu Santo, el 6 de abril de 1839.

Electo popularmente Jefe del Estado de El Salvador, una facción sorprendió el cuartel de la capital de la República el 16 de septiembre, y envió comisionados á solicitar de él que depositara el mando, bajo la amenaza de que, si no lo hacía, su familia, que estaba prisionera, sería pasada á cuchillo. La respuesta del General Morazán fué esta:

"Los rehenes que mis enemigos tienen son para mi sagrados, y hablan muy alto á mi corazón; pero soy el Jefe del Estado y debo atacar, pasando sobre los cadáveres de mis hijos; mas no sobreviviré un momento á tan horrible desgracia". Atacó la ciudad, alcanzó la victoria, y salvó á su familia. Esta conducta recuerda la que inmortalizó á Guzmán el Bueno, en lo alto de Tarifa.

Los aliados de Honduras y Nicaragua no escarmentaron con la derrota de El Espíritu Santo, é invadieron de nuevo El Salvador: esta invasión les estuvo tan cara como la primera, pues aunque contaban con más de dos mil hombres, Morazán los derrotó con sólo 600 en San Pedro Perulapán, el 25 de septiembre de 1839.

El Salvador y Guatemala estaban en guerra. El General Morazán invadió, sitió la capital el 18 de marzo de 1840, la tomó en dos horas y luego fué contrasitiado por más de 2.000 hombres al mando de Carrera. El General Morazán organizó la retirada y, rompiendo la línea, salió de Guatemala á las tres de la mañana del día siguiente. Llegado al Salvador, hizo ver á sus amigos que, según sus contrarios, él era la causa de la guerra y, por lo mismo, dispuso dejar el mando y abandonar el país. Embarcóse con otros patriotas centroamericanos en el puerto de La Libertad, á bordo de la goleta "Izalco" y dirigióse á Costa-Rica donde no se le permitió desembarcar. Entonces dirigióse á la América del Sur. En el pueblo de David, Nueva Granada, escribió sus Memorias que, desgraciadamente, comprenden muy pocos años de su vida política, y desde allí, con fecha 16 de julio de 1841, dirigió á los centroamericanos un Manifiesto en que hizo severos cargos á los enemigos de la Patria y de la Libertad, y en que se encuentran estas memorables palabras: *"Ni el oro del Guayape ni las perlas del Golfo de Nicoya volverán á adornar la corona del Marqués de Aycinena, ni el pueblo centroamericano verá más esta señal oprobiosa de su antigua esclavitud; pero si alguna vez brillase en su frente este símbolo de la aristocracia, será el blanco de los tiros del soldado republicano".*

Los costarricenses deseaban la caída de don Braulio Carrillo que se había declarado Jefe inamovible del Estado. Para procurarla, llamaron con instancia al General Morazán. Este salió de Chiriquí para Centro América, desembarcó en el puerto de La Unión con 22 jefes y oficiales, marchó inmediatamente para San Miguel, organizó allí doscientos hombres y con ellos volvió á La Unión, embarcóse luego para Acajutla, pasó en seguida á Sonsonate, allí se enteró de la situación de Guatemala y El Salvador, y por fin, empeñado en corresponder al llamamiento de los costarricenses, dirigióse á la isla de Martín Pérez, en el Golfo de Fonseca, organizó allí una fuerza de 500 hombres y, estando lista su escuadra, que se componía de cinco buques, se hizo á la vela para Costa Rica. Desembarcó sin obstáculo en el puerto de Caldera, el 7 de abril de 1842.

Carrillo tuvo noticia del desembarco al día siguiente, depositó el mando para ponerse al frente del Ejército, é hizo marchar al Brigadier don Vicente Villaseñor á impedir la entrada del General Morazán. Estos dos Jefes celebraron en El Jocote, el 11 de abril, un convenio que ratificó Carrillo en San José y, en virtud de lo estipulado, Morazán se hizo cargo, provisionalmente, del Poder Ejecutivo. Con muestras del mayor entusiasmo fué reconocido por los pueblos como Jefe del Estado. Morazán convocó una Asamblea Constituyente, y dirigió todos sus actos á dar un gobierno de leyes al país. La Asamblea le dió un testimonio de gratitud, emitiendo un decreto en que lo declaró "Libertador de Costa-Rica", pero la modestia del General Morazán le hizo ver con disgusto ese decreto, y fué necesario el empeño de la Asamblea para que se publicara.

Si las aspiraciones de los costarricenses estaban satisfechas con haber derrocado á Carrillo y tener un gobierno respetuoso à la ley, no sucedía lo mismo con las del General Morazán, que se proponía restablecer la Unidad de Centro América, rota de hecho. Al efecto, formó su plan, procedió á levantar fuerzas, á organizarlas y á equiparlas, y á dictar todas las providencias conducentes á la realización de su grandiosa empresa; pero debido á las medidas enérgicas que en esta situación adoptara, por una parte, y por otra á las intrigas que sus enemigos de los otros Estados pusieron en juego en Costa Rica, las poblaciones se dispusieron á la rebelión. El mal llegó á su colmo con un incidente desgraciado que ocurrió en el Guanacaste. Por fin, el 11 de septiembre se dió en Alajuela el grito de insurrección, los sublevados se dirigieron luego á San José, y pronto correspondió Heredia al movimiento. Morazán, sitiado en la capital por fuerzas que crecían á cada momento, se defendió heroicamente, rechazó las proposiciones de paz que se le hicieron por medio del Capellán don José Antonio Castro, por juzgarlas depresivas, y al cuarto día de combate, rompió la línea á la cabeza de los pocos hombres que le quedaban, y se dirigió á Cartago, ignorando que esta ciudad se había pronunciado ya contra él, con el concurso del Comandante Mayorga que poco antes había combatido en su favor. Mayorga fué á delatarlo. Al saberlo la esposa de éste le reprochó tan indigno proceder, é instó á Morazán para que se salvara; pero era tarde. Cuando iba á montar á caballo con sus compañeros, la casa estaba rodeada, y fueron aprehendidos.

Morazán fué trasladado á San José. Al entrar á la ciudad recordó que aquel día era 15 de septiembre, aniversario del nacimiento de la Patria, y dijo al señor Vijil, uno de los prisioneros que le acopañaban: "Con qué solemnidad celebramos la Independencia!". Quiso ser oído y juzgado; pero fué en vano. Sin formalidad ninguna se dictó la orden de que se le pasara por las armas, lo mismo que á Villaseñor, y así que se le comunicó, dictó à su hijo Francisco su testamento, con serenidad inalterable. Llegada la hora, marchó al patíbulo con paso firme y frente serena; allí se despidió del General Villaseñor abrazándolo y diciéndole estas palabras que la historia ha confirmado: "Querido amigo, la posteridad nos hará justicia". Luego, según refiere conmovedoramente Barrundia, "mandó preparar las armas; se descubrió, mandó apuntar, corrigió la puntería, dió la voz de fuego, y cayó. Aun levantó su cabeza sangrienta y dijo: estoy vivo. Una nueva descarga lo hizo espirar".

Pero asesinar á un hombre no es destituirlo de sus méritos, no es despojarlo de los títulos que tenga á la gratitud y á la admiración de la posteridad, no es derribarlo de la altura que supo conquista con sus hechos, no es hacer callar la voz de la justicia. Francisco Morazán cayó el 15 de septiembre de 1842, herido por el plomo de sus asesinos; pero ¿quién podrá matar su memoria y evitar que la honren las generaciones? Honduras y El Salvador han perpetuado su recuerdo en el mármol y el bronce, Guatemala va á erigirle pronto un monumento, Costa Rica ha pronunciado su nombre con respeto y le ha tributado homenajes, y hace poco[4] fué celebrado espléndidamente en Costa Rica el primer centenario de su nacimiento. En fin, se han cumplido y seguirán cumpliéndose las proféticas palabras que dirigió á Villaseñor al despedirse de él en el patíbulo de San José de Costa-Rica.

_____

[4] Esto se escribía en abril de 1893.

MEMORIAS

Para escribir la vida de los hombres públicos que han figurado en tiempos pacíficos bajo un Gobierno constitucional, basta conocer los hechos y las leyes, y ser exacto e imparcial en las observaciones. Para conocer la de los que han figurado en tiempos de revolución y anarquía cuando no ha existido más ley que la salvación de la patria, no es suficiente hallarse impuesto de los sucesos, conocer sus causas ostensibles y pesar las circunstancias que influyeran en ellas; es también necesario buscar el verdadero espíritu que los ha dictado, en los secretos del corazón humano; sin dejarse seducir por los que, aparentando imparcialidad, se constituyen en intérpretes de éste con la mira de satisfacer sus bajas y mezquinas pasiones.

Una misma acción puede ser aconsejada por el interés común, o sugerida por una atroz venganza, y merecer en aquel caso la aprobación pública, o ser en éste reputada por un delito imperdonable.

La muerte de César habría sido un crimen a los ojos de los romanos, si éstos no hubiesen conocido los motivos que obligaron a Bruto a ejecutarla; y no se atribuyera hoy al Gobierno inglés el deseo de abreviar los días de la vida de Napoleón, si hubiera justificado las causas que le obligaron a colocarle bajo la mortífera atmósfera de la isla de Santa Elena.

No es menos cierto que el espíritu de partido ha podido engañar muchas veces al escritor imparcial, y trasmitir por este artificioso medio a la posteridad, como verdades históricas, lo que sólo era obra de la venganza y de la adulación.

Pero esta falta no pertenece exclusivamente a los que nos han dado a conocer lo que ha ocurrido en el antiguo mundo: lo es también de los que se dedican a instruir a las generaciones venideras de lo que pasa en el nuevo, en donde han adquirido numerosos estímulos las pasiones, por el abuso que se hace de la imprenta.

No se crea por esto que yo desee que se limite por una censura previa. Cualquiera que se establezca para destruir un vicio, que es inherente a la libertad de publicar los pensamientos, llevaría consigo el germen que también destruyese esta saludable institución, que si ha sido el mejor sostén de los Gobiernos monárquicos moderados, es, sin disputa, el alma de las instituciones democráticas.

Sí; varias veces se ha abusado de ella contra mí para insultarme; y protesto a los centroamericanos a quienes me dirijo, que lejos de disputar a mis enemigos la posesión de este miserable recurso, procuraré no traspasar los límites de la moderación y del decoro.

No escribo para exaltar pasiones, y menos para revelar faltas y decir injurias a los que me han calumniado en sus memorias impresas en las ciudades de Jalapa y México; sólo tomo la pluma para vindicarme.

Sólo este sentimiento ha podido vencer la resistencia que siempre he tenido para hablar a la Nación, aun en favor de mi propia causa, porque ni nunca me he considerado con la disposición que se requiere en aquel caso, ni con la humildad que se necesita en éste para mendigar un defensor, pues siempre he creído que el que no aspira a engañar, debe presentarse al pueblo con sus propios colores.

En los ocho años que serví a la primera Magistratura, muchos de mis enemigos obtuvieron destinos públicos, sin detenerse a examinar la legalidad de mi elección, ni los motivos que me conservaron en el poder; y a otros que me prodigaban injurias, siempre les acredité con mi silencio, que no deseaba hacer uso para desmentirlos de las ventajas que me daba mi posición. Mas cuando observé que en la desgracia hasta algunos de mis amigos me juzgaban, me decidí a escribir mi vida pública.

No pudiendo fiar a la memoria todos los acontecimientos ocurridos en una revolución de catorce años, pedí los documentos necesarios a Centro-América.

Pero entretanto estos llegan, el tiempo pasa, mis enemigos dan una siniestra interpretación a mi silencio, arrojan sobre mi nuevas calumnias, y no se halla al alcance de todos mi conducta pública que los desmienta. Es por esto que me veo obligado ahora a hablar siquiera de una manera sucinta de los principales acontecimientos ocurridos en la revolución de 1828, que han sido maliciosamente desfigurados por unos, y censurados injustamente por otros. Procuraré apoyarlos en documentos dignos de toda fe, y en testigos, que a la calidad de intachables, por el buen crédito que me merecen, reúnan la particular circunstancia de contarse ellos en el número de mis enemigos. La relación íntima que tienen algunos de los hechos que voy ahora a referir, acaecidos antes de la guerra de 1828, con la materia de que me ocupo, no me permite pasar aquellos en silencio.

La elección del Presidente de la República hecha por el Congreso en el ciudadano Manuel José Arce, contrariando el voto de los pueblos, que dieron su sufragio al ciudadano José del Valle fue, en mi concepto, el origen de las desgracias de aquella época.

Dos partidos concurrieron a ella. En el uno se hallaban los más ardientes defensores de la independencia y los mejores amigos de la libertad. Estos le dieron sus votos para que sostuviese la Constitución Federal, que era obra suya.

Se encontraban en el otro los enemigos de esta Constitución, los amigos de la dependencia española (los frailes, el arzobispo y los Aycinenas) y los que unieron la República al Imperio mexicano. Estos le dieron sus sufragios con la esperanza de que cooperase a la variación del sistema.

Ambos bandos tenían motivos de confianza en su candidato. Aquel citaba en su apoyo la conducta que el ciudadano Manuel José Arce había observado en favor de la Independencia. Este tenía por garantías la opinión que el mismo Arce manifestó desde México al Padre Obispo Delgado, con respecto al sistema que convenía a Centro América, y las que conservó siempre contra el federalismo, que no daban a la verdad las mejores seguridades de su buen modo de proceder en el Gobierno.

Puede, sin descrédito, un ciudadano sacrificar sus opiniones particulares al cumplimiento de sus deberes como hombre público: esto es posible. Pero no puede voluntariamente colocarse, sin mancillar su reputación, en la difícil alternativa de faltar a sus juramentos, y causar las desgracias de su patria; y esto hizo Arce.

Él admitió la primera magistratura de un Gobierno contrario a sus opiniones, y prestó el solemne juramento de ejecutar y hacer cumplir una Constitución que, según lo repite tantas veces en su memoria de 1830 impresa en México, sistema la anarquía y autoriza el desorden.

Si esta conducta no puede conciliarse con la que debiera observar el patriota y el alto funcionario, ella sin embargo descubre los verdaderos motivos que le obligaron a apoyar sus repetidas infracciones de la Constitución en un partido que, al deseo de variarla, añadían algunos de sus principales directores, la halagüeña esperanza de encontrar en Arce el héroe que les hiciese olvidar la sensible pérdida del Emperador Iturbide.

No podría, ciertamente, reconocerse en este modo de proceder al hombre agradecido por la alta distinción con que lo honraran los pueblos, llamándolo a regir sus destinos, si el deseo de ser, a los ojos de estos mismos el bienhechor del primer lustro de la libertad, y por lo menos el primer patriota de la época, no vinieran en su auxilio a disculparlo: ¡Funesta presunción, que tantos males ha causado a la República!

Si el ciudadano Manuel José Arce se hubiera negado a admitir la presidencia, se habría excusado del doble compromiso que sus opiniones, con respecto a la Constitución, le habían sin duda hecho prever. No hubieran entonces tenido lugar sus temores de anarquizar la República si cumplía con las leyes que autorizaban, en su concepto, el desorden; ni sus juramentos habrían sido violados con la infracción de aquellas, agravando con este hecho los mismos males que pensaba evitar.

Tan noble conducta hubiera librado a Centro América de mil desgracias, y al Presidente de ella de un tardío y estéril arrepentimiento, que le fue arrancado por un acto de la más negra ingratitud que lo despojara del ejercicio de la magistratura, y vino en socorro del pueblo cuando se hallaba ya dividido y destrozado por la guerra civil y la anarquía.

"Yo acababa (dice el Presidente Arce), de estudiar en Washington y en los principales Estados Angloamericanos, el sistema federal: había penetrado su origen: había pulsado sus enlaces: me enteré de sus ventajas y me hice cargo de sus defectos". Y todo esto, es necesario decirlo, se obró en pocos días y sin el menor conocimiento del idioma inglés.

No podía decir más el sabio e infatigable míster Alejo Tocqueville, a quien debemos su preciosa obra titulada "De la democracia en la América del Norte".

¡Desgraciados centroamericanos! ¡Vuestros males se pueden lamentar; pero consolaos con este estéril sentimiento, porque no es posible, en conciencia, hacer responsable de ellos a su autor! Si todas las opiniones que he referido son bastantes a hacer conocer la suerte que esperaba a Centro América, yo no las presento al público sino como las precursoras de grandes hechos, que hablan al corazón imparcial un idioma tanto más convincente cuanto que está fundado en las mismas leyes, argumentos y raciocinios aducidos por el

ex-Presidente Arce en su propia defensa.

Dos partidos se presentaban a éste y a sus amigos en opinión para variar las leyes, objeto único de sus miras, de sus faltas, de su descrédito y de su desgracia. O el que se emplea regularmente en las repúblicas con el fin de obtener el triunfo en las elecciones y, de

consiguiente, el influjo que se desea en las cámaras para reformar o variar la Constitución, o el de la fuerza.

Aunque el primero era más sencillo y el único legal, exigía mucho tiempo su ejecución y, además, carecía de trofeos y de gloria. Si podía haber alguna en persuadir, sería a los ojos del Presidente Arce, tan oscurecida por las intrigas que se suelen emplear en semejantes casos, como el color de los vestidos diplomáticos de las personas que debieran ejecutarlo.

No siendo este recurso acomodado al genio del Presidente, y menos a sus intereses, eligió el segundo partido. Dos motivos le obligaron a obrar de esta manera. Seguir las huellas de los héroes conquistadores para poder adquirir esa gloria guerrera, tanto más noble cuanto son grandes los obstáculos que vence y los peligros que corre el jefe militar que la obtiene a la cabeza de sus soldados vencedores, fue, sin duda, el objeto del primero. Afirmar para lo futuro en los hombros de estos mismos soldados la silla del poder en que no se creía bien seguro por la inconstancia de los diplomáticos que lo colocaron en ella, era la mira del otro.

Esta inconstancia que comenzaba ya a experimentar, le fue muy pronto funesta por la vez primera en el cuartel general de Jalpatagua. Allí lograron don Antonio Aycinena y don Manuel Domínguez introducirse, digámoslo así, disfrazados con las insignias militares que arrancaron al mérito del soldado y obtener un triunfo con el auxilio de la táctica diplomática, que tuvo por trofeos en deposición del Comandante Perk y el despojo de todo el influjo que tenía el Presidente Arce en el ejército. (*).

(*). *Página ochenta y cinco de las Memorias de Arce.*

El escandaloso suceso ocasionado porque unos pocos empleados del Gobierno del Estado de Guatemala no concurrieran en un mismo edificio con el Presidente de la República a la función cívica del 15 de septiembre de 1826, que en otras circunstancias sólo hubiera comunicado al pincel algunos personajes en actitudes propias a una caricatura, produjo entonces malísimos resultados.

Todos los elementos de discordia que se habían ya acumulado por los que apetecían un cambio, se agitaron de tal modo, que ocasionaron muy pronto la completa desorganización del Estado de Guatemala que, abandonado y sin defensa, quedó en manos del Presidente de la República, el que, por un abuso escandaloso de su autoridad, también redujo a prisión a su primer Jefe, ciudadano Juan Barrundia, y desarmó las milicias del mismo Estado.

"Este desenlace", se dice en la Memoria de Jalapa escrita contra mí por don Manuel Montúfar, Jefe de Estado Mayor del ex-Presidente Arce, cuya opinión es irrecusable, "hizo ridículo todo lo que antes había parecido un golpe maestro de aquellos que afirman el orden: todos los que se habían comprometido comenzaron a temer y a desconfiar en lo sucesivo. El Presidente publicó pocos días después una exposición documentada de los motivos que impulsaron al arresto de Barrundia: todas eran conjeturas, razones de congruencia y documentos diversos, débiles unos, ridículos otros, y todos capaces de persuadir en lo privado que existía una conspiración; pero no para convencer en juicio".

Semejante suceso, que, por las circunstancias de que fue acompañado, pareció a algunos un ensayo de las armas del poder, y que, en realidad, fue el resultado de una combinación que preparara, como se vio después, igual suerte a todos los jefes de los demás Estados que no supieran defenderse, inspiró en éstos una fundada y justa desconfianza. Aunque se quiso disculpar el hecho, asegurando que aquel funcionario había provocado con su conducta al Jefe de la Nación, y obligado a éste a hacer uso de la facultad que le concede el artículo 175 de la Constitución, que nada previene para un caso tan singular; la conducta observada por el Vicejefe Flores, que el mismo Presidente colocó en el Gobierno por la confianza que le inspiraba, les acreditó que éste sólo buscaba en las autoridades de los Estados, agentes sumisos y prontos a ejecutar sus voluntades.

Pero Flores se portó con una dignidad y firmeza que no se esperaba, resistiéndose a cumplir la orden de desarmar al Capitán Cerda, y negándose a admitir la fuerza federal que le ofrecía el Presidente: la que con pretexto de hacer respetar la autoridad del Estado y conservar el orden en los pueblos debía completar la sumisión de éstos y la humillación de aquel funcionario.

Conducta tanto más honrosa y meritoria cuanto que ella produjo la catástrofe que le aguardaba en la misma iglesia de Quezaltenango, en donde, puesto en manos de un feroz populacho, instigado por las funestas ideas que le inculcaron sus sacerdotes, pereció al pie de las imágenes de los Santos, a la vista de jueces y en presencia de la Eucaristía, que éstos exhibieran para acreditar sin duda, que muchos de los que se llaman religiosos entre nosotros, no creen en el Dios de los verdaderos cristianos.

Y de este modo los empolvados altares del fanatismo, que estaban ya olvidados en el presente siglo, fueron de nuevo levantados por sus dignos ministros, y enrojecidos con la sangre inocente del desgraciado Vicejefe Cirilo Flores.

Para que no se crea que exagero, hablando de la sumisión que el Presidente exigía de los Jefes de los Estados, copiaré lo que dice aquel funcionario en la página 42 de sus Memorias.

"Sin pérdida de instante se puso en el conocimiento del Vicejefe, ciudadano Cirilo Flores, el arresto del Jefe Barrundia, previniéndole que tomase el mando del Estado, en razón de ser él llamado por la ley, a ejercerlo en casos semejantes, franqueándole al propio tiempo la tropa veterana para que la emplease en la conservación del orden y en el servicio de su persona y de la Asamblea. También se le pre- vino que mandara a desarmar al Capitán Mayor Cayetano Cerda, que permanecía en el departamento de Chiquimula, alborotando los pueblos y perturbando la tranquilidad con la tropa con que atacó a Espínola: Flores se encargó de la jefatura: pero se negó a obedecer al Gobierno en todo lo demás, y particularmente en el punto tan esencial de desarmar a Cerda...

En la foja siguiente se expresa en estos términos: "Como en tiempos de revolución todo es delirio, no ha faltado entre nosotros quien se atreva a proferir la blasfemia política, de que los jefes de los Estados no son súbditos del Presidente de la República, y es así que me veo en la necesidad de hablar hasta de esta impertinencia. La Constitución, en el artículo 123 dispone: que el Presidente prevenga a los jefes de los Estados lo conveniente en todo lo que concierna al servicio de la Federación".

Sea cual fuese de sus acepciones la que le dé al verbo prevenir, nunca será la de mandar a ordenar el superior al súbdito que ejerza alguna cosa. El Presidente, en uso de este artículo, pudo prevenir, advertir, informar o avisar a los Gobiernos de los Estados lo conveniente al servicio de la Federación; pero no pudo mandarles en concepto de subordinados".

Si el artículo en cuestión exigiese de los jefes de los Estados la absoluta subordinación al Presidente de la República, que deben los súbditos han superior, no merecía ciertamente el nombre de federal la Constitución de Centro América; y si el Presidente Arce hubiera conocido mejor nuestro sistema y su propio idioma, habría cometido una falta menos en su conducta administrativa, y quitado a la venganza de sus partidarios un motivo más para llevar la guerra en su nombre a todos los Estados de la unión.

Cada uno de los Estados que componen la Federación, es libre e independiente en su Gobierno y administración interior (art. 10) y les corresponde todo el poder que por la Constitución no estuviese conferido a las autoridades federales.

A la vista de este artículo ¿cómo habrá podido sostener el Presidente Arce semejantes pretensiones? Y, ¿cómo sin pasar por la humillación de que una autoridad extraña se ingiriese a título de superior en el régimen interno del Estado, podía el Vicejefe Flores, por las órdenes de aquel, tomar posesión del Gobierno: desarmar al Capitán Cerda; y lo que es aún más degradante, admitir a su servicio fuerzas federales, porque no convenía a los intereses del Jefe de la Nación que usase de las del Estado que había ya éste disuelto, reteniendo en su poder el armamento?

Pero aún hay más. Sobre el poder que da el citado artículo 10 a los Gobiernos de los Estados, aparece otro mayor, que si han pasado en silencio los legisladores, no por esto han podido evitar que exista, y menos que se ejerciera de una manera positiva por los Estados en el momento mismo en que se buscaban pretextos para humillarlos, y se invocaban las leyes para reducir a sus jefes a la humilde condición de subalternos. Hablo de la parte de supremacía que corresponde a los Estados. Supremacía más eficaz que la de la Federación: puesto que se ejerce, como se vio entonces, al arribo inmediato del pueblo, en lugar que la otra sólo tiene por apoyo la ley y el convencimiento de unos pocos ciudadanos a quienes su ilustración los eleva sobre las localidades, y sus honrosos precedentes los llaman a servir los primeros destinos de la Federación.

Si esta es una falta que causa algunas veces males y principalmente en los gobiernos nuevos, ella nace de un vicio inherente al sistema federal que divide en fracciones al pueblo; y por lo mismo exige para evitar sus malas consecuencias el mayor tino y prudencia de parte del primer funcionario.

Si este convencimiento pudo hacer más moderado y circunspecto al Presidente Arce, el conocimiento que adquirió del sistema federal en la República de Norteamérica le debió descubrir la complicación de la teoría y las dificultades en su aplicación. Dificultades que debiera considerar mayores en Centro América, puesto que no podía aguardar que se encontrasen en el pueblo, ni el conocimiento regular de aquel sistema, ni el hábito de gobernarse por sí mismo.

Debió tener presente que, como Jefe de la República, era el primer responsable de la paz. Se había hecho cargo de los defectos del sistema federal. Había estudiado el de la República que gobernaba; conocía a los hombres que estaban a la cabeza de los negocios, y no ignoraba los hábitos y educación del pueblo. Tenía éste, pues, muchos títulos para aguardar de la capacidad y experiencia de su Presidente, lo que no podía esperar de la ilustración y buenos deseos que animaran a sus mejores ciudadanos. Todas las miradas estaban por esto pendientes de la conducta que observaría el Supremo Magistrado.

De él aguardaban todos el bien de la República. Nadie le podía disputar el alto honor de haberlo conseguido; ni menos puede hoy dividir con otro la responsabilidad de los males que ocasionó con una guerra que pudo y debió evitar.

No teniendo ya nada que temer el Presidente Arce en el Estado de Guatemala, en donde, por consecuencia de los hechos que acabo de referir, las autoridades legitimas habían ya desaparecido, mandó hacer nuevas elecciones que, por el influjo de las bayonetas, recayeron en aquellos hombres más notables de su partido. Reorganizado de esto modo el Estado de Guatemala, dirigió el Presidente sus miradas a los de Nicaragua y Honduras.

En el primero, por una anomalía propia de la revolución, se encontraban a un mismo tiempo gobernando el Jefe Cerda y el Vicejefe Argüello, y eran ambos obedecidos por sus respectivos partidos.

Como el de Argüello pertenecía a los liberales y las opiniones de este funcionario eran contrarias a las del Presidente de la República, la política demandaba la protección decidida que éste le prestó a Cerda, remitiéndole una cantidad considerable de fusiles, que condujo el ciudadano Policarpo Bonilla.

Este auxilio llamó la atención a Argüello y no pudo proteger a Honduras, en donde buscaba motivos el Presidente para desorganizarlo.

A este fin mantenía correspondencia con los más desacreditados enemigos del Jefe de aquel Estado, ciudadano Dionisio Herrera, y daba otros pasos que, si eran menos deshonrosos, no parecían propios del que aparentaba un profundo respeto a las leyes, sino del que buscaba el triunfo sin escrupulizar los medios de conseguirlo.

El Teniente Coronel de la Federación, Ignacio Córdova, que por licencia del Supremo Poder Ejecutivo servía la Comandancia local de la ciudad de Tegucigalpa, con nombramiento del mismo Jefe Herrera, cuando fue separado por éste, se negó abiertamente a obedecer, alegando que había obtenido igual nombramiento del Jefe de la Nación. La ciudad de Tegucigalpa se halla situada en la cordillera a más de dos mil metros de altura sobre el nivel del mar, y distante de éste cuarenta leguas por la parte más inmediata. No es, pues, ni una frontera ni un puerto para que el Presidente se creyese facultado para nombrar allí un Comandante, a no ser que haya pensado hacer después navegable el río de aquella ciudad en las doscientas leguas que corre antes de desaguar en el Pacífico. Este escandaloso avance de la autoridad, ejecutado con la mira de sostener el partido que hacía la revolución a Herrera en Honduras, produjo la acusación que éste dirigió al Congreso contra el Presidente Arce, acompañando todos los documentos que esclarecían el hecho.

Despechados los enemigos del Jefe Herrera con el mal resultado que tuvieran los medios que habían empleado hasta entonces para trastornar el orden, se decidieron a quitarle la vida. A medianoche los asesinos dirigieron sus tiros por dos balcones de la casa que habitaba, a otras tantas camas colocadas al frente.

Los malvados ignoraban cuál de ellas pertenecía al Jefe Herrera; pero sabían muy bien que una era ocupada por su esposa. Sin embargo, antes quisieron triplicar las víctimas, agravando su crimen con la muerte de la madre inocente y del hijo tierno que aquella tenía en sus brazos en el fatal momento, que permitir se les escapase la que era objeto de la venganza de aquellos que habían estimulado su sórdido y mezquino interés. Pero por una feliz casualidad las balas se introdujeron en el colchón de la cama en que se hallaba la señora de Herrera, y otras rompieron una columna del catre en que dormía éste, sin haberles cansado daño alguno.

Los asesinos presentaron en su precipitada fuga las señales positivas de ese crimen. En aquella misma noche, sin ser perseguidos, desaparecieron de la ciudad de Comayagua el Escribano Ciriaco Velásquez y Rosa Medina, quien después acreditó, en la destrucción de las mejores casas de Comayagua, mandada a ejecutar por el Coronel Milla cuando sitiaba aquella ciudad, que era tan buen incendiario como torpe asesino.

A los pocos días de haberse intentado este crimen, se introdujo en el Estado de Honduras el batallón federal número 2, al mando del Coronel Milla, con el pretexto de custodiar los tabacos que existían almacenados en la Villa de los Llanos, perteneciente al mismo Estado y distante setenta leguas de la Capital de Comayagua, que era entonces la residencia del Jefe Herrera.

Este, que tenía mil motivos para temer un atentado del Presidente de la República, y que no veía el riesgo que corrían los tabacos existentes en el departamento de Gracias, se persuadió que él era el único objeto de aquella fuerza. Tomó, en consecuencia, algunas precauciones y reunió varias compañías de milicias.

Para observar la fuerza federal destinada a cuidar los tabacos, que por diversos avisos se sabía haber órdenes del Presidente de la República para marchar sobre Comayagua, se mandaron cuarenta hombres a las órdenes del Oficial Casimiro Alvarado, que llegó hasta el pueblo de Intibucá, distante treinta leguas de la Villa de los Llanos.

Allí supo Alvarado que el Coronel Milla se había puesto en marcha con toda la fuerza.

Para conocer la dirección que traía, hizo marchar al Oficial, ciudadano Francisco Ferrera con diez hombres. En el pueblo de Yamaranguila, distante dos leguas de Intibucá, se encontró Ferrera con la División federal y, para memoria de un hecho heroico, se batió con sólo sus diez soldados, logrando detener por algún tiempo la marcha de toda la División de Milla. Obligado luego a retirarse, como era regular, dio parte a Alvarado de lo que habla ocurrido, el que al instante contramarchó con sus cuarenta hombres, y fue a ponerlo todo en conocimiento del Gobierno, en cumplimiento de su comisión.

Para justificar la marcha del Coronel Milla sobre Comayagua, dice el Presidente Arce en sus Memorias, que fue ocasionada por el acto hostil que recibió este Jefe en Yamaranguila de parte de las milicias del Estado. Pero si se observa que Herrera tenía seiscientos hombres y que podía disponer de todos para dirigirlos sobre Milla, porque no había otro enemigo en el Estado que le llamase la atención: que los cuarenta hombres que mandó en observación a Intibucá, eran pocos para atacar las fuerzas de aquel Jefe, pero bastantes para llenar el objeto a que se les había destinado: que los tabacos, única mira que había traído a Milla con su batallón a Honduras, se hallaban en los Llanos, distante sesenta leguas de Comayagua, veintiocho del pueblo de Yamaranguila donde le encontró la descubierta de diez hombres del Oficial Ferrera; y treinta del pueblo de Intibucá, en donde se hallaba igual número de soldados en observación, a que pertenecían los de Ferrera; se vendrá en conocimiento de que no hubo ninguna clase de provocación de parte del Gobierno del Estado que, en uso de las facultades que le daban las leyes, bien pudo dirigir las milicias a cualquiera de los pueblos del mismo Estado.

Si todos estos hechos comprueban que el Presidente Arce fue el primer agresor en la guerra de Honduras, sin ninguna provocación por parte de sus autoridades, la nota reservada que dirigió al Coronel Milla, fechada el 7 de marzo en el cuartel general de Apopa, y firmada por su Jefe de Estado Mayor, el Coronel ciudadano Manuel Montúfar, en que le previene sustancialmente: que ponga término a los males que causa el Jefe Herrera en Honduras, haciendo uso de las armas, y que proteja a los que este persiga, pone en un punto de vista más claro aquel hecho: descubre los únicos culpables de la guerra, y justifica la resistencia que los hondureños hicimos con las armas.

El hecho que acabo de referir tiene dos testigos de toda excepción. El ciudadano general Francisco Ferrera, actualmente Jefe del Estado de Honduras, que fue el Oficial que atacó a Milla en Yamaranguila, y el Teniente Coronel Casimiro Alvarado, que mandaba la fuerza de observación.

Ambos existen hoy en Honduras y a la cualidad de contarse ellos en el número de mis enemigos, reúnen las demás circunstancias que deben tener los testigos que he ofrecido.

Después de publicado este documento creo que el ciudadano Coronel Manuel Montúfar no podrá desmentir (como lo hizo en sus Memorias de Jalapa) el hecho a que se refiere; ni el ciudadano Manuel José Arce se resistirá a confesar (como se ve en sus Memorias de México) la responsabilidad que tiene por los males que ocasionara a Honduras.

Tampoco se atreverá a negarlo el Coronel Milla, que no querrá pasar por un militar desobediente, y lo que es peor, por un hijo ingrato que llevó injustamente la guerra a su patria para castigar agravios que no había recibido de sus conciudadanos, y en recompensa de los votos que estos le dieran para Vicejefe de aquel Estado. Milla sin encontrar en el camino ninguna resistencia llegó a la ciudad de Comayagua el 4 de abril, y estableció su cuartel general en la Iglesia de San Sebastián.

Unas trincheras mal construidas, y un Jefe militar traidor, eran dos obstáculos de fácil acceso para los sitiadores, si la vigilancia de los soldados patriotas no hubiera hecho impotentes por largo tiempo las maquinaciones de la intriga, así como los diversos ataques que se dieran a la plaza. Estos no tuvieron otro resultado que el saqueo de toda la ciudad que se hallaba fuera de trincheras, y el inútil incendio de sus mejores edificios con que se vengara la cobardía, ofendida de la tenaz resistencia que le opusiera el valor de un puñado de soldados hondureños y leoneses.

En tanto que tenían lugar estos sucesos, la fuerza enemiga se aumentaba en razón que se disminuía la de la plaza. Los víveres faltaban ya en ésta; y muchas veces era mayor la sangre que se derramaba, que el agua que se tomaba en el río defendido por los contrarios.

La esperanza de un pronto auxilio hacía, sin embargo, sufrir estos males con resignación; pero esta desapareció muy luego. Cuando se supo en la plaza que la tropa auxiliar se había disuelto en la Hacienda de la Maradiaga, después de haber rechazado la División que la atacara al mando del Teniente Coronel Hernández, el desaliento se apoderó del ánimo de los cobardes.

La perfidia del Comandante tuvo en ellos un apoyo, y la plaza se rindió el 9 de mayo de 1828 por una capitulación en que todo lo sacrificaba el traidor, por la conservación de su empleo, al jefe que no había podido lograr ninguna ventaja sobre los sitiados. Y para que nada faltase a este documento vergonzoso, la firmeza con que había el jefe Herrera rechazado las proposiciones de rendirse que se le hicieran, fue castigada dejándolo a merced del vencedor como prisionero de guerra.

El Presidente de la República que pocos meses antes, queriendo acreditar su respeto a la ley, puso al Jefe del Estado de Guatemala, en el término de tres días a disposición de la Asamblea que debiera juzgarlo, hizo conducir a Herrera preso a la capital de la República, ciento sesenta leguas distante de la ciudad de Comayagua, a donde debiera reunirse la Legislatura para conocer de su caso, si aquel Magistrado hubiera tenido esta vez el deseo de ser un religioso observando de la Constitución. Pero se olvidó entonces de ella por no convenir a sus dobles miras de humillar al Jefe Herrera, dándole por prisión en mucho tiempo la misma casa que él habitaba, y de acreditar à sus contrarios el desprecio que hacía de las leyes.

Cuando un funcionario público trata de encubrir con las formas judiciales la satisfacción de sus personales agravios, aún existe la esperanza de que vuelva al sendero de la ley: pero cuando el descaro se asocia a la venganza, la esperanza desaparece, porque entonces el espíritu de Sila obra en la voluntad del gobernante.

Aun cuando el Presidente Arce no hubiera expresado sus opiniones contra estas mismas leyes antes de posesionarse del Ejecutivo Federal, ni se apoyara después en el partido que apetecía un cambio de Gobierno, eran muy repetidas las infracciones para que no fuesen voluntarias, y vitales los golpes que dirigiera al sistema, para que no envolviesen la dañada intención de destruirlo.

Él supo anular la resistencia que le opusiera el Senado, influyendo para que dos senadores amigos suyos se negasen a concurrir a las sesiones para que se disolviese el cuerpo por falta de número.

Él logró que varios Diputados, también amigos suyos, no concurriesen a las sesiones extraordinarias del Congreso, en donde debía exigírsele la responsabilidad con arreglo a la ley, por no haber acreditado en las sesiones ordinarias la justa inversión de los caudales públicos entre otros motivos no menos poderosos.

Él, en tanto que anulaba de este modo la representación nacional, se erigía en Juez de los que tenían derecho para juzgarlo, usaba de facultades que ni esta misma representación nacional había obtenido del pueblo, y convocaba, a su manera, la reunión de un Congreso extraordinario.

Él, arrogándose las atribuciones del Congreso, interpretaba la ley según sus miras, y reducía a prisión al Jefe de Guatemala en concepto de ser súbdito sayo. En este propio concepto ordenaba al Vicejefe que sucediese a aquel en el Gobierno, que desarmara las milicias del mismo Estado, y que tomase a su servicio las fuerzas federales.

El nombraba comandantes locales en el centro de los Estados, como lo hizo en la ciudad de Tegucigalpa. El daba órdenes al coronel Milla para que hiciese la guerra al Jefe del Estado de Honduras.

Él, en fin, jugaba de este modo con las leyes y se burlaba del pueblo que le confiara su ejecución.

Al recordar la conducta que observó el Presidente Arce en el Gobierno, no ha cabido en mí el mezquino deseo de herir su amor propio, ni la innoble mira que dirigiera su pluma al escribir las Memorias que publicó en México.

La mía tiene un objeto más honroso y justo. Acreditar con todos estos hechos "que fue legal la resistencia que opusieron los Gobiernos de los Estados al Presidente de la República, y necesaria la guerra que llevaron los pueblos a la capital de la misma República"; esto es lo único que me he propuesto probar, y creo haberlo conseguido.

Ahora trataré únicamente de mis hechos como funcionario público. Pero como no pretendo escribir mi apología, sólo citaré en mi defensa, como lo he ofrecido al principio, aquellos de que se haya hablado con injusticia, o que convengan a mi propia justificación.

Como uno de los jefes de la fuerza que se disolvió en la Maradiaga, marché en busca del auxilio que mandaba el Vicejefe del Estado del Salvador. Pero este auxilio que llegó a Tegucigalpa después de haberse rendido la plaza de Comayagua, era tan pequeño que tuvo que retirarse hacia el Estado de Nicaragua. Los Coroneles Díaz, Márquez, Gutiérrez y yo, buscamos en él nuestra seguridad, y acompañamos al jefe que lo mandaba.

Un incidente desagradable, que podía comprometer nuestro honor, nos obligó a separarnos de él en la Villa de Choluteca, y a pedir garantías al Coronel Milla para permanecer en Honduras. Nuestros deseos fueron satisfechos por este jefe, mandándonos el pasaporte con el mismo correo que condujo la solicitud.

Al instante marché con dirección al pueblo de Ojojona para disfrutar en unión de mi familia de la gracia que se me concediera. Por un presentimiento, que jamás cupo en la confianza que me inspiraba la palabra de Milla, dichos jefes no corrieron la suerte que se nos aguardaba en aquel pueblo, y yo, víctima de mi credulidad, conocí aunque tarde, lo poco que debe confiarse en los que defienden una mala causa.

Diez horas después de haber llegado al pueblo que había señalado mi residencia, fui reducido a prisión por el Teniente Salvador Landaverri de orden del Mayor Anguiano, Comandante local de Tegucigalpa, y conducido a aquella ciudad. A pesar de haber presentado a este jefe mi pasaporte, me hizo poner en la cárcel pública.

La seguridad de que en semejante atentado no tuviera parte el Coronel Milla, me hizo dirigirle una exposición en que le expresaba con bastante energía los males que me ocasionaban sus ofrecimientos. La contestación de este jefe me dio a conocer el lazo que había tendido a mi confianza, y sólo procuré entonces los medios de evadirme de la cárcel.

Después de haber sufrido veintitrés días una estrecha y penosa prisión, pude burlar la vigilancia de mis carceleros, y retirarme a la ciudad de San Miguel. De allí pasé a la de León en busca de auxilios para volver sobre Honduras.

En mi tránsito por el puerto de la Unión, hablé por la primera vez con el ciudadano Mariano Vidaurre, que como Comisionado del

Gobierno del Estado del Salvador, pasaba al de Nicaragua con el objeto de procurar un avenimiento entre el Jefe y Vicejefe de aquel Estado, que mutuamente se hacían la guerra. Vidaurre se interesó mucho para que se me auxiliase por este último.

Entre tanto, el Coronel Ordóñez, que llegó preso a León, pudo formar una revolución contra el Vicejefe Argüello, que tuvo por resultado la deposición de este funcionario, y el auxilio que se me dio de los militares que le eran más adictos.

Ciento treinta y cinco, entre jefes y oficiales, componían mi pequeña fuerza. Su fidelidad al Gobierno a que habían pertenecido me inspiraba la mayor seguridad, y la fundada esperanza de reunir los descontentos hondureños, que produjeron las persecuciones de Milla y sus agentes, ponían de nuestra parte todas las probabilidades del triunfo.

En la Villa de Choluteca, con el auxilio que mandó el Gobierno del Salvador, pude organizar una considerable División, y en el campo de la Trinidad, acreditar a los hondureños que era llegada la hora de romper sus cadenas. Milla fue allí completamente batido, dejando en nuestro poder los elementos de guerra, que había acumulado, y la correspondencia oficial de que ya he hecho mérito. La vanguardia sola consiguió este triunfo, en el que se distinguieron los Coroneles Pacheco, Valladares y Díaz. A los de igual clase, Márquez, que había quedado malo en Pespire, Gutiérrez, que en unión de Usejo y el Capitán Ferrera conducía la retaguardia, no les fue posible encontrarse en la acción.

Libres ya los pueblos de Honduras de sus enemigos, me dediqué a la reorganización del Estado. El Consejo se reunió en la ciudad de Comayagua, y me encargó del Ejecutivo con arreglo a la ley, en concepto de Consejero, por la falta de Jefe y Vicejefe del Estado.

Luego que el Presidente de la República tuvo conocimiento de estos sucesos, hizo marchar al Coronel Domínguez sobre Honduras. Yo tuve entonces que separarme del Gobierno para tomar el mando de la fuerza, y establecí mi cuartel general en el pueblo de Texiguat. Domínguez hizo una ligera incursión por los pueblos de la costa, y regresó a San Miguel, sin haberse atrevido a atacarme.

Por este tiempo, el General Merino, después de haber estado al servicio del Gobierno del Salvador, se embarcó en Acajutla para retirarse a Guayaquil, de donde era natural. Habiendo tocado el buque que lo conducía en el puerto de La Unión, fue capturado a bordo por el Coronel Domínguez, que ocupaba el departamento de San Miguel con fuerzas federales, sin respetar la bandera chilena, ni atender à los reclamos que le hiciera el Capitán.

A Merino no debía tratársele como prisionero de guerra, porque no se le tomaba con las armas en la mano: no era ya un soldado, porque se había separado del teatro de la guerra: no podía considerársele como enemigo, porque no tenía la intención de ofender, puesto que se retiraba a su patria; ni siquiera pisaba ya el territorio de la República, y se hallaba bajo la protección de una nación amiga. No había, pues, ni un pretexto para reducirlo a prisión, y menos para fusilarlo pocos días después en la ciudad de San Miguel, faltando al derecho sagrado de la guerra, y a los principios establecidos aun en los pueblos menos civilizados.

Este asesinato sin ninguna mira política: esta víctima sacrificada a la venganza ajena, cerró todos los medios de conciliación entre Dominguez y yo, rompiendo la correspondencia que habíamos establecido con este objeto: presagió la suerte que correríamos los que fuésemos prisioneros de semejantes enemigos; y acabó de uniformar la opinión pública.

En pocos días conseguimos organizar una fuerza compuesta de hondureños y nicaragüenses, que aunque muy inferior en número a la de Domínguez, se componía en su mayor parte de soldados voluntarios y decididos a morir en defensa de su patria; pero carecía de recursos pecuniarios.

El que conozca que las rentas del Estado de Honduras nunca han bastado a cubrir su lista civil; y que haya sido, entonces, testigo de las grandes sumas que exigiera Milla a los pueblos, para sostener tanto tiempo su División, solo persuadirá fácilmente de las escaseces que sufría la que estaba a mis órdenes. Marchaba sin ninguna caja militar, y el prest que se daba a la tropa, era necesario exigirlo en los pueblos del tránsito.

Las dificultades que naturalmente se presentaban para esto, producían mil privaciones en el soldado, que se agravaban con lo malo del clima y el rigor del otoño, abundante en lluvias aquel año. Su número se disminuía, de consiguiente, en términos que, apenas llegaron a las inmediaciones de San Miguel las dos terceras partes de los soldados reunidos en Choluteca. En tanto que el Coronel Domínguez abundaba en recursos y tenía a sus órdenes una numerosa tropa veterana que había triunfado varias veces de sus enemigos.

La esperanza del auxilio que me había ofrecido el Gobierno del Estado de El Salvador, para engrosar mi pequeña División, me obligó a colocarla en el pueblo de Lolotique, fuerte por su localidad, y por su posición aparente para proteger la llegada de los salvadoreños. El Coronel Dominguez con todas sus fuerzas vino a situarse a distancia de una legua, en el pueblo de Chinameca.

Hizo varias tentativas para forzar las guardias avanzadas colocadas en los desfiladeros que conducían a la altura que yo había ocupado; y aunque siempre fue rechazado con pérdidas, logró sin embargo, ver desplegarse la fuerza, y se enteró de su número. La confianza que le inspiró este conocimiento la acreditaron sus hechos posteriores. Domínguez pudo muy bien contar nuestros soldados; pero pronto conoció, por una costosa experiencia, que no es dado calcular, a un jefe mercenario, el valor de hombres que defienden su patria y sus hogares.

Once días se pasaron sin ocurrir nada notable entre las dos fuerzas. Al duodécimo recibí una comunicación del Teniente-Coronel Ramírez, jefe de la tropa auxiliar tanto tiempo esperada. Me aseguraba que al siguiente día pasaría con alguna dificultad el Lempa, por falta de barcas.

La facilidad con que el enemigo podía descubrir la aproximación de aquel jefe, y destruir su pequeña fuerza, me decidió a protegerlo. A las 12 de la noche emprendí mi marcha con este objeto; pero la lluvia no me permitió doblar la jornada y me vi obligado a aguardar en la hacienda de Gualcho, que mejorase el tiempo. Entre tanto, Domínguez que había sabido mi movimiento y marchaba por mi izquierda, detenido también por la lluvia, fue igualmente obligado a situarse a una legua distante de aquella hacienda, sin que se hubiera podido descubrir su movimiento hasta entonces.

A las tres de la mañana que el agua cesó, hice colocar dos compañías de cazadores en la altura que domina la hacienda, hacia la izquierda, en razón de ser el único lugar por donde podía presentarse el enemigo. A las 5 supe la posición que este ocupaba, y pocos minutos después, el jefe de una partida de observación aseguró que se hallaba a tiro de cañón de las dos compañías de cazadores.

No podía ya retroceder en estas circunstancias, porque una retirada con tropas que no son veteranas, tiene peores consecuencias que una derrota, sin la gloria de haber peleado con honor. No era ya posible continuar mi marcha, sin grave peligro, por una inmensa llanura, y a presencia misma de los contrarios. Menos podía defenderme en la hacienda, colocada bajo una altura de más de 200 pies, que en forma de semicírculo, domina a tiro de pistola el principal edificio, cortado, por el extremo opuesto, con un río inaccesible, que le sirve de foso. Fue, pues, necesario aceptar la batalla con todas las ventajas que había alcanzado el enemigo, colocado ya en actitud de batirse a tiro de fusil de nuestros cazadores.

Conociendo el tiempo que había de gastar la División en salvar la altura, que se hallaba entre el campo y la hacienda, hice avanzar a los cazadores sobre el enemigo, para detener su movimiento, el que conociendo lo crítico de mi posición, marchaba contra estos a paso de ataque.

Entre tanto subía la fuerza por una senda pendiente y estrecha, se rompió el fuego, a medio tiro de fusil, que luego se hizo general. Pero ciento setenta y cinco soldados bisoños hicieron impotentes por un cuarto de hora los repetidos ataques de todo el grueso del enemigo. Este, obligado por instinto, a tributar el respeto que se debe al valor, no se atrevió a hollar la línea de cadáveres a que quedó reducido el pequeño campo que ocupaban los cazadores, para detener la marcha de la División que volaba en su auxilio.

El entusiasmo que produjo entre todos los soldados el heroísmo de estos valientes hondureños, excedió al número de los contrarios. Cuando la acción se hizo general por ambas partes, fue obligada a retroceder nuestra ala derecha, y ocupada la artillería ligera que la apoyaba; pero la reserva, obrando entonces por aquel lado, restableció nuestra línea, recobró la artillería y decidió la acción, arrollando parte del centro, y todo el flanco izquierdo que arrastraron en su fuga al resto del enemigo, dispersándose después en la llanura.

Entre los muchos prisioneros que se hicieron, se encontraron algunos vecinos del departamento de San Miguel, que vinieron en gran número a ser testigos de nuestra derrota. Tal era la seguridad que tenían en la táctica, en la disciplina y en el número de nuestros contrarios. Los salvadoreños auxiliares, que abreviaron su marcha, al ruido de la acción, con el deseo de tomar parte en ella, llegaron a tiempo de perseguir a los dispersos.

Cediendo a un sentimiento de justicia, he descendido a pormenores, que no a todos podrán ser agradables; pero ofrezco omitir en adelante, los que pertenecen a los sucesos ocurridos hasta la conclusión de la guerra. Mi deseo ha sido el de honrar la memoria de los patriotas hondureños y nicaragüenses que pelearon aquel día, cuyo valor se ha querido poner en duda, porque no han sido tan afortunados otras veces.

Es el de fijar los hechos que tuvieron lugar en aquella jornada, desfigurados después por la malicia o la ignorancia. Es el de dar a conocer la importancia que merece este hecho de armas. Si él fue en sí, bien pequeño, produjo, sin embargo, los mejores resultados, porque economizó la sangre que inútilmente se derramara por tanto tiempo en las trincheras de El Salvador, facilitando la rendición de Mejicanos, y abrevió el desenlace de la revolución de 1828. Revolución que tan abundante, como después, fue en acciones de guerra ganadas por nuestros soldados, todas ellas se deben considerar como una consecuencia de este triunfo.

De Gualcho me dirigí a la ciudad de San Miguel, en busca de recursos, para pagar sus haberes atrasados a los soldados, vestirlos y darles la gratificación, de un mes de sueldo, que se les había ofrecido.

En el camino se me presentó una comisión de los principales vecinos de aquella ciudad, para suplicarme fuese a proteger las propiedades, que a pretexto de pertenecer a los enemigos del Gobierno, eran amenazadas por un puñado de malvados. Pude llegar a tiempo de evitar el saqueo de muchas casas, aunque ya éstos habían tomado de la de Barriere algunos objetos de comercio.

En uso de la facultad que me había concedido el Gobierno del Estado de El Salvador, mandé exigir un empréstito forzoso de dieciséis mil pesos. Este se distribuyó en un pequeño número de propietarios que más servicios habían prestado al enemigo.

La noticia que se difundió en la ciudad de que el General Arzú había salido para atacarme, del cuartel general de Mejicanos, produjo una fuerte resistencia en algunos prestamistas, que se negaron a pagar bajo diversos pretextos su contingente.

Cuando se confirmó la noticia que el enemigo se aproximaba al Lempa, expedí una orden para que el que no quisiese prestar sus servicios como propietario, se le obligara a hacerlos como soldado, presentándose en el cuartel de cazadores. Todos pagaron a esta intimación; sólo el ciudadano Juan Pérez, primer propietario del departamento, quiso tomar las armas. Pero pocas horas después de hallarse sufriendo en el cuartel todos los castigos y privaciones de un soldado recluta, entregó los cinco mil pesos que le fueron asignados, y volvió a su casa.

La cantidad recaudada fue distribuida a los soldados en medio de la plaza, a presencia de los jueces municipales, de los ciudadanos Gregorio Ávila, que contribuyó con el género suficiente para dos mil vestuarios, Pedro Gotay y otros muchos de los principales de aquella ciudad, que aún existen hoy en ella, para comprobar esta verdad.

Como este fue el último empréstito, y el único de alguna consideración que yo asigné hasta la conclusión de la guerra, y como algunos han exagerado a un valor y tratado de tiránicas las medidas que se tomaron para realizarlo, no me ha sido posible pasar en silencio estos pormenores.

Si hubo alguna severidad contra Pérez, fue provocada por su misma resistencia: lo exigía, además, el orden público, amenazado por los soldados leoneses, cansados ya de sufrir escaseces y de esperar el día que éstas cesasen, tantas veces prometido; y lo demandaba imperiosamente la necesidad de marchar a disputar el paso del lempa al enemigo.

El único atentado que yo supiese y pudiese remediar, fue cometido por el Capitán Cervantes, que arrancara del cuello a una señora prestamista su cadena de oro, y por el cual fue sentenciado a la pena de muerte y fusilado en la plaza del Salvador.

Los soldados leoneses, que no pertenecían a ningún Gobierno, y que voluntariamente se habían puesto a mis órdenes, expresaron de diversos modos sus deseos de regresar a Nicaragua. Al Coronel Valladares, que se propuso evitarlo, lo amenazaron haciendo uso de sus armas, y yo sólo pude lograr que sesenta soldados continuasen en el servicio.

Entre tanto, el General Arzú llegó al Lempa con una fuerte División. Al momento marché a evitarle el paso de esto río, y lo habría conseguido, si el Teniente Coronel José del Rosario López Plata no hubiera descuidado el punto por donde logró aquel desembarcar.

Disminuida mi fuerza por la defección de los leoneses, tuve retirarme a Honduras para organizarla. El enemigo, que marchaba a mi retaguardia, llegó hasta la ciudad de Nacaome, y no atreviéndose a perseguirme por el camino de la sierra, que había ya fortificado, regresó a San Miguel. En pocos días pude aumentar la División en la ciudad de Tegucigalpa, y volví con ella sobre la misma ciudad de San Miguel.

El General Arzú ocupaba entonces dicha ciudad, que por una marcha forzada amenacé atacar. Como aquel no quería comprometer una acción, se retiró por la villa de Usulután, para atravesar después el llano de la Pava, y tomar el camino del departamento de Gracias, con el objeto de pasar a Guatemala.

Yo, que calculaba esta retirada, me coloqué por un movimiento de flanco en aquel llano, al tiempo mismo que la vanguardia enemiga tomaba posición en la margen izquierda de un arroyo profundo. Era su mira disputarnos este paso, para poder evitar la ocupación de la hacienda de San Antonio, en la que comienza a elevarse la sierra por donde había pensado retirarse. Pero fue arrollada y arrojada hacia el llano, en donde estaba formada su retaguardia, dejando en nuestro poder un cañón. La hacienda fue en seguida ocupada por nosotros, y los contrarios pasaron la noche deliberando.

Al amanecer se me aseguró que deseaban capitular. Al efecto, hablé con el Teniente Coronel C. Antonio Aycinena, que había sucedido en el mando al General Arzú. Me ofreció aquel jefe entregar las armas, y quedar prisionero con sus principales soldados; pero no a disposición del Gobierno del Estado de El Salvador. La capitulación que redacté fue firmada inmediatamente, y con sorpresa vieron los enemigos, que cuando ellos habían convenido ya en ser mis prisioneros de guerra, se les dejaba en libertad para volver a Guatemala, suministrándoles, además, el dinero necesario para el préstamo del soldado, y concediéndoles, por una gracia, todo lo que solicitaron.

Aunque nunca me arrepentí de haber observado esta conducta, pocos días después tuve el disgusto de saber que el enemigo saqueaba los pueblos del tránsito, y había cometido un asesinato, en pago de la generosidad con que se le trató, violando así la capitulación que se acababa de firmar, en la que se había consignado un artículo a la seguridad de estos mismos pueblos.

Un jefe militar del Estado del Salvador, que con dos compañías ocupaba Ocotepeque, por donde aquellos debieran pasar, recibió de los pueblos iguales quejas, y redujo a algunos oficiales a prisión, por orden de su Gobierno, a quien yo había dado conocimiento de aquellos hechos.

Aunque siempre he creído que el jefe Aycinena no los mandó ejecutar, él es, sin embargo, único responsable de ellos, por haber abandonado a la tropa a su propia suerte, forzando sus marchas para llegar pronto a Guatemala con todos sus jefes y oficiales allegados.

La fortuna, que jamás protege a los que huyen de los peligros de guerra para poder disfrutar de las ventajas del triunfo, castigó a los que sitiaban la plaza del Salvador, haciéndoles, por nueva capitulación, prisioneros de los sitiados, y premiando de este modo, el valor con que estos defendieran por tanto tiempo su patria y sus hogares.

Este desenlace se debió a la constancia con que el pueblo salvadoreño, sin armas y sin jefes, sostuvo el sitio por largo tiempo: al patriotismo y generosidad de las mujeres del pueblo, que alentaban al soldado con su valor y lo alimentaban con el trabajo de sus manos: la firmeza con que el Gobierno se negó siempre a admitir las proposiciones desventajosas, que le hiciera el enemigo para rendirse; y al General Juan Prem, que disciplinó algunas compañías, y colocándose con ellas a la retaguardia del enemigo, le interceptaba los convoyes y aprisionaba las reclutas que venían de Guatemala, batía las fuerzas, que sallan del cuartel general de los sitiadores en busca de víveres, y alentando con todos estos hechos al pueblo, hizo a los soldados concebir esperanzas de un próximo triunfo y creer al Coronel Montúfar, jefe del ejército sitiador, que se hallaba sitiado, cuando dijo en uno de sus escritos que no puede sostenerse por mucho tiempo plaza que no es socorrida, y menos cuando la atacan enemigos muchos y porfiados.

De la hacienda de San Antonio me dirigí a la ciudad de El Salvador. Pasé en seguida a la villa de Ahuachapán, para organizar allí el ejército que debía marchar sobre el Estado de Guatemala.

Pocos días después de haber llegado a aquella villa, recibió el jefe político del departamento, C. Juan Manuel Rodríguez, orden del Ministerio, para hacer salir del Estado al Presidente Arce, que despojado ya del Gobierno, existía en la ciudad de Santa Ana, porque su permanencia en ella era perjudicial al orden público.

Una persona afecta al Presidente Arce me suplicó evitase a este jefe el disgusto de ser conducido hasta el río de Paz por una partida de soldados, que tenía ya preparada el jefe político.

No quise perder la ocasión de acreditar a Arce, que había olvidado ya la memoria que hizo de mí, en la lista que dirigió al Coronel Milla, para que en unión de otros, me remitiese preso a Guatemala, a pesar del salvoconducto que me dio este jefe. Con aquel objeto mandé al Coronel Gutiérrez, que comunicase al Presidente la orden del Gobierno, y le expresé mis deseos de evitarle el compromiso en que podía colocarlo su permanencia por más tiempo en Santa Ana.

Pero este hecho lo tuvo Arce por un agravio, según se expresa en sus memorias, aunque yo lo consideraba como un servicio, puesto que le suplicaba lo que podía mandarle con el mismo derecho que él quiso se me conduje preso a Guatemala. Con el mismo derecho, digo, porque él usó de la fuerza para obrar contra mí, no estando autorizado por la ley, y yo podía haber usado también de esta fuerza en justa represalia, cuando me tocaba mi vez.

Luego que el ejército recibió alguna disciplina, marché sobre la ciudad de Guatemala, y di orden al general Prem, que obraba ya en el departamento de Chiquimula con una División, que ocupare la hacienda de Aceituno, distante una legua de aquella ciudad, el mismo día que yo debía situarme a dos leguas de ella, en el pueblo de Pinula. Mi orden fue cumplida por el Coronel Henrique Terrelong, que había sucedido en el mando a aquel Jefe, que permanecía enfermo en Chiquimula.

En la hacienda de Corral de Piedra se nos unió un escuadrón de patriotas antigüeños, al mando del General Isidoro Saget, que fue de mucha utilidad en la campaña.

En Pinula supe que la fuerza del Estado se había concentrado toda en la ciudad.

Para evitar la introducción de víveres y agua en la plaza, mandé situar una División en el Pueblo de Mixco, al mando del Coronel Cerda, con orden de fortificarse inmediatamente. Pero este Jefe, a quien sólo conocía por la buena recomendación que de él se me había hecho, se confió en un valor de que carecía. Ni quiso fortificarse, ni tuvo la presencia de ánimo y arrojo que se necesita para defender un puesto que es sorprendido por el enemigo.

Cerda acreditó, con esta derrota, su ineptitud y cobardía, y el enemigo su crueldad con el asesinato de los vencidos. En lugar de marchar inmediatamente sobre el cuartel general de Pinula, aprovechándose de mi permanencia en la Antigua Guatemala, a donde había ido con el fin de organizar un Gobierno provisional, volvió a entrarse a sus trincheras, y yo regresé a Pinula.

Al día siguiente concentré todas las fuerzas en este pueblo, y marché con ellas a la Antigua Guatemala para reponer las bajas al nuevo Gobierno. El General Nicolás Rauol, antiguo veterano del ejército de Napoleón, que hoy ocupa un lugar distinguido en el ejército francés, entró al servicio en concepto de Jefe de Estado Mayor.

A la experiencia y conocimientos militares de este jefe (el más instruido que ha venido a Centro América) de los que siempre he hecho uso en lo que ha estado a mi alcance, debo en gran parte no haber sido nunca sorprendido, ni sufrido jamás una derrota, en trece años de guerra casi continua, provocada por los desafectos a la República.

El enemigo, envalentonado con el triunfo de Mixco, salió por segunda vez de sus trincheras para atacarme en aquella ciudad.

Yo marché inmediatamente a ese encuentro; pero las noticias de los espías me persuadieron de que no lo encontraría en el camino que yo llevaba. Me regresé, por esto, a la ciudad, dejando a las órdenes del Coronel Terrelong un batallón y un escuadrón para que explorase el campo.

En San Miguelito, una legua distante de la ciudad, se encontró este jefe con el enemigo, y se batió con tal ardor, que la infantería que había sido rodeada por aquel, y se defendía a la bayoneta, de tal modo se confundió con los contrarios, que se le consideraba ya muerta y prisionera.

En este momento, usando de su arrojo acostumbrado, el Teniente Coronel Corzo, Comandante del escuadrón, cargó con cuarenta dragones sobre el enemigo, con tan buen éxito, que llegó a tiempo de salvar nuestra infantería, que todavía peleaba sin quererse rendir. Aquel retrocedió asombrado, y una segunda carga completó su derrota.

Cuando recibí el parte de que el Coronel Terrelong se hallaba al frente del enemigo, marché con el resto del ejército. Las descargas seguidas que se oían en el camino me acreditaban que aquel jefe se había comprometido en una acción con tan poca tropa; pero todos mis esfuerzos por tener parte en ella fueron inútiles.

Sólo llegué al campo de batalla para premiar el valor, socorrer a los heridos y proteger a los prisioneros. Perseguí los restos del enemigo hasta Sumpango, y pasé al día siguiente al pueblo de Mixco en donde permanecí algún tiempo.

Allí se me manifestaron, por medio del ciudadano J. Antonio Alvarado, los deseos que tenía de mediar en nuestras desavenencias el Ministro de los Países Bajos, y de tener, a este fin, una conferencia conmigo. Esta tuvo lugar, a los pocos días, en la hacienda de Castañaza, aunque sin ningún resultado por entonces.

De Mixco marché a situarme a la hacienda de Aceituno. Antes de llegar a la de Las Charcas, se me aseguró que el enemigo se aproximaba a la misma hacienda. Cuando llegué a ella, observé que venía en marcha, a distancia de un cuarto de legua.

Entonces conocí que quería aprovechar, para atacarme, el momento en que se había disminuido el ejército con la marcha de la primera División sobre el departamento de Los Altos, al mando del Teniente Coronel Jonama, con el objeto de perseguir una fuerza enemiga que obraba sobre aquellos pueblos a las órdenes del Coronel Irisarri.

Al momento formé la fuerza para aguardar al enemigo que, en triple número, se presentaba en la llanura. Todo el valle se veía cubierto de caballería, que se aumentaba a la vista con una multitud de espectadores. Esta caballería se formó fuera de los tiros de nuestra artillería ligera. El de fusil no alcanzaba al grueso de la infantería.

Sólo una parte de ésta, en número de 500 soldados, se aproximó, formada en batalla, a menor distancia, y rompió el fuego al mismo tiempo que la guerrillas de cazadores que hizo desplegar. Los nuestros lo contestaron a pie firme.

Cansado de aguardar a que se aproximara el resto de la infantería y toda la caballería enemiga, que continuaba guardando la distancia en que se había colocado al principio, hice marchar dos compañías de cazadores por el flanco derecho y tirar algunas bombas.

Estas causaron mucho estrago en la caballería y, a las primeras descargas que aquéllas hicieran, avanzando siempre sobre el enemigo que peleaba, éste huyo, y el resto siguió en ejemplo sin haber hecho un solo tiro. La caballería lo imitó, volviendo caras, y la nuestra, aunque en pequeño número, cargó sobre esta confusa masa de hombres, que huían haciendo un terrible estrago en todo el valle y centenares de prisioneros.

Los que no lo fueron entraron en la plaza en gran desorden; y no hice un esfuerzo para ocuparla aquel día, por aguardar que se me incorporase la División que obraba en Los Altos.

Al siguiente día marché de la hacienda de Las Charcas a la de Aceituno, en donde permanecí hasta la llegada de la tropa que se hallaba en Quezaltenango, de la que se reorganizaba en la Antigua Guatemala, y reclutaba en el Estado de El Salvador.

Pocos días después me dio parte el Coronel Jonama de haberse echado el pueblo del Barrio sobre los enemigos y entregándole prisioneros a los principales jefes. Pero, a esta noticia que no podía ser más satisfactoria, añadía otras sumamente desagradables. Me aseguraba que el Teniente Coronel Menéndez había sublevado contra él la División, a pretexto de obrar de acuerdo con los enemigos, por el buen trato que diera, en cumplimiento de mis instrucciones, al Coronel Irisarri y demás prisioneros: y que la viruela maligna, que había comenzado a propagarse en los soldados, le obligaba a regresar al cuartel general.

Temiendo que muy pronto cundiese esta epidemia en todo el ejército, tomé varias precauciones para evitarlo, aunque no quedé satisfecho por no haber encontrado la vacuna.

Con la mediación del Ministro de los Países Bajos, de que ya he hablado, se reunieron en el sitio de Ballesteros, para tratar de la paz, los ciudadanos Arbeu, por el Vicepresidente de la República y Pavón por el Gobierno del Estado de Guatemala, el General Espinosa por el de El Salvador, y yo, por los de Honduras y Nicaragua. Las proposiciones que por una y otra parte se hicieron fueron desechadas, y los comisionados se retiraron.

Pero mis deseos de una transacción eran tan vivos, como fundados los temores que tenía de que se disolviese el ejército por la epidemia de viruelas. Volví, por esto, a excitar al General Vérver, Ministro de los Países Bajos, para una nueva conferencia, a la que concurrieron los mismos comisionados. El General Espinosa y yo les presentamos la proposición siguiente:

1°. Que se estableciera un Gobierno provisorio en el Estado de Guatemala, compuesto del mismo jefe C. Mariano Aycinena, del C. Mariano Prado y yo.

2°. Que los dos ejércitos debían reducirse al número de mil hombres, y componerse, en iguales partes, de salvadoreños y guatemaltecos.

3°. Que el Gobierno provisorio debía instalarse en Pinula, y entrar después a Guatemala con aquella fuerza, destinada a dar respetabilidad al mismo Gobierno y a mantener el orden en el Estado.

4°. Un olvido general por lo pasado.

Tan satisfecho estaba yo de que sería admitida, sin discutirse, esta proposición, porque conocía la debilidad a que se hallaba reducida la plaza, como grande fue mi admiración al verla desechada.

Si el enemigo ignoraba la causa de tanta generosidad, sabía muy bien que no era acreedor a ella por su conducta observada con los Gobiernos y pueblos de El Salvador y Honduras, en circunstancias menos difíciles para éstos.

Sabían, además, que ni su posición actual, la más desventajosa en que pudo colocarse, ni sus futuras esperanzas, puesto que no aguardaba ningún auxilio, ni la moral de su tropa, conocida ya en la acción de Las Charcas, pudieron hacerle esperar un mejor desenlace.

Pero todavía aparece más ventajosa esta proposición si se compara con las que hicieron a los salvadoreños para que rindiesen la plaza, tan fuerte entonces que, lejos de alcanzar la menor ventaja, concluyeron los sitiadores por rendirse a los sitiados.

Y siempre merecerá el nombre de generosa, por lo que se hizo en la seguridad de que la plaza de Guatemala se rendiría con poca resistencia, como sucedió diez días después, que fue entregada bajo las condiciones que le impusiera el vencedor.

La plaza fue ocupada al siguiente día de la capitulación, y yo me alojé en la casa de Gobierno. Pasados algunos minutos se me presentó el Ministro de Relaciones del Gobierno Federal y me entregó una nota del Vicepresidente de la República, C. Mariano Beltranena, en la que me preguntaba si debería continuar en el ejercicio del Poder Ejecutivo.

Los que recuerden que el Vicepresidente, apoyado en el ejército del Estado de Guatemala, había usurpado el mando al Presidente de la República, burlándose de los repetidos reclamos que éste le hizo para obtenerlo, que era uno de los más poderosos motivos de la guerra que se llevó hasta la Capital de la República, a nombre de la mayoría de los Gobiernos de los Estados que componen la Federación, se persuadirán fácilmente de que mi contestación fue por la negativa.

En el mismo día mandé reducir a prisión al Presidente y Vicepresidente de la República, a los Ministros de éste, de Hacienda y Relaciones, y al Jefe del Estado de Guatemala.

Esta medida ejecutada en cumplimiento de las órdenes que había recibido de los Gobiernos de los Estados, estaba en consonancia con mi opinión, de reducir el número de los presos al menor posible; y tenía también por objeto poner en absoluta incapacidad de obrar a los principales Jefes que habían llevado la guerra a los Estados.

Cuando se exigió, en cumplimiento de la capitulación, la entrega de todos los objetos de guerra, apareció menos, una cantidad considerable de fusiles. La reclamé por medio del señor Manuel Pavón, demostrándole aquella falta con el estado del armamento entregado, y el que se encontró en la comandancia de los enemigos, hecho tres días antes de haberse rendido la plaza.

Pavón me dio una contestación evasiva, y yo le aseguré que si la capitulación no se cumplía por parte de ellos, no me consideraba en la obligación de respetarla por la mía.

Aunque hasta entonces no creía que se obrase de mala fe, vino luego a sacarme de mi error la orden del día mismo en que se ocupó la plaza, autorizada por el Secretario del Gobierno del Estado de Guatemala en concepto de Jefe de Estado Mayor. En ella se permitía salir a los soldados de la plaza, contrariando el artículo 4º de la capitulación, en el que se ofrecía que continuarían en sus cuarteles; para que de este modo pudiese tener efecto el artículo 5º de la misma capitulación.

Muchos de los soldados que salieron en virtud de aquella orden, llevaron sus fusiles, y los excesos que cometieron en algunos pueblos inmediatos, tal vez exagerados por los que querían acreditarse con los vencedores, produjo temores de una reacción en el ánimo de los cobardes, y dio un nuevo y fundado motivo para creer lo poco que respetaban los vencidos sus compromisos.

No habiendo tenido mis reclamos de que se observase la capitulación, ningún resultado favorable, expedí un Decreto, en el que manifestaba los motivos que tenía para no cumplirla por mi parte. El señor Arce ha querido inculparme por este hecho en sus Memorias: en ellas pretende demostrar con los mismos estados que yo cito, el no haber habido ninguna falta de parte de los vencidos. Si en dichos dos estados aparece un número de armamento casi igual, es porque en el uno se comprendieron las armas inútiles que había en el almacén, en tanto que en el otro sólo figuraban los fusiles útiles que se hallaban en manos del ejército enemigo.

Varias pruebas podría aducir para poner en un punto de vista más claro, el hecho a que me refiero, si el tiempo, que todo lo descubre no hubiera venido a justificar la conducta que observó en aquella vez, presentando como una prueba irrefragable el armamento que de las bóvedas de la Catedral de Guatemala sacó Carrera a la vista de todos; el mismo que, en el año de 1829, fue el objeto de mis reclamos, y la causa por que se anuló la capitulación. Mis hechos posteriores acreditan que no tuve otras miras.

Por el artículo 6º de dicha capitulación se garantiza la vida y propiedades de todos los individuos que existían dentro de la plaza. Esta era la única seguridad que se les daba. A nadie se castigó con la pena de muerte, ni se le exigió por mi parte ninguna clase de contribución.

La capitulación fue religiosamente cumplida, aun despúes de haberse derogado. La obligación cedió entonces su lugar a la generosidad, y no tuvo de qué arrepentirse. Y no se diga que faltaba sangre que vengar, agravios que castigar y reparaciones que exigir. Entre otras muchas víctimas sacrificadas, los Generales Pierzon y Merino fusilados, el uno sin ninguna forma judicial, y arrancado el otro de un buque extranjero para asesinarlo en la ciudad de San Miguel, pedían entonces venganza, así como los incendios y saqueos de los pueblos de El Salvador y Honduras demandaban una justa reparación,

Si el Gobierno de Guatemala señaló, para sostener el ejército, contribuciones forzosas a los propietarios que pertenecían al partido vencido, además de que estaba en sus facultades esta medida, la necesidad de pagar sus haberes al soldado vencedor, lo exigía y la política demandaba no sacar estos fondos de los que nos habían prestado buenos servicios.

Además, la capitulación celebrada, en uso de las facultades que me daban las leyes militares, no podía comprometer del mismo modo al Gobierno del Estado de Guatemala que si se hubiera ajustado el tratado propuesto en Ballesteros, en cumplimiento de las instrucciones que se me habían conferido al efecto.

A pesar de que en mi opinión el número de los presos debía ser el menor posible, como lo había acreditado, reduciéndolo a cinco individuos de los más notables, la de los pueblos, así como la de los Gobiernos de los Estados y la del ejército, era enteramente contraria.

El Gobierno del Estado de El Salvador, por medio de sus comisionados, ciudadanos José María Silva y Nicolás Espinosa, y el de Honduras y Nicaragua, por las exposiciones que se publicaron entonces por la prensa, pedían el castigo de todos los culpables; y yo, que no desconocía la justicia de estos reclamos, y que debía cumplir las órdenes de los jefes que habían depositado en mí su confianza, me vi obligado a reducirlos a prisión.

Pocos días después se comenzó a difundir en la ciudad la noticia que se intentaba.......................(*).

(*). Aquí concluyen las Memorias del General Morazán. Tanto en el manuscrito, como en las copias que hemos adquirido para proceder a la edición. Fundadas sospechas nos hacen creer que la segunda época de la vida de aquel valiente e ilustre soldado muy fecunda en acontecimientos, que ocupan la mayor parte de la historia contemporánea del país, ha sido escrita por él mismo en su larga expedición a las Repúblicas del Sur, y perdida u ocultada en la jornada con que terminó su carrera política en San José.

Al menos así lo da a entender su ofrecimiento, de omitir en el discurso de su obra, pormenores que podrían ser desagradables a algunos y que pertenecen a los sucesos ocurridos hasta la conclusión de la guerra.

Mas si es sensible que Centro América quede privada de la continuación de estas Memorias, nadie negará, que con la parte interesante que hoy ve la luz pública, se puede venir en conocimiento del origen de la revolución prolongada hasta nuestros días, y de una reputación literaria apenas conocida de los patriotas centroamericanos, y tenazmente negada por el bando opuesto a los principios y al progreso. Ella abre el juicio de la posteridad para el caudillo de los pueblos que proclamó y sostuvo las libertades públicas, y hace esperar con impaciencia el día que la prensa publique la parte que ahora se ha hecho difícil dar a luz; pues aunque ella fuera perdida, datos hay suficientes para suplirla con toda precisión y claridad. (Nota de los Redactores de "El Rol," en la edición hecha en San Vicente, en 1855.)

JUAN LINDO

Don Juan Nepomuceno Fernández Lindo y Zelaya fué uno de los hombres que tuvieron influjo en los acontecimientos que se verificaron en la América Central en los años transcurridos desde la independencia hasta 1856.

Nació en Tegucigalpa á fines del siglo pasado. Era hijo de don Joaquín Lindo, quien ejercía el oficio de escribano. Respecto á sus primeros años sólo se sabe que los pasó en su ciudad nativa.

Efectuada la anexión de Centro-América á México, hubo que practicar en Honduras, el 10 de marzo de 1822, elecciones de Diputados al Congreso que debía reunirse en la capital del Imperio; y Lindo fué uno de los electos por la provincia de Comayagua.

Lindo se hallaba en dicha capital el 20 de abril de ese año, fecha en que publicó su escrito intitulado Meditaciones de un pueblo libre, que aparece en esta obra.

En uno de sus manifiestos, publicados pocos meses después en Honduras, se da á reconocer como Alférez Real del antiguo Ayuntamiento de Comayagua, y Abogado de la Excelentísima Audiencia Imperial de México, y como Auditor de Guerra, Jefe Superior Político interino é Intendente en propiedad de la Provincia de Honduras, por S. M. I., etc.

Tomó posesión de estos cargos el 12 de octubre de 1822 y, en ejercicio de ellos, procuró hacer desaparecer las animosidades que había entre Comayagua y Tegucigalpa. En una comunicación que dirigió al Ayuntamiento de esta última ciudad, se hallan estas palabras: "Que tenga fin el desordenado estado político de nuestra Provincia que la va conduciendo á su último exterminio: volvamos al orden, unión y fraternidad universal de ella: pongamos en uso el arado, la azada y la barra: disfrutemos de los tesoros y fertilidad de nuestro suelo: ilustremos por medio de las escuelas públicas á nuestros hijos: restablezcamos la policía en ellos; que todo es el único objeto que me obliga por ahora á dirigirme á U. S., asegurándole, que sin causar la menor molestia de las que los antiguos Gobernadores hacían sufrir á los pueblos, pasaré á esa ciudad y á los demás, como un ciudadano particular, á procurar la prosperidad de cada uno".

El pronunciamiento de Casa Mata, ocurrido el 6 de diciembre de 1822, fué el principio de una gran revolución que, en pocos meses, derribó el Imperio. Iturbide se vió obligado á abdicar el 20 de marzo de 1823, y salió de México, embarcándose en el bergantín inglés "Rawlins", con dirección á Italia. Filísola, que ejercía el mando general de Centro América por parte del Emperador, se vió entonces en serias dificultades y, para verse libre de ellas, expidió un decreto, convocando al Congreso de Guatemala, con arreglo al Acta de 15 de septiembre de 1821, para que este cuerpo decidiese la suerte de las Provincias, lo que equivalía á reconocer la nulidad del acta de anexión de 5 de enero de 1822, y á reconocer la independencia de Centro-América.

No obstante estos acontecimientos, Lindo, que había sido uno de los más exaltados defensores del gobierno imperial, continuaba con el mando de la provincia de Comayagua. Pero el 11 de febrero de 1824, la Municipalidad de esta población lo depuso, acusándolo á su padre, lo mismo que á Ciriaco Velásquez, de deudores quebrados y acusando y defraudadores de las rentas nacionales. Para evitar la deposición, Lindo se había unido con su pariente el Comandante Manuel Zelaya, quien reunió su tropa en el cuartel y en la armería, en donde apostó dos cañones, habiendo puesto avanzada en la casa del primero. Este amenazó en seguida á la Corporación, diciéndole que tenía tropa para hacerse respetar; pero de nada sirvió todo esto. La Corporación lo declaró despojado de sus empleos, nombró en su lugar al Alcalde don Severino Quiñónez, y él se vió obligado á salir de Comayagua, con dirección á Aramecina, desde donde todavía pretendió hacerse obedecer de los pueblos como Jefe Superior Político.

No habiendo sido juzgado Lindo por los graves cargos que se le hicieron, es natural suponer que fueron falsos, ó que se le creyó suficientemente castigado con la pérdida de sus empleos. Lo cierto es que no perdió por ellos la estimación de sus conciudadanos, pues no salió del país, y fué electo Diputado por Choluteca al primer Congreso Ordinario, que abrió sus sesiones el 5 de abril de 1826, al que se incorporó algunos días después.

La invasión de Honduras por tropas federales, enviadas por Arce al mando del hondureño Justo Milla, dió por resultado, con el sitio de

Comayagua y la traición del Coronel español Antonio Fernández, la caída de la Administración que presidía el ciudadano don Dionisio de Herrera, la prisión de éste y su envío á Guatemala.

En el nuevo orden de cosas á que dieron vida estos sucesos, Lindo figuró de principal manera y, bajo su presidencia, se inauguró en Comayagua un nuevo Congreso, el 13 de septiembre de 1827.

Poco después apareció en la escena el hombre extraordinario que había de desagraviar á Honduras y El Salvador de los atentados cometidos por el General Arce, Presidente de la Federación. Tras una serie de gloriosos triunfos, el General Morazán logró restablecer el imperio de la ley y encaminar à Centro América por una senda muy distinta de la de opresión y personalismo que se le había trazado en 1826. Durante el tiempo en que brilló en todo su esplendor la estrella de Morazán, la figura de Lindo no llama la atención. Vésele aparecer de nuevo en 1839 como Presidente de la Asamblea que dictó la segunda Constitución de Honduras. Pero cuando la figura de Lindo sobresale más notablemente, es cuando cae Morazán. Morazán sale de Centro América en 1840; Lindo sube en seguida al Ministerio en El Salvador, y pasa del Ministerio á la Presidencia, como Jefe Provisional, el 7 de enero de 1841. El partido de Morazán era aún formidable. El Congreso, formado en su mayor parte de senadores y diputados morazanistas, preparaba una revolución que tenía por objeto la caída de Lindo y la de Malespín, que era el Comandante de las armas, impuesto por Carrera. Prevenido á tiempo Lindo, no trepidó, y para no dar lugar á que se pusiera en ejecución el plan combinado, hizo prender á los individuos de la Legislatura y, cargados de grillos y cadenas, los expulsó de El Salvador.

Este golpe de Estado y otros hechos lo desprestigiaron y, en febrero de 1812, tuvo que dejar el ejercicio del poder á don Escolástico Marín.

De regreso á Honduras tomó participación en la política del país. Por decreto de la Asamblea, emitido el 11 de enero de 1847, y por no haber habido elección popular, se declaró Presidente de Honduras al General don Francisco Ferrera; pero éste, que no se sentía apoyado, renunció el cargo y, el 13 del mismo mes, la Asamblea eligió Presidente á Lindo para el período de 1847 à 1848.

En esta época estaba en vigor la segunda Constitución de Honduras, decretada el 11 de enero de 1839 y de que se ha hablado atrás. El artículo 46 de esta Constitución establecía que el período del Presidente de la República sería de dos años, pudiendo ser reelecto una sola vez; y el artículo 15 disponía que el Poder, Legislativo residiría en una Cámara de Representantes.

Pero cuando Lindo subió al poder en Honduras, le pareció corto el período presidencial é inconveniente el sistema unicamarista y, en esta virtud, convocó una Asamblea Constituyente, que dictó la Constitución de 4 de febrero de 1848. En ésta se estableció, por el artículo 20, que el Poder Legislativo del Estado se ejercería por dos Cámaras, una de Diputados y otra de Senadores; y por el artículo 41, que la du- ración del Presidente y Vicepresidente sería de cuatro años y podrían ser reelegidos una sola vez, sin el intervalo de igual tiempo, si lo fuesen popularmente, pero siendo preciso para ello que la Asamblea General los declarase previamente buenos servidores del Estado. Conforme á esta Constitución, Lindo fué electo Presidente por cuatro años y don Felipe Bastillo Vicepresidente.

Pretextando enfermedad, Lindo, con licencia de las Cámaras, se separó del mando, dejando el Poder Ejecutivo á cargo del Vicepresidente Bustillo, en quien ejercían grande influencia Francisco Ferrera y Coronado Chávez. Esto, como en seguida se verá, no era más que un ardid de Lindo para deshacerse de Ferrera. El General Guardiola, instigado por Lindo, se pronunció en Tegucigalpa el 21 de noviembre de 1848 contra la Asamblea del Estado, desconociendo su autoridad. En el acta respectiva se dispuso prender al General Ferrera, á Chávez y á los agentes de éstos, se nombró General en Jefe á Guardiola y se mandó reunir una Asamblea en Cedros el 15 de enero siguiente.

Eran móviles ostensibles del movimiento, un decreto sobre rebaja del sueldo de los Comandantes y una ley, que se había dictado años atrás, estableciendo la única contribución.

El Vicepresidente Bastillo, al tener noticia del pronunciamiento, se retiró á Santa Rosa. Guardiola, mientras tanto, entró á Comayagua y trasladó el armamento á Tegucigalpa. Lindo entonces asumió el Poder Ejecutivo, se colocó al frente de 500 hombres y dio un decreto en Gracias, el 8 de diciembre de 1848, declarando que la revolución de Guardiola no era más que el ejercicio del derecho de petición. Ofreció que se reuniría un Congreso y empeñarse en dejar satisfechas las aspiraciones de los revolucionarios, comprometiéndose, en caso de no conseguir esto, á dejar el poder. En consecuencia, se reunió una Asamblea en La Paz y en seguida otra en Cedros, que abrió sus sesiones el 10 de junio de 1849. Esta última Asamblea conoció, sin prevención y con serenidad, de las acusaciones del acta de Tegucigalpa, y éstas quedaron casi reducidas á la nada. Pero Lindo consiguió su objeto: Ferrera, huyendo de la orden de captura, salió del país y no volvió á él.

Mr. Chatfield, Cónsul de S. M. B. en Centro América, hizo algunos reclamos al Gobierno de Lindo, los que éste encontró objetables. Con este motivo, Chatfield, que estaba á bordo de la fragata "Gorgon", ocupó la isla del Tigre, en el Golfo de Fonseca. Por otra parte, Mr. Nolloth, capitán del vapor "Plumper", ocupó con sus la fortaleza de Trujillo, porque el Comandante del puerto se negó á pagarle *111.061.62 $^{1/2}$, suma á que dijo ascendían varios reclamos de súbditos británicos. Lindo prohibió, por un decreto, á los vecinos y habitantes del Estado, toda relación con la isla del Tigre y con cualquiera otro punto que estuviera ocupado por fuerzas extranjeras, así en las costas del Atlántico como en las del Pacífico; y dispuso, además, poner la isla del Tigre, por diez y ocho meses, bajo la protección de los Estados Unidos.

Los territorios hondureños tomados por los ingleses fueron devueltos, aunque no se declaró la ilegitimidad de los reclamos que se hacían. Es digna de aplauso la conducta de Mr. Phipps Holmy, Almirante general de los navíos de S.M.B., que desaprobó la ocupación de la isla del Tigre y fué quien mandó devolverla á la soberanía de Honduras. Todo esto pasaba á fines de 1849.

Guatemala se había declarado libre del Pacto Federal, por decreto de 21 de marzo de 1847, y había tratado de que Lindo reconociese el nuevo orden de cosas creado por ese decreto. Lindo lo reconoció condicionalmente, "dejando, al verificarlo, intactos y subsistentes los compromisos y deberes en que el Gobierno de aquel país se hallaba constituido respecto de los otros de Centro-América en cuanto al restablecimiento de un gobierno general".

Las relaciones con Guatemala la dejaron de ser cordiales por este motivo. Lindo, aprovechando las circunstancias, y más por motivos personales que por razones de Estado, envió á don Felipe Jáuregui á San José de Costa Rica con el carácter de Ministro Plenipotenciario, con el objeto de celebrar tratados con Chatfield y con Pavón, Ministro de Guatemala, residentes entonces en aquella ciudad: los tratados versarían sobre los reclamos ingleses y las relaciones con Guatemala, respectivamente.

Pero Jáuregui celebró con Chatfield un tratado sobre que Honduras se declarara República Soberana, siguiendo el ejemplo que dió Guatemala en 1847, y Lindo le negó su aprobación. Cuando Jáuregui venía de regreso, fue reducido á prisión en Nicaragua. El General Guardiola, amigo de Jáuregui, deseaba la aprobación del tratado y, á efecto de que prevaleciera, se pronunció contra Lindo en Tegucigalpa el 13 de febrero de 1850, habiendo protestado el departamento de Olancho y otros pueblos contra la sublevación.

El señor Vasconcelos, Presidente de El Salvador, que aspiraba á realizar la unión de Centro-América, vió que la anarquía en Honduras haría difícil combatir con éxito á los separatistas guatemaltecos, y procuró poner de acuerdo á Lindo y à Guardiola. Envió, al efecto, á don Victoriano Castellanos, hondureño, con poderes para que mediara.

Fué aceptada la mediación y en Pespire se celebró un tratado de paz en que se estipuló, entre otras cosas, que se olvidarían las desavenencias y disgustos causados por los acontecimientos anteriores, que se reuniría una Asamblea General en Nacaome lo más pronto posible, lo mismo que la particular del Estado, que Jauregui sería juzgado conforme á la Constitución por su conducta en Costa Rica, y mientras no lo fuese no podría volver á Honduras, que Guardiola, por su espontánea voluntad, se retiraría al Salvador, bajo la garantía del asilo que le ofrecía el representante de dicho Estado y que, ratificado el convenio por Lindo, se depondrían las armas de una y otra parte, quedando sin responsabilidad todos los que se hubiesen comprometido con Guardiola. El convenio se cumplió y, de este modo, Lindo quedó libre de Jáuregui y Guardiola, como ya lo estaba de Ferrera.

A pesar de que Lindo fué enemigo de Morazán y amigo de los separatistas guatemaltecos, no por ello dejó de comprender y apreciar en toda su importancia la necesidad de la unión de los países de la América Central. De suerte que cuando Vasconcelos preparaba su gran cruzada en favor de la reconstrucción de la antigua patria, contaba con Lindo. Este dictó un decreto sobre nacionalidad el 14 de septiembre de 1850 y, en 6 de enero de 1851, dictó otro en Ocotepeque, acordando el auxilio que El Salvador le pedía para entrar en campaña con Guatemala. A fines de enero marchaban las fuerzas hondureñas á unirse al ejército de Vasconcelos para expedicionar contra Carrera; y el 2 de febrero se libraba la célebre acción de La Arada, en la cual sucumbió el ejército unionista, debido, según se dice, á la traición del General Saget. En esa batalla supo distinguirse como siempre por su disciplina, valor y heroísmo, el General Cabañas, que mandaba el ejército hondureño. Lindo, al dar cuenta á la Asamblea que se reunió el 16 de mayo, recomienda las altas cualidades de aquel inolvidable Jefe, de quien dijo nuestro poeta Reyes con sobrada justicia: "laurel de vencedor lleva aun vencido".

Firme Lindo en sus propósitos unionistas, vió con disgusto la revolución que estalló el 4 de agosto de 1851, acaudillada por el General Trinidad Muñoz y apoyada por el Obispo Viteri. En esta virtud, le ofreció al Director, don Laureano Pineda, que era el Jefe desconocido, restablecerlo en el poder. El ejército hondureño penetró á Nica ragua y, en unión de las fuerzas de Granada, venció á Muñoz en León el 10 de noviembre.

Concluido su período presidencial el 1.° de febrero de 1852, entregó el poder al General Cabañas, que había sido electo popularmente para sucederle. El General Cabañas supo aprovechar sus luces, y le confió el desempeño de comisiones delicadas é importantes, como la que dió por resultado el convenio con Guatemala que se firmó en Esquipulas el 19 de abril de 1853.

Pero no sólo por su significación política debe recordarse al señor Lindo: Honduras y El Salvador recordarán siempre con gratitud que á él deben su existencia, como institutos oficiales, las Universidades que hoy existen en uno y otro país.

El señor Lindo se dirigió, á principios de 1856, á la ciudad de Gracias, con el objeto de establecerse allí definitivamente. Llegó enfermo de gravedad, fué asistido por su pariente el Licenciado don Lorenzo Zelaya y falleció el 26 de abril del mismo año, dejando dispuesto que se le sepultase en la colina de San Cristóbal, que domina á Gracias desde el lado occidental. Su voluntad fué cumplida y se le erigió un mausoleo que se conserva hasta hoy.

MEDITACIONES DE UN PUEBLO LIBRE

La justicia trae á los pueblos la paz, la abundancia y la felicidad.

Desde el momento mismo que el hombre ingrato y desobediente quebrantó la ley única y primera que le impuso su Creador, se vió huérfano, abandonado en este globo desconocido, habitado de fieras y animales cuyas propiedades no comprendía, vestido de diferentes yerbas y plantas de que no sabía hacer uso y, finalmente, cercado de peligros y agitado de mil necesidades que despertaron su industria y valor.

Las necesidades, pues, del hombre y el deseo de su bienestar, fueron los agentes de su industria, de su actividad y su trabajo. En este estado, á proporción que se aumentaron sus goces y que medía los peligros, se proporcionaban mutuamente los placeres y se socorrían en las necesidades.

Calculando las ventajas de una asociación y de la necesidad de ella para su conservación, se unieron algunos, conviniendo en la alternativa, ayuda y protección.

Este es el origen de las sociedades y la fuente de sus principales obligaciones.

Reunidos con el indicado objeto, el mutuo comercio desarrolló sus ingenios, impulsó á las investigaciones que daban comodidad y seguridad á su existencia, de que resultó, principalmente, la agricultura y la formación de pueblos.

Con el descanso que les proporcionaban los abundantes frutos de sus cosechas, se dedicaron à observaciones científicas. La sociedad es el alma de nuestros adelantamientos.

La localidad improporcionada de algunos pueblos y la magnitud de otros, que impedía guardar el orden sencillo social que sin leyes le conservaba, fué la causa de la formación de otros pueblos vecinos, bajo pactos y convenios, fijos por el terreno que iba à ocuparse y á que el antiguo tenía un derecho à su uso.

Los pueblos en este estado fueron felices: no había distinciones ni superioridad: reinaba la justicia en su trono de igualdad y libertad civil.

Olvidados de las leyes que los unían, del expreso pacto de mutuo socorro celebrado, y seducidos por la pasión oculta de apropiarse el trabajo ajeno, los fuertes oprimían á los débiles; con el físico poder se hacían dueños de sus sudores y fatigas.

Para precaver tamaños males, se convinieron en nombrar árbitros á personas que, instituyendo un justo equilibrio de fuerzas y derechos, mantuviesen el orden, las propiedades y seguridad del débil. Las autoridades o árbitros, por su natural propensión á dominar con toda la posible extensión, subyugaron pueblos cuya localidad é intereses les favorecían para su separación y formación de provincia, absolutamente independiente.

Unidas unas provincias á otras, el gobierno ó déspota expresó, por y, sus respectivos territorios con demarcación ó linderos conocidos; pero no siempre con proporción à los pactos con que los pueblos se habían constituido, sino con la que guarda un tirano cuando la justicia se opone á sus miras. A la unión de provincias ó pueblos independientes llamaron reinos, que han gobernádose en diferentes formas, expresadas con diversos nombres.

Sin embargo, en todas ellas se han visto provincias y reinos sacrificados por la tiranía y despotismo en la forma aristocrática, en la democracia, en la monarquía absoluta, y también somos testigos, por desgracia, de tales sacrificios en la moderada.

No es ninguna de las formas conocidas hasta ahora de gobierno la que asegura la libertad de nuestras personas y derecho. Las monstruosas distinciones, la inejecución de las leyes y el creerse con toda la autoridad efectiva los que no la tienen, sino en tal grado de representación, como la que se le ha conferido por el pueblo; son las causas respectivas de nuestra opresión y de hallarse nuestros males sin remedio. De estos sencillos y tan sabios principios, que enfadosa es su narración, emanan, naturalmente, verdades que, por sí mismas, arrebatan la confianza y convencimiento de los derechos de los pueblos, como también el medio de asegurar nuestra felicidad.

UNIÓN

Los pueblos que componen legítimamente, una provincia, no 800 árbitros de desconocer las leyes de unión que les impone la localidad en que han fijado su habitación bajo pactos necesarios, ya expresos ó tácitos. No es permitido fabricarse una casa vecina á otra si aquella ha de perjudicar á la antigua ó ha de contribuir ésta para su mejora ó permanencia, sino con expreso ó tácito consentimiento de su dueño. De la misma suerte, pues, es el derecho de los pueblos: la localidad les impone leyes de sujeción al orden que conserve el primitivo pueblo, pues éste, como libre, pudo y debió reconocer todo el terreno que le proporcionase seguridad y utilidad á sus sencillos intereses y conservación.

LIBERTAD

Una provincia, respecto de otra, no tiene más sujeción que la que pudo darle el déspota que la unió, ó en la que convino por ideas de conveniencia y utilidad que se les propusieron.

Disueltos estos vínculos, cada provincia es libre de constituirse en el gobierno que más le convenga, y no tiene sujeción á otra ninguna, porque, aunque por su poca población, caudales y situación sea débil, esto no legitima ni da derecho á la opresión de in más fuerte, á no ser que su localidad le obligue á unirse para la conservación de la mayo ría reunida en provincia circunvecina.

IGUALDAD

Que siendo las autoridades ó árbitros nombrados por pacto expreso de todos los que componen una sociedad y, emanando sus atribuciones de las facultades que le han depositado todos los socios, se infiere que, en cualquier clase de un gobierno liberal, no debe reconocerse la odiosa alternativa de clases y distinciones, si no sólo la justa y ley de la igualdad, pues aquella sólo fué inventada por los déspotas para dividir la opinión, las familias é intereses, de donde resultaba la fuerza con que se sostenía su tiranía. Hallándose la soberanía en el pueblo, y siendo ésta el goce libre de derechos y facultades que cada uno tiene, no está en el orden ni puede comprenderse cómo una clase ha de estar sujeta y esclava à otra y que su nacimiento le haga dueño absoluto de la libertad de su igual. Como que reside la soberanía en la mayoría de los pueblos, deben recibirse sus comunes y generales pactos como leyes constantes é inviolables dictadas por el más legítimo poder, y no pueden variarse sino por sus contrarios acuerdos, ó por las autoridades ò por los cuerpos representativos, con expresa facultad para ello.

Este beneplácito general, esta voluntad común, manifestada inequívocamente, son las primeras leyes constituyentes y señales que conserva el pueblo de su soberanía en toda clase y forma de gobierno à que se sujeta.

¡Pueblos humillados por la ignorancia de vuestros derechos! ¿Hasta cuándo la marcha de los tiempos, que presentan tantos ejemplos del abuso que so hace en la trasmisión de vuestras prerrogativas, os hará comprender las leyes que lo impiden y que aseguran la felicidad y libertad?

Los reyes ó caudillos que no dirijan sus miras á nuestro bienestar, dejan de serlo, y el proporcionarnos toda clase de ventajas, prosperidad y seguridad, es la ley que les hemos impuesto y debemos con firmeza reclamarla.

Si nos constituimos en un cuerpo representativo que modere el poder absoluto de un rey ó cualquiera otra autoridad, la forma de sus nombramientos, el bálsamo precioso de la religión que hemos abrazado libremente, con que unimos la opinión general de las familias y otros pactos comunes de esta naturaleza, con las leyes que dictamos á nuestros representantes y en las que conservamos nuestra efectiva soberanía: los Diputados que hacen estas veces, ó el cuerpo que nos figura, debe obedecerlas, á no ser que, expresamente, le permitamos la autoridad para variarlas.

Nuestros Representantes dejan justamente de serlo cuando se ex-ceden de las facultades que les hemos transferido, cuando obran contra lo que expresa y voluntariamente hemos abrazado, y cuando, por sostener el partido y parciales intereses, destruyen estas leyes, que guardan la dependencia que, necesariamente, debe haber entre la propia autoridad, la representativa y la depositada en el Poder Ejecutivo.

Para conservar esta trina armonía de derechos y equilibrio, el número de Representantes ó Diputados será proporcionado al de los representados, reuniendo así la opinión é interés general, las leyes serán legítimamente dictadas y justas, no esperando más que el amor y reconocimiento de sus conciudadanos, sabiendo, al mismo tiempo, que han de confundirse alguna vez con nosotros y que la obediencia de las leyes, que regirán al poderoso y al mendigo, formarán la unión, la libertad, la igualdad, bases de la felicidad general. —México: 20 de abril de 1822, segundo de la independencia de este Imperio mexicano.

FRANCISCO FERRERA[5]

De morazanista a enemigo acérrimo de la Federación Centroamericana. El ex sacristán de la iglesia de Cantarranas, Francisco Ferrera, ascendió desde lo más bajos de los rangos militares hasta convertirse en general.

Después se convirtió en presidente de la República en aliado de Rafael Carrera, el instrumento de los grupos conservadores que se oponían a cualquier reforma en los países de la región.

Conocido como el *mulato de hierro,* nació el 29 de enero de 1794. En 1827 combatió a las fuerzas invasoras al mano de José Justo Milla y se unió al ejército del general Francisco Morazán, donde destacó por su valentía.

Más tarde se convertiría en uno de sus principales enemigos.

Ferrera primero fue vicepresidente de Honduras; y más tarde, de 1941 a 1944, presidente.

En su mandato persiguió, capturó, encarceló y asesinó a los seguidores de la unión. Cuando Morazán fue nombrado libertador de Costa Rica, Ferrera rompió relaciones diplomáticas con ese país.

Como gobernante restableció los diezmos a favor de la iglesia Católica.

Según se cuenta, Ferrera impidió que el padre José Trinidad Reyes se convirtiera en obispo de Honduras, pues luego de que éste fuera nombrado por el papa Gregorio XVI, el ex sacristán hizo llegar al Vaticano la falsa noticia de la muerte del autor de Las Pastorelas.

A pesar de su conservadurismo, Ferrera dio un fuerte impulso a la educación (reapertura del Colegio Tridentino de Comayagua), y a obras de infraestructura.

En 1844, el pueblo de Texiguat, cuyos habitantes había sido leales soldados al servicio de Morazán, se sublevaron, cansados de la represión del Gobierno de Ferrera. Asediado y desgastado, y con un país en un profunda crisis económica, Ferrera renunció.

---

[5] Los libros de Honduras Literaria que sirvieron para esta publicación de Colección Erandique extrañamente no contienen datos de Francisco Ferrera. Este texto de mulato de hierro no pertenece a Rómulo E. Durón, sino que es del editor. Que conste.

Su carta de renuncia fue seleccionada por Rómulo E. Durón para ser parte de Honduras Literaria.

INDEPENDENCIA LITERARIA

Son muy positivos y notorios los progresos de la enseñanza que da el Presbítero ciudadano Nasario Molina en el colegio de esta ciudad, pues los jóvenes que tomó á su cargo en el mes de marzo, han tenido un notable aprovechamiento, y algunos de ellos están para concluir la Gramática Latina. A

la vista de tales adelantamientos, el Gobierno ha excitado al señor Provisor con el objeto de que, siendo este un establecimiento cuya dirección ha correspondido siempre á este Prelado, y cuyos gastos han sido satisfechos de las rentas eclesiásticas, se digne tomar las providencias del caso á efecto de que al Catedrático referido se le asigne una congrua correspondiente á su trabajo y á su celo en la enseñanza de los jóvenes que se le han encargado: también se ha excitado al mismo señor Provisor á fin de que tome en consideración el estado en que se hallan los alumnos del expresado Colegio para que determine sobre el nombramiento de Catedrático de Filosofía puesto que se hace necesario el establecimiento de esta clase y que tendrán que paralizarse los alumnos en su carrera si no se toman medidas para facilitar la continuación de sus estudios. Hasta la fecha no se ha recibido contestación de dicho señor y se espera por momentos.

Hay en Honduras un inconveniente para el adelantamiento de las ciencias, y para que los que se han dedicado á ellas pública o privadamente, dentro ó fuera del Estado, no hayan merecido el aprecio de que son dignos, el cual en los demás Estados y Naciones forma el más poderoso estímulo para que la juventud se dedique al estudio de ellas. Muchos hondureños han hecho sacrificios mandando sus hijos á Guatemala y Nicaragua con el objeto de que se instruyan; muy pocos han vuelto al Estado con título de la ciencia que poseen para ser respetados por maestros de ella: muchos han vuelto sin concluir sus estudios, ya por falta de recursos de sus padres, ya por fallecimiento de éstos, ó ya por otros muchos inconvenientes que se presentan para la separación continuada de un hijo ó de un familiar; y de esto resulta que aun cuando algunos de estos estudiantes hayan manifestado un talento extraordinario y hayan adelantado en la ciencia á que se han dedicado, si no han sido examinados en aquellos Estados, y obtenido algún título, que los acredite estar instruidos en ella, quedan en la obscuridad tan luego como regresan á su país; y aun cuando continúen privadamente sus estudios y que por su aptitud se hagan dignos de la estimación pública, como carecen de los documentos en que por común acuerdo se ha hecho consistir la licenciatura, ó declaración solemne de la capacidad, que alguno ha adquirido para ejercer ésta ó la otra profesión, aunque como hemos dicho antes, tengan los conocimientos y disposiciones bastantes para entrar á competir con los verdaderos profesores, se quedan sepultados en la oscuridad, talentos de primer orden que podrían ser el esplendor y gloria de su patria, al modo que aquellas preciosas margaritas que por no haber podido ser extraídas del fondo del cieno que las cubre, no están rivalizando con preciosos adornos que dan realce á la grandeza de más de un soberano.

Así ni más ni menos se han perdido y quedado inútiles, por desgracia nuestra, para su patria y para sus propios intereses, multitud de talentos en todo género, que hoy, cuando este suelo desgraciado se halla destituido casi de todo elemento de felicidad, podrían ser la honra, el alivio y apoyo de la Madre Patria. Igual cosa sucede á los jóvenes que con sus padres, con sus tutores ó protectores se dedican al aprendizaje de alguna ciencia; pues aunque se perfeccionen en ella: no pueden ejercerla de una manera autorizada porque carecen de los correspondientes títulos que son el garante del acierto en sus operaciones.

Varias veces se han presentado al Gobierno personas bastantemente instruidas en la medicina, solicitando licencia para practicar esta ciencia la más necesaria y por consiguiente la más útil para la humanidad, mayormente en nuestro país, en el que á causa de la severidad de los climas y la falta casi absoluta de médicos y de medicinas, talvez muy sencillas y de poco valor, pasa la mayor parte de los habitantes las tres cuartas partes de la vida en un estado valetudinario; pero no habiendo disposición alguna legislativa que arregle la forma legal de conceder estos títulos, el Gobierno con harto sentimiento suyo se ha visto en la imposibilidad de no haber podido decretar de conformidad, porque se carece de una Academia, ó de una junta que bajo cualquier título practique los exámenes de tal naturaleza: lo propio sucede en otras ciencias, no obstante que para el recibimiento de Abogado se halla autorizada la Corte Suprema de Justicia por su ley reglamentaria, pues como ella misma prescribe que los Magistrados que deben componer aquel alto Tribunal pueden ser legos, es de inferirse que, si no todos, carezcan algunos de éstos de los conocimientos tales cuales so necesitan para ejercer el oficio de examinadores á personas que tal vez han cursado con buen éxito las ciencias en los mejores establecimientos de Centro América.

Atendidas todas estas circunstancias, y además, lo que ninguna. persona que no tenga más que sentido común, no podrá poner en duda, lo que es de todo punto incuestionable: que no se trata de un objeto de mero lujo, ni de una utilidad pequeña á ocasional sino de subvenir á la primera de las necesidades de un Estado, cual es la de tener hombres instruidos que puedan ejercer acertadamente todas las profesiones necesarias en cualquier país medianamente civilizado, y cuya falta siente hasta el hombre más ignorante, porque sus mismas necesidades de que no puede deshacerse se la hacen conocer y sentir á cada paso y en todas las épocas y situaciones de la vida, á pesar su yo: bien considerado todo ésto no se presenta otro medio más expedito para llenar este gran vacío, á que hasta ahora no se ha atendido como se debiera por mil motivos que sería triste recordar, que el de establecer una Academia ó Junta de examinadores bajo cualquier título y en la forma que se acordase mejor á nuestras circunstancias de escasez de profesores y de fondos, ante la cual pudiesen presentarse los jóvenes ó sean hombres instruidos en alguna de las ciencias sea cual fuere la Universidad ó establecimiento público ó privado en que hayan cursado para que si la mencionada Junta de Examinadores las hallase capaces de obtener el título que solicitasen, les dé la certificación necesaria á efecto de que el Gobierno ó la Corte Superior de Justicia, según la materia en que pretendieron graduarse ó licenciarse, les librase el título correspondiente.

Mas como para la creación de la tal Junta de Examinadores, se carece en el Estado de hombres y de fondos, porque los primeros son muy pocos y continuamente se hallan empleados los más de ellos, y con respecto á los segundos los que posee el Estado no alcanzan á cubrir los gastos ordinarios de su administración, sería de desearse quo todos aquellos ciudadanos de conocimientos que no faltan en esta ciudad, la de Tegucigalpa y las otras poblaciones que componen el Estado se ofreciesen á servir los destinos de esta Academia gratuitamente ya fuese un empleados o no, pudiéndoseles proporcionar á los segundos que careciesen de fondos para hacer su viaje á esta capital una cantidad módica para sus precisos gastos. La manera que parece más conveniente para que los individuos nombrados no padecieran perjuicio se juzga ser la de que la expresada junta se reuniese todos los años en el tiempo más cómodo, y únicamente un mes ó dos con el fin de examinar á todos los que previamente estuviesen preparados al efecto; y concluidos los exámenes se retirasen con la obligación de volver el año siguiente.

Quedarían, pues, satisfechos sin duda alguna estos deseos tan justos, cuanto inspirados por la necesidad del mayor número de nuestros compatriotas todas aquellas personas tituladas como profesores en alguna de las ciencias, se dignasen indicar su ausencia á este proyecto: que de la misma manera contribuyesen otras personas que por su influencia y su prestigio puedan allanar dificultades que un solo hombre no puede superar. No nos olvidemos de que la fuerza moral consiste esencialmente en la unión de todas las voluntades.

Si todos nos unimos para llevar al cabo una empresa tan digna del hombre ilustrado ¿qué dificultades podrán resistirnos? Por otra parte, ¿de qué manera podrá comprometer el hombre tímido, el hombre honrado, el propietario, el padre de familias su vida, su honor, sus bienes ni menos la felicidad?

Bien al contrario, de aquí van á derivar más vida, más salud, más honor, más riqueza y el mayor bien de todos; que los pobres padres de familia no tengan que hacer el gran sacrificio de arrancar del seno de su familia á un hijo querido para ir á un país remoto á mendigar una educación que tal vez no consigue, y que sin embargo le ha causado erogaciones que acaso ocasionaron economías ó disminución del gasto ordinario de su familia. Todo, pues, convida, todo estimula, todo obliga á discurrir y trabajar en el modo de zanjar las dificultades para satisfacer una necesidad que todo la caracteriza: la independencia literaria.

Esperamos pues que las personas ilustradas no se desdeñarán de emitir su opinión acerca de este proyecto. Lo esperamos y creemos no quedar burlados por ser tan justos y benéficos estos deseos.

Los artículos que se quieran mandar á la prensa sobre este particular se insertarán en El Redactor, gratis.

Comayagua: octubre 30 de 1841.

MENSAJE RENUNCIANDO LA PRESIDENCIA

SOBERANO CUERPO LEGISLATIVO:

El suscrito, honrado en grado heroico con el voto de la representación del pueblo hondureño, para el primer destino del Estado: lleno de gratitud por un honor tan inmerecido con que se me ha querido considerar; y deseoso como siempre de posponer todo interés parcial á los bienes de la comunidad, vengo hoy á manifestar, poseído de los mayores respetos y con la satisfacción que inspira la benevolencia paternal, cuanto a mi juicio debe tenerse en mira para que la elección de Presidente del Estado no produzca efectos contrarios a los que se propone el Soberano Cuerpo Legislativo.

La ambición o la codicia de unos, la amistad o interés parcial de otros, y los buenos deseos de muchos, han formado varios partidos respecto de la persona que debe obtener el Poder Ejecutivo; estos partidos han trabajado asiduamente en favor de su opinión, y alguno de ellos se ha valido de amenazas para infundir terror a su contrario, al grado que se temen mutuamente, según el resultado de la elección. Los partidos dominantes son, uno por el Licenciado señor Felipe Jáuregui y el General señor Santos Guardiola, y otro por el expresidente señor Coronado Chávez y yo. Cualquiera de los cuatro que obtenga la Presidencia encontrará ya una oposición anticipada a su administración y a su conducta, pues bastantes pruebas se han dado ya de esto en la época del señor Chávez. En tal hipótesis, y en la de haber candidatos que no pertenecen a ninguno de estos partidos, yo juzgo con mucho fundamento que el acierto de la elección, depende de la exclusión de aquellas personas que esperan los partidos para triunfar sobre sus opositores.

No es el mejor elemento para la consolidación de la paz sobreponer un partido lleno de rencores y de pasiones a sus adversarios: ¡tal vez este procedimiento dictado con las mejores intenciones y buena fe, haría desgraciada la mitad de los hondureños, que siguiendo incautamente a sus prestigiadores esperan del Soberano Cuerpo Legislativo el triunfo de las ideas y deseos que se les han inspirado! ¡Y tal vez un desaire a sus pretensiones aunque injustas, formarían descontentos y traidores de los que hoy se titulan fieles súbditos de la ley! La opinión es la propiedad más estimable para el hombre; por ella abandonaron unos la religión de sus padres; por ella subieron otros al patíbulo con la misma entereza que al solio; por ella cantaron himnos de alabanza y gloria entre la activa llama y entre la cuchilla feral de sus tiranos, Eleázar y los Macabeos; por ella sacrificaron el honor las vírgenes y abjuraron de la honestidad prometida; por ella en fin se han experimentado y admirado los acontecimientos más grandes y extraordinarios de la tierra, y es de imaginarse que por ella los partidos que hoy sólo se distinguen y caracterizan por su falta de armonía, lleven sus caprichos a un grado de obstinación, cual acaba de experimentarse en el departamento de Tegucigalpa impugnando las leyes emitidas en 1843, que sirvieron de pretexto para desconocer la suprema autoridad algunos de aquellos pueblos.

Yo pues, renunció al honor que se me hace con la elección de Presidente del Estado, no porque desconozca hasta dónde debe llegar mi reconocimiento por una honra tan superior a mis capacidades, sino porque estoy persuadido que nada podré hacer en beneficio de mi patria; y con este convencimiento, sería aún más que indiscreto, criminal, poniendo el primer combustible para la conflagración del edificio que me cuesta tantos desvelos y tantos sacrificios a la par de los patriotas; mas al dimitir aquel destino, deseo que la anuencia del Soberano Cuerpo Legislativo, tenga por fundamento mis observaciones, y por consiguiente excluya las personas cuya elección causaría los propios efectos que la mía.

Yo soy altamente agradecido a la confianza que el pueblo hondureño por medio de sus Representantes ha procurado depositar en mi pequeñez, la recompensa de tamaña consideración, será mi fidelidad a los principios adoptados, mi sumisión a la ley y a la autoridad que la sostenga, y la continuación de mis servicios, aunque pequeños, pero constantes y sinceros, no obstante la repetición de períodos que he sufrido en diversos destinos, y no obstante mis enfermedades crónicas, cuya gravedad me será muy fácil probar si las observaciones que aquí hago, no fuesen dignas de vuestra atención; cuyas causas estoy cierto legalizarán mi separación de todo destino y servicio personal.

Yo estoy seguro, como lo está también el Soberano Cuerpo Legislativo, de que siempre prevalecerá el voto de la Representación del Estado y que los perturbadores, sean cuales fueren los elementos con que cuenten para poner en práctica sus miras siniestras, jamás lograrán prestigiar todos los pueblos, pues son muy frecuentes las pruebas que estos dan de obediencia, de orden y regularidad; pero es muy sensible aparecer a la faz de Centroamérica, después de haber sido el modelo del desinterés y del patriotismo, disputando los destinos que se han repulsado siempre y sólo se han obtenido por obligación y compromisos; es muy vergonzoso y triste dar siquiera una leve idea de que en Honduras han tenido cabida el aspirantismo y la pasión de dominar por mezquinos intereses; y es un presagio muy funesto, el de que todos los que dignamente merecen el título de ciudadanos hondurenses, no se unan para borrar esta página de oprobio y de deshonra, en la historia de nuestra revolución.

A vos, pues, señor os toca la preferencia en este asunto, y la elección que actualmente os ocupa presenta un campo inmenso para dictar una paz eterna al Estado, para desechar con prudencia el voto innoble de las pasiones y los odios, y para acallar el eco horrísono de los proclamadores de la guerra y la anarquía. Elegid entre las personas indiferentes, de ciencia y probidad, el funcionario a quien ha de estar encomendada la instrucción de la juventud, y el cuidado de que a cada

uno se le dé lo que es suyo; elegid ciudadanos industriosos y trabajadores para un destino en que se debe velar sobre el progreso de la agricultura, del comercio y de las artes; elegid en fin un alma grande y liberal, que ni le sorprenda y halague la súbita exaltación al solio, ni se irrite y avergüence de volver a ocupar su primitivo puesto en la masa popular cuando la ley lo prescriba. Si obraseis de esta suerte, yo me atrevo a pronosticar un venturoso porvenir para el Estado, cuyo es el objeto de vuestras tareas y desvelos; y en tan feliz situación yo me gozaré entre los patriotas con la satisfacción de haber cooperado al establecimiento de una paz dichosa y perdurable.

Comayagua, 12 de enero de 1847.

JOSÉ MARÍA CACHO

Casi nada he podido averiguar acerca de la vida de este notable hondureño.

Solo sé que nació en Choluteca, que era muy amante de su país, que cultivó las ciencias y las letras, que fué Ministro General del Gobierno de Honduras en 1829, que fué Ministro del Presidente, General don Trinidad Cabañas, por los años de 1851 y 1852, que fué una de las personalidades más salientes del partido liberal centroamericano, y que en 1834 tenÍa escrita una obra intitulada *Resumen estadístico, corográfico é histórico del departamento de Gracias,* de cuyo paradero no hay noticia. A propósito de esta obra escribió Mr. E. Geo. Squier lo que sigue: "Después de la independencia, don José del Valle y posteriormente don Alejandro Marure, dedicaron su atención al estudio del país (Centro América), bajo su aspecto físico, y á la reunión de datos ilustrativos sobre su riqueza y condición política; pero excepto una memoria sobre el Canal de Nicaragua y una breve lista cronológica de algunos acontecimientos históricos de Centro América, no tenemos nada de Marure, aunque se dice que escribió bastante en común con Valle respecto de todo. El único nombre que merece ser mencionado, és el de don José María Cacho, como el solo hijo de Centro América que ha hecho un trabajo completo del departamento de Gracias. Sus breves notas acerca de él son de grande interés y pueden servir como un modelo que deben seguir sus conciudadanos". El trabajo que á continuación se leerá es un extracto de esa obra, que fué publicado en Comayagua, en el número 7^0 de La Gaceta de Honduras, correspondiente al 10 de marzo de 1855.

EL DEPARTAMENTO DE GRACIAS
(Extracto)

LÍMITES Y EXTENSIÓN. El Departamento de Gracias, uno de los siete que componen el Estado de Honduras, está situado al Oeste de la ciudad de Comayagua, y se termina por el mismo rumbo en una cordillera de montañas que lo dividen del Departamento de Chiquimula, Estado de Guatemala. Colocada la brújula en su centro, que lo ocupa el distrito de Gualcha, se advierte confinar por el Sudoeste con el Estado del Salvador, de quien lo separa en casi toda su carrera, el rio de Lempa: por el Sudsudeste, con el Departamento de San Miguel, del mismo Estado; y por los vientos que median entre el Norte y el Este con el de Santa Bárbara del Estado de Honduras.

Su área, prolongándose, hacia el Noroeste, desde el Departamento de San Miguel hasta el de Chiquimula, tiene una extensión de 54 leguas, y se ensancha entre Guatemala y El Salvador hasta 40 leguas, en los puntos en que más lo divide del Sudsudeste, al Nornordeste, presentando un polígono irregular, cuyo fondo encierra 1,541 leguas cuadradas, según lo demuestra el plano que se agrega.

SUELO Y PRODUCCIONES. Es el terreno tan quebrado y lleno de impenetrables serranías, que cuando por disposición del conquistador Pedro de Alvarado, salió Juan de Chávez a buscar sitio en que fundar una población que sirviese de medio de comunicación entre las Provincias de Honduras y Guatemala, y habiendo caminado muchos días por entre cimas y montañas, llego a tal punto del cansancio y desesperación de su comitiva, que llenos de alegría por el hallazgo de un plano proporcionado para poblar, dijeron todos: "Gracias a Dios que hemos hallado tierra plana" por cuya ocurrencia dieron el nombre de Gracias a Dios, a la ciudad que allí establecieron, y que es ahora la capital del Departamento, distante 40 leguas de la del Estado.

En efecto, por cualesquiera partes donde se extiende la vista, se descubre apenas un pequeño horizonte, cortando por colinas y cerros escarpados o altas montañas espesamente cubiertas de una variada y frondosa vegetación. Hay una cordillera de estas, que corre S. O. a N.E. más de sesenta leguas hasta la costa del Norte; que como queda dicho sirve la línea divisora al Departamento de Chiquimula y a los de Gracias y Santa Bárbara. Su ancho es en partes de 12 a 15 leguas, y comienza a formarse entre el distrito de Ocotepeque y el rio de Sumpul; no tiene nombre determinado y es conocida por el de los caminos que la traspasan; así en cierto lugar la denominan Merendón, en otros el Gallinero, La Vereda, La Grita, Playón & es toda ella virgen, sin más poblado que el Dolores Merendón, por lo que los pinos, cedros, caobas y demás árboles que la cubren, son de mucho grueso y eminente altura. Abunda en estas y otras clases de preciosas maderas. Está poblada de pájaros canoros, y bellas figuras, distinguiéndose en cuanto a esto el quetzal, que no se describe por ser tan conocido, ya vivo o disecado. El clima es fresco; pero hay alturas excesivamente frías. El terreno es fértil, capaz de producir cuando en él se siembre, encerrando minas de oro y plata. Al poniente y como a las dos leguas de la ciudad de Gracias, se levanta otra montaña llamada Selaque, igual a la anterior; su ancho es con corta diferencia de cinco leguas, y se extiende por el mismo rumbo, otras quince hasta el lugar llamado la Canguacota, entre los distritos de Guarita y Ocotepeque, donde se desenlaza algo, para continuar en seguida hasta el nacimiento de la del Merendón; toda ella es desierta.

Por la parte septentrional hay grandes montañas que se extienden al par de la Grita hasta la costa en el Departamento de Santa Bárbara, y hacia la parte meridional son tan cerradas y ásperas, que por lo mismo había sido invencible el partido de Cerquín (Ahora llamado distrito de Erandique) a las tropas de Alvarado, si la muerte alevosa del valiente Lempira, resultado de la perfidia de los usurpadores, no debilitara la constancia de los indígenas, a quienes tanto atrevimiento dio al principio la ventajosa posición del suelo, según se dirá en su lugar.

Al terminarse las serranías por esta parte, a corta distancia del rio Lempa, ofrecen sus cimas desde el pueblo de Gualcinse y el cerro de Lempira el espectáculo más bello y asombroso. Dirigida la vista sobre el Estado del Salvador, se descubre todo el en la extensión que ocupa la línea de volcanes, desde el de San Miguel hasta de Izalco, cuyo conjunto presenta como en miniatura, y al modo de las visiones ópticas, un paisaje bello y ameno.

La celeste lista que forma el mar del Sur, sirve de respaldo a estos volcanes, y a sus faldas esparcidas en el inmenso valle, se señalan las poblaciones de que han tomado nombres estos montes y otras muchas del mismo Estado. En esta muda escena, aparece el Estado del Salvador, como un pueblo animado, comercial e inteligente; y en medio de la calma y el silencio del desierto, puede considerarse muy bien su situación y de lo que es susceptible.

Todo el país está bañado por riachuelos de diversas calidades de aguas, que forman grandes ríos, y puede decirse que el Departamento de Gracias, es la fuente o cuna de los principales de la República, que desembocan en el mar del Norte y del Sur.

El de Gualan comienza a formarse de los ríos Gila y Ticloso, y varias quebradas, que como estos, nacen del Gallinero (montaña) y la inmediata del Playón, reuniéndose todos en uno a pocas leguas de valle de Copán, que se dirige al poniente por el Departamento de Chiquimula, donde recibe mucho aumento hasta hacerse navegable. El de Chamelecón en su origen, es el conjunto de los riachuelos Techín, Coral, Chinaunte, Grita y otros que vierten las montañas de la Grita, Espíritu Santo y Quebrada Honda, Tepemechín y otros que nacen de las serranías de la derecha yendo para Omoa, cuyo camino sigue por muchas leguas a la orilla de Chamelecón: en sus márgenes hay arboledas de cacao silvestre tan bueno como el de Soconusco.

El río de Santiago llamado también de San Juan de Ulúa, se forma de la confluencia del rio Grande y el de Gracias; el primero nace en la Canguacota, y sigue enriqueciéndose con más de veinte quebradas, que vienen de la cordillera del Merendón por un lado, y la de Selaque por el otro; ofrece agua a los pueblos de Chucuyuco, Sensenti, Guayabos, Corquín, Cucuyagua, Talgua y Pejápaz, haciendo poco antes de su reunión con el segundo; este tiene su origen en los ríos de Guasabasque, la Campa, San Juan, se aumenta con los que vienen del pueblo de Laíguala y de la montaña de Selaque por la otra parte: ofrece agua a la aldea de las Flores y sigue hasta juntarse con el anterior en el punto referido.

Formado así el rio de Ulúa, corre al N. N. E. pasando junto al pueblo de Posta, continua con distancia de cinco leguas a la par de Chamelecón, por el Departamento de Santa Bárbara, donde recibe otros ríos grandes, continuando su curso hasta derramar sus aguas en el mar del Norte.

El Lempa que divide los Estados de Honduras y El Salvador hacia el N. O. nace entre Esquipulas y el Distrito de Ocotepeque: se dirige por el S. E. corre como 41 leguas hasta el pueblo de Santa Rosa, donde quiebra repentinamente su dirección hacia el S. penetra entre los Departamentos de San Vicente y San Miguel que divide, y desemboca en el Océano Pacifico a corta distancia de San Miguel: como a quince leguas de su nacimiento recibe las aguas de Sumpul, que sale de las tierras de la Canguacota, pasando entre las aldeas de Olosingo y Petacas, se une a corta distancia de ellas, a las seis leguas de allí le entra el rio de Mocal cerca de la aldea de La Virtud donde se pasa por hamaca, y se forma de las avenidas de las montañas de Guranjambala, Selaque y Guajinlaca, sin contar con multitud de vertientes y riachuelos que lo enriquecen y cuyos nombres seria superfluo referir.

El territorio del Departamento es fecundo en todas partes; encierra en su seno los tres reinos de la naturaleza y el catálogo que sigue manifiesta sus principales.

PRODUCCIONES. Minerales: Los hay en abundancia y de fácil explotación y laboreo por sus situaciones. De oro, plata, plomo, hierro, cobre, cinabrio o azogue, amianto o algodón incombustible, ópalo de varios colores, pedernales, pórfido, mármol y otras piedras de cantería, caparrosa y yeso.

VEGETALES. Se produce el cacao, café, duraznos, membrillos, melocotones, manzanas, granadas y demás clases de frutas; lo mismo que toda especie de hortaliza: gomas como la arábiga que produce el espino blanco, llamado encantadora, copal, tecomaca y otras: cham, zarza, papelillo, jiquilite, seda, trigo, maíz, cebada y otras clases de granos cereales. Tabaco, vainilla, copalquí, sazafrás, hule, cascaras todas muy medicinales y aromáticas. Las maderas principales son: caoba, cedro, ronrón, guayacán, pinabete, cuábano, joncontín, granadillo, bálsamo, ébano, rosa, brasil, quebracho, mora y otras maderas preciosas de tinte, tabla y construcción. Hay multitud de plantas medicinales ya en sus hojas, flores, gomas y frutas como la pimienta, liquidámbar, camíbar o copaiba y drago; ya en sus raíces, leches y frutas venenosas como la cicuta, camotillo, javilla y otras muchas que no se conoce su naturaleza.

ANIMALES. Hay toda clase de animales, de caza y pesca, siendo muy digno de notarse, que el pez llamado cuyamel o bobo, no se encuentra en los ríos que desaguan en el mar del Sur, De allí se encuentran toda clase de peces de las mejores carnes. El ganado mayor, se cría mejor que el menor, acaso por falta de cuido que este requiere. Las montañas están pobladas de pitos reales, zenzontles, jilgueros, picos de navaja, animal que por la variedad de sus colores en su pico y por sus propiedades medicinales, es muy estimado; y de otra multitud de aves estimables por su canto y su plumaje compuesto de vistosos colores, siendo superior a todos en cuanto a esta última calidad, el quetzal de que ya se ha hablado y que no se halla sino en la cordillera de las montañas del Merendón.

POBLACIÓN. Debió haber sido la población de estas comarcas muy numerosas antes y pocos años después de la conquista, cuando para resistir la invasión de los españoles, reunieron treinta mil hombres de pelea procedentes de doscientos pueblos, según se verá en la parte histórica de esta memoria, debiendo entenderse: que en esta cantidad de personas y pueblos, no se contaron más que los del distrito de Cerquín, que ahora es uno de los diez del departamento; pues los que están hacia al septentrión, es creíble que no resistieron, por no hacer mérito de ellos la historia.

Verificada la Independencia Nacional, a los trescientos años después, el Gobierno provisional de Guatemala, deseando reunir datos para formar la tabla estadística para que según ella se diesen los Diputados que debían concurrir al Congreso convocado por el acta de 15 de Septiembre de 1821, nombro una comisión que se ocupase de este trabajo; la cual hallo: que en los últimos censos practicados el año de 92 y que existían en la Contaduría Mayor, tenía el Departamento de Gracias cuarenta mil y pico de indígenas, y de este principio se partió para darle tres Diputados a razón de uno por cada quince mil almas, computando las otras clases por un numero infinitamente menor.

Mandado practicar por este Gobierno el último censo estadístico que se comenzó el año de 32, y se concluyó el corriente de 34, no aparecen más de treinta mil y diecisiete personas, de las cuales se cuentan doce mil seiscientos sesenta indígenas, y diez y siete mil trescientos cincuenta ladinos, notándose una enorme rebaja en el corto espacio de 41 años según demuestra en el estado de los distritos, y en el cuadro estadístico que se agrega, formando con las separaciones que se han creído más convenientes; advirtiendo; que habiéndose formado los padrones en tiempo de revolución, es muy creíble haya habido ocultaciones por temor de las reclutas.

Las treinta mil y diecisiete personas que habitan el extenso territorio del Departamento, están distribuidas en noventa poblaciones, contando una ciudad, una villa, cincuenta pueblos, diez y siete aldeas y veintiuna reducciones, sin enumerar algunas de estas por ser muy pequeñas y haberse reducido a los pueblos a cuya jurisdicción pertenecen. Los principales pueblos son: Ocotepeque, Cucuyagua, Guarita, Intibucá, La Iguala, Erandique, Sensenti, La ciudad de Gracias y la Villa de Santa Rosa.

De estas poblaciones, la ciudad de Gracias y la Villa de Santa Rosa son las más interesantes. La primera fue fundada por Juan de Chávez del modo que se ha referido; y el año de 1530, la pobló el Capitán Gabriel de Rojas, por interés de explotar las muchas y buenas minas de oro que se encuentran a cuatro y cinco leguas de ella, cuya fama atrajo muchas gentes; más los naturales de las inmediaciones que resistían sucumbir a la dominación de los españoles, no solo le hacían una oposición firme y tenaz, sino que le atacaron varias veces en un fuerte que se había construido para la defensa, hasta que por ultimo le obligaron a evacuar la ciudad, que volvió a poblar el Capitán Gonzalo de Alvarado el año de 1536.

Su situación céntrica entre los Estados del Salvador y Guatemala, Honduras y el Puerto de Omoa, como asimismo el valor que tuvieron algunos años los añiles que se trabajaban en abundancia, y el establecimiento de las rentas de tabaco, acrecentaron gradualmente su población y riqueza según lo demuestran los escombros de los edificios, hasta que la baja de los añiles, y la fundación de la Factoría de Los Llanos volvieron a arruinarla.

La villa de Santa Rosa el año de 1790, era no más que un páramo desierto cubierto de ocotales, y habitada apenas por cuatro o seis familias que como las demás de sus inmediaciones se ocupaban con acierto en el cultivo del tabaco que conducían a Gracias para entregar al encargado del Director de la renta: esta circunstancia hizo que se estableciese en este lugar una factoría de siembras, cuyo edificio que constó de diez y nueve mil setecientos pesos, se concluyó en año de 1795, siendo N. Letona el primer factor. Establecida la renta en toda forma, se aumentaron de tal suerte las siembras, que daban para el consumo de casi todo el reino, para remitir a España y aun a México. Había una introducción anual de más de 160.000 pesos: la población se aumentó rápidamente lo mismo que el comercio, y en 1823 la Asamblea Nacional. Constituyente libró el título de Villa Nacional. Las convulsiones políticas que han agitado la República, desde el año de 1826 trastornándolo todo, no perdonaron la renta de tabaco reduciendo a la nulidad el ramo más producible de la Hacienda Pública y el patrimonio de esta Villa que por lo mismo ha decaído mucho.

ANTIGÜEDADES. ¿Y que pudiera importar el conocimiento de la cronología de los reyes de estas comarcas, o el saber si los primeros habitantes de América descienden de Cam o de Sen, si vinieron de Asia o de Europa por tierra o por agua casualmente o de propósito? Opinen en buena hora como gusten, los escritores que han prendido averiguar el origen de los indios, pues ni yo querría entrar en materia tan incierta, ni es este el lugar de tratarla. Extendamos si, la vista sobre hechos más seguros y ciertos.

La historia de la antigüedad ofrece no pocos hechos que merezcan recordación; pero la brevedad del tiempo y del objeto de esta memoria no me permite referir los que presenta. Quien quiera saber el origen del reino de Cerquín, dividido después en tres; la coalición que intentaron hacer con los demás de Honduras para resistir a los conquistadores de su patria, religión, usos y costumbres, pueden leer la década 4ª fojas 151 de Don Antonio de Herrera. Entre tanto, que nuestra consideración se fije sobre las proezas del héroe que supo preferir la muerte a la esclavitud de su patria, continuando con copiar su historia en los mismos términos que la refiere el autor citado, para modelo y honra de los hijos de este suelo, gloria y loor de abnegación y patriotismo.

"El Adelantado Montejo como se viese pacífico Gobernador de Honduras, quitó los repartimientos a cuantos los tenían por Don Pedro de Alvarado, como se dijo, y echó de la tierra todos los indios que fueron de Guatemala, y trató de pacificar los pueblos que aún no estaban seguros, en lo que uso de mucha inteligencia e industria, como persona de prudencia; y cuando pensó que toda la tierra estaba con quietud, de que mostraba mucha gloria, como lo había escrito el Virrey Don Antonio de Mendoza, se levantó un valiente indio en la provincia llamada Cerquín, en los términos de la ciudad de Gracias a Dios, situada entre las sierras, dificultosa para ser conquistada. Este indio llamado Lempira que significa señor de la tierra, convocó a todos los principales de la comarca con los cuales y los naturales, juntó treinta mil hombres; persuadiólos a cobrar la libertad, siendo cosa vergonzosa que tantos y tan valerosos hombres, en su propia tierra, se viesen en la miserable servidumbre de tan pocos extranjeros: ofreció ser su Capitán y exponerse a los mayores peligros: aseguro que si estaban unidos sería cierta la victoria, y prometiendo seguirle, unos de su voluntad y otros por temor, se comenzó la guerra y mataron algunos pocos castellanos que hallaron por la tierra.

El adelantado Montejo sabiendo el levantamiento, envió desde Gracias a Dios al Capitán Cáceres, con algunos soldados castellanos para que pusiesen a Lempira en obediencia, el cual ya había mandado fortalecer un peñón muy nombrado que llamaban de Cerquín, y desde allí se defendía con grave daño de los castellanos, que padeciendo en el sitio que duro seis meses, grandes trabajos, por haber invernado en campaña, pudiera ser que no acabasen tan fácilmente la jornada, sino aconteciera la muerte de Lempira, la cual sucedió de esta manera. Había muchos principales que le seguían en esta guerra, unos contra su voluntad porque no los tuviesen por cobardes, y otros por respetos que tenían a Lempira; y otros hubo que le dijeron que dejase aquella guerra y tomase por amigos a los castellanos, pues al cabo había de perder; pero él, era tan animoso que jamás mostró flaqueza, ni quiso dar oídos a los medios de paz que los españoles le ofrecían; antes los tenían en tan poco, que desde su fuerte los llenaban de injurias.

Visto su mucho atrevimiento y que no se hallaba modo de apoderarse de él, el Capitán Cáceres ordenó que un soldado se pusiese a caballo, tan cerca que un arcabuz le pudiese alcanzar de puntería, y que este le hablase amonestándole que admitiese la paz que se le ofrecía, y que otro soldado sentado a las ancas con el arcabuz le tirase, y ordenado de esta manera el soldado trabo su plática y dijo sus consejos y persuasiones.

El Cacique le respondía: que la guerra no había de cansar a los soldados ni espantarlos, y que el que más pudiese vencería, y diciendo otras palabras arrogantes más que de indio, el soldado de las ancas le apuntó cuando vió la ocasión y le dio en la frente sin que le valiese un morrión que a su usanza tenía un gallardo y empenachado. Cayó Lempira rodando por la sierra abajo, armado de aquellos sayos o coseletes de algodón bastiados muy provechosos para la guerra de indios que usan los castellanos. Con esta muerte de Lempira que el día antes anduvo muy triste, se levantó gran alboroto y confusión entre los indios, porque muchos huyendo se despeñaron por aquellas sierras y otros luego se rindieron.

Mucho antes que los españoles llegasen a aquellas partes de Gracias a Dios, los indios tuvieron noticia de ellos, y no por eso dejaban las pasiones y guerras porque en particular los de Cerquín tenían por imposible que se pudiese llegar a donde estaban por la multitud de ellos, y porque primero habían de pasar por muchas tierras, y vencer muchas gentes, y especial a los Cares y Patones; aunque entre ellos había guerra cruel en la cual tenía Lempira tanta fama de valiente que afirmaron que en una batalla mato ciento veinte hombres de su mano, y certificaron indios muy viejos que se tenía por cierto que Lempira estaba hechizado o como se dice encantado, porque en infinitas batallas en que se halló jamás fue herido ni le pudieron flechar.

Era de mediana estatura, espaldudo y de gruesos miembros, bravo, valiente y de buena razón, nunca tuvo más de dos mujeres, y murió de 38 a 40 años. Los indios tenían por cierta opinión, que si no muriera Lempira, Cerquín no se ganaría tan pronto: para esta guerra se confederó y pacificó con los Cares sus enemigos: juntó los hombres de más de doscientos pueblos, y de señores y caballeros conocidos tenía más de dos mil: su congregación fue en la Sierra de las Neblinas, en su lenguaje, Piraera, donde estaba una gran población cuyo señor era Etempica, que en muriendo este se dividió en muchos pueblos. Aquí se concertó la guerra y nombraron por General a Lempira, el cual muchas veces acometió a los castellanos, mexicanos y guatemaltecos que andaban con ellos y en las cuales hacía mucho daño, y los suyos le recibían; pero como eran tantos no lo echaban de ver. Alonso de Cáceres le envió una embajada rogándole que aceptase la paz, y obedeciese al Rey de Castilla prometiendo de tratarle bien: fue la respuesta matar a los mensajeros, porque no quería conocer otro señor, ni saber otra ley, ni tener otras costumbres de las que tenía; y cuando no se acertara la suerte de haberle muerto como se ha dicho, con él se pasara muy gran trabajo.

Muerto Lempira, el Capitán Cáceres envió a los señores que quedaban un presente de camisas, alpargatas, gallos y paños mexicanos labrados y cuatro lanzas; apercibiéndoles que si no obedecían morirían como su capitán. Ellos habido su acuerdo enviaron otro presente de gallos diciendo: que se querían rendir al rey de Castilla a quien ellos llamaban Acapuca, que es tanto como decir el gran cristiano y que pues tan valientes hombres le servían, debía ser un gran señor, y con grandes regocijos de tambores, caracoles y otras maneras de placer se pusieron en obediencia". Hasta aquí Don Antonio Herrera en su década 4ª.

Aprended centroamericanos a desprenderos de las pasiones y del destructor espíritu de partido; tomad ejemplo en la triste historia de Lempira, sabed transigiros con enemigos que jamás debieron serlo, cuando intereses recíprocos os llamaban a un solo objeto: la felicidad común que solo puede darla la unión.

JOSÉ TRINIDAD REYES

¿Quién no sabe quién fué José Trinidad Reyes? ¿Quién hay que en Honduras no pronuncie su nombre con veneración y cariño, siendo su alma inundada de los puros sentimientos y las nobles ideas que inspira el recuerdo de sus excelsas virtudes como hombre y como sacer. dote ejemplar? "Era él, dice un distinguido escritor hispano-americano que supo apreciarlo en su justo valor, quien en sus versos fáciles componía, de asuntos tomados de la Biblia, las pastorales que se representaban en las Pascuas, y de su fecunda vena brotaban en las fiestas públicas y en las particulares, raudales de poesías improvisadas, muchas de las cuales corren aún de boca en boca como baladas inmortales que llevan consigo á la vez el espíritu del poeta y el sentimiento fervoroso de la patria. Pero la fuerza de su genio residía en su alma generosa; no tenía nada suyo; sus puertas, como las de Monseñor Bienvenido, el Obispo ejemplar de Víctor Hugo, estaban abiertas á todo el mundo y á toda hora; su despensa y su mesa eran de los pobres... Cuéntase que un año de pública escasez en que difícilmente se obtenía el grano de que se hace la histórica tortilla, la casa del padre Reyes era el granero de los necesitados y sordo á las observaciones de su hermana, no tan sumisa como la del padre Myriel, hizo entregar su última medida de maíz, diciendo alegre y confiado: 'No se inquiete, hermana, que Dios da ciento por uno'. Y en efecto, ese mismo día recibió providencialmente, desde larga distancia, una carga del codiciado grano que por cierto tuvo, casi todo, igual destino que las anteriores".

Nació José Trinidad Reyes en Tegucigalpa el 11 de junio de 1797. Fueron sus padres don Felipe Santiago Reyes, honrado profesor de música, doña María Francisca Sevilla, de quien decían sus contemporáneos que no sabían por qué valía más si por sus virtudes ó por la solidez y brillo de su inteligencia.

Nacido Reyes en la pobreza y careciendo de un nombre ilustre, no estaba en las condiciones que necesitaba para obtener la educación é instrucción que en aquella época se impartía á los privilegiados. Empero, Reyes, que tenía ansia de aprender y de ilustrarse, se empeñó en conseguirlo, y sabido es que el genio y el carácter acaban siempre por vencer toda clase de resistencias. En 1812, por fortuna para él, permanecía en el Convento de La Merced el Reverendo Padre Fray Juan Altamirano, y éste, que no se dejaba dominar de las preocupaciones reinantes, le enseñó el Idioma Latino. Por esa misma época, había logrado aprender el arte de la música y el del dibujo, este último bajo la dirección del pintor guatemalteco Rafael U. Martínez, que había venido à Tegucigalpa á ejecutar algunas obras. A los diez y ocho años, deseoso de dedicarse á estudios profesionales, se dirigió á la ciudad de León, en donde logró captarse el aprecio de las personas más distinguidas, entre las que se contaba el entonces Obispo de Nicaragua, Fray Nicolás García y Jerez. En León extendió sus cono-cimientos en el Castellano y el Latín, cursó Filosofía, Cánones, Teología y Matemáticas y ejerció además el oficio de maestro de capilla en la Catedral y otras iglesias, con lo que se proporcionaba algunos recursos que empleaba en satisfacer sus necesidades y en auxiliar en lo posible á sus padres ausentes. Reyes obtuvo brillantemente los títulos de Bachiller en Filosofía, Teología y Derecho Canónico, y entonces decidió seguir la carrera eclesiástica; pero mucho le habría costado cumplir su deseo á no obtener el apoyo de Fray Ramón Rojas, guardián del Convento de Recoletos, quien le aceptó como novicio. El año de 1822 vió satisfechas sus aspiraciones, recibiendo las sagradas ordenes, de manos del Obispo García Jerez.

A causa de la guerra civil que tenía en honda perturbación á Nicaragua en 1824, Reyes y sus compañeros emigraron á Guatemala, en donde se incorporaron á la comunidad de su orden. En la biblioteca de sus hermanos los recoletos, Reyes dedicaba el tiempo que le dejaban libre sus deberes monásticos, al cultivo de las ciencias y las artes. Allí encontró su inteligencia un tesoro, que supo aprovechar, en las obras de los teólogos y canonistas, de los historiadores y oradores sagrados, de los filósofos, de los físicos, de los astrónomos y de los humanistas latinos, franceses y españoles.

En 1828 pidió licencia para regresar à Honduras, con el objeto de visitar á su familia, y se le concedió. Pasó por Esquelas y Gracias, y el 13 de julio de ese año llegó á la Villa de Concepción, á donde entró de incógnito. Allí recibió á su familia y, el día siguiente, después de celebrar misa en la iglesia de la Villa, pasó á Tegucigalpa y se instaló en el desocupado Convento de La Merced.

La licencia de Reyes vencía en 1831; pero, antes de esa época, se había verificado una transformación en Centro América, debido al triunfo de la revolución que el General Morazán inauguró con la acción de La Trinidad y concluyó con la rendición de Guatemala, el 13 de abril de 1829. Se había decretado la extinción de los establecimientos monásticos y se había declarado solemnemente que la nación no reconocía ni admitía en su seno orden alguna de religiosos. Reyes quedó secularizado y pudo así quedarse en su país para toda la vida.

El Padre Reyes se concretó, por mucho tiempo, al servicio del culto, exclusivamente; pero, en 1880, tomó parte en un asunto político relacionado con los intereses de la Iglesia. El Presbítero don Francisco Márquez había propuesto al Congreso que dictara un decreto autorizando el matrimonio de los eclesiásticos seculares. Reyes aconsejó á su padre, que era Diputado, que hiciese oposición al decreto y, al efecto, le formuló un razonado y convincente dictamen. El decreto se expidió, sin embargo.

Reyes fué nombrado Cura de Tegucigalpa por el Provisor y Vicario de la Diócesis, don Nicolás Irías; pero renunció el cargo é hizo que recayera en el Presbítero don José Trinidad Estrada, á quien acompañó en calidad de Coadjutor. En muchos años de trabajo hasta 1843, ingresó á la gaveta de su mesa la suma de 50.000 y, sin captar los ingresos de los años posteriores y el valor de los obsequios que recibía, quedaron á su familia, cuando murió, sólo sus modestos muebles, pues legó, en beneficio público, la iglesia de la Concepción, que había adquirido por una capellanía que uno de sus mayores fundó. Por otra parte, sostenía el culto á sus expensas y era el socorro constante de los pobres.

Siempre fué el Padre Reyes trabajador infatigable en favor del alto y de la sociedad. A él se debe la reparación y mejora de varios templos de Tegucigalpa y la erección de otros en algunas aldeas vecinas. A él debieron muchos hogares la paz y la tranquilidad, la armonía y el consuelo. Y á él se debe la fundación de nuestra Universidad, por haber acogido la iniciativa que á cate respecto le comunicaron los señores Máximo Soto, Yanuario Jirón, Miguel Antonio Ro velo y Alejandro Flores. El nombre que al principio se le dio à este establecimiento, que empezó á funciónar en 1845, fué el de

Sociedad del genio emprendedor y del buen gusto. Formé su Estatuto don Máximo Soto, y el Doctor don Juan Lindo, Presidente del Estado, lo elevó á la categoría de Instituto público. La inauguración de la Universidad, organizada conforme à un nuevo Estatuto, que redacto el Padre Reyes, se verificó el 19 de septiembre de 1847. Desde la creación de este establecimiento, como Academia, tuvo el Padre Reyos un ministerio más que ejercer: el de la enseñanza. Escribió entonces, por falta de un texto, un Compendio de Física, que sirvió por muchos años, y artículos interesantísimos, como el que aparece en esta colección con el título de Ideas de Sofía Seyers. Era el Padre Reyes poeta, músico y orador. Compuso canciones, villancicos y pastorelas, y escribió poesías patrióticas y religiosas, la mayor parte de las cuales se han perdido por haberse extraviado los originales y haber muerto muchas de las personas que se contentaron con retenerlas en la memoria. Compuso varias misas, siendo la más afamada de ellas la que llamó "El Tancredo". Como orador sagrado era admirable, y no se tiene noticia de que haya habido quien haya podido aquí superarle ó igualarle ni mucho menos. Electo Diputado al Congreso Centroamericano, que se reunió en Tegucigalpa el año de 1851, dejó maravillados de su elocuencia á hombres como José Francisco Barrundia, Pedro Zeledón y Enrique Hoyos.

El Padre Reyes fué designado para Obispo de Honduras por el Papa Gregorio XVI, en 1840; pero el Presidente Ferrera, á quien disgustaban las ideas independientes de Reyes, hizo llegar al Vaticano la falsa noticia de su muerte. El Papa, dándola por cierta, nombró a Presbítero don Francisco de Paula Campoy y Pérez. Pero esto, antes que motivo de pesadumbre, fué motivo de placer para Reyes, pues él, que ejercía á conciencia su ministerio, que practicaba la verdadera virtud cristiana y que estaba bien penetrado de la sublime misión del Evangelio, tembló en presencia de la alta dignidad cuando se le anunció, y pidió à Dios que lo librara de ella.

Reyes introdujo á Tegucigalpa el primer piano y la primera imprenta, llamada "La Academia,", y fué él quien fundó la Biblioteca de la Universidad; hizo mucho por el progreso de Honduras, aunque no todo lo que deseaba, debido al medio social en que se agitó.

El Padre Reyes dejó de existir el 20 de septiembre de 1855. El Gobierno del Doctor don Marco A. Soto erigió, en honor á su memoria, un busto de mármol de Carrara, en la plazuela de La Merced, frente al edificio de la Universidad. El Doctor don Ramón Rosa escribió su biografía, que es una de las más valiosas joyas de nuestra literatura. En ella está hecho de mano maestra el retrato del gran sacerdote hondureño, en sus postreros años. Helo aquí:

"Era de mediana estatura: su cuerpo robusto y la morbidez y suaves contornos de sus formas revelaban, á la simple vista, la virginidad de su organismo y de su alma: su cabeza, casi siempre inclinada, tal vez por el peso agobiador de las ideas, era grande, bien formada, cabeza escultural: su frente no era espaciosa, pero sus marcadas protuberancias decían, al hombre de ciencia, que era la frente de un pensador: sus cejas eran pobladísimas y, debido á una perenne contracción nerviosa del entrecejo, aparecían como una prolongada línea negra, interrumpida por pequeñísimos copos de esa nieve del invierno de la vida que se llama las canas: sus ojos eran algo saltones, como si quisieran estar listos para recoger mucha luz; carecían de belleza en la forma, pero su dulce mirada hacía transparente el fondo de la infinita ternura que encerraba su alma: su nariz era irregular, modelada por el tipo de la raza mestiza: sus labios eran gruesos y salientes, particularmente el labio inferior; de una á otra comisura, notábanse, en raro contraste, las líneas de la boca de Voltaire, el filósofo demoledor, con las líneas de la boca de Juan, el piadoso evangelista; ora jugueteaba en sus labios la picante sonrisa del epigrama, ora la dulce sonrisa expresiva de la mansedumbre, de la benevolencia cristiana para todos sus hermanos, los hombres. Tales facciones resaltaban en el fondo de su color trigueño, palidecido por las vigilias del estudio y por las meditaciones y los éxtasis de la oración".

IDEAS DE SOFÍA SEYERS

Yo, débil mujer, me atrevo á levantar la voz reclamando los derechos de mi sexo, en medio de un pueblo que apenas los conoce: yo, sin misión expresa de mis compañeras, hablo en su favor a una sociedad que se cree iluminada con los resplandores del siglo XIX, y que no va á retaguardia en la marcha de la civilización y del progreso, pero que, en orden á nosotras, no tiene ideas que vayan en consonancia con sus adelantos.

No pido tanto como las mujeres parisienses; no me quejo de que en el siglo de las democracias se tolere y se sostenga la aristocracia varonil, ni de que, abolida la esclavitud, esa aberración tan depresiva de la especie humana, no se haya también emancipado la mujer, quedando ella sola esclava en medio de tanta libertad; ni tampoco hago reparar que el principio, tan decantado, de la igualdad civil y política, no se haya extendido hasta nosotras.

No pretendo, como las socialistas francesas, que seamos asociadas á la administración gubernativa, que se nos dé el derecho de concurrir con nuestros votos á la elección de los funcionarios públicos, ni que nos declaren hábiles para obtener los destinos de la Patria. No me avanzo hasta ese punto, aunque, en verdad, no veo que haya un motivo ostensible y justo para que, en el siglo de la luz y de la razón, se sostengan principios y costumbres que nacieron en los tiempos más Oscuros de la ignorancia y de la barbarie; aunque no hallo razón suficiente para que se dé á los varones el privilegio exclusivo de optar por los empleos, de dictar leyes y de gobernar á los dos sexos; aunque podría esperarse, tal vez, que sería mejor la suerte del género humano dependiendo de la mujer que dependiendo de los hombres, de los que tenemos experiencia de que han trastornado y desfigurado el mundo moral, de tal manera, que ya no es aquel que el Criador destinara para la raza humana.

Y es la razón, que la mujer, siendo más tímida, más sociable, más sensible y más dulce, no emprendería guerras por cuestiones frívolas, no haría derramar sangre por añadir un galón, á su vestido ó adquirir un nuevo título para denominarse, ni subiría á los empleos formando escala de miembros humanos y de cadáveres; y porque, con un corazón de madre, sería más propicia á la humanidad que muchos de

163

los que se llaman Padres de los pueblos, que, sin el cariño y la ternura de tal nombre, tienen la severidad y el azote pronto á descargarlos sobre sus hijos. Reclamo, únicamente, la igualdad de educación. Reclamo que se considere que las almas no tienen sexo, que el ingenio y talento femeninos son tan perfectibles como los del varón, y que es claro que, formados con tanta igualdad de facultades, si no puedo decir con mayores dotes, es contrariar la voluntad providencial, dejar perecer sin cultivo sus inteligencias.

Esto supuesto, ¿por qué en Honduras no se toman otros cuidados, para formar á la mujer, que los que se ponen en la educación de un pájaro, ó de otro de esos seres privados de razón, cuyo destino es proporcionar placer, y desahogo á los hombres? ¿Por qué no se nos da en la sociedad otro papel que el de muñecas automáticas, con quienes los varones entretienen sus ocios, y á quienes no creen capaces si no de conversaciones pueriles, sobre modas, trajes y amoríos? ¿Por qué se nos deja ser siempre el objeto de afectadas lisonjas, cuando nos tienen presentes, y, lo que es más cruel, el blanco de la burla, del sarcasmo y de la deshonra, allá en particulares reuniones? Si fuésemos más ilustradas, no se burlarían tan fácilmente de nuestra credulidad; nos tendrían más respeto, y no se atribuiría á pedantismo el uso que solemos hacer de algunas frases ó palabras que hemos aprendido en la lectura de algunas novelas.

Yo veo establecerse en todas partes escuelas primarias; veo afanarse porque haya Liceos y Academias para la instrucción del sexo privilegiado; veo levantarse, con este objeto, generosas suscriciones, dictarse providencias y gravar á los pueblos con nuevos impuestos Pero ¿quién ha pensado en las pobres mujeres? Ni el Legislador ni el Gobernante, ni ninguno de cuantos se liquidan en cumplimientos refinados ante las señoritas; ninguno, digo, ha hecho una proposición en nuestro favor, ni una oferta, ni una libación siquiera, ni un brindis en los banquetes, porque se añada á nuestro sexo una nueva gracia, el nuevo atractivo del saber. A no estar persuadidas de que esta exclusión es obra solamente de las preocupaciones, de, la rutina y de la inadvertencia, creeríamos que la política de los hombres, respecto de nosotras, era la misma que la de las naciones europeas respecto de sus colonias: tenernos siempre embrutecidas para siempre dominarnos, sin más reglas que su caprichosa voluntad; y que no nos concedían otras aptitudes que para, ayas de sus hijos y para los ministerios de cocina. Mas no dudo que este reclamo va á revelar las ideas que deben tenerse de las mujeres, á obligar á que se reflexione que, si Dios en la repartición de los dones intelectuales no ha hecho diferencia entre los sexos, dándolos tan grandes y poéticos á las Staeles, Genlis y Avellanedas, como á los Dumas, Sues y Lamartines, es una conclusión lógica que no ha sido su intento destinar los unos á la cultura y perfección, y los otros á malograrse en la oscuridad; pues, á querer imponer una especie de ley sálica, nacieran las hembras privadas de capacidades mentales, como lo están del valor y de la fuerza, porque no las ores propias para soldados.

Piénsese, además, en la utilidad y ventajas que reportarían los varones de la ilustración de las mujeres. La primera edad de los niños toda es de las madres: ellas les comunican el idioma, les dan los primeros pensamientos, forman sus primeros sentimientos y afecciones, y presentan á su alma las primeras imágenes. ¿Qué diferencia, pues, entre un niño cuya madre no le da más que lo que tiene, es decir, preocupaciones vulgares, ideas falsas, frivolidades pueriles, sentimientos innobles y lenguaje rústico é incorrecto, á otro que, como Lamartine, logre tener una madre maestra, que sepa formarle el gusto para la ciencia y el corazón para la virtud? Cuando se presente en las escuelas ó en las aulas irá ya iniciado en los conocimientos que adquirió con las caricias maternales, y con una disposición precoz para recibir todo género de enseñanzas.

¡Qué de consuelos no hallará el hombre en el seno y compañía de una consorte instruida! En su casa tendrá un manantial de placeres, y no se verá forzado á buscar otra sociedad más amena para libertarse del fastidio de la monotonía y sandeces de una mujer que no tiene otras ideas ni otras conversaciones diarias, que las del baile, el paseo, y otras cosas de este jaez, cuando no lo importune con chismes ó lo mortifique con imprudentes celos. Grande será la satisfacción de un hombre estudioso, al asociar a su esposa, como Dacier, á sus meditaciones, y consultarle sus dudas en materias científicas; y más grande la de un padre que ve á su hija conducida en triunfo, como Corina, y adornada la frente con los lauros y coronas de Minerva, más que con los brillantes atavíos de un lujo vano.

¡Ah! Si desde que se trabaja por la enseñanza de los varones se hubieran hecho iguales empeños por la de las mujeres, no cabe duda de que hubieran ya probado que, en un tiempo dado, habla en ellas más adelantos y progresos. Más recogidas, más aplicadas, más pundonorosas y sumisas, no se disiparían, como tantos jóvenes, no se entregarían, como ellos, á la vagancia; lejos del juego y de los placeres que distraen la atención y enervan la mente, no verían sus libros y sus laboratorios con tedio enfadoso; y de este modo, no darían lugar á reconvenciones y quejas, ni á que con descrédito se dijera que hacían al estado gastos inútiles, y à sus padres encorvarse sin fruto bajo el peso del trabajo.

Compañeras: reuníos conmigo para declamar, doquiera, contra ese culpable olvido de nuestra educación; contra esa preferencia estúpida que, en esta parte, tienen sobre nosotras los varones; contra esa tiranía sexual que nos despoja de nuestros derechos más sagrados. Si logramos que se nos atienda, ya no seremos, como hasta ahora, esclavas de nuestros mismos hermanos, seres medios entre el hombre y el bruto; se perfeccionará nuestra razón, y nuestra sensibilidad natural dejará de ser puramente instintiva; el círculo de nuestras ideas se extenderá más allá de las niñerías de las modas y del modo de condimentar las viandas; conoceremos las bellezas que producen las imaginaciones creadoras de los poetas; no veremos la hermosa naturaleza con la indiferencia del salvaje y de la bestia; y no es difícil que haya quien, como Mistres Trolop, se lance á alcanzar el vuelo de los genios pintores, describiendo las costumbres y los paisajes de los pueblos.

Y si la naturaleza no nos hubiere favorecido con el don de la fugaz belleza, ó cuando la mano del tiempo haya destruido los hermosos contornos de nuestro cuerpo, y no podamos agradar á la ligera juventud, que no busca otras cualidades en nosotras, no por eso seremos, como ella piensa, seres nulos y de ningún valor, no desapareceremos del mundo, no se nos definirá una negación, un error de la naturaleza: seremos, sí, una flor que no muestra á los ojos el brillo de los colores ni la elegancia de la figura, pero que exhala una fragancia balsámica, y que contiene excelentes virtudes curativas; seremos un fruto que, bajo áspera y ruda corteza, lleve deliciosos néctares y sabores que recrean y sustentan. Y si no nos vemos, como

Penélope, rodeadas de importunos y románticos amadores, en cambio tendremos, como Ninón, un cortejo de sabios y personas más interesantes por su ilustración, que, en vez de cansarnos con estudiados requiebros, nos hagan ocupar el tiempo con más provecho. Sin educación, nuestra suerte, como veis y sentís, es siempre desgraciada; y cuando haya pasado nuestra juventud, nos veremos aisladas en medio de la tierra, destinadas, cuando más, al triste y ridículo papel de pedagogas que acompañémos á las jóvenes que van á lucirse á los espectáculos, donde bostezaremos en un rincón, reventando de envidia, y haciendo dolorosos recuerdos de un pasado que nunca ha de volver.

Reclamemos, repito, no la consagración de los principios de la señorita Lenz, ni menos que se nos deje salvar los límites que nos puso la naturaleza, sino lo que se nos debe en conformidad con las miras de Dios, y que se evidencia en las facultades con que nos ha dotado. Si los hombres se alzan con el saber: si nos dan un *no ha lugar* á nuestra justa demanda; si se obstinan en tenernos confinadas en la obscura región de la ignorancia ...¡oh, entonces, miradlos como á vuestros tiranos, estad ciertas de que no os aman, y que, cuanto os digan por conquistar vuestros afectos, es sólo fingimiento, es seductora y detestable adulación.

METEOROLOGÍA

(Del Compendio de Física)

Se da el nombre de *fenómeno* á todo hecho que nos presenta la naturaleza; así, el salir el sol, el ponerse, el eclipsarse, etc., todos estos son fenómenos, y se llaman meteoros á los fenómenos que se verifican en la atmósfera; y Meteorología á la ciencia que trata de dar á conocer su origen, formación y demás circunstancias. La Meteorología la consideran algunos como parte de la *Almosferología,* ó ciencia de todo lo que corresponde à la atmósfera, y debería abrazar la *Hydrología* y la *Meteorologia.*

Los meteoros se pueden reducir á tres clases, á saber: acuosos, luminosos é ígneos. Los meteoros acuosos son los que deben su origen al agua. Para darlos á conocer, recordaremos que el aire la posee facultad de contener agua en disolución, y que contiene mayor cantidad de agua á proporción que se halla más comprimido y hace más calor. Luego si suponemos que por una causa cualquiera varía la presión del aire ó el grado de calor, ó ambas causas á un mismo tiempo, el aire abandonará parte del agua que tiene en disolución, y según sea el estado de la atmósfera serán diferentes los meteoros que sucedan.

Así las moléculas de agua, abandonadas por el aire, no tienen bastante masa para vencer la adherencia que tienen con el aire, permanecen suspendidas en la atmósfera y turban su transparencia; este meteoro se llama *niebla,* si la falta de transparencia de la atmósfera so verifica en parte próxima á la superficie terrestre; y se llama *nube,* si se verifica en las regiones elevadas de la atmósfera.

Generalmente se admite que las nubes se componen de vesículas sumamente pequeñas, análogas á las burbujas de vapor y que forman unas esferas huecas rellenas de aire; y por esta razón se llama vapor vesicular á las nubes, á las nieblas y á las columnas que forma el vapor que sale de las calderas. Se conocen en física varios hechos que apoyan la hipótesis que acabamos de presentar. Cuando se coloca delante de una ventana un líquido colorado y en ebullición, como, por ejemplo, una disolución de café, se distinguen claramente los globulillos que se mueven en todos sentidos obedeciendo á las corrientes de aire que en tales circunstancias se establecen. La rapidez y variedad de movimiento de estas esferitas y la facilidad con que atraviesan el aire agitado, prueban, hasta la evidencia, su ligereza específica, que sería inexplicable si los globulillos no estuviesen vacíos.

Cuando las moléculas de agua que se desprenden y vuelven á tomar el estado líquido están muy próximas las unas á las otras, y obedeciendo á las leyes de la atracción, se reúnen en gotas que se precipitan en virtud de la gravedad y caen á la superficie de la tierra, entonces este meteoro se llama *lluvia.*

Tal es sin duda la causa más general de la formación de las nubes de la lluvia, y principalmente la de las tempestades que con frecuencia proceden de la confluencia de varios vientos más o menos contrarios. También por medio de la precipitación del vapor en la atmósfera se explican las gotas de lluvia y los aguaceros que se forman algunas veces en tiempo sereno sin que aparezca ninguna nube en el horizonte.

Si hubiese tal frialdad en la atmósfera, que congelase las moléculas de agua, antes de haberse reunido en gotas; entonces estas moléculas se van precipitando, se reúnen con otras en su tránsito, y forman copos de diversas figuras que descienden á la superficie de la tierra, á cuyo fenómeno se le caracteriza con el nombre de *nieve.*

Si estando el agua ya reunida en gotas, se hiela, cae á la superficie terrestre congelada en forma de *esferoides,* y se llama *granizo.* Cuando el granizo es muy grueso, se llama *piedra;* y entonces es muy perjudicial para los campos y ganados, y aun para los edificios.

Como durante el día hace más calor que de noche, resulta que mientras se halla el sol sobre el horizonte, hace que se eleven vapores de la tierra, y luego al ponerse el sol se va enfriando la atmósfera y deja que los vapores tomen la forma líquida y se precipiten hacia la tierra; á este meteoro se llama *sereno ó relente,* que suele humedecer nuestros vestidos, y en muchos parajes perjudica á la salud el recibirlo.

El sereno ó relente se hace más sensible por la mañana al salir el sol, que aparece sobre las hojas de las plantas, y en este caso se llama *rocío,* y si el rocío se congela se llama *escarcha.* En resumen la causa general de todos los meteoros acuosos es la precipitación de vapor de agua que está mezclado con el aire, y las diferencias dependen únicamente de las circunstancias en que se verifica el enfriamiento.

Cuando una cierta extensión de la atmósfera se enfría en total y progresivamente, el enfriamiento, llega al punto ó espacio de vapor saturado, el agua se precipita en vesículas, y se forma ó una nube ó una niebla; si el enfriamiento continúa, comienza la lluvia, que se transforma en granizo cuando las gotas atraviesan varias capas de aire sumamente frías, y en nieve cuando la temperatura llega á cero, hallándose el aire todavía saturado. Cuando la temperatura, en fin, es muy elevada en el momento de la saturación y muy rápido, el enfriamiento, se precipita el vapor en gotas, lo que produce una lluvia sin nube á lo que hemos llamado *sereno;* y cuando el enfriamiento del aire es efecto de la irradiación de los cuerpos inmediatos se forman el rocío y la escarcha.

Hay otro meteoro acuoso que se llama *trompa ó manga,* y consiste en una reunión de vapores, ó en una nube muy espesa que tiene la forma de un cono inmenso, cuya base reposa sobre otras nubes le las cuales está el cono como suspendido. Cuando la manga se forma sobre el mar, se ye elevarse de su superficie una masa de agua bajo la forma de un cono, cuyo eje se halla sobre la misma dirección que la del cono superior, se siente un ruido semejante al del mar embravecido, y el agua se precipita de las diversas partes de la manga, acompañada frecuentemente de un granizo abundante y de vientos impetuosos. Hay también mangas terrestres, que aunque son menos frecuentes que las del mar, no por esto son menos peligrosas.

Los *meteoros luminosos* tienen origen de la luz y son el *arco iris los parelios, las paraselenas y las coronas.*

El arco iris es un meteoro que se verifica cuando en un paraje está lloviendo, y un observador se halla entre la nube y el sol teniendo vueltas las espaldas á este astro: además se necesita que el sol tenga menos de 42^0 de altura sobre el horizonte. Este meteoro se forma por la luz del sol, que cayendo sobre las gotas dé água padece dos refracciones y vuelve al ojo del observador ya descompuesta en los siete colores primitivos.

Por lo regular se observan dos arcos iris concéntricos, de los cuales el uno tiene los colores menos vivos que el otro y en un orden inverso; en algunas ocasiones, aunque muy raras, se suelen ver hasta tres arcos concéntricos, pero el tercero es muy débil. También se suele verificar el arco iris con la luz de la luna y se le suele llamar arco iris lunar, pero casi nunca se ven todos los colores ni son tan vivos. En el mar, cuando está agitado, se suele ver un arco pintado de algunos colores del iris, y entonces se llanta arco iris marine. Por último se suele llamar *arco iris terrestre* á un arco coloreado que se suele ver sobre un prado ó sobre un campo, cuando se mira desde un paraje elevado, un poco después de haber salido el sol, ó un poco antes de que se ponga.

Se llama *parelios* la aparición simultánea de muchos soles, que son imágenes fantásticas del sol verdadero. Estas imágenes se forman siempre sobre el horizonte á la misma altura á que se halla el sol, y están siempre unidas las unas á las otras por un círculo blanco horizontal; las imágenes que aparecen sobre este círculo del mismo lado que el sol verdadero, presentan los colores del arco iris; y algunas veces se halla también coloreado el mismo círculo en la parte que está próximo al sol. La aparición más completa de este fenómeno se verificó en Dantzick el 20 de febrero de 1661.

Se llama *paraselenas* á un meteoro que ofrece el espectáculo de varias imágenes de la luna, y *coronas* á uno ó muchos anillos luminosos de que aparecen rodeados los astros.

Los meteoros ígneos son el *relámpago, el rayo, el trueno, las exhalaciones, el fuego de San Telmo, los ambulones, los fuegos lambentes, los globos de fuego, auroras boreales, luz zodiacal, y los aerolitos ó piedras caídas de la atmósfera.*

Se da el nombre de relámpago á una claridad viva que aparece repentinamente, desaparece con la misma prontitud, y ordinariamente precede al ruido del trueno. Por el intervalo de tiempo que pasa entre el relámpago y el trueno se puede juzgar aproximadamente de la distancia á que nos hallamos de la nube en que se ha producido. Para ésto no hay más que observar el número de segundos que pasan entre el relámpago y el trueno y se multiplica 413 varas por el número de segundos que hayan trascurrido; pero como no se hallará á mano reloj de segundos, se puede uno servir de su misma pulsación; y como un hombre en un estado regular tiene 66 pulsaciones en un minuto, se obtendrá también un resultado aproximado de dicha distancia, multiplicando 380 varas por el número de pulsaciones que hayan pasado entre el relámpago y el trueno.

Igualmente se tendrá con bastante aproximación la distancia de una batería al punto donde esté el observador, multiplicando 380 varas por las pulsaciones que se han contado desde que se ve la explosión hasta que se oye el cañonazo.

El rayo es una gran porción de electricidad, que en ciertas circunstancias parece lanzarse del seno de la nube, con una explosión más ó menos fuerte, que constituye el trueno. Este puede resultar del choque de las columnas atmosféricas unas con otras ó de la explosión que causa una combinación repentina de una mezcla de gas oxígeno y de gas hidrógeno, que la chispa eléctrica inflama en las regio new atmosféricas, que son el teatro de los rayos. Como los efectos de los rayos son muy temibles, se ha ideado el preservar los edificios por medio de pararrayos.

Se llama *exhalaciones* á unos pequeños globos que esparcen una claridad más ó menos viva, y que se ven algunas veces revolotear en el seno de la atmósfera, presentando en su aparición el mismo fenómeno que ofrecería una estrella que desprendiéndose de la bóveda celeste se precipitase hacia la superficie de la tierra.

El *fuego de San Telmo* á que se suele llamar *Castor y Pólus,* le constituyen unas llamas ó lucecitas pequeñas, que cuando truena se suelen ver en los pabellones, jarcias, masteleros y demás objetos que terminan en punta.

Los ambulones, que también se llaman *fuegos fatuos,* son unos fuegos débiles, que fluctúan en el aire en el verano y principio de otoño, inmediatos á la superficie de la tierra; brillan menos cuando se les mira de más cerca, y se suelen ver en los parajes en que hay más descomposición de materias animales y vegetales como son los cementerios, muladares, pantanos, etc.

Estos fuegos fatuos provienen de la parte de fósforo que se halla en los huesos de los animales; y suelen inspirar miedo sin fundamento á las personas pusilánimes que los ven.

Los *fuegos lambentes* son aquellos que se suelen ver sobre las cabezas de los niños y sobre la crin de los caballos, principalmente cuando sus arreos y adornos terminan en punta y deben también su origen á la electricidad.

Los *globos de fuego* son unos meteoros que aparecen en la atmósfera bajo la forma de un globo, animado de un movimiento muy rápido y ordinariamente acompañado de una *cola luminosa;* los ha habido cuyo diámetro parecía igual al de la luna llena, y cuya cola luminosa equivalía á siete ú ocho veces el diámetro del globo.

Se llama aurora boreal á un meteoro luminoso que se manifiesta ordinariamente hacia el norte, y cuya claridad, cuando se halla próxima al horizonte, parece la de la aurora; se presenta por lo regular dos, tres ó cuatro horas á lo más, después de ponerse el sol, es decir, que siempre se verifica por la noche, y algunas veces va acompañada de ligeras detonaciones.

Se llama *luz zodiacal,* una débil claridad que tiene ordinariamente la forma de un cono, cuya base está vuelta hacia el sol y el vértice hacia el zodiaco; se verifica principalmente hacia el fin del invierno, ò al principio de la primavera, y jamás en el otoño.

Los *aerolitos* son piedras caídas á la tierra en cuyo origen aún no se conoce suficientemente; su peso específico es de 3.591; y su análisis químico manifiesta que todos se componen de sílice, de magnesia, de azufre, de hierro en el estado metálico, de níkel y de algunas partículas de cromo. Laplace ha pensado que podía ser arrojadas sobre la tierra por los volcanes lunares; y sometiendo esta idea al cálculo, ha encontrado que bastaba para ésto una fuerza de proyección cuádruple de la de una bala de á 24 cargada con 12 libras de pólvora.

Mr. Arago habla de este meteoro de la manera siguiente:

1. Se ha supuesto primeramente que los aerolitos eran como la lluvia y el granizo, verdaderos meteoros que se formaban en la atmósfera por vía de agregación.

2. Chadni ha creído que eran fragmentos de planetas, ó aun pequeños planetas, que circulando por el espacio, entraban en la atmósfera terrestre y perdiendo gradualmente su celeridad por la resistencia del aire, venían por último á caer sobre la superficie de la tierra.

3. Por último el autor de la mecánica celeste ha observado que los aerolitos podían también proceder de las erupciones de algún volcán lunar que los arrojase á una distancia de la luna bastante grande para que llegasen à ser un satélite nuevo,

digámoslo así, de la tierra, si bien en razón de su poca masa, sujeto á grandes perturbaciones. Si después de haber circulado por más ó menos tiempo por el espacio, llegase este pequeño cuerpo á entrar en el radio de la esfera celeste, debe perder su celeridad, y acabar por caer como es el segundo caso. La primera de estas tres hipótesis, que parece á la vista la más sencilla y natural, es no obstante la más inverosímil y apenas merece ser refutada.

La segunda hipótesis formada sobre el origen de estas masas es mucho más verosímil. Se han descubierto últimamente planetas tan pequeños que no se puede menos de admitir como posible la existencia de otros más pequeños todavía, y tales que pudieran dar lugar á los fenómenos que nos ocupan. Al entrar estos pequeños planetas en la atmósfera de la tierra van, según esta hipótesis, perdiendo poco á poco su movimiento propio y acaban por caer en su superficie; pero no puede esto efectuarse sin una notable presión del aire que encuentra delante el móvil, la cual puede ser bastante para separar una tal cantidad de calor, que se caliente mucho la masa meteórica, y se inflamen y calienten mucho los principios volátiles que contiene. Esta hipótesis explica, pues, perfectamente todas las circunstancias de la calda de las piedras meteóricas, mas está muy lejos de explicar de la misma manera su identidad de composición, o cuando menos no podría hacerlo sino suponiendo que todos los planetas bastante pequeños, para dar origen á los aerolitos, son absolutamente de la misma naturaleza, y están compuestos de los mismos elementos, y en las mismas proporciones, cuya suposición la desmiente la observación de la tierra, y extendida á los demás cuerpos es sumamente inverosímil, si se tiene en cuenta la universalidad de su naturaleza.

Al contrario, la última hipótesis favorece notablemente la explicación de esta identidad de composición química; pues si se admite que éstas piedras proceden de un volcán de la luna, basta suponer que estos volcanes lunarios sólo pueden despedir tales materias, ó bien que estas pertenecen á uno de ellos que sólo tiene bastante fuerza para volverlos satélites de la tierra, y este grado de fuerza que ha evaluado el cálculo es, como hemos visto, muy poco considerable, pues la luna no se halla rodeada de una atmósfera resistente. No obstante ya lo hemos dicho; si las observaciones tienden à probar la existencia de volcanes en la luna, de ningún modo la aseguran. Fuera de ésto, si se admite el fenómeno, su aplicación queda reducida á un efecto mecánico de rigor. Puédese efectivamente imaginar, entre la tierra y la luna cierto lugar que limite las partes del espacio en que es mayor la atracción de cada uno de estos cuerpos. Este límite deberá hallarse más cerca de la luna que de la tierra, pues es mucho menor la masa de la luna. Una vez que la piedra lanzada por el volcán lunario llegue más allá de este límite, lo que puede tener lugar en una multitud de direcciones, no admite duda que se vuelve un satélite de la tierra, si bien un satélite que experimenta perturbaciones enormes á causa de la pequeñez, de su masa comparada con la de la tierra, de la luna y del sol, cuerpos por los que se halla atraído. Y si, á consecuencia de estas perturbaciones, llega una vez á internarse en la atmósfera terrestre, la resistencia de esta atmósfera pronto destruirá su velocidad propia, y acabará por caer en la superficie de la tierra como en el caso precedente.

Resulta de lo expuesto que de todas las hipótesis, la más verosímil es la que hace proceder los aerolitos de los volcanes de la luna, y al mismo tiempo, la sola que hasta la actualidad satisfaga todos los fenómenos observados; pero, lo repetimos, no pasa de una hipótesis, y aun queda por demostrar la existencia de los volcanes lunares.

MÁXIMO SOTO

Nació en Tegucigalpa.

Era hijo de don Marcos Soto y de doña Calixta Fiallos. Recibió del Presbítero Doctor don José Trinidad Reyes las primeras lecciones en ciencias y letras. Como á la sazón no había Universidad en Honduras, se dirigió á la ciudad de León, Nicaragua, con el objeto de seguir y terminar allá su carrera profesional. Pero, cuando apenas había obtenido los primeros diplomas universitarios, se vió en la necesidad de regresar á Honduras, con motivo de la invasión de Nicaragua por tropas salvadoreñas al mando del General Francisco Malespín, que dió por resultado, después de un largo y terrible sitio, la toma de León y la organización de un nuevo gobierno.

En 1845, fastidiado el señor Soto por la inacción á que se veía obligado, tuvo, con sus compañeros y amigos, los señores Yanuario Jirón, Miguel Antonio Rovelo y Alejandro Flores, la idea de fundar una Academia de Estudios. Comunicaron el pensamiento al Padre Reyes para que éste le diese vida y prestigio con su persuasiva palabra y autorizado nombre. El Padre Reyes acogió con entusiasmo el proyecto y aceptó el título que los iniciadores indicaban para la Academia, de *Sociedad del genio emprendedor y del buen gusto*. La Academia se abrió y empezó á enseñarse en ella Física, Matemáticas, Filosofía y Gramática Latina. El señor Soto fué quien redactó el Estatuto de la Academia. Esta, más tarde, fué elevada al rango de Universidad de Honduras, mediante las gestiones de la Municipalidad de Tegucigalpa, impulsada por el Padre Reyes. Su inauguración se verificó, bajo la presidencia de don Juan Lindo, el 19 de septiembre de 1847.

El señor Soto pasó después á Guatemala, continuó allá sus estudios, obtuvo el título de Abogado y, no contento con esto, se dedicó al estudio de la Medicina, hasta obtener el diploma de Médico y Cirujano. Sus profundos y variados conocimientos le dieron el puesto de primer Médico Legista de Centro-América.

Siendo Presidente de Honduras el General don Trinidad Caba-
flas, fué nombrado el señor Soto Rector de la Universidad, que había cooperado á fundar. La Junta de Instrucción Pública acordó conferirle

el título de Doctor, y con este motivo hubo un solemne Te Deum en la iglesia parroquial de Tegucigalpa.

Posteriormente se le nombró Enviado Extraordinario y Ministro Plenipotenciario de El Salvador en Honduras y, algún tiempo después, representó á Honduras en Guatemala con el mismo carácter. El señor Soto se estableció, definitivamente, en aquel país hermano, y allí, por sus talentos, por su vasta ilustración y por su cultura irreprochable, llegó á crearse una alta y envidiable posición social.

El señor Soto falleció en Guatemala en enero de 1870.

ORACIÓN FÚNEBRE

del señor Presbítero, Doctor don José Trinidad Reyes, primer Rector de la Universidad de Honduras, pronunciada en el General de Estudios la noche del 23 de septiembre de 1855.

El duelo general de esta ciudad anuncia, vivamente, la grande é irreparable pérdida del Estado. "El Benemérito REYES, el hijo más querido de este infortunado suelo, acaba de espirar! LA DIVINA PROVIDENCIA NO QUISO MÁS LA PROLONGACIÓN DE SU GLORIOSA VIDA Y ORDENÓ EL TÉRMINO FATAL[6], precisamente cuando la triste y aciaga situación del país tenía más necesidad de su aliento y sus consejos, y cuando la terrible guerra que le oprime no deja ni libertad al llanto ni demostraciones á la gratitud: cuando nada se puede hacer, cual corresponde, en las honras funerales de este hombre eminente y cuando, en fin, nuestros corazones debieran cubrirse de amargura y olvidar todas sus desgracias por entregarse á la desesperación de tan acerbo y profundo dolor. Entonces ¡ay! para nuestra desventura, la muerte lo arrebata de esta ciudad inconsolable, que conservará por siempre los honores de su cuna: de esta ciudad querida que fué su patria y el principal objeto de su adoración y engrandecimiento.

A mí no me es dado seguir, paso por paso, la vida de este esclarecido Eclesiástico; menos descender á hechos de leve importancia y dar una prolija noticia de todas las cosas en que intervino. Esto pertenece, con propiedad, á otro más feliz que escriba su biografía; pero no como yo que, buscando un justo desahogo á mi dolor, trato solamente de hacer una sencilla narración de sus obras más notables y en las cuales viven imperecederos su nombre y su memoria augusta. Allí están grabadas, con sublimes rasgos, su

---

[6] [1] El señor Presbítero Doctor don José Trinidad Reyes, nació en esta ciudad de Tegucigalpa, el día 11 de Junio de 1797, domingo, á las cinco de la tarde: fué bautizado á la hora de vísperas del Corpus Christi, el 14 del mismo mes, en la Iglesia parroquial, por el Reverendo Padre Fray Nicolás Hermosilla, quien le puso el nombre de "Juan José Sahagún de la Santísima Trinidad," y terminó su existencia el dia 20 de septiembre del presente año, jueves, á las diez de la mañana, á los 58 años, 3 meses, 9 días y 5 horas de edad.-M. S.

ilustración, sus virtudes, su beneficencia y su adhesión perpetua al mejoramiento del país. Me limito á esto solamente, porque hay acciones tan provechosas y tan grandes, que se bastan por sí mismas y no pueden ponderarse sin debilitarlas. Su simple relación da una idea más completa de su mérito.

El Presbítero REYES nació, como se ha notado, en el siglo donde aún no había lucido en Centro América el clarísimo sol de la Independencia: donde apenas existían imperfectos rudimentos de enseñanza primaria, y éstos concentrados en una clase muy privilegiada; de consiguiente, para elevarse á la cima de tantos y tan variados conocimientos como los que poseía, le fué preciso luchar y vencer todos los obstáculos, y remontarse, con su genio universal, sobre todos los inconvenientes de aquella época. Esto era preciso para que su merecimiento fuese más grande y más asombrosa su vida literaria.

Breves y muy breves fueron los progresos en sus primeras nociones y, asimismo, sus estudios en Latinidad, Filosofía, Teología y Derecho Canónico. Sabía todas estas ciencias con perfección, las había penetrado profundamente, porque sus capacidades no eran para contentarse con lo superficial y efímero. Así es que, con escrupulosa atención, escudriñaba los secretos y enlaces que las ciencias tienen entre sí, convencido de que este es el medio más seguro para alcanzar en ellas verdadera solidez y precisión. Las lenguas latina y castellana le eran familiares y las usaba con toda su pureza; conocía también el idioma francés, el italiano y el inglés, aunque con menos naturalidad por no haber siempre con quién ejercitarlos.

Sus conocimientos en Filosofía se dilataban considerablemente enriquecidos con el auxilio de otras ciencias y, especialmente, las Matemáticas y ciencias naturales. Había estudiado la organización del hombre para explicarse, con más satisfacción, sus principales funciones y los admirables fenómenos del movimiento y la sensibilidad. Todas estas luces eran para el Presbítero REYES una fuente fecunda de felices aplicaciones, tratándose, especialmente, en sus expediciones literarias de Lógica, Física y Mecánica Animal. El conocimiento anatómico del oído nada le había dejado que desear respecto de la música, en la cual sobresalía como lo testifican sus composiciones. No le fueron extrañas la Literatura, la Geografía, la

Historia, la Astronomía; y como había nacido para sabio, porque su talento era apto para todo, buscó también y supo encontrar las verdades profundas de las Matemáticas, de esta ciencia bienhechora del hombre, pródigas en descubrimientos útiles, llenas de realidades y no de conjeturas. En fin, para corona de sus glorias literarias, las Musas tenían en su mente un nacimiento predilecto y le regalaban, con frecuencia, hermosas, gratas y oportunas inspiraciones. Interesa grandemente al honor de Honduras la publicación de estas bellísimas producciones, para que, en su vista, la dulce poesía le tribute también sus inciensos y le reconozca la fama como el primero de nuestros vates.

No sólo era grande su saber, sino también ardiente su deseo por infundirlo á la juventud hondureña, en cuya ilustración había concebido el fin de nuestras desgracias y el cimiento de las venturas de la patria. Antes de crearse la Universidad que tenemos, debida, en mayor parte, á sus patrióticos afanes, se dedicaba á la instrucción privada de varios jóvenes que hoy le debemos el más alto y cordial homenaje, por haber contribuido, con noble desinterés, á nuestra formación científica. Yo, particularmente, le consagro, en mi profundo dolor, los votos más puros de mi acendrada gratitud.

Desde el momento que, bajo el nombre de Sociedad del buen gusto, apareció en Tegucigalpa, en 1845, la actual Academia del Estado, siempre el Presbítero DOCTOR DON JOSÉ TRINIDAD REYES, presidió sus actos: les dió impulso y autoridad; y su ejemplo en todo y para todo encendió el fuego patriótico de este vecindario para hacer estable y refulgente la antorcha de las luces.

Renunció su tranquilidad y su bienestar por la penosa tarea de instruir: escribió con claridad y erudición sobre diferentes materias; y últimamente, afectado ya por sus dolencias, conociendo la imposibilidad de proporcionar à los alumnos de Filosofía obras completas de Física, les hizo un compendio de lo más útil, cierto y nuevo que hay al presente en este importante estudio.

¿Qué podría resultar de su incesante conato por ilustrar la Nación y por establecer en ella un santuario á las ciencias? La aparición de esa juventud llena de vigor y de esperanzas que, á pesar de sus inseparables desvíos, alienta el corazón y me da el consuelo de ver próximo el triunfo de las luces, y la sociedad limpia de errores y preocupaciones.

Conciudadanos: mirad aquí lo que el Estado debe al gran fundador de nuestra Academia Literaria. "Jóvenes estudiosos: reconoced en él, á vuestro verdadero padre! Seguid sus pasos: imitad sus virtudes: cifrad vuestro pundonor en reverenciar su memoria, en cumplir sus votos y en corresponder á sus afanes. No olvidéis nunca que este Faro de la civilización fué su obra predilecta, y el más rico tesoro que legar pudo á su patria. Si sabéis conservarlo y mejorarlo con el aprovechamiento y el estudio, haréis honra á sus cenizas y bien à vuestra patria. Mas no penséis que el descuido y el abandono, y aun el aniquilamiento de este precioso don, pueda anublar jamás sus recuerdos ó borrar un ápice su nombre querido. No lo penséis; porque no sólo éste es el único monumento de su grande patriotismo y de su corazón benéfico. Los hallaréis también en las representaciones nacionales, donde inflamado su espíritu por el amor del país, clama por la prosperidad, la paz y el sosiego de los pueblos, oponiéndose sereno é imperturbable contra los tiranos y especuladores de los destinos. Siempre y por siempre hallaréis su nombre en la reparación y creación de cuantos edificios públicos tiene esta ciudad: en todas las funciones civiles y religiosas, ya ensalzando la grandeza divina, ya cantando su numen las glorias y los triunfos de la patria.

Le hallaréis también en los actos más privados, bien sean alegres ò tristes; pues para que todo fuese interesante y agradable, necesitaba entre nosotros de su animación y de sus gracias. Le hallaréis, en fin, en el corazón de todos los hondureños, pues no habrá uno sólo que directa ó indirectamente no tenga beneficios que contar, ni habrá un infeliz que le haya visto, sin recibir sus dádivas ni llevar el premio de en preeminente caridad.

En el desempeño de sus deberes sacerdotales, le veréis siempre sabio, exacto y puro. Elocuente en el púlpito, pinta con ardor y vehemencia la belleza de las virtudes, y su grey le oye, le escucha y le cree con inefable placer, pues no ve en su rostro sino el resplandor de todas ellas, y no encuentra en sus acciones sino la confirmación y el ejemplo de cuanto les dice. Describe con horror el vicio, lo detesta y lo persigue hasta destruirlo; sus discursos hablan con todos; todos los que tienen la dicha de oírlos ó de verlos, quedan convencidos y satisfechos; pues nunca trata cosa sin definirla y no toca asunto sin darle todo el lleno de su luz. De suerte que, el sacerdote, el soberano y el súbdito, el esposo y la esposa, el padre y el hijo de familias, cada en el halla de manifiesto su deber en la virtud que encomia y en el vicio que vitupera. Siempre se muestra gustoso y vigilante por el amparo de la orfandad, por el socorro de la verdadera pobreza, por la des aparición de la esclavitud, por conservar el recato de la viuda, el pudor de la virgen y todos cuantos cuidados recoge su ferviente solicitud.

En el confesonario espanta su infatigable aplicación, admira su dulzura, su constancia y su tierna piedad; y si fuese dable rasgar velo que encubre este sagrado Sacramento de la penitencia, de aquí no más saldrían inmensos testimonios de sus altos servicios en favor el de la sociedad, del honor y el reposo de las familias. Jamás la dulce esposa, la afligida madre y la tímida doncella se arrodillaron ante este Ministro del Altísimo, sin lograr la tranquilidad de sus conciencias y el consuelo de sus penas. Todo lo allanaban sus talentos y sus virtudes: todo era fácil para su alma generosa é ilustrada y para su corazón lleno de misericordia y de bondades.

En su vida privada se nota un hijo modelo de piedad filial, un padre constante de toda su familia, un amigo leal y sin mancilla. De forma que en todas partes y por todo, luce su sabiduría y patriotismo, brilla su religión inmaculada, y aparecen dignas de REYES todas sus acciones.

No procedamos con preocupación, ni alabemos sin discernimiento, si es que queremos conservar ileso y puro el verdadero mérito: no confundamos la magnitud de este genio bienhechor que es el blasón, es el honor de nuestra sociedad: no nos deslumbre el brillo de otros hechos de más pompa que utilidad, hechos que verdaderamente excitan, conmueven y arrastran la admiración; pero que son al mismo tiempo, el azote del género humano; hechos que en vez de aplausos merecieran mejor la compasión.

Este Varón insigne, siempre provechoso, siempre modesto y apreciable, renunció su fortuna por obtener la de sus conciudadanos: sus talentos se encaminaron siempre con seguridad al progreso, y sus acciones todas nos produjeron inagotables beneficios.

No consintamos, pues, que la preocupación y el capricho pospongan jamás sus ínclitas cualidades: demos el rango que corresponde al esclarecido PROTECTOR DE LAS LUCES, AL GRAN FUNDADOR de la Academia del Estado, amigo inseparable de la juventud y firme sostén de todo lo bueno que existe entre nosotros. Su estatua en el General de Estudios, donde tanto se aplaudió su voz y tanto esplendor produjo su saber, en este mismo lugar dedicado por sus esfuerzos para asilo de las ciencias, sería el perpetuo monumento de la gratitud hondureña. Acaso la Dirección, no menos reconocida y apreciadora de su mérito, logre la dicha de plantarla, para que las generaciones venideras alcancen y veneren también la grata Imagen de nuestro SABIO Y BENEMÉRITO REYES.

Tegucigalpa: 30 de septiembre de 1855.

LEÓN ALVARADO

El 4 de julio de 1819 nació en Comayagua el hombre que consagró los mejores años de su vida á trabajar por la construcción en Honduras de un ferrocarril interoceánico, que partiendo de Puerto Cortés en el Atlántico terminase en San Lorenzo en el Golfo de Fonseca, formado por las aguas del Pacífico.

El señor E. G. Squier, refiriéndose á este patriota, dice en una carta dirigida al Ministro de Honduras: "Y cuando ustedes lleguen á elevar un monumento á su memoria, como lo harán, será un motivo de placer para todos el ver que el puro mármol que lo componga no estará teñido de sangre, que el laurel que corone su busto será sin espinas, y que no habrá viuda ni huérfano que arroje con ira una piedra sobre su sepulcro.... Permítame unirme con Ud. para recomen- dar su alto ejemplo á la juventud de Honduras".

Don León Alvarado condensaba su credo político y social en estas pocas palabras: *"Guerra á la guerra, —Paz, —Trabajo, —Progreso, Libertad.*

Por decreto del Congreso, dictado el 19 de marzo de 1863 y rati- ficado por el Senado el 19 del mismo, se declara á don León Alvarado Benemérito de la Patria y se le manda significar la gratitud á que se hizo acreedor por los importantes servicios que prestá á Honduras en diferentes épocas, por haber últimamente salvado al país de una enorme deuda que formaban los reclamos extranjeros presentados ante el Arbitramento reunido en Guatemala y por haber interpuesto sus buenos y asiduos oficios para impedir los horrores de la guerra entre aquella República y la de El Salvador, impulsado por sus nobles y humanitarios sentimientos.

Todo el afán de León Alvarado fué el engrandecimiento de su patria. Por eso en las revoluciones trataba siempre de conciliar à los partidos y poner fin á las divergencias; y por eso sin detenerse ante los obstáculos que se le ofrecían al paso, sin omitir sacrificio para detruirlos, desafiando la cólera de unos, sacudiendo la inercia de otros y despreciando las burlas, diatribas y calumnias que se le dirigían, marchaba firme en su empeño de que se construyera el ferrocarril, á efecto de que, por este medio, nos llegasen todos los presentes de la civilización y nuestra suerte fuera la más próspera.

Por fin se decretó la construcción de la gran obra, se hicieron los arreglos consiguientes y el Gobierno nombró comisionados suyos en Europa al señor Alvarado y á don Carlos Gutiérrez, con instrucciones para contratar empréstitos y celebrar los convenios necesarios para que la obra se llevase á cabo.

El ferrocarril empezó á construirse y por desgracia no se concluyó. El señor Alvarado no pudo continuar consagrando sus esfuerzos á la empresa, pues la muerte lo sorprendió en Londres el 10 de marzo de 1870, á las cinco de la mañana.

El Gobierno hizo trasladar sus restos á Comayagua, donde yacen en la capilla de la iglesia del Carmen, bajo una losa que tiene la siguiente inscripción:

La patria agradecida consagra sus bendiciones y este humilde tributo de su amor á uno de sus hijos más ilustres que ha muerto en su servicio.

¡Honor y gloria al Ciudadano Benemérito León Alvarado!

Dejó de existir en Londres á 10 de marzo de 1870, y yacen aquí sus cenizas venerandas.

Descanse in paz!

El Congreso de 1893 acordó erigirle un monumento en la antigua capital de la República.

El señor Alvarado escribió poco. La obra más extensa que salió de su pluma fué la traducción del libro que con el título de *Ayuntamientos sobre Centroamérica* escribió en inglés Mr. E. G. Squier. Como muestra de su estilo, se inserta aquí su Ultima palabra á los hondureños, el prólogo con que publicó la traducción referida y dos cartas. La última que dirigida, ya gravemente enfermo, fué para Squier y es digna de conservarse. Hela aquí:

"8 Kis St., Londres, 17 de febrero de 1870.

Squier: Sólo yo sé cuánto le debe Honduras á Ud. Qué seamos pobres, pero agradecidos; por esto le recomiendo á todo el pueblo de Honduras, en momentos en que le estrecha la mano para siempre su afectísimo amigo. Por no poder firmar LEON ALVARADO lo hace en su lugar CARLOS GUTIÉRREZ.

ÚLTIMA PALABRA A LOS HONDUREÑOS

Amigos: Doce años ha hablé del Ferrocarril interoceánico. Entonces os dije: "¡Yo no sé cómo eso se hará! Pero ello será. Escrito está".

Muchos rieron, algunos dudaron, pocos creyeron; yo esperé. Todos teníamos razón. Los primeros juzgaron estas palabras como una profecía desprendida de una imaginación que se cierne en la región de las ilusiones. Los segundos, las miraron siquiera como un buen deseo; y los últimos, las tomaron como la expresión de una conciencia que cree; y yo, confiaba en la sabiduría misma que nos ha dicho:

Et renovabis fatiem terra. (Renovad la faz de la tierra).

Tres lustros son cumplidos.... Interrupciones, transformaciones y cambios de toda clase ha sufrido la empresa en este lapso; y las decepciones, y las contrariedades, y las incertidumbres formaban una nube que oscurecía completamente el porvenir. Los incrédulos se consideraban en la verdad. Los creyentes perdían su religión. ¡Ah! Ellos olvidaban que la hora más oscura es que precede á la aurora... El día llegó, y ¿quién?... Ni yo mismo que he corrido todas las eventualidades podré explicar cómo que eso se ha hecho. Lo único que puedo decir es que ello pertenece á la categoría de los hechos cumplidos.

Et renovabis fatiem terra!

¡Eh! Yo tengo hoy la palabra... ¿Usaré de ella para levantar los ataques de que he sido víctima ó para cantar la victoria? ¡Oh! no; el hombre que pasa su vida persiguiendo una idea, eleva su alma; que ni la ofensa la alcance ni descienda á buscar una plumita para su casquete. Y si salgo hoy de mi mutismo es solamente para deciros: que mi misión de fireman (fogonero) es concluida. Que la máquina está repleta de vapor, y que su velocidad y dirección depende sólo de los ingenieros que la corran. Es decir, el Gobierno y vosotros mismos. Y la faz de Honduras será renovada. ¿Lo comprendéis? A nuevos tiempos, nueva vida, nuevas costumbres, nuevos hábitos, y si se puede decir, hasta carácter nacional. Qué el trabajo reemplace á la inercia y el abandono, origen de los vicios y de la miseria; qué el espíritu de empresa y de especulación destruya aquel triste pasado y tiempo de donde sale la fiebre politiquera que debilita y agota la existencia de un país: la politiquería es herida de muerte; ella morirá y no dejará heredero de ninguna clase. Una sola fe entonces, la del progreso positivo. ¡Y como la mía es siempre la misma! Este es el lugar para repetiros una vez por todas mis antiguas creencias. Yo creo, os decía en aquella época, yo creo que, con la empresa del ferrocarril, la agricultura viene á ocupar su lugar; una cuchilla de arado reemplazará la lanza del asta del pabellón, para simbolizar los nuevos destinos del país. Yo creo, que, con la empresa del ferrocarril, la industria, hija de la agricultura, formará con ésta una doble producción. Yo creo que, con la empresa del ferrocarril, el comercio ligará siempre á los pueblos. Yo creo que, con la empresa del ferrocarril, veremos la religión (ese lazo santo) presentarse, limpia y pura. Yo creo que, con la empresa del ferrocarril, Honduras asegurará:

A todos sus hijos, educación.

A todos los trabajadores, buena retribución.

A todas las mujeres, protección.

A todos los débiles, una providencia.

¡Oh! Realizad ese ideal. Correr tras un progreso sin fórmula conocida es la insensatez misma: desarrollar el que se cimenta en bases sólidas, es la obra del patriotismo. *Dadme la materia y formaré un mundo,* decía Descartes. ¡Vosotros tenéis los elementos componentes: formad un pueblo!

¡Qué simple su Código! Por dogma político y moral las tres grandes palabras de los hombres del 15 de septiembre: Dios, Unión, Libertad; y por social, las de la vida: Agricultura, Industria, Comercio, Caminos, Instrucción, Justicia; y al trabajo, al trabajo, siempre el evangelio inglés: "Time is money" (el tiempo es dinero).

Preferid en todo caso la colectividad á la individualidad. Si la unión hace la fuerza; si la combinación del capital y del trabajo forma la producción, es evidente que la mayor suma de trabajo dará la mayor suma de producción, y la mayor suma de producción dará la mayor riqueza pública y privada. ¡Es todo!

Amigos: así como el hombre para formar una escuela cualquiera proclama el principio, lo trasmite y se retira; así como el arquitecto que levanta su plano, pone los cimientos, y deja á otros la construcción del edificio, así os dejo hoy yo el principio de la nueva escuela: el nuevo cimiento en que debe levantarse el gran templo de progreso y de civilización.

A vosotros toca el continuarlo. Las generaciones que vienen lo coronarán. Os cierro la mano cordialmente. ¡A Dios!

Él y Honduras por siempre.

LA OBRA DE MR. SQUIER
(Prólogo del traductor)

No hay país de que no se haya presentado un cuadro más ó menos exacto, más ó menos completo. No hay uno que no tenga sus cartas geográficas y topográficas; no hay uno que no posea la de su estadística general; no hay uno cuyas latitudes y longitudes no hayan sido medidas; no hay uno del cual la economía política no haya investigado y valuado sus riquezas y producciones; no hay uno, en fin, que no se haya dado á conocer en su valor relativo. Centro América solamente es quien ha lamentado esta falta. Después de tres siglos y medio de descubierto el país, y después de treinticuatro años de ser independiente, no se sabe en el extranjero que existe Honduras más que por el caoba y la zarzaparrilla, San Salvador por el índigo, Guatemala por la cochinilla, Costa-Rica por el café y Nicaragua por el proyectado canal.

La falta, empero, no sería tan notable si ella proviniese de la de hombres inteligentes que pudiesen emprender un trabajo tan importante. Nada de eso: los ha habido en diferentes escalas y en diversos ramos; pero abstraídos en la fatal política han abandonado ú olvidado el mejor servicio que podrían hacer á su patria. ¿Habría otro más útil para Centro América que darla á conocer al mundo? ¿Habría ocupación más digna y más honrosa para un centroamericano que bosquejar siquiera el cuadro general de su propio país? Si exceptuamos dos ó tres que han publicado unas pocas notas históricas, las más tal vez en un lenguaje indigesto, nada encontramos de nuestros compatriotas. Los únicos hechos y observaciones de mérito que se han recogido han sido por viajeros extraños, sin más objeto que el de su propia curiosidad, y presentados en obras diversas y en idiomas diferentes sin formar un todo analítico y metódico. Y los que intencionalmente se han tomado la pena de levantar mapas y cartas, han cansado males superiores á la falta misma que se pretendía llenar. Siendo su objeto ostensible tirar líneas divisorias sobre supuestas propiedades, contienen errores voluntarios tan perniciosos que en cualquiera otro país habrían merecido la más expresa prohibición ó sido seriamente combatidos.

Pero á ninguno de los Estados de Centro América afectaban tanto esos errores como al de Honduras: por consiguiente Honduras era el que más exigía una rectificación justa y legal. Honduras era también, por otra parte, el menos conocido (á excepción de la costa Mosquita y de las Islas de la Bahía) y el que más debía serlo por su posición y por las fuentes de riqueza que encierra.

Es Mr. E. GEO. SQUIER el que acaba de cumplir ese deber de la civilización: es él el que, después de inmensos trabajos personales, de investigaciones de todo género y de un estudio serio y profundo, ha presentado una formal reseña geográfica, topográfica y estadística de Centro América en general, y el CUADRO PERFECTO de Honduras y San Salvador en particular, en la obra que, traducida al idioma del país para el cual ha sido escrita, damos hoy al público.

No intentaremos hacer el elogio de ella. Los talentos de MR. SQUIER son bien conocidos en el continente de América y el nombre del autor es la más alta recomendación que puede tener. Únicamente diremos que, rica en observaciones, llena de hechos, justa en sus apreciaciones, exacta en sus detalles, curiosa y erudita en su parte etnológica, ella es el más rico presente que se ha podido hacer à Centro América y especialmente á Honduras. No había en este estado una sola obra elemental para estudiar su geografía y topografía: la de que tratamos puede llenar ampliamente este objeto, así como en la parte estadística y de historia natural: puede, en una palabra, servir de instrucción para el joven y de recreo para el hombre amante de su país.

Empero la importancia de esta obra no se limita solamente á Honduras y San Salvador ó Centro-América: la es para todo el mundo. El irlandés, á quien el estrecho y pobre terreno en que vive apenas le da una miserable subsistencia; el alemán que tiene que ir á buscarla en otras regiones, el holandés que eternamente lucha contra las aguas para adquirirla; el suizo que no la obtiene sino á fuerza de fatigas: todos aprovecharán los informes de MR. SQUIER: todos irán á Honduras en donde un extenso, rico y fértil terreno les ofrece las más abundantes y diversas producciones. Y el inglés y el francés y el norteamericano á quien el espíritu de empresa lleva à las lejanas regiones de Australia y á las dilatadas playas de California, ciertos de que Honduras posee tantos metales preciosos como aquellos puntos, que además cuenta con un suelo fecundo en producciones naturales y con uno puede en temperaturas en que cada uno puede encontrar la encontrar la que más le plazca, escogerán este lugar con predilección. ¡Oh, sí! Todos irán, y todos pueden ir. El hondureño los recibirá con la liberalidad que distingue su carácter y partirá con ellos las riquezas de su suelo. El hondureño no es egoísta: el hondureño sabe que la naturaleza es la madre común de la especie humana: el hondureño no mira más que al hombre, á su semejante: el hondureño odia solamente la USURPACIÓN Y LA VIOLENCIA.

Tiene aún otro mérito la obra de MR. SQUIER. A imitación de aquellos grandes genios que se elevan sobre sí mismos, que todo lo indagan, que todo lo investigan, el de nuestro autor se fijó en descubrir una vía de comunicación interoceánica á través del territorio de Honduras. Su pensamiento es hoy un hecho positivo. El capítulo que dedica á esta importante materia, acompañado de tantas observaciones y demostraciones científicas y fundadas, evidencian no sólo su factibilidad, pero que, en todos respectos, hará ventaja á todas las líneas proyectadas y puestas en ejecución. La empresa es digna de la atención del mundo y de interés universal; y según su misma expresión, "como tarde ó temprano ella será cumplida", cuando lo sea, el hombre que tan feliz idea pudo concebir, merecerá con justicia, el nombre de COLÓN DE HONDURAS.

En cuanto á nosotros, puede tenerse entendido que cualquiera que sea el interés personal que se nos quiera atribuir en nuestro trabajo, debe considerarse muy accesorio al que verdaderamente nos ha impelido á ejecutarlo. Para hacer una traducción es preciso tener un amplio conocimiento de los dos idiomas, y poseer la inteligencia necesaria sobre las materias de la versión: todo nos falta á nosotros; y aunque sentíamos nuestras pocas fuerzas, nos alentó únicamente el deseo de hacer á nuestro país este pequeño servicio. Tal vez no hemos alcanzado el objeto satisfactoriamente; pero nuestro DEBER ES CUMPLIDO, así como lo llenamos, como hijos de Honduras, consagrando una línea en testimonio del más puro reconocimiento á Mr. E. GEO SQUIER.

1856.

****

CARTAS

AMIGOS DE TEGUCIGALPA:

Guatemala: 20 de junio de 1862.

De marcha para esta ciudad, recibí vuestro fraternal saludo. Yo os lo retribuyo de la manera más cordial: si llega tarde, la causa es excusable.

Ciertamente llegué á Honduras; pero apenas toqué el territorio, cuando el ciudadano que rige los destinos del país me dijo: "En Guatemala está tu puesto".

¡Sea! —respondí.

Bajo mi firma están aquellas palabras: "La patria es como Dios, á quien todo se debe, etc"; y cuando ella habla nada hay que oponer.

¿Ya lo veis, amigos? Yo respeto mis creencias políticas, tanto como las religiosas: de otra manera, habría sido imposible que, en estos momentos, pudiese cumplir tal orden.

¡Eh bien! Vuestra amistad me autoriza para deciros lo que siento; y voy á decíroslo:

Creo que nuestro viejo Moisés podrá formar fácilmente su Decálogo, ese dogma del progreso, que tanto deseáis, si vosotros mismos le ayudais á buscar la verdadera fórmula del progreso; porque el progreso es una verdad histórica y filosófica si olvidáis que hubo una negación política en el país, en la cual sufristeis persecuciones, destierros, etc: si todos lleváis un mismo pensamiento, un mismo fin: "el de hacer con desinterés el bien, por ser el bien; para continuar la obra de las generaciones pasadas, para preparar el camino de las venideras, para perfeccionar nuestra LIBERTAD, nuestro DERECHO!".

Una palabra más. ¿Sabéis cómo juzgo nuestro sistema de gobierno? Como una locomotora (ese es mi tema). Considero al Presidente exactamente como el maquinista, que maneja la válvula de la máquina, para hacerla marchar con más o menos velocidad, ó para detenerla: la nación, como el contenido de toda ésta; y los ciudadanos, como el gran combustible. ¿Y entonces? Es evidente, que cuanto más combustible se ponga, más vapor habrá; y cuanto más vapor ha ya, más veloz irá la máquina... Por lo que hace á mí, jamás saldré de mi puesto, el de "fireman", fogonero: en él encontraréis siempre á vuestro amigo y servidor.

II

SEÑOR PRESIDENTE:

El parabién es recíproco; pero el deber de la gratitud es á mi. Sí: yo no olvido, yo no puedo olvidar el rasgo bondadoso con que el señor Presidente me distinguió. Cuando la empresa del ferrocarril parecía muerta para siempre:

Cuando yo erraba tras su sombra, como para galvanizar su cadáver:

Cuando raro era el día en que no marcaba, en la lista de mis amigos, alguna defección: Cuando se hacía de mí una especie de *Proteo,* dándoseme tantas formas como figuras pueden hacerse de una pieza de cera expuesta al sol, entonces inauguró el señor Presidente su administración.

Yo fui obligado á presentarme á su autoridad; obligado, digo, porque mi pequeñez se tiene siempre lejos de las altas posiciones, y la ocasión vino á las manos.

"No creo —le dije, y él lo recordará bien —, no creo que este país pueda vivir sin comunicarle la savia de la vida. Hay mucho tiempo que yo la busco; y cuantas más contrariedades encuentro, más energía siente mi espíritu, para continuar en la peregrinación. No pido al Gobierno apoyo de ninguna clase, pues que nunca lo he pedido. Desearía solamente que no se ponga obstáculos en mi marcha. Si en realidad es una ilusión la que me domina, es, al fin, una ilusión que no perjudica más que a mí mismo".

Fuese que el señor Presidente conociera bien que una idea jamás muere, que cual un astro, puede tener algunos eclipses, para aparecer después con más brillantez; ó fuese que él comprendiese la pena que sufre el hombre que quiere moverse, y se le intercepta el camino; él, en lugar de hacerme dificultades, me creyó; y, poniendo en mis manos la autorización más amplia, me dijo: "¡Marchad!". Y yo marché, marché, y llegué hasta el punto que deseaba. ¡Eh bien! ¡Hasta aquí!

Hoy con el mayor reconocimiento, yo devuelvo al señor Presidente todo poder, toda autorización; y á mi vez le digo: "Ahí tenéis la Estrella de Honduras; ahí tenéis la gran máquina con vapor para toda la vida; conducidla con sabiduría y prudencia, y llegaréis hasta ella. Señor Presidente, por última vez. Mil y mil gracias. Dios y Honduras por siempre! —León Alvarado.

Capitán General Don José María Medina, Presidente de Honduras, etc., etc., etc., etc.".

FRANCISCO CRUZ

El señor Cruz nació en Comayagua. De origen humilde y oscuro, le fué dado llegar á los más altos puestos de la República, debido á su claro talento, á su sagacidad y á sus variados conocimientos, que supo extender con largos y constantes estudios.

En 1845 era Jefe de Sección del Ministerio de Relaciones Exteriores. En 1859 celebró en nombre del Gobierno de Honduras un importante tratado con el Representante del Gobierno de Su Majestad Británica, Mr. Wyke, respecto al territorio de la Mosquitia y á las Islas de la Bahía.

Fué redactor de la Gaceta Oficial muchos años, Ministro de Relaciones y Gobernación en 1864, Ministro General en 1865, y en su calidad de Diputado Designado, Presidente de la República, desde el 5 de septiembre de 1869 hasta el 14 de enero de 1870 en que por segunda vez subió al poder el General don José María Medina.

Durante el Gobierno del Dr. don Marco A. Soto fué Director General de Estadística, y durante el del General don Luis Bográn fué Diputado al Congreso y Comisionado para arreglar la cuestión de. límites con la República de El Salvador.

Fué uno de los Diputados que suscribieron la Constitución Política de 1.° de noviembre de 1880. Además de los trabajos que figuran en esta colección, dejó muchos otros sobre diversas materias y una obra que ha gozado de mucha aceptación entre las clases pobres, intitulada FLORA MEDICINAL DE HONDURAS.

Don Francisco Cruz murió en Langue, República de El Salvador, en mayo de 1895.

DON JOAQUÍN RIVERA

Sus convicciones políticas. —Su muerte y la de sus fieles ayudantes don Calixto Landa y don Francisco Martínez

Aunque los héroes sucumban, la historia los ensalza y la fama los inmortaliza.

Don Joaquín Rivera, hijo del pueblo y nacido para él, batallador sin tregua en defensa de la libertad; por su despejado entendimiento, por su energía, sus amables modales, y su adhesión á la Unidad Centro Americana, se colmó de prestigios y ascendió al Poder Supremo de Honduras cuando esta sección del pats figuraba aún en su último periodo como Estado de la Federación.

Roto el pacto federal y proclamado Honduras Estado independiente; comprendiendo Rivera, que violar la Unidad de Centro Amé rica era renunciar á su tranquilidad, á su engrandecimiento y á todas las grandes mejoras que pueden conquistar unidos, pueblos de un mismo suelo, de una misma lengua, religión y costumbres, se decidió á cooperar activamente en los trabajos y designios del Presidente Federal don Francisco Morazán para reconstruir á todo trance el vínculo nacional, por ardua y difícil que esta empresa se manifestase en pueblos incipientes, fascinados por los separatistas que desconocieron lastimosamente las ventajas de la Unión federativa. Mientras tanto, cada vez más interesados en salvarla sus preclaros defensores, Rivera hasta entonces sólo político y hombre de letras, aceptó un grado militar y se resignó á comprometer su vida en los combates.

En efecto, aprovechándose el nuevo campeón del descontento de algunos de Honduras, contra el Gobierno separatista que había erigido y sostenía el General don Francisco Ferrera, proclamó contra él una franca revolución apoyada en el Gobierno de Nicaragua.

Mejor que referir vagamente las causas en que Rivera motivó la insurrección, al lector ofrecemos la proclama del Caudillo, en que literalmente consignó él sus sentimientos y propósitos. La proclama dice así:

A LOS HONDUREÑOS:

Ni ambición á los destinos ni otro motivo de interés personal me ha obligado á tomar parte en la sublevación que los pueblos de este Estado se han visto obligados á ejecutar contra el Gobierno que de todos modos los oprime y arrastra á la matanza. Es únicamente el amor á mi patria, despedazada por traidores, asesinos é incendiarios; es el deber de servir á mis paisanos y al suelo que me vió nacer, á quien jamás podré negar los afectos que esta idea inspira á todo corazón sensible, por más que mis enemigos hayan querido nulificarme ante vosotros.

Movido, pues, por sentimientos tan puros y apoyado en un Gobierno respetable como el de Nicaragua, Gobierno que defiende las libertades de Centro América, que rige los destinos de aquel Estado por principios fijos, de ilustración, seguridad y justicia, me hallo al frente de una división toda hondureña, decidida á dar libertad á su país ó á morir en el campo del honor. División subordinada y que guarda respeto á las personas y propiedad, es con la que expediciono. Mis enemigos: vosotros sois testigos de que el Gobierno de Honduras ha ultrajado caprichosamente vuestros derechos y roto con arbitrariedad la Constitución del Estado, traicionando así, no sólo á Honduras, sino á la República entera.

Compatriotas: ¿Cuál creéis fuera la suerte que esperasen nuestros descendientes, si abandonásemos la causa sacrosanta de los pueblos á la voluntad de Ferrera y de Jáuregui? ¡La esclavitud, la degradación, la miseria y el oprobio! Vosotros mejor que yo habéis presenciado todos los males que han cometido esos hombres en el poco tiempo que disponen de Honduras.

Mis paisanos: No demos lugar á que nuestros descendientes maldigan contra nosotros y nos acusen de cobardes é inhumanos por no haber defendido en tiempo los derechos del pueblo. La Justicia está de nuestra parte, y el Cielo la protege. Estamos apoyados en el Gobierno filantrópico de Nicaragua; si el pueblo salvadoreño se halla también oprimido, abunda, como el hondureño, en sentimientos de libertad.

Soldados: La muerte es preferible á la humillación. El valor hondureño jamás ha sido manchado 'con ningún acto de cobardía, y sería el último grado de ignominia, si abandonásemos la causa del pueblo á que pertenecemos. ¡Qué vayan Ferrera y Jáuregui á buscar en países extranjeros tronos, tronos absolutos en qué colocarse para oprimir á sus semejantes, á que se internen á los desiertos para que ahuyenten las fieras que allí habitan. Nosotros siempre seremos respetuosos á la ley y siempre amantes á la civilización. Continuad con vuestro valor, subordinación y moralidad; yo os juro que el triunfo será del pueblo y no sobreviviremos á las desgracias de nuestra querida patria.

Noviembre 24 de 1844.

JOAQUÍN RIVERA".

En enero del mismo año, tres meses después de tan bizarro llamamiento, siendo Presidente del Estado el señor don Coronado Chávez y su Ministro de Guerra el General don Francisco Ferrera, Rivera que había organizado ya una regular división de setecientos cincuenta voluntarios y ocupado Danlí, fué batido y completamente derrotado en aquella ciudad por otra división del Gobierno, á las órdenes del General don Tiburcio Zelaya. Rivera verificó su retirada en dirección á la inmediata frontera del territorio nicaragüense; pero habiéndose hundido la balsa en que intentara pasar con algunos de los suyos, los ríos Guayape y Guayambre en su confluencia, y dificultándose rehacerla, cuatro ó cinco días después fueron capturados allí mismo Rivera y sus ayudantes Calixto Landa y Francisco Martínez por una escolta de las fuerzas del Gobierno al mando del Capitán Nazario Garay. Hechos ya prisioneros esos reos, fueron remitidos á Comayagua y sometidos al fallo de un Consejo de Guerra.

La siguiente confesión con cargos del caudillo Rivera explica con toda claridad el fundamento del proceso y el heroico sacrificio del que recién después ofreciera su sangre en el patíbulo como holocausto consagrado á la Nacionalidad Centroamericana.

CONFESIÓN CON CARGOS

"El señor Juez Fiscal ante mí el presente escribano, le previno al reo Joaquín Rivera hablara verdad en todo lo que se le interrogue. Preguntado si sabe el motivo de su prisión, dijo: *Creo que será por haber estado á la cabeza de las tropas que fueron derrotadas en Danli el 20 de diciembre del año que acaba de finar.*

Preguntado: si es cierto que nunca ha reconocido la actual Administración y jurándole obediencia, dijo: *Es positivo y así lo tengo declarado.*

Hícele cargo, si eso es un motivo para tener derecho á promover facciones contra el Gobierno, ó ha renunciado ser hondureño, dijo:

No es un derecho el de promover facciones contra ningún Gobierno y no he renunciado ni renunciaré jamás mi calidad de hondureño.

Preguntado si es cierto, según lo ha declarado, que como Coronel efectivo de las milicias de Nicaragua, vino facultado por aquel Gobierno para dar proclamas é imponer leyes á los hondureños, dijo:

Vine facultado por aquel Gobierno para favorecer á todos los pueblos de Honduras pronunciados contra la presente Administración.

Se le hace cargo: ¿Cómo siendo hondureño admitió una comisión contra el Estado, introduciendo tropas extrañas para oponerse à n Gobierno independiente?

Dijo: "Admití la comisión, no porque el Estado de Nicaragua tenga derecho á imponer al de Honduras, sino porque siendo hondureña la mayor parte de mi División, me creía más fácil evitar los males que hubiera causado otra, compuesta de hijos de otro Estado; porque siendo muchos los pueblos de Honduras que reclaman la protección de Nicaragua, creí hacer un servicio á mis compatriotas, apoyando su pronunciamiento: porque me vi expulsado de mi propio suelo, perseguido en los otros Estados por reclamación del Gobierno de Honduras, y exasperado por la más dura persecución á pesar de la conducta pasiva que guardé mucho tiempo: porque traje la mejor intención de ver si lograba entrar en un acomodamiento con este Gobierno para dar garantías á los pueblos pronunciados y para evitar la continuación de la guerra entre Nicaragua y Honduras".

Se le hace cargo, ¿cómo quería conseguir tales fines haciéndose reo de traición en el hecho de atacar al Gobierno establecido? "No ignoro —dijo —, que el que ataca con armas á las autoridades supremas es reo de traición; pero los pueblos mismos se habían ya levantado, y no hice más que adherirme al pronunciamiento. Además, para ser yo traidor se necesitaba que hubiese servido antes algún destino de este Gobierno.

Preguntado: ¿Cómo, si vino á evitar desórdenes, no impidió los que cometía la tropa de Patricio Jiménez que estaba á sus órdenes? Dijo: "Jamás he alimentado las pasiones de los perversos: este cargo no estoy obligado á responderlo.

Se le hace cargo: ¿Á qué venía lo de mandarle decir á Simeón González que tenía tantos querubines: que qué diablos hacía que no mandaba por ellos; que no perdiese de trabajar por una causa tan justa, como también que tenía para los ángeles, y que en este caso todos estos recursos ó bien se los mandaría á Dios para socorro de sus ángeles ó con el fin de romper al Estado al mismo Gobierno, según lo demuestran los documentos que hay bajo su firma?

Dijo: "El aconsejar á González lo que se refiere, no prueba que él estuviese á mis órdenes: ya he dicho que fué mandado con consentimiento del General Fonseca: no he tenido interés en hacer la guerra á Honduras sino al Presidente Ferrera, contra quien se habían pronunciado los pueblos por acusársele estar ligado á la aristocracia dé Guatemala. Si yo hubiera querido hacer la guerra á Honduras hubiera aprovechado la ocasión que me presentó el General Malespín, y la que nos proporcionaba á mí y al General Cabañas el Presidente Guzmán.

Se le hizo cargo sobre si dudaba que el resultado de su misión no ha hecho más que arrebatar con tal crimen á Honduras, la parte más esencial de su soberanía?

Dijo: En mi concepto no ha sido así, porque siendo popular el Gobierno, pertenece á los pueblos la soberanía. Esta verdad queda justificada en muchos casos. Como el más celoso hondureño quisiera poner á Honduras bajo la protección de la más poderosa entre otras naciones á fin de ponerla á cubierto de la intriga y la dominación de la aristocracia de Guatemala, cuyas proditorias miras son notorias; y si la desgracia hoy me conduce á la indigna condición de un reo de infidencia, protesto que mis intenciones han sido las más sanas y patrióticas. Que lo dicho es la verdad.

Se ratificó en su confesión y firmó. —Nazario Garay. —Joaquín Rivera.

Conducido en seguida el reo ante el Consejo de Guerra, el Licenciado Felipe Jáuregui leyó la siguiente defensa:

CONSEJO DE GUERRA

"La revolución que con su mano de hierro conmueve el edificio social por sus cimientos, nos ha presentado esta escena que á la verdad es dolorosa y patética. Ella convence de la instabilidad de las cosas humanas y de que nunca será infalible el poder de los hombres; es además una de aquellas útiles, pero espantosas advertencias con que á la vez nos instruye el único Sér que hay realmente grande en la naturaleza.

Aquí le veis reo, sentado en un banquillo, el mismo que, en otro tiempo ocupaba la silla del Poder. Sus manos que manejaban las riendas del Gobierno, vedlas allí aprisionadas con férreas esposas; sus pies cuyas huellas tantos reparaban, hoy no pueden dar paso, porque una barra de grillos se lo impide; y en fin, su persona toda nos indica que ese reo no es ya aquel hombre que vimos feliz y poderoso, sino un sér desgraciado que existe solamente bajo la salvaguardia de la ley. El último resto de su fortuna consiste en haber caído prisionero entre hombres que odian la barbarie y que cifran su bienestar en el cumplimiento de sus deberes. Sí; nuestro Gobierno es de leyes cuyo texto augusto acatan desde el Supremo Magistrado hasta el último de los funcionarios públicos, y es cabalmente esto respeto á la ley el que asegura la libertad del pueblo. Si yo compareciese ante un tribunal despótico, mi lenguaje sería otro; y si yo sospechara que estabais afectados por vuestros padecimientos, os diría que si es más difícil, también más heroico ser vencedor de nuestras pasiones que del enemigo en el campo de batalla. Pero no, yo comparezco ante un tribunal formado por soldados de la libertad que han sabido defender la ley.

Fuera de esta virtud que os distingue, señores Capitanes, yo contemplo como los generales romanos, que si nunca transigían con el enemigo en cuyas manos brillaba el acero, jamás sepultaban la espada en el pecho de aquel que se presentaba desarmado.

Advirtiendo, pues, en este Consejo, las virtudes individuales que deben caracterizar al Juez, convencido de que ninguno de ellos procurará sino el cumplimiento de la ley, cualquier acto contra ellos sería horrible á los ojos de la posteridad, paso á examinar esta causa según el texto mismo de la ley, como única regla de todas las decisiones judiciales.

Dos clases de documentos se encuentran en esta causa; cartas confidenciales, un Decreto y una nota oficial que como Coronel del Ejército de Nicaragua y autorizado por aquel Gobierno, dictó Rivera. Las cartas nada prueban, pues que de ellas sólo pudiera hacerse uso en el delito de traición, y el de Rivera no lo es. Se conceptúa traición la falta de fidelidad al Soberano; y para ser traidor de algún Gobierno, es indispensable ser súbdito suyo ó haber obtenido de él algún destino ó comisión. Mas, Rivera hace nueve años que abandonó el Estado y que juró domicilio en otro: no tenía comisión ninguna del Gobierno de Honduras; luego es evidente que su delito, sea el que fuere, no es el de traición.

Ahora, pues, la correspondencia epistolar interceptada no hace fe en juicio, según nuestra Constitución fundamental, que hace personalmente responsables á los jueces que la admitan en juicio, sin otra excepción que la del artículo 110 en orden al delito de traición. Siendo así que Rivera no lo ha cometido, es incuestionable que son nulas, y el reo no está obligado á responder los cargos que de ellas pudieran de lucirse; y si esos documentos pudieran servir de fundamento á medidas preventivas de seguridad, no pueden servir de fundamento á una sentencia judicial.

En cuanto al oficio y al decreto antes mencionados, ellos mismos justifican que Rivera era un Coronel del Ejército de Nicaragua y que obraba con órdenes é instrucciones del Gobierno. Sí, señores del Consejo, yo no quisiera ni insinuar esa especie; pero siendo interesante para llamar vuestra atención en favor de lo prevenido, es necesario hacer uso de ella. Reparad, pues, que la misma voz que el querría quizá ahogar en el sepulcro, es la única que hoy habla en su favor.

No hay un solo documento que acredite que Rivera es el autor de la facción de Texiguat, pues de ellos sólo se deduce que él se propuso únicamente regularizar la facción que ya existía.

Los documentos que únicamente merecen fe sólo hacen aparecer á Rivera como subalterno de otro Gobierno, y su prisión es el resultado de una batalla campal en que fué vencido. Sea Rivera lo que fuere, la ley sólo debe estimarlo como un prisionero de guerra. Reconocerlo como tal es el segundo punto que se debe examinar.

Creo, y lo digo con placer, que si el Gobierno de Honduras, cansado de sufrir bruscos ataques del de Nicaragua, le declaró la guerra, ha sido como se verifica en los países civilizados; es decir, conforme al derecho de gentes. Según él, no se puede decapitar á los prisioneros de guerra; de consiguiente, la vida de este prisionero debe respetarse, pudiendo retenerle para un canje ó también expulsarlo fuera de Honduras.

En casos como éste, las responsabilidades de la guerra existen en los Gobiernos contendientes y no en sus subalternos á quienes sólo les es permitido obedecer Un ejemplo tenemos en nuestra misma revolución y corrobora mis asertos. El Supremo Director dictó una orden al General Muñoz, antes nicaragüense, que se hallaba á las órdenes de este Gobierno; y dicho jefe la desobedeció, manifestando que sólo á este mismo Gobierno debía obedecer. Si este General hubiera sido prisionero por tropas de la Confederación, y se le hubiese hecho el cargo de la ciega obediencia que prestaba á su Gobierno, ¿qué hubiéramos dicho nosotros? Hubiéramos condenado tal injusticia. Este principio, pues, que hubiéramos proclamado en otras circunstancias, es el que yo os recomiendo en esta ocasión.

Es verdad que las expediciones del Coronel Rivera sobre Honduras han sido ruinosas al Estado, y que son incalculables los males que hemos sufrido; pero no es mi cliente el autor de ellos, es el Gobierno de Nicaragua que le armó y le lanzó sobre nuestro territorio.

No es incompatible, señores del Consejo, el proceder legal, con el que dicta la seguridad pública. Si aquél prohíbe imponer al prisionero de guerra la pena de muerte, ésta permite sacarlo fuera del país donde ha causado daños, y ¿qué más pena puede dársele á un hombre pensador que obligarlo á mendigar un pan en país extraño? ¿pensáis acaso que no es peor que el suplicio, el último y amargo adiós que en tales circunstancias un hombre da á su patria?

¿Qué haremos, pues, para castigar las faltas sin ofender la ley y á la pública seguridad? Extrañar á Rivera conservándole la existencia, para que ésta sea el reproche eterno de las inculpaciones que nos ha hecho, para que sea el glorioso testimonio de nuestro recto proceder, para que sea la prueba inequívoca de la humanidad de los tribunales hondureños, y en fin para que sea el argumento de vuestra jurisdicción.

No dudando yo de ella, señores militares que componéis el Consejo.

A éste suplico se sirva sentenciar esta causa en los términos que he dicho, porque lo manda la ley, cuyo cumplimiento pido.

Comayagua, enero 23 de 1845.

FELIPE JAUREGUI".

Recién después, el Consejo de Guerra pronunció su fatal sentencia, condenando á muerte á Rivera y á sus fieles ayudantes don Calixto Landa y don Francisco Martínez. En consecuencia, al tercer día los reos fueron llevados al suplicio á la hora de tercia, el día 26 de enero de 1845. El acto fué imponente y doloroso. Rivera marchaba con un valor extraordinario atrás de sus infortunados y fieles compañeros. Dos compañías de veteranos cerraban los flancos. Cada reo iba auxiliado de un sacerdote. La música marcial ejecutaba una lúgubre marcha; la esquila parroquial tocaba agonía y en medio de ese tétrico aparato, los reos llegaron al fatídico sitio.

Tres banquillos se habían situado al pie de un fragmento de muralla, parte occidental de la iglesia de las Mercedes. Allí los reos, la fuerza armada cerró el cuadro, y se promulgó el bando de ordenanza prohibiendo toda súplica de perdón para ellos.

Rivera, el primero, intentó sentarse en el banquillo á la derecha, y como el oficial ejecutor le señalara el de en medio, la egregia víctima dijo con la heroica sonrisa: "¡Bien!. Como al Maestro; Usted me confiere ese puesto". Entretanto, como Landa y Martínez tardasen en ocupar los suyos, Rivera en tono de mando los invitó á ello. Sentáronse al fin, y una nutrida descarga de fusilería los dejó instantáneamente sin vida: pero inclinados lateralmente Landa y Martínez sobre el cadáver de Rivera como abrazándose por la última vez, hasta la eternidad.

Consumada la ejecución, les tres cadáveres ametrallados y sangrientos fueron llevados al panteón común.

La injusticia de esas ejecuciones provenía de las circunstancias violentas en que dos partidos inexorables y opuestos se disputaban el poder supremo.

El Partido Separatista, que inauguró la insurrección contra el Gobierno Federal, sostenía en mala hora á todo trance la descabellada independencia de Honduras del Gobierno federal. Se componía de hombres del pueblo, de capacidad vulgar, de carácter duro é inflexible, y en quienes el sentimiento de independencia y dominación provincial era su único móvil.

Al contrario, en el Partido Federalista figuraban ciudadanos de distinguido origen, bastante ilustrados, de finas maneras, de refinadas costumbres, animados de los principios liberales que proclamó la revolución francesa en el siglo pasado y ansiosos de implantar en Centro América el progreso republicano. Así la personalidad y las miras de esos partidos contendientes no podían ser más opuestas. La lucha fué sangrienta.

Rivera, pues, como uno de los más distinguidos federalistas, selló con el martirio su adhesión á la causa nacional, como más tarde por ella misma lo verificaron Morazán en Costa-Rica, y Barrios en San Salvador.

Rivera, ¡ay! víctima del apostolado unionista y civilizador de Centro América, dejó escapar de sus trémulos labios comprimidos por la muerte ante el terrible y desapiadado tribunal que lo condenó, estas palabras sinceras: "Protesto que mis convicciones han sido las más sanas y patrióticas", y se hundió pocas horas después en el abismo del sepulcro, en donde recibirá de la posteridad votos de eterna gratitud.

La Paz: mayo 10 de 1879.

EL DEPARTAMENTO DE LAS ISLAS DE LA BAHÍA.

(Noticia histórica)

Cristóbal Colón, el ilustre geógrafo y navegante genovés; el que concibió la gran idea de que había tierras desconocidas y se atrevió á descubrirlas; el que para dar apoyo a su vasta empresa apuró las amarguras del desdén en varias Cortes europeas; el que al despuntar la aurora del 12 de octubre de 1492 divisó la isla de Guanahaní en el Nuevo Mundo, fué también el que en su cuarto y último viaje descubrió la isla Guanaja, en julio de 1502, dándola el nombre de "Isla de Pinos" y tomo posesión de ella en nombre de la corona de España. Cuatro años después, Juan Díaz de Solís y Vicente Yañez Pinzón, con el fin de continuar los descubrimientos del Almirante, arribaron á la Guanaja, y de allí se dirigieron hacia el Poniente, recorriendo las costas de Yucatán.

Según Colón, los naturales de las Islas de la Bahía eran más civilizados que los de las Antillas descubiertas en sus expediciones anteriores, y lo juzgó así, por no haber mostrado los roataneños ningún asombro á la vista de los buques, por la clase de vestidos que usaban y por el tráfico que hacían de hachas de cobre, cascabeles, láminas de metal, armas, telas y utensilios superiores à los de sus vecinos.

Aquellas islas estaban muy pobladas en la época de su descubrimiento. Los moradores hablaban una misma lengua, eran de hermosa y guerrera estatura, según la relación del viajero Diego de Porras, y formaban una tribu, perteneciente quizá á la misma rama que ocupaba la tierra firme entre Punta de Castilla al Oeste y el Golfo Dulce.

No obstante la índole recomendable de los isleños, sus hábitos industriosos, la bondad con que habían recibido á Colón y á sus compañeros catorce años antes, y la ley española que prohibía hacerlos esclavos, los gobernadores, interesados en el tráfico, supusieron que eran caníbales, hostiles y de todo punto opuestos al cristianismo, con lo cual la Reina de España no vaciló en expedir una cédula, concediendo licencia para que cualesquiera personas pudieran cautivar y vender á los isleños. En consecuencia, quedaron ellos desde entonces sujetos á los resultados de tan inhumana resolución, y en 1516, Diego Velásquez, Gobernador de Cuba, autorizó á varios castellanos para que formaran compañías destinadas al tráfico de esclavos indígenas, y con motivo de haber disminuido la población de Santo Domingo, por los trabajos forzados, y necesitarse brazos, según lo afirman varios historiadores, más de sesenta españoles salieron del puerto de Santiago de Cuba con un navío y un bergantín, y autorizados por Velásquez se dirigieron á las Islas de la Bahía, saltaron á tierra en una de ellas, sin encontrar resistencia, y capturaron á todos los indios que encontraron á la mano. Pasaron á otra de las islas é hicieron lo mismo, encerrando en las escotillas del navío á todos los cautivos. Los esclavistas dejaron el bergantín al cuidado de veinticinco hombres, y se dirigieron con los indios cautivos al puerto de la Habana. Luego que fondearon los españoles, saltaron en tierra y dejaron el buque con sólo ocho marineros, en la confianza de que los indios quedarían seguros en las escotillas; pero no fué así: los astutos isleños, calculando por el silencio que reinaba en la cubierta, que la mayor parte de los españoles había ido á tierra, forzaron la puerta de la prisión, y cayendo sobre los marineros, los asesinaron. En seguida tomaron una resolución impropia de gente inculta, que no había vuelto à ver buques desde el arribo de Colón: alzaron las anclas, treparon ligeramente por las cuerdas, izaron las velas y se dirigieron á su isla, distante unas doscientas cincuenta leguas, ejecutando la navegación como si fueran prácticos de la aguja y carta de marear. Así lo afirma el historiador Herrera que refiere el hecho. Los españoles tripulantes que se paseaban por la playa, al ver caminar el navío, presumieron al principio que eran los ocho marineros que habían quedado en él los que ejecutaban aquella maniobra. Dábanles voces, preguntándoles qué significaba aquello y á dónde iban; mas pronto conocieron la verdad y comprendieron lo que había sucedido. Dieron parte del acontecimiento al Gobernador, que sin demora hizo armar otros dos buques y los despachó en persecución de los fugitivos. Estos navegaron y arribaron sin contratiempo á la Guanaja, y allí encontraron que los veinticinco españoles que habían dejado custodiando el bergantín, estaban de paseo en tierra; resueltos los indios, mientras tanto, á quitarse de aquellos opresores, los atacaron, y después de una sangrienta refriega, quedaron vencedores los indios, cediendo los españoles al ímpetu y número de sus contrarios. De los veinticinco castellanos que estaban en tierra, los que pudieron salvar la vida se acogieron al bergantín, dejando trazada en la corteza de un árbol, una cruz y estas palabras: "Vamos al Darién", para que se informaran los que llegarían de Cuba en su socorro. Poco tardaron, en efecto, dos navíos despachados por el Gobernador Velásquez. Los tripulantes recorrieron todas las islas, capturaron como quinientos isleños y los encerraron en las escotillas.

"Se hace increíble que los españoles dieran lugar á que se repitiese la escena del navío en la Habana, pero así sucedió. La tripulación indisciplinada de los buques se fué á divertir á tierra al anochecer, y los isleños encerrados en uno de los navíos, rompieron el escotillón, salieron con gran algazara, se apoderaron de las rodelas, lanzas y flechas, y atacaron con furor á los pocos tripulantes, quedando muertos la mitad de ellos; los restantes se arrojaron al agua para refugiarse en la otra embarcación. Siguióse entonces un terrible combate entre los dos buques; los españoles abordaron el navío que defendían los indios, se hizo personal la lucha entre unos y otros; los indios y las indias pelearon con denuedo, y después de dos horas de refriega, quedó el triunfo para los castellanos. Los indios que salvaron la vida se arrojaron al mar; pero tomaron los botes de los navíos. No encontrando ya resistencia los tripulantes, recogieron en las islas una cantidad de oro algo considerable, y con 400 isleños, entre hombres, mujeres y niños, destinados á la esclavitud, regresaron á Cuba".

Las mismas tentativas debían repetirse, y á consecuencia de nuevas amenazas de los castellanos, los roataneños fueron á Trujillo á quejarse á Cortés, que allí se hallaba después de su viaje de México, y aquel conquistador, resuelto á defender lo que consideraba como parte de sus dominios, armó un bergantín con 40 soldados y los mejores cañones de que pudo disponer, y lo despachó en solicitud de los salteadores, con orden de tomar el buque y conducirlo á Trujillo y capturar los que iban en él; pero éstos, al divisar el navío de Cortés, se pusieron á salvo.

Después de eso, peligros no menos graves estaban reservados á lo isleños por invasores de otra raza, quizá más peligrosa. Una partida de filibusteros se apoderó de Roatán y la Guanaja, á principios de 1642, para fundar allí el asiento de sus correrías; y tales fueron las depredaciones cometidas por los invasores, que la suprema autoridad de Guatemala, de acuerdo con el Gobernador de la Habana y el Presidente de la Audiencia de Santo Domingo, organizaron una expedición para expulsar de Roatán á los ingleses, cuyos puntos de defensas eran ya bastante fuertes. La expedición se componía de cuatro buques de guerra á las órdenes de Francisco Villalba y Toledo, quien por haber encontrado bien fortificados los puertos principales de las islas, se vió en la necesidad de retirarse en solicitud de refuerzos. Volvió con ellos en marzo de 1650, y después de un reñido combate, logró desalojar de las islas á los piratas, quedando en aquellas desgraciadas comarcas sólo ruinas y unos cuantos indios ya esclavizados, que el Capitán General de Guatemala hizo trasladar al Continente, entre los ríos Polochic y Motagua.

Desde entonces las islas quedaron por largo tiempo abandonadas y desiertas, hasta en 1742 en que los ingleses intentaron tomar posesión de toda la costa del Atlántico, y levantaron al efecto fortificaciones en la boca del Río Negro y en Roatán. Aquellos sucesos, en unión de otros, produjeron la guerra entre Inglaterra y España, no concluyéndose las hostilidades sino hasta en 1763, á consecuencia del tratado del mismo año, cuyo artículo 17 establecía: *"Que S. M. B. haría demoler las fortificaciones que sus súbditos habían construído en la Bahía de Honduras".* En cumplimiento de ese tratado, en 1764 se evacuaron los fuertes de Rio Negro, etc.; pero con violación del convenio, algunos súbditos británicos continuaron ocupando d Roatán y seduciendo á los indios de la costa, lo cual exasperó al Gobierno español, y lo obligó á declarar de nuevo la guerra á Inglaterra en 1780.

En 1783, en virtud de un nuevo tratado, se restableció la paz entre las dos potencias beligerantes, y se estipuló: abandonarían todas las Islas de la Bahía y sus habiendo infringido el tratado algunos súbditos británicos, en otro de 1786, el Gobierno español obtuvo condiciones más estrictas: *"Los ingleses evacuarían el territorio Mosquito y las islas adyacentes, sin contradicción ninguna".*

Por la guerra de 1796, se suspendieron los efectos de ese último tratado, é Inglaterra ocupó las islas, formando en ellas un establecimiento penal para los infelices caribes de las islas de San Vicente, que en número de más de dos mil, fueron allí deportados en pena de haber auxiliado á los franceses, durante las cuestiones con Inglaterra, por las islas de las pequeñas Antillas; pero tan luego como se tuvo noticia de aquella invasión, el Capitán General de Guatemala dio orden al Intendente de Honduras, para que rescatara las islas. En cumplimiento de lo dispuesto, se mandó á don José Rosi y Rubio, con la tropa necesaria y las recobró el 17 de marzo de 1797.

Posteriormente, en 28 de agosto de 1814, se ajustó otro tratado entre España é Inglaterra, y en él se confirmaron las condiciones del de 1786, quedando así el Gobierno español en posesión de las islas y del territorio Mosquito, hasta que se independieron de la madre patria las provincias de Centro América.

Entre varias tentativas subsiguientes de algunos ingleses para colonizar la costa de Mosquitia, es muy singular y hasta risible el plan que concibió Mc. Gregor en 1825, de constituir en la misma costa su titulado "Reino de Poyas". Un panfleto publicado en Londres por el futuro Rey, decía al efecto: "Constitución de la nación Poya en Centro América. —*Gregor por la gracia de Dios, Cacique de los Poyas, etc., etc*".

Gregor dividía su reino en las siguientes provincias: Roatán, Guanaja, Caribanis, Romana, Tinto, Cartago, Neustria, Panamaker, Touka, Cackeras, Wolwas y Ramas.

Después de la independencia de Centro América del Gobierno español, las Islas de la Bahía quedaron bajo la jurisdicción de Honduras; pero en mayo de 1830, el Superintendente de Belice, irritado por no habérsele querido entregar unos esclavos fugitivos, para vengarse, tomó posesión de Roatán en nombre de la corona inglesa.

Como en aquella época los Estados centroamericanos estaban unidos, el Gobierno de la Federación dirigió al de Inglaterra una enérgica reclamación, la cual fué atendida, y las islas se desocuparon.[7]

---

[7] Una de las medidas que enaltecen la memoria del ilustre patriota don J. Francisco Barrundia, es haber salvado la isla de Roatán. Barrundia, como Jefe de la República, dió al despojo de aquella sección de Honduras, toda la importancia que merece la integridad nacional. Dirigió una culta y enérgica reclamación al Gobierno de S. M. B, y aquel gabinete, creyéndola justa,

Después de esto, roto el pacto federal, Honduras, como Estado independiente, ejercía su soberanía en aquellas comarcas; pero el Superintendente de Belice atisbaba la ocasión de llevar a cabo sus pretensiones sobre las islas, y se consumó su deseado objeto el año de 1838, en que sin ningún pretexto, una partida de esclavos manumitidos de las islas del Gran Caimán, fueron á establecerse en Roatán. El Comandante Juan Bautista Loustalet, francés de origen, que la custodiaba con una pequeña guardia, notificó á los inmigrantes, que no era dable allí su establecimiento sin permiso del Gobierno hondureño.

Algunos de los inmigrantes pidieron el permiso; pero los otros se dirigieron á Macdonald, Superintendente de Belice para que los apoyara. De momento el Superintendente en persona se dirigió en la chalupa de guerra *Robert* á Puerto Real, quitó la bandera de Centro América y colocó la inglesa; pero apenas se había reembarcado Macdonald, Loustalet volvió á enarbolar la bandera centroamericana.

Entonces Macdonald capturó al Comandante y á sus soldados y los expulsó, amenazándoles de muerte si volvían.

Refiriendo ese azaroso ultraje nacional, dice Young en sus narraciones: "Una chalupa inglesa de guerra apareció en el puerto, y mandó un bote lleno de gente á la playa á bajar la bandera de Centro América y poner en su lugar la de la vieja Inglaterra. Inmediatamente que el buque se hizo á la vela, el Comandante quitó esta bandera y puso la del país; pero no bien fué percibida por aquél, cuando regresó y mandó una partida de marineros otra vez à la playa, los cuales bajaron nuevamente la bandera de Centro América y dos ó tres se divirtieron en danzar sobre ella. El Comandante y sus soldados, no obstante sus enérgicas protestas, fueron puestos á bordo del buque, y tuvieron el dolor de ver en su salida los colores ingleses flotantes con las brisas. Luego fueron mandados á Trujillo".

En aquella época se había ya disuelto la República de Centro América, y el Estado de Honduras aislado, débil y combatido por facciones interiores no pudo oponer ninguna resistencia á tan injustificable agresión. Se limitó á protestar, sin el honor de recibir una contestación siquiera. Más tarde, el Cónsul Mr. Chatfield hizo

---

devolvió la Isla á Centro-América, estando ya el General Morazán al frente del Gobierno federal.

saber al Gobierno hondureño, que los procedimientos de Macdonald, procedían de instrucciones del Gobierno británico.

La reocupación de Roatán en 1839 por parte del Gobierno inglés, dió motivo á que en el mismo año se firmase un tratado entre el Estado de Los Altos y el del Salvador para recobrar aquella isla. Se estipuló: "Que no se admitiría ninguna mercancía inglesa en el comercio de los Estados pactantes", mientras el Gobierno inglés no devolviese Roatán á Centro América. Con tal motivo, Mr. Chatfield abusando de la superioridad de su Gobierno y protegiendo la política del partido antiliberal, entonces dominante, exigió del Gobierno de Los Altos la humillante satisfacción de derogar el tratado; pero aquel Gobierno, aunque transitorio é impotente, se negó á satisfacer tan vilipendiosa exigencia.

Posteriormente, la reocupación de las Islas de la Bahía, la toma del puerto de San Juan en Nicaragua y el protectorado de los indios mosquitos, por parte del Gobierno británico, llamaron la atención del de los Estados Unidos del Norte, que reía en tales hechos una positiva amenaza contra la soberanía é independencia de Centro-América.

Manifestaciones oficiales y de la prensa en ese sentido, dieron, por consecuencia, la celebración del tratado "Clayton—Bulwer", firmado el 11 de abril de 1850 entre los Estados Unidos de América y la Gran Bretaña. Según el tratado: "Ni los Estados Unidos ni la Gran Bretaña podrán ocupar, fortificar, colonizar ni ejercer dominio sobre parte alguna de Centro América, ni hacer uso de protectorado de ninguna clase". En virtud de esa convención tan explícita, debieron cesar las hostilidades británicas sobre las Islas de la Bahía; pero en 11 de julio de 1852 el Superintendente de Belice declaró oficialmente: *"que S. M. B. se había dignado constituir una colonia de Roatán, Bonaca, Utila, Barbareta, Elena y Morat, designada con el nombre de Colonia de las Islas de la Bahía"*.

La organización de aquellas colonias contra lo dispuesto en el tratado Clayton-Bulwer, llamó con justicia la atención del Congreso de los Estados Unidos, y después de considerarse oficialmente el asunto, la Comisión de Relaciones Exteriores del Senado, declaró: "que las Islas de la Bahía eran de Honduras, y que su ocupación por la Gran Bretaña constituía una violación del mismo tratado".

Comprendiendo entonces el Gobierno británico la gravedad de tan injustificable procedimiento, y la amenaza que envolvía un hecho que podía comprometerlo en serias cuestiones, especialmente con el de los Estados Unidos, comisionó al Honorable Carlos Lennox Wyke en calidad de Enviado Extraordinario y Ministro Plenipotenciario para arreglar con el Gobierno hondureño el embarazoso asunto de las Islas de la Bahía y la Mosquitia. El Plenipotenciario Wyke ingresó con ese fin á Comayagus, capital entonces de la República, y presentó sus credenciales al Gobierno. Verificada la recepción oficial del Plenipotenciario Wyke, el Presidente hondureño nombró por su parte para firmar el convenio al Canónigo don Florencio Estrada; pero aquel Dignatario, en su condición de sacerdote del culto romano, encontrando inaceptable la libertad de cultos en las Islas, dimitió su nombramiento, el cual fué conferido á don Francisco Cruz, quien con plenas instrucciones concluyó con el Representante británico el tratado de 29 de Noviembre de 1859, cuyo primer artículo dice así: "Considerando la posición peculiar geográfica de Honduras y en orden á asegurar la neutralidad de las islas adyacentes, con referencia al ferrocarril ú otra línea de comunicación que pueda construirse á través del territorio de Honduras en la tierra firme, S. M. B. conviene en reconocer las islas de Roatán, Guanaja, Elena, Utila, Barbareta y Morat, conocidas por las Islas de la Bahía y situadas en la Bahía de Honduras, como una parte de la República de Honduras".

En observancia del tratado, las Islas fueron entregadas al comisionado hondureño, Licenciado R. Padilla Durán, en 22 de abril de 1861, quedando desde entonces reconocida y practicada la plena soberanía de Honduras, sin ninguna reserva en las Islas de la Bahía y el territorio Mosquito.

El estado social de los inmigrantes caimanes en Roatán, fué bastante anómalo durante algún tiempo, no obstante su favorable reproducción por los abundantes medios de subsistencia que ofrece el privilegiado suelo de las islas, y aunque en pocos años la población ascendió á más de 1.000 habitantes todavía no se habían podido dar ningún Gobierno. Al fin establecieron con ese objeto un consejo de entre ellos mismos.

Tal estado de cosas, dice un escritor imparcial, "no se escapaba al Representante británico en Belice, quien á pretexto de que los caimanes eran súbditos británicos, encontró la oportunidad de establecer la soberanía británica en las islas. Varias ocasiones había manifestado á los nuevos pobladores, que como á súbditos ingleses deseaba nombrarles Magistrados para que los gobernasen, y que aunque él no pretendía ejercer ninguna autoridad en los negocios interiores de las islas, se interesaba en que en ellos reinase el mejor orden".

Los isleños sin embargo, prefirieron nombrar por sí mismos su Magistrado á Mr. Filzgilbon. Así permanecieron gobernados personalmente los caimanes hasta el año de 1849 en que comprendiendo mejor sus derechos, llamaron al Coronel Fancourt para que les estableciera un Gobierno regular. Hasta qué punto se llevó aquella medida por los agentes británicos, no es necesario investigarlo: basta decir que fué la consumación de la violencia anterior de Macdonald. Fancourt recomendó á los caimanes, que eligiesen doce representantes para formar una Asamblea Legislativa que emitiese las leyes que regirlos. Mientras tanto, les nombró cinco Magistrados, que por su mal comportamiento luego tuvo el pueblo que cambiarlos. El Superintendente de Belice en vista de aquella resolución autonómica de los isleños, declaró "que ella implicaba una injerencia en las prerrogativas de la corona, y que mientras no se sometieran á la autoridad de los nombrados, les retirabs la protección de S. M. B".

Ellos contestaron respetuosamente que por no tener el Superintendente conocimiento de las cualidades de los individuos que debían nombrarse, les concediera el privilegio de elegir una Municipalidad. El pueblo se dividió en dos partidos, el que deseaba la erección del municipio y el que se acogía á la protección de la corona, el cual pidió un Magistrado que se pagaría con las rentas que se crearían al efecto. Era este el estado de las cosas en 1850 y el pueblo mismo no comprendía la naturaleza de su gobierno; no obstante que el de Belice ejercía autoridad sobre él.

A poco los isleños eligieron popularmente un Magistrado. El Superintendente trasmitió conocimiento de aquel hecho al Secretario de Estado de las Colonias, y éste mandó al Capitán Folly, de la marina británica, para que manifestase á los isleños que si el Gobierno inglés nombraba y pagaba para ellos un Magistrado, debían satisfacer á la corona el impuesto de un chelín por cada área de terreno cultivado. Esta proposición trasmitida desde un buque de guerra, fué naturalmente aceptada por los habitantes de la isla.

Al mismo tiempo, el Gobierno británico nombró un nuevo Superintendente de Belice el Coronel P. E. Woodhouse, que en persona visitó inmediatamente á Roatán. Llegó allí el 10 de agosto de 1852 en el bergantín de guerra "Perea", llevando consigo una numerosa comitiva. Tomó á nombre de la corona británica, formal posesión de Roatán é islas adyacentes, y las declaró anexas á la Superintendencia de Belice bajo el título de "Colonia de los Islas de la Bahía". Decretáronse algunos estatutos para el Gobierno de los isleños y se estableció una guarnición regular.

La colonia se conservó así hasta la entrega de aquellas posesiones al Gobierno hondureño, que careciendo de datos no pudo atender á ellas debidamente. Varios Gobiernos de los que fueron sucediéndose en Honduras, en vano decretaron algunas leyes y reglamentos para armonizar los intereses y derechos de los isleños con los de la República. Ellos continuaron, más ó menos, rigiéndose por sus costumbres y anteriores estatutos, hasta que la inteligente y enérgica acción del Gobierno del Doctor Soto, hizo de las Islas de la Bahía un verdadero departamento de la República, sujeto á sus leyes y participante de todas las mejoras que la establecido la nueva Legislación.

El departamento de las Islas de la Bahía, después de las crueles vicisitudes que han sufrido sus diversos pobladores, constituye hoy una preciosa sección de Honduras, llena de porvenir. Todos los que conocen aquellas fértiles comarcas, se encantan de su situación y de las felices condiciones del suelo. Así, en sentir de Alcedo, Michelet y otros viajeros, á las islas de que nos ocupamos, por sus buenos puertos, por su fértil y elevado terreno, por su favorable clima y por sus producciones naturales, se las ha llamado proverbialmente, el *jardín de las Indias Occidentales,* y deben considerarse como la llave de la América española, como un nuevo Gibraltar y el futuro emporio del comercio hondureño con los países extranjeros.

CENTROAMÉRICA

(Obra escrita en Francés por Mr. Larenaudiere)

Centro América es un país encerrado entre dos océanos, en el centro de las dos Américas, con hermosas planicies, con lagos, bosques, volcanes y ruinas cuyo origen es un enigma.

La situación de esta grande comarca es admirable, pues bañada al Este y al Oeste por el Atlántico y el Grande Océano, debe un día servir de tránsito á la Europa para llegar con la mayor prontitud hasta el centro de los archipiélagos de la Oceanía y á las costas orientales del Asia, comenzando entonces para ella una época de prosperidad incalculable.

Centro América es de una extensión más vasta que el Perú y Chile; su halagüeña posición es la de un país de feliz porvenir, porque cuando vengan para él los días de paz y de ventura que proporcione un gobierno estable; cuando el poder de las leyes haya reemplazado al despotismo del sable, seducidos los europeos por la fertilidad del suelo, por la variedad del clima y de sus producciones, empezarán á fundar colonias agrícolas y á desentrañar los innumerables elementos de riqueza que para desenvolverse sólo necesitan de brazos inteligentes y la seguridad de los intereses materiales.

Los límites de la República de Centro América no son tan fáciles de describir como se creería en vista de los mapas de estas regiones. Al Este, el país de los Mosquitos, perteneciente á la misma República, ha sido reclamado por Colombia: al Norte y al Noroeste, tán cuestionables con el gobierno de México las provincias de Chiapas y Soconusco; y hallándose estas cuestiones lejos de su término, adoptaremos los limites provisionalmente indicados por algunos viajeros y los geógrafos que los señalan: al Norte, por el estado mexicano de Chiapas, Yucatán y el Mar de las Antillas; al Este, por el mismo mar y el departamento colombiano del istmo: al Sur, por el Océano Pacífico y al Oeste, por el mismo, y las provincias mexicanas de Oaxaca y Chiapas.

El territorio no tiene menos de 360 leguas de longitud, y 130 en su más extensa latitud y sus costas como de 500, correspondiéndole además las numerosas islas vecinas al litoral.

Una cadena de montañas erizada de volcanes atraviesa á Centro América en toda su longitud, uniendo la cordillera del hemisferio austral á la que se extiende en México para irse á juntar á las Montañas Pedregosas: por los flancos brotan un gran número de ríos y riachuelos, de los cuales unos llevan sus aguas al Mar de las Antillas y los otros al Gran Océano, debiéndose contar en la primera categoría el Usumacinta, el río Grande, el Motagua, el Ulúa, el Yare, el Nueva Segovia ó Blewfield y el San Juan que tiene un curso de más de 40 leguas, y su origen en el lago de Nicaragua, no pudiéndose contar en segundo lugar sino corrientes de agua muy insignificantes, aunque entre ellas puede mencionarse el Gualacate que parece baña las tierras de la antigua Guatemala, y el Tosta que podía servir de base á un proyecto de comunicación entre ambos mares como se verá después. Antes de concluir este cálculo geográfico, y para facilitar la inteligencia de los detalles que siguen, creemos deber indicar la división política de la República.

Esta división ha variado según las circunstancias que han cambiado la suerte del país. Así en el siglo XVII se contaban hasta treinta y dos provincias, de las cuales cuatro eran designadas con el nombre de gobiernos ó gobernaciones, á saber: Comayagua, Nicaragua, Costa Rica y Soconusco, habiendo alcaldía mayor en nueve de ellas, tales como en San Salvador, Ciudad Real, Tegucigalpa, Sonsonate, Verapaz, Suchitepeque, Nicoya, Amatique y San Andrés de Zaragoza, y diez y ocho corregimientos cuyos funcionarios ó corregidores nombraba la Audiencia.

Hacia el año 1660 habiéndose disminuido considerablemente la población de Costa Rica se le anexaron cuatro corregimientos y otros cuatro fueron partidos entre los gobiernos de Comayagua y Nicaragua. A principios del siglo XVIII, se mandaron suprimir las alcaldías mayores de Amatique y de San Andrés y se crearon otras nuevas reduciéndose así poco a poco á 15 las treinta y dos provincias. Guatemala formaba á esta época una gran división administrativa de la América española bajo el título de Capitanía General de Guatemala que incorporada á México en 1823 se separó año y medio después.

Compónese hoy día esta República de un distrito federal y cinco estados subdivididos en departamentos. El distrito federal se compone de nueva Guatemala y sus alrededores: los cinco Estados son Guatemala, San Salvador, Honduras, Nicaragua y Costa Rica.

Se dan de población á Centro América un poco más de dos millones de habitantes; y en este guarismo es muy difícil por no decir imposible determinar la proporción de las castas, pues están de tal forma mezcladas que sería temeraria cualquiera calificación absoluta. Un viajero inglés cita á este propósito un cuadro que creemos deber reproducir para dar una idea del cruzamiento de las razas en América. Es un cuadro especial á México; pero que puede aplicarse también á Centro América en donde se cuentan hasta quince castas sin contar los blancos propiamente dichos.

He aquí el cuadro:

Los mestizos nacidos de un español y de una india.

Los castizos de una mestiza y un español.

Los mulatos procedentes de un español y de un negro.

Los moriscos de una mulata y un español.

Los albinos de un morisco y un español.

Los tornatrás, hijos de un albino y de un español.

Los *tentinelaire* de un tornatrás y de un español.

Los lobos de una india y de un negro.

Los caribujos de una india y de un lobo.

Los barcinos de un coyote y de una mulata.

Los grifos de una negra y un lobo.

Los albarazados de un coyote y una india.

Los chanizos de una mestiza y de un indio.

En fin los mechinos hijos de una loba y un coyote.

Esta curiosa división prueba cuan difícil es encontrar en toda esta parte de la América un tipo original, y á cuantos desagrados se sujeta el que estudia al hombre americano si ha podido existir. Con pena puede admitirse la pureza de las razas que viven en los bosques vírgenes del Perú y en las partes más inaccesibles de la América, porque nadie asegurará que la sangre europea sangre ò africana no haya alterado antes el tipo primitivo de estos pueblos salvajes. Son, pues, los estudios antropológicos en América, puramente relativos, y nada debe uno concluir sin mucha reserva.

Con todo eso, y no obstante la mezcla de los tipos, han permanecido ciertas poblaciones en un aislamiento casi completo, y conservado la originalidad de sus costumbres, tales son, entre otros, en Guatemala los changuenes, nación guerrera y que por su ferocidad bien conocida es el terror del Estado de Costa Rica, del que ocupa la extremidad oriental: del mismo modo los habitantes de una parte del litoral del Estado de Honduras llamados Mosquitos, cuyo nombre les viene de la innumerable cantidad de pequeñas moscas que atormentan allí á los indios, obligándolos á pasar muchos meses del año en sus candas sobre los ríos para sustraerse de las picaduras. Estos indios, jamás han querido aceptar la civilización, y profesan á los españoles un odio y un desprecio que nada ha podido debilitar. Los gobierna una especie de aristocracia y poco se sabe acerca de sus ideas religiosas. Si se ha de dar crédito á los viajeros antiguos, los Mosquitos dividen su año en diez y ocho meses de veinte días cada uno y llaman á estos meses *ioalar,* es decir cosa movible, denominación muy remarcable dice Malte Brun, pues que se aproxima á la voz *iol* por la cual los antiguos escandinavos designaban la fiesta que terminaba el año.

Aprovechándose los ingleses del odio que este pueblo profesa á los españoles, procuraron fundar una colonia en el territorio que ocupa, y con este designio el Duque de Albemarle, Gobernador de la Jamaica tomó á su cuidado el nombramiento de un jefe de los Mosquitos entre ellos mismos, bajo la protección de la Gran Bretaña; pero el tratado de 1786 obligó á los usurpadores á dejar el país, comprometiéndose la corona de España á no castigar á los Mosquitos por su adhesión á los ingleses.

Los payas y los zambos son los vecinos de los Mosquitos, y sobre el territorio de estas dos tribus fué en donde el General inglés Mc. Gregor ensayó fundar un Estado de que se proclamó espontáneamente jefe después de haberse apoderado en 1819 de la isla de Roatán y de haber obtenido del Cacique de los payas la cesión de un terreno bastante considerable. Mc. Gregor se dió el título de Rey, y luego se vió rodeado de aventureros seducidos por halagüeñas promesas con el fin de partir los bienes de la fortuna, concibiendo en seguida, para subvenir à los gastos del establecimiento, la idea de imponer un empréstito público con el nombre de *emprunt royal poyais;* y para colmo de la extravagancia no faltaron especuladores que confiaran

222

sus fondos al soberano improvisado de la Nueva Neustria, nombre con el cual había bautizado Mc. Gregor su parodia de reino que ningún Gobierno de Europa reconoció. Los súbditos ingleses de la Nueva Majestad fueron mal recibidos por los indígenas, y al fin protestó el Gobierno colombiano contra la ocupación en 1825.

La caída de Mc. Gregor fué torpe y sólo habría sido risible, si gentes demasiado confiadas no hubiesen sepultado su fortuna en esta ridícula y quimérica empresa. Hoy día, el reino de los payas no figura en los mapas sino como una curiosidad histórica y se le designa hacia el punto en que el Tinto ó Río Negro, desagua en el Atlántico cerca del cabo Camarón, porque allí fué en donde Mc. Gregor había situado el teatro de su poder. No concluiremos el capítulo sobre población, sin consignar un hecho de estadística bastante singular, y es el de que Guatemala es el país más poblado de toda la América española, cuya verdad comprueba el cuadro siguiente:

	Leguas geográficas cuadradas	Población absoluta	Habitantes por legua cuadrada
México	75.830	6.800.000	89
Guatemala CA	16.740	2.000.000	119
Venezuela	33.700	900.000	28
N. Granada	58.250	1.800.000	30
Chile	14.240	1.100.000	77
Buenos Aires	126.770	2.000.000	15
Perú	12.150	1.400.000	115

Estas cifras fueron calculadas hace diez años (en 1832) y aunque documentos más recientes nos han probado el aumento de las poblaciones, la relación es la misma.

La diferencia en favor de Centro América es tanto más notable cuanto que este país ofrece vastos espacios casi inhabitados, de un clima menos salubre que el de las comarcas vecinas y que sus numerosos volcanes alejan de ciertos puntos toda población sedentaria, ofreciendo este hecho una sola explicación, y es la de que por su situación geográfica, Centro América como las provincias mexicanas bañadas por el Océano Atlántico, fué largo tiempo el punto más frecuentado por los españoles que venían á correr sus aventuras en el Nuevo Mundo. Los inmigrantes que desembarcaban en las costas de Honduras se detenían de preferencia en el territorio que rodean, cuyas riquezas minerales tentaban su ambición, y siendo Centro América el tránsito para México y para Colombia se fijaban muchos en el primero de dichos puntos en lugar de ir más lejos en busca de fortuna. Así se formó este núcleo de población que debía conservar días andando, una superioridad relativa sobre las otras posesiones españolas.

Las producciones vegetales de Centro América son notables por su variedad. Las frutas de Europa campean allí al lado de las de los trópicos. Entre los productos que son objeto de comercio, pueden citarse el trigo, el maíz que rinde hasta trescientos por uno, el índigo de calidad superior, la vid que naturalizada hace poco tiempo, produce excelente vino; la zarzaparrilla, el cacao, muchos bálsamos y resinas; la cochinilla que ha tomado bastante consideración en su cultivo, el tabaco, la madera de caoba y otras muchas solicitadas en Europa: la pimienta, el pulque, la sangre de drago, la vainilla, el algodón, la azúcar, el cártamo, etc., etc.

El reino animal no es menos rico, pues ofrece, según los historiadores y viajeros, especies que los naturalistas no han descrito. Los bosques de Verapaz están poblados de animales salvajes, entre los cuales se hace notable el tapir ó danta cuya piel sirve para hacer escudos impenetrables, así como de las de otros animales un comercio importante. Abundan las culebras, sobre todo en ciertas localidades; pero no comprendemos entre las especies auténticas la serpiente de dos cabezas de que habla el crédulo Juarros, según el cual se dirige hacia adelante ó hacia atrás según la necesidad de su defensa, sirviéndose con igual facilidad de las dos bocas que la naturaleza le ha confiado.

Las producciones minerales de esta comarca pueden rivalizar con las del país más bien dotado á este respecto, porque además del alumbre, el azufre y otras sustancias que alimentan al comercio exportador, encuéntranse abundantes minas de oro y plata. En la provincia de Chiquimula existen las de Alotepeque y San Pantaleón que han sido otra vez explotadas con grandes provechos: la última se inundó desgraciadamente. La misma veta ofrece el oro en las minas de Santa Rosalía, Montenita y San Antonio Abad que, desembarazadas de la tierra que las cubre, darían aun grandes cantidades de metal. El distrito de Comayagua posee también terrenos auríferos. En el Estado de Costa Rica además de las minas de oro y plata se encuentran muchas de cobre. Últimamente, el territorio de Honduras contiene metates que bastarían á enriquecer un grande Estado bajo un sistema de explotación activa.

Con esta profusión de preciosos metales sedujo Centro América á los españoles, y los magníficos presentes que recibieron de los caciques vencidos, junto con la abundancia que de aquellos recogieron en las primeras exploraciones, les hicieron creer que el país era una vasta mina y que los mismos volcanes vomitaban oro fundido. Despertada así la codicia de los conquistadores, hubo de causar á los pueblos sometidos, todos los males que la tiranía más despiadada puede imponer á los súbditos sin defensa.

COMUNICACIÓN DE LOS OCÉANOS POR LA AMÉRICA CENTRAL

Hemos dicho que un país como Centro América tan generosamente dotado por la naturaleza, debería gozar tarde ó temprano de una gran prosperidad, y por esta razón no vacilamos en colocar como el primero de los medios de asegurar este dichoso porvenir, la ejecución del canal destinado á reunir los dos océanos de cuyo gran proyecto váse á tratar. Antes de haber examinado profundamente esta cuestión M. Humboldt, estaba reducida á simples conjeturas sobre el lugar más favorable al establecimiento de un canal de comunicación.

El Gobierno español temiendo que los extranjeros se apoderasen de sus preciosas posesiones en América para explotar sus riquezas, había tenido en secreto los estudios topográficos é hidrográficos hechos por su orden para la ejecución eventual de este importantísimo trabajo; pero se mostró más tratable con M. Humboldt á quien le hizo conocer los resultados de las exploraciones precedentes. Este ilustre sabio, sin necesidad de examinar los lugares, y por el solo conocimiento de las investigaciones anteriores, esclareció cuando menos se esperaba, el problema, de un modo tan luminoso y vivo, que sus observaciones fueron consideradas como decisivas formando hasta hoy no poca autoridad. Prueba M. Humboldt que puede efectuarse la unión de ambos océanos sobre cinco puntos diferentes: 1^0 Por el istmo de Darién: 2^0 En la provincia colombiana de Chocó: 3^0 Por el istmo de Tehuantepeque en Méjico. 4^0 Por el lago de Nicaragua, y 5^0 Por el istmo de Panamá.

El istmo de Darién en su parte más estrecha, ofrece una extensión de sesenta millas y es la primera dificultad. Sería también necesario canalizar el Santa María, en todo su curso, que ocupa el tercio; del mismo modo sería necesario cortar la alta cadena de montañas que ocupa el centro del istmo; y aun cabe duda sobre si los operarios pudieran resistir la influencia deletérea del clima.

La unión por la provincia de Chocó sería facilitada por la de dos ríos: el Atrato que lleva sus aguas al mar de las Antillas, y el Noanarnague que va al océano Pacífico, pero esta vía de comunicación seria casi inútil porque no permitiría el paso sino à barcos medianos, y lo que se necesita es un canal capaz de recibir no sólo embarcaciones de mayor tonelaje sino también navíos de guerra.

En cuanto al istmo de Tehuantepeque, M. Humboldt ha creído que ofrece más facilidad y ventajas. Piensa que el río Guasacoalco que desembarca en el golfo de México, y el Chimilapa que entra en el de Tehuantepeque sobre la mar del Sur, podría unirse a favor de un canal que atravesase los bosques de Tarifa; pero las observaciones del viajero Pitmann han probado que la ejecución de este proyecto encontraría obstáculos inmensos tales como el ahondamiento y la rectificación de los dos ríos; la gran distancia que los separa, desde toda especie que ofrece el terreno intermediario, y sobre todo las dificulta el clima cuya influencia es mortal casi todo el año. Quedan, pues, el lago de Nicaragua, y el istmo de Panamá, como los únicos puntos por donde se puede efectuar la comunicación de un mar al otro. Así es que sobre estas dos localidades ha encontrado la atención de los especuladores y de los Gobiernos que se han ocupado de esta obra grandiosa.

Sin entrar en los detalles de los diversos proyectos de comunicación interoceánica propuesta á los Gobiernos de Centro América y Colombia, vamos á enunciarlos solamente con el fin de indicar su objeto principal. La Casa Barclay de Londres propuso al

Gobierno de Centro América, el 18 de septiembre de 1824, ejecutar el proyecto por el lago de Nicaragua.

Una compañía de los Estados Unidos del Norte, á cuya cabeza figuraban M. M. Bourtce y Llanos, hizo en dos de febrero de 1825 la misma propuesta.

En 16 de junio de 1826 se firmó un tratado entre el Gobierno de Centro América y la casa Palmer de New York para la canalización del San Juan y la reunión del lago de Nicaragua al océano Pacifico. Casi al mismo tiempo entró el Rey de Holanda en negociaciones con igual objeto.

En 1829 encargó Bolívar á unos ingenieros el estudio del terreno al lado de Panamá y Chagres, con el fin de emplear más tarde el ejército colombiano en los trabajos de canalización.

En junio de 1831 y octubre de 1833 provocó la solicitud del Congreso sobre este negocio, la Cámara provisional del distrito de Panamá; para animar á los especuladores se autorizó no sólo la apertura de un canal sino de cualquiera otra vía de comunicación tal como un camino de hierro ó una ruta ordinaria.

Dos años después del segundo voto de aquella Asamblea, 25 de mayo de 1835, el Barón Thierry, cuyos trabajos de colonización en la Nueva Zelandia conoce todo el mundo, obtuvo la concesión de poder abrir un canal entre los ríos Chagres y Quebrada Grande.

En tres de marzo de 1835 resolvió el Congreso de los Estados Unidos por un voto solemne hacer de la comunicación de ambos mares un negocio de Gobierno y tomar en él una gloriosa iniciativa. El Coronel Biddle fué enviado á la América Central para estudiar las dos vías de comunicación; pero el Ministro trató para él en lugar de hacerlo para su Gobierno, celebrando un convenio con la República de la Nueva Granada en asociación de una compañía norteamericana para la ejecución de una empresa de que no había sido encargado sino para las bases.

Últimamente, 29 de mayo de 1838, la casa Salomón y compañía de la Guadalupe, obtuvo del Congreso de Bogotá un decreto que le trasmitió el privilegio concedido anteriormente al Coronel Biddle. Todos estos proyectos han abortado por diversas circunstancias que no podemos enunciar aquí, y nos limitamos á considerar la singular fatalidad que hasta el presente ha esterilizado las tentativas más serias para la unión de ambos océanos.

Diremos hoy día cuáles son los inconvenientes y las ventajas de cada uno de los dos puntos en cuestión. Encontramos en la revista democrática de Washington un resumen de las observaciones á que ha conducido la exploración exacta de las dos líneas; y creemos deber reproducir aquel resumen, adoptando la traducción que ha dado la revista británica en su número de julio de 1840.

LÍNEA DEL LAGO DE NICARAGUA

Una canalización casi no interrumpida existe ya naturalmente, tanto por el San Juan como por el Lago de Nicaragua, que comunica al pequeño de León. El San Juan, que tiene su origen en el Lago, desciende hacia el Atlántico por un cureo largo y sinuoso, que puede contar unas cien millas de longitud, siendo la navegación del lago tan sana como profunda, pues se miden, en casi toda su extensión, de tres á ocho brazadas. Hay algunas tempestades violentas á que dan en el país el nombre de *papagallos,* las cuales ocasionan vaciantes por intervalos; pero no es este un serio inconveniente para los *paquebots* de vapor. La navegación del San Juan es un problema menos claro, por las opiniones tan variadas, en que sólo hay de cierto quo, acerca de él, no se ha hecho ningún reconocimiento hidrográfico regularmente detallado. Robinson, en sus memorias sobre la revolución mexicana, asegura haberse encontrado sobre un punto de la barra, veinticinco pies de agua, siendo franco el resto del lecho hasta el lago. Thomson es menos arrogante, pues no admite puedan medirse, subiendo el río, más de cuatro pies de profundidad. El Marqués de Aycinena, M. Bolton y M. de Canas, agente diplomático de Guatemala, están de acuerdo en señalar, como dificultades en la navegación del San Juan, bancos de arena y de rocas, contra los cuales sería necesario emplear, tal vez inútilmente, los recursos del arte; pudiendo de aquí concluirse que el San Juan no debe ser visto sino como el reservatorio alimenticio de un canal lateral y no como parte integrante de la línea navegable. Interrumpiremos lo expuesto por el publicista americano, para presentar con respecto á lo que se ha dicho sobre el San Juan, una observación que no carece de interés.

Nunca ha sido explorado científicamente este río en toda la extensión de su curso: los que de él han hablado ha sido de oídas ò por conjeturas; y lo que hace pensar que ha habido mucha exageración en todo lo que se ha dicho sobre la imposibilidad de hacerlo navegable, es el cuidado que siempre tomó el gobierno español para divulgar esta imposibilidad. Es constante que los antiguos señores de Guatemala habían prohibido la navegación del San Juan bajo pena de la vida; que obstruyeron el lecho en muchos puntos echando al fondo navíos viejos; y que hicieron construir no lejos de su nacimiento en Nicaragas, un fuerte destinado á contener á los que pretendiesen violar la ordenanza de interdicción.

Sábese también que España dió siempre una idea poco favorable de sus colonias americanas, precisamente con el fin de prevenir en los pueblos extraños todo deseo de formar establecimientos. Podemos citar un ejemplo notable de aquel sistema de egoísmo. Cuando Lord Cochrane llegó con su flota á la embocadura del río de Guayaquil, recibió á su bordo un piloto que le aseguró no ser navegable dicho río por grandes embarcaciones. Al efecto, habiendo consultado el Almirante las cartas y los planos de esta parte de la costa, vió qué el río estaba señalado como lleno de obstáculos y como absolutamente impracticable. Los cartógrafos ingleses fiándose de los geógrafos españoles, habían marcado una multitud de escollos, de bancos y de rocas. Cochrane, entretanto, preguntó cuál era la profundidad media, y se le respondió que la de cuatro brazadas poco más o menos. Al instante ordenó al piloto bajo la pena de ser fusilado, que lo condujese por el río. El desgraciado obedeció temblando, y algunos instantes después, echó la flota el ancla bajo los muros de Guayaquil, con grande sorpresa de sus habitantes que nunca habían visto una fragata tan cerca de su población.

En presencia de semejantes hechos, y en falta de documentos positivos sobre el San Juan, debe uno abstenerse de declarar innavegable el San Juan. Mientras que un estudio completo de su curso no haya puesto un término á toda incertidumbre, las declaraciones del gobierno español deben ser interpretadas en un sentido favorable à la opinión que se sostiene de navegabilidad.

Vencido este obstáculo, agrega el escritor en la Revista Americana, resta otro, y es la comunicación del lago de Nicaragua con el Océano Pacífico. Según todas las relaciones parece que la alta cordillera de Centro América se detiene sobre este istmo para dar lugar á un sistema de pequeños mamelones cónicos, entre los cuales se encontrará sin dificultad la declinación de un canal. El obstáculo mayor, consistirá según Thomson en la diferencia de los niveles entre las aguas del lago ó las del océano; diferencia de unos 140 pies. Por lo que hace á la elevación del suelo, varía de 60 á 160 pies sobre el nivel del lago. La naturaleza del terreno es según M. Bolton una roca manejable y que ofrecería un excelente lecho para el canal.

Compondríase, pues, este trabajo, de un corte que cerca de dos millas ofrecería más de 130 pies de altura; declinando durante otras seis millas para alcanzar un espacio favorable y naturalmente nivelado. Su total distancia sería de unas veinte millas, y en este caso las aguas del lago alimentarían el canal. Pero con un sistema de exclusas podría disminuirse la capacidad del foso sobre todo, si se hacía derivar una toma de agua del lago de León que se halla á 30 pies más elevado que el de Nicaragua.

Otros proyectos han abrazado el lago de León queriendo colocar el teatro de la comunicación marítima al N. O. de esta fuente y en la dirección del Realejo, el mejor puerto que poseía la Confederación sobre el Pacífico. La compañía holandesa, por su parte había dirigido sus miras sobre la parte S. O. del lago con la intención de terminar su canal en el puerto de Nicoya la mejor ensenada de la costa. Estas dos salidas serían mejores que la del golfo del Papagayo que no ofrece como fondeadero sino á San Juan de Brito, nada abierto á los huracanes del lado del Atlántico: la ensenada de San Juan parece reunir las ventajas apetecibles. Además toda la región del río sobre esta línea de comunicación ofrece recursos de todo género, ricas minas de oro, de cobre, de plata, de fierro, de zinc y de azogue. Las maderas son abundantes y de la más bella especie: la vegetación ofrece por todas partes los más apreciables productos y en ningún país es tan barata la vida alimenticia, más fácil y mejor. La población del Estado es de dos millones de almas sin mezcla de negros, cuyas circunstancias mantienen la mano de obra bajo una tasa regular. La única condición sobre la cual no hay relaciones completas es la salubridad del clima en la costa de Mosquitos y la extensión que ocupa el San Juan, aunque es de suponer no sea este el obstáculo más serio y difícil de combatir.

Lo que dice el periodista americano con respecto á la comunica- por el lado de León no nos parece bastante explícito y vamos á reunir algunos detalles.

El lago de Nicaragua comunica al N. O. con el de Managua ó León que tiene más de cincuenta millas de longitud sobre treinta de anchura media. La comunicación tiene lugar por una corriente de agua navegable, nombrado río de Tipitapa, en una extensión de 20 millas. El lago de León es bastante profundo para admitir embarcaciones del más considerable tonelaje, y 12 millas de su extremidad Norte, con el río Tosta, que después de un curso de 20 millas cae en el Océano Pacifico. Así, para realizar la unión de los dos mares, bastaría cortar por un canal el espacio de 12 millas que separa el Tosta del lago de León.

Siguiendo esta vía no sería necesario llevar los trabajos hasta el puerto de Realejo á que se refiere lo expuesto por la Revista de Washington. La ciudad de León situada no lejos del Lago, ofrecería todos los recursos posibles á los jefes de la empresa y á los trabajadores.

Últimamente, en esta parte de Centro América, el clima es saludable en todas las épocas del año.

LÍNEA DE PANAMÁ

Esta línea tiene la preciosa é incontestable ventaja de ser la más corta y más directa. Mr. Humboldt valúa la distancia en 28 millas á vuelo de ave, bien que podía ser doble por las exigencias del terreno. La línea practicable terminaría del lado del Atlántico en la emboca-dura de Chagres ó en la bahía del Limón al lado de la mar del Sur en la bahía de Panamá ó en la de la Chorrera sobre cuyo punto el istmo se extiende. De Chagres á Panamá cuéntanse 40 millas y el terreno no es, como se ha creído en Europa, una vasta cordillera sino una serie de colinas separadas por un valle transversal y cenagoso. Dos ó tres cortes un tanto profundos principalmente del lado del océano Pacífico, bastarían á establecer el nivel sobre todos los puntos. Una vez franqueada la barra de Chagres á una profundidad de 20 á 25 pies sobre una longitud de 300, hasta la ciudad de Cruce y lo mismo hasta el punto en que el Chagres recibe las aguas de la Trinidad que se une á otro río llamado Quebrada Grande, estas dos corrientes de agua pueden ser llevadas hasta el punto en que la Quebrada Grande pasa á poca distancia del Caimitillo, afluente del Caimito que entra en el océano Pacífico por la bahía de Chorrera. Este último punto está á 12 millas de Panamá. El Caimitillo ofrece en su curso muchas cascadas cuyas alturas reunidas forman un total de 14 metros; y situando un vasto estanque sobre la ribera derecha de la Trinidad, podría ser utilizada para el servicio de las aguas del canal, que en rigor, se alimentaría aun por las derivaciones sacadas de los ríos Bernardino y Arrayancito. La salubridad del clima sin ser absoluta, no parece ofrecer impedimentos insuperables; y las sangraderas de que el canal seria la causa y el fin, bastarían tal vez solas para la salubridad del clima.

Así continúa el autor de esta exposición: He aquí dos líneas de comunicación materialmente ejecutables. Las objeciones deducidas de la diferencia de los niveles de los dos Océanos carecen de valor después de los trabajos ejecutados por el Capitán Sabino, Secretario de la Sociedad Real de Londres por orden de Bolívar. Probó este bidrógrafo, que la diferencia de altura provenía de la diferencia de las mareas, nulas en el golfo de México y fuertes sobre las costas del Pacífico; y así es como cada 12 horas comenzando con la marea alta el Océano Pacífico es de 13, 55 pies más elevado que el Atlántico: en la costas la marea descendente se encuentra de momento á la misma altura; y últimamente en la marea baja está á 6, 51 más bajo.

De las dos líneas en cuestión, la única que no ofrecería un conflicto político es la de Panamá, la más corta ciertamente; pero resta saber si daría los mayores recursos para la existencia de un canal.

La línea del istmo provista de una vía de agua natural, sería la única que se prestaría à un sistema de comunicación provisional, y ligable sobre una pequeña escala por un camino de hierro. En uno y otro caso sería necesario hacer un corte profundo en una extensión de muchas millas, no debiendo desalentar la idea de semejante empresa, pues sobre las mesetas mexicanas existe bajo el nombre de desagüe de Huetsetoca una obra ejecutada por los españoles no menos colosal que la apertura del istmo. Tuvo por objeto preservar el valle de México de las inundaciones, dando curso á las aguas por una galería subterránea excavada en las colinas de Nochistongo. Esta galería fué abierta en 28 de octubre de 1507 y concluida en doce meses sobre una extensión de 6.600 metros. El Virrey la anduvo á caballo en 1508, y diez mil indios perecieron en el trabajo de ella. Desgraciadamente el terreno era flojo y cedió pronto haciéndose necesario sostener el cielo compuesto de capas alternativas de marga y arcilla endurecidas. Minado por el agua los lados, sedimentos sucesivos obstruyeron el lecho y nuevas inundaciones amenazaron á México. Entonces se repitió el trabajo bajo otro plan. Una abertura á cielo abierto debía remplazar la galería ó socavón. En esta ocasión se prolongó el trabajo durante dos siglos á causa de lo mal dirigido, siendo actualmente la obra una de las cosas más prodigiosas que existen. Si el foso estuviera lleno de agua á una profundidad de diez metros, pasarían buques de guerra al través de la línea de montañas que ciñen la meseta de México. Así, cuando se ha visto el desagüe de Hustsetoca, la canalización del istmo de Panamá no es un problema sino una cuestión de tiempo.

En cuanto á obras análogas no pueden citarse en Europa sino los canales de Amsterdan y el célebre de Caledonia, pues aunque estos dos trabajos no abracen la grandeza del que nos ocupa, deben mirarse como una prueba de lo que puede el genio humano en tales empresas. Por los resultados se ha comprendido que las realizaciones de esta especie son tan gloriosas como útiles.

La unión de los dos Océanos dejaría muy atrás las empresas precedentes; y sería para el universo entero un título de grandeza, así como un recurso inagotable de bienestar y de riqueza. La navegación peligrosa del Cabo de Hornos quedaría suprimida al instante y las repúblicas nacientes de la América. [8]

---

[8] Esto fué cuanto publicó el traductor, de su trabajo; no he podido averiguar si lo concluyó.

CARLOS GUTIÉRREZ

Nació en Tegucigalpa, en 1818. Era hijo del General don José María Gutiérrez y de doña Margarita Lozano, prima hermana de la esposa del General Morazán. Fué su abuelo el Coronel español don Pedro Gutiérrez, quien gobernó la provincia de Honduras antes de la Independencia.

Comenzó sus estudios en Boston y los concluyó en la Universidad de Guatemala. El 7 de febrero de 1848 fué nombrado Jefe de Sección del Ministerio de Relaciones Exteriores de esta República.

Fué á Washington como Secretario de la Legación que se le confió al señor Molina. Enseguida acompañó á Europa al General don Gerardo Barrios, quien le cobró gran cariño y después, siendo ya Presidente de El Salvador, lo nombró Encargado de Negocios de esta República ante el Gobierno de Su Majestad Británica. El año siguiente, esto es el de 1860, el Gobierno de Honduras lo acreditó con el carácter de Enviado Extraordinario y Ministro Plenipotenciario ante el mismo Gobierno.

En 1861, el General Guardiola le confió la misión especial de arreglar con la Santa Sede las cuestiones que le suscitó el clero hondureño acaudillado por el Presbítero don Miguel del Cid, con motivo de haber establecido la tolerancia de cultos en las Islas de la Bahía, poco antes devueltas á la soberanía del país por Inglaterra. Celebró un concordato á toda satisfacción, y el Santo Padre le envió la Gran Cruz de la Orden de San Gregorio Magno.

Cuando se trató de construir el ferrocarril interoceánico de Honduras, se le nombró por el Gobierno, Comisionado para negociar empréstitos en Londres y para celebrar los arreglos concernientes á la realización de la empresa, en unión de don León Alvarado. La República de Costa-Rica en 1871 lo acreditó como su Representante ante el Gobierno de Inglaterra, Francia y Bélgica, y después lo nombró Enviado Extraordinario y Ministro Plenipotenciario en Bélgica, Suiza y Roma.

En 1873 los Gobiernos de Costa Rica y Guatemala lo enviaron en misión especial á Madrid, con el objeto de dar por reconocida la República española, proclamada bajo la Presidencia de don Emilio

Castelar. En esta época fué cuando el señor Gutiérrez estrechó sus relaciones con el eminente tribuno.

En 1884 concluyó en Berna, como Enviado Extraordinario y Ministro Plenipotenciario de El Salvador, un tratado de amistad y comercio con la Confederación Helvética.

El General don Luis Bográn lo nombró en 1886 en misión especial ante la Santa Sede; y el Gobierno de El Salvador, Ministro Plenipotenciario ante la Reina Regente de España, en 1888. En ese mismo año, y en igual calidad lo acreditó el Gobierno de El Salvador ante S. M. el Rey de Italia, con el objeto de arreglar el asunto Sagrini. Pero como, poco antes, Gutiérrez había sido Ministro de Honduras ante el Pontífice, no quiso exponerse, presentando sus credenciales; y con ocasión de una coyuntura que supo aprovechar, y sin título oficial, gestionó de tal suerte que el litigio quedó felizmente arreglado. El Rey entonces le confirió la Gran Cruz de la Corona de Italia, y le expresó además que tendría sumo placer en ver acreditado ante su Gobierno un diplomático de su valor.

En agosto de 1892 regresó, ya enfermo, el señor Gutiérrez á España, país donde últimamente había fijado su residencia. El 5 de noviembre siguiente falleció en San Sebastián. Sus funerales fueron pomposos, y en ellos dió nuevo testimonio el señor Castelar de la viva afectuosa estimación que tuvo por su amigo el señor Gutiérrez, enviando una corona con una inscripción en que se confundieron los homenajes al sabio, al patriota, al diplomático y al respetable padre de familia.

El señor Gutiérrez dejó escritas obras muy importantes, entre las que sobresale FRAY BARTOLOMÉ DE LAS CASAS, que se editó en Madrid en 1878.

EL CATOLICISMO EN LA GRAN BRETAÑA

I

En algunas Revistas políticas que he tenido el honor de dirigir oficialmente á Centro América en los últimos ocho meses, me pareció oportuno el llamar en ellas la atención hacia la importancia que están asumiendo las cuestiones religiosas, que, bajo todas las formas y en todos los terrenos, se agitan en el Continente europeo; importancia que va en aumento cada día, y se manifiesta muy marcadamente tanto en las serias controversias por medio de la prensa, que ya han tomado grandes proporciones, como en los ataques violentos que se hacen frecuentemente contra las personas de los calificados de más ortodoxos, y contra la propiedad destinada al culto externo ó á la beneficencia evangélica de cualquier clase y condición que sea; doble guerra declarada contra el cristianismo, y cuyo resultado final, bajo el cuádruple punto de vista social, político, moral y religioso es muy difícil pronosticar.

En Alemania y en Suiza, especialmente, es en donde se debaten en la actualidad estas cuestiones con una virulencia de la que no se tiene ejemplo en el presente siglo; y para aumentar los elementos de discordia, que por desgracia abundan demasiado entre las diversas religiones y sectas en que se halla dividido el cristianismo, hay en la actualidad una verdadera plaga de pseudo-filósofos que conducidos los unos en alas de su estupenda audacia, los otros en alas de su ciega vanidad, éstos arrastrados por un utilitarismo desenfrenado y el mayor número á remolque de las pomposas palabrerías y de las frases huecas y ampulosas de los corifeos de esa propaganda, quieren á todo trance retroceder dos mil años, y que triunfe sobre la civilización moderna el árido panteísmo ó el sepulcral materialismo de la filosofía pagana; quieren imponer tiránicamente á las gentes el vacío desconsolador y horripilante de la negación de toda creencia, para destruir así desde sus cimientos la grande obra de diez y nueve siglos, esto es la sociedad en su perfección progresiva, apoyada en los grandes principios fundamentales de la sublime moral cristiana, de la religión de consuelos y esperanzas, de la familia unida con estrechos lazos y de la patria que nos vió nacer.

El descaro de esa propaganda llega á tales extremos, que para dar de él alguna idea me permitiré citar algunos hechos recientes, de los más sencillos que constantemente refieren los periódicos.

Entre la multitud de publicaciones intransigentes que ven la luz en España actualmente, el periódico que se publica en Madrid llamado *LOS DESCAMISADOS*, tiene en su encabezado el siguiente lema: "Guerra á la Propiedad, guerra á la Familia, guerra á Dios". Se llaman en España intransigentes los que tienen en Francia el nombre de irreconciliables, á cuyo partido pertenecían los miembros de la Commune de París, y pertenece una gran parte de los afiliados á la Internacional. Su principal objeto es lo que llaman "la liquidación social", á saber, la destrucción 6 disolución de la actual sociedad, de la familia, de la moral y de la religión, y el establecimiento del comunismo.

Un periódico semejante al llamado *LOS DESCAMISADOS*, que se publicó en París durante la Commune, con el título de "PÈRE DUCHESNE" y dirigido por el extraviado Vermesch, fué el que pidió la muerte del señor Arzobispo de París y de sus demás compañeros de infortunio.

A varios Diputados en España, en las últimas cuatro legislaturas, se les ha visto hacer alarde, en el Congreso, de tener opiniones ateístas, hiriendo premeditadamente in susceptibilidad de la parte más sensata de la nación, que profesa el catolicismo. Entre los Diputados que con más imprudencia convirtieron el santuario de las leyes en conciliábulo para plantar herejías repelentes y darles publicidad, se distinguió tristemente un médico catalán, llamado Suñer y Capdevila, diciendo, entre otras cosas del mismo calibre, que tenía declarada la guerra á Dios, á los reyes y á la tisis, y apostrofando como un energúmeno á la Divinidad para que demostrase su existencia ó su poder en aquel momento con algún hecho extraordinario. Otro diputado, que hoy ocupa uno de los puestos más elevados en España, dijo que el Misterio de la Trinidad era una "monserga". Otros varios hicieron el mismo alarde con multitud de herejías, por cierto de bien mal gusto siempre, pero mucho más para hacer de ellas profesión pública en el propio seno de una Asamblen.ba

Los prosélitos de estos ateos comunistas descienden en sus persecuciones á todo género de excentricidades y aberraciones, á las que pueden llegar las imaginaciones extraviadas de los hombres. Aparte de los tristes recuerdos que nos ha dejado la efímera pero luctuosa existencia de la Commune de Paris, tenemos en la actualidad en acción en España algo parecido, si bien hasta ahora en la península la disolución social no ha manifestado tendencias decididas á las sangrientas hecatombes de la Commune y á la destrucción por medio del petróleo y la tea incendiaria. Desde hace años, pero muy particularmente desde la revolución de 1868, se viene realizando en España, con verdadero contentamiento de sus promovedores, la destrucción de iglesias, conventos y edificios religiosos, en la mayor parte de los casos cometiendo verdaderos actos de vandalismo y barbarie, reduciendo á escombros Monumentos y obras de arte dignas de respeto y de mejor suerte. Esta tendencia destructora se ha manifestado hasta la fatalidad más ridícula y estrafalaria. La Municipalidad de Sevilla, después de secularizar los cementerios, ordenó destruir las cruces puestas sobre las tumbas, ó al menos así lo publicaron los periódicos; en una pequeña población de Andalucía fué fusilada, con mucha formalidad, una imagen de la Virgen. Una columna de voluntarios de la República Federal Española, que fué hace pocos días en persecución de unos Carlistas á las alturas de San Marcial, en Guipúzcoa, en la que los españoles consiguieron una gran victoria en 1814 sobre el que cuerpo de ejército del Mariscal Soult, se ocuparon al llegar á la altura en destruir la capilla en donde descansan los restos de los que sucumbieron en aquel célebre hecho de armas, y arrastraron la imagen de San Marcial hasta hacerla pedazos, volviendo triunfantes con esta venganza á sus cuarteles, sin haber hecho una baja, ni haber tirado un tiro á los Carlistas, que maniobraban tranquilamente en retirada. Estas manifestaciones de irreverencia y despreocupación ni siquiera dejan en paz á los muertos: es curiosísimo en las poblaciones principales de España el nuevo sistema que han adoptado los "voluntarios de la libertad y de la República" para enterrar sus muertos, que consiste en llevarlos al cementerio acompañados de una banda militar, que va tocando estrepitosamente el himno de Riego, el de Garibaldi ó la Marsellesa. Ni los restos de los Reyes que descansan en el Panteón del Escorial fueron perdonados; varios personajes que han estado en el poder después de la revolución, tuvieron el placer cínico de abrir algunas de las tumbas, entre otras la del Emperador Carlos V, y profanar su memoria manoseando su rostro, que se conserva hecho momia.

La relación de estos hechos es para que mejor se pueda apreciar el espíritu de esta revolución disolvente, tan pronunciada en los países meridionales de Europa, y que forma un gran contraste con una reacción muy acentuada hacia la ortodoxia del cristianismo, que se desarrolla de una manera extraordinaria en Inglaterra y en los Estados Unidos, justamente en las dos naciones en que el catolicismo casi llegó á ser insignificante, sustituido por los innovadores con la multitud de sectas en que se han dividido los protestantes.

Muchos creen sinceramente que el conflicto en que se encuentra la Iglesia católica con la potestad civil en casi todas las naciones de Europa, proviene de causas políticas y sociales, fundándose para ello en que el catolicismo no se encuentra ya en armonía con las legítimas aspiraciones de las sociedades modernas y con la elevada cultura de la inteligencia humana que sintetiza el progreso del siglo. Pero no es esta la opinión general de los que profundizan tan graves cuestiones con calma é imparcialidad, concretándose á analizar las causas que las motivan y los efectos inmediatos y directos que se buscan con más ó menos franqueza y rodeos. Cuando el espíritu que tanto caracteriza este siglo, es la libertad individual en su más amplia interpretación. la libertad de conciencia y de expresión del pensamiento, no puede concebirse como los mismos Gobiernos que profesan esos principios de libertad y deben á ellos su existencia, cometen la más flagrante contradicción, persiguiendo los unos la religión católica, y los más radicales todas las sectas del cristianismo, cortando tiránicamente esta misma libertad individual, esa misma libertad de conciencia y de expresión del pensamiento, que ha sido el *nec plus ultra* de sus aspiraciones. Y sin embargo la tendencia de los Gobiernos de Europa es de sobreponerse á las Iglesias constituidas y tenerlas bajo su entero dominio; y algunos van mucho más allá; esto es, van hasta atacar de frente la organización del catolicismo, renovando los tiempos de Nerón y Domiciano con sus persecuciones, sin tener presente que el catolicismo, después de cada persecución, aparece más potente y venerando, como cuando surgió de las Catacumbas en los tiempos de

240

la antigua Roma, ó cuando devolvió á la moderna Francia la de su creencia después del decreto de Danton suprimiendo la divinidad. Pero sucede que los Gobiernos que persiguen en Europa con más ó menos desembarazo y franqueza el catolicismo, no lo hacen porque esas persecuciones sean una necesidad política ó social que pueda fundarse en algún motivo ó causa justa. Esas persecuciones solamente tienen por origen los odios y las pasiones incontenidas de hombres que llegan á verse mezclados en el Gobierno de las naciones y aprovechan desde los primeros momentos toda ocasión que se les presenta de satisfacer sus odios contra una religión que detestan y quisieran exterminar. Los Estados, por más que digan algunos lo contrario, nada, absolutamente nada, han ganado con las persecuciones al catolicismo; y muy por lo contrario han perdido, porque la moralidad, el patriotismo y todas las grandes virtudes cívicas se entibian ó desaparecen según que se entibia ó desaparece la ortodoxia del cristianismo; y se está viendo, y es palpable bajo todos los puntos de vista, que la decadencia de la raza latina ha ido verificándose á medida que la incredulidad y el escepticismo se apoderaron de las masas, quedando prácticamente sustituidos los deberes del hombre, del ciudadano y del cristiano, por el afán de rebelión permanente, incredulidad abyecta y disipado libertinaje de gobernantes y gobernados.

La historia de las vicisitudes del catolicismo en Inglaterra presenta una gran enseñanza, de la que pueden sacar fruto los que con intención recta se ocupen de estas dificilísimas cuestiones en las que está encarnada la grandeza ó decadencia futura de los pueblos y de las naciones. No ha mucho que un gran escritor inglés y protestante ha dicho que "si no existiese el catolicismo sería necesario inventarlo para tener algo sólido que oponer al caos en que el libre examen ha lanzado á la inteligencia humana".

El mismo Proudhom confiesa que toda persecución al catolicismo es contraproducente, y que siendo de necesidad absoluta tener una moral establecida en todos los países civilizados, destruido el cristianismo no habría nada que pudiese sustituir la sublime moral cristiana; y Voltaire, a pesar de su cínica incredulidad, tuvo que confesar que para poder gobernar las masas populares:

"Si ce Dieu n'existait, il faudrait l'inventer".[9]

Las anteriores observaciones me parecen suficientes para dar á conocer la oportunidad de publicar, como lo hago, una breve pero exacta reseña de la historia del catolicismo en la Gran Bretaña, su importancia actual, creciente desarrollo y futuro porvenir, con algunas observaciones respecto á la persecución que sufre en el continente europeo la Iglesia Católica, y el penoso y osado desarrollo del ateísmo entre ciertas clases, que ya amenazan descaradamente barbarizar la Europa, y sustituir por completo la presente organización política y social por un nuevo sistema, que puede recibir desde ahora el nombre de "Brutalismo ateo". Los datos históricos y estadísticos en este segundo capítulo son auténticos y están confirmados por erudito Arzobispo católico de la Diócesis de Westminster.

II

En ningún país ha experimentado la Iglesia Católica mayores vicisitudes que en Inglaterra. Por dos veces tuvo que ceder ante la tempestad furiosa desencadenada contra ella, y por dos veces también logró volver á establecerse en el país.

El cristianismo de hoy en la Gran Bretaña no es la continuación del cristianismo romano y nacional de Inglaterra, sino que procede de San Agustín de Canterbury, enviado por Gregorio el Grande á convertir los anglosajones en el siglo V, en cuya misión convirtió al Rey Edelberto, é hizo brotar la fe, produciendo la jerarquía de la Iglesia Sajona. Pero la Iglesia Católica de Inglaterra en el día, no posee ni las as diócesis, ni las parroquias, ni las catedrales ó las iglesias de parroquia, ni los terrenos, ni parte alguna del orden eclesiástico que provenga de los antiguos sajones, y fué perfeccionado por sus sucesores normandos é ingleses. Ni ofrece continuidad con el vasto sistema material que caracteriza á la Iglesia Católica de Inglaterra hasta el siglo XVI. Desde aquella época poco faltó para que la fe católica y la iglesia desapareciesen del todo, pues durante dos generaciones no había ya ni Iglesias, ni Obispos; y para los pocos

---

[9] **Si este Dios no existiera, habría que inventarlo. Nota de Colección Erandique.**

católicos que quedaban solamente, existían unos cuantos sacerdotes que les suministrasen auxilios espirituales, no pasando de treinta mil los católicos que resta ban al terminar el siglo pasado.

En la primera mitad del siglo XVII la autoridad eclesiástica principal era un arcipreste á quien sucedió después un vicario apostólico. Más tarde se nombró un segundo, después llegaron á cuatro, posteriormente à ocho y en el año de 1850 se restableció en Inglaterra una jerarquía de un metropolitano y doce sufragáneos. A pesar de no tener hoy día la Iglesia Católica en Inglaterra continuidad material con las estructuras que ha levantado y las posesiones que ha tenido hasta fines del siglo XVI, sin embargo, su continuidad espiritual no se ha destruido. Se han conservado de generación en generación los linajes católicos; no ha cesado jamás la sucesión del clero; la jurisdicción directa del Jefe de la Iglesia suministró la autoridad pastoral suprema, hasta que fué restaurada la jurisdicción ordinaria de su episcopado. Es idénticamente semejante su fe, doctrina, jurisdicción y disciplina, sus Sacramentos y su culto con la iglesia de San Agustín de Canterbury. Presenta actualmente la viva imagen de lo que describe el venerable Bede en la "Historia de la Nación inglesa". Celebra en la actualidad y cada año las festividades de una multitud de Santos de sangre sajona y real, cuyos nombres se conmemoran en las oraciones de una tradición no interrumpida de 1.200 años.

Ninguna otra porción de la Iglesia ha sufrido las vicisitudes de la de Inglaterra. La Iglesia de Irlanda, desde San Patricio hasta el día, con su identidad inmutable, con sus tradiciones inquebrantables de fe y jurisdicción, no ha dejado de ser la Iglesia del pueblo. Desaparecieron las Iglesias africanas, sin que haya tenido lugar su restauración. La Iglesia de España, cuya pureza primitiva fué momentáneamente empañada por los desvaríos del arrianismo, no por eso dejó de existir, pero en Inglaterra dos veces fué ya extinguida la fe y la Iglesia Católica ante los ojos de los hombres, y dos veces fué restaurada.

La Iglesia Católica es aquí visible y eminentemente la Iglesia de los pobres. Aunque algunos grandes nombres históricos unen la Iglesia Católica de una manera indisoluble con todas las clases de la monarquía inglesa, la mayor parte de su rebaño lo componen los pobres. Durante los últimos cuarenta años las Iglesias Católicas se han abierto para el pueblo inglés; éste las ha fecundado, ha tomado parte en el culto, ha oído sus instrucciones y se la familiarizado con sus miembros; se han desvanecido los temores de la ignorancia, las preocupaciones y las interpretaciones hostiles, no disipadas por las refutaciones de la controversia, sino por los dictados del sentido común y por lo que dicho pueblo pudo por sí mismo ver y oír. En el día la Iglesia Católica ha vuelto de nuevo á formar parte de la vida pública y privada en Inglaterra; constituye ya una de las instituciones públicas del país; toma parte activa en todas las instituciones de educación, beneficencia y utilidad; aquellos mismos que menos simpatizan con la Iglesia Católica reconocen su acción benéfica.

He aquí la estadística de la Iglesia Católica en Inglaterra propiamente dicha.

1º. La jerarquía consiste en un arzobispo y doce obispos.

2º Existen trece capítulos de catedrales que consisten cada uno en un proboste y diez canónigos.

3º. Hay trece diócesis, con un personal eclesiástico de 1.621 individuos.

4º. Hay 1.016 Iglesias públicas y capillas.

5º. Hay seis colegios grandes, diez colegios menores, 200 escuelas para las clases medias y pobres en Londres, y 800 escuelas más, próximamente, en el resto de Inglaterra.

6º Existen diez conventos para la vida contemplativa; y una multitud de instituciones consagradas á obras de beneficencia, como la instrucción de los pobres, el cuidado de los enfermos, establecimientos penitenciarios, reformatorios, asilos para huérfanos desamparados y otros.

7º. El número de católicos en Inglaterra y Gales, que arrojan los registros bautismales, llega á millón y medio.

Durante el siglo XVI, tan duro y cruel en Inglaterra para los católicos, fué tan completamente despojada de sus haberes la Iglesia, que no hay corporación religiosa que más literal y estrictamente subsista de la cooperación voluntaria de sus fieles. Los obispos y demás clero dependen en gran parte de las limosnas de los feligreses, y puede decirse sin recelo de faltar á la verdad, que una porción considerable del clero vive de los donativos de cada domingo y días de fiesta de guardar. Exceptuando algunas de las iglesias grandes existentes en las ciudades, las rentas de las misiones y parroquias son inferiores á sus dispendios. Sin embargo la generosidad del pueblo equilibra el balance cada año. No hay en Inglaterra corporación religiosa que más habitualmente subsista confiada en la Providencia; y este estado de pobreza causa los mejores y más hondes efectos sobre el clero y el pueblo, hallándose así unidos por los vínculos de la íntima confianza y la caridad, y sintiendo que les interesa el tomar parte en los trabajos de la Iglesia. A pesar de esto no ha sufrido disminución alguna la autoridad ni la independencia del clero, pues descansan ambas en la fe del pueblo y en que el clero y el pueblo se hallan unidos por los vínculos de la gratitud y del afecto. Ni sacerdotes ni pueblo cambiarían este estado de servicios mutuos recíproco cariño por las más opulentas dotaciones del Estado.

La jerarquía de Escocia se extinguió, al soplo de los acontecimientos políticos del tiempo, en el año de 1603. Parece que en el trascurso de dos ó tres generaciones quedaron los católicos de Escocia sin la sucesión de obispos. Fundóse el actual vicariato escocés en 1694; después en 1731 dividióse la Escocia en dos distritos, el Lowland (Tierra baja) y el Highland (Tierra alta): y en 1827 se dividió en tres, que son los del Este, del Oeste y del Norte, que han continuado hasta el día. Un número considerable de católicos han mantenido siempre la continuación y sucesión de la fe en las Tierras altas y las Islas del occidente. La historia de sus sufrimientos presenta más de una lúgubre página para Escocia; pero en los últimos tiempos ha aumentado rápidamente el número de católicos en Escocia por la comunicación con el Norte de Irlanda, y por la inmigración que han atraído las grandes industrias de Escocia, á Greenock, Glasgow, Dundee y á otras partes del país. El número de católicos en Escocia es próximamente de 400,000 á 500,000; hay más de 200 sacerdotes, é igual número de Iglesias.

No es fácil dar cuenta detallada de los colegios, escuelas y establecimientos de enseñanza; no es fácil tampoco, en un folleto de las proporciones del presente, el dar cuenta de la Iglesia Católica en Irlanda, pues sería necesario escribir la historia de una nación, porque no existe en el mundo un pueblo que se halle más identificado con su fe y con la Iglesia.

Se ha dicho ya que cotejando las vicisitudes de la Iglesia Católica en Inglaterra con las no interrumpidas tradiciones cristianas de Irlanda, que ningún país en el mundo, con excepción de Roma, presenta un ejemplo tan noble de la fe imperecedera y de la constancia inflexible. Es tradición en Irlanda que San Patricio recibió la promesa Divina de que nunca perdería el pueblo que Dios le había entregado en los entonces confines remotos de la tierra; y la inquebrantable constancia de los irlandeses en su fe, no tan solamente en Irlanda, pero por todas las colonias del Imperio Británico y en el vasto continente de Norte-América, presenta un ejemplo de perseverancia inmutable en Religión, que verdaderamente sirve de apoyo á esta tradición nacional.

Hubo un tiempo en el siglo XVII en que toda la población católica de Irlanda estaba reducida á un corto resto, que han asegurado algunos que no pasaba de 80.000, y encerrados en la provincia de Connaught, la cual por el decreto de 26 de septiembre de 1653 fué reservada para la residencia de la nación irlandesa. Después esos restos multiplicaron en proporción mayor que la raza inglesa y escocesa; y en la actualidad los católicos irlandeses que residen en Irlanda y esparcidos por todo el mundo pasan de doce millones.

Nunca se vió Irlanda privada de sus obispos y sus pastores. Su episcopado, después de muchos sufrimientos, ha ido en aumento; retiene hasta el día las sedes arzobispal y episcopal, sus provincias y diócesis, su forma jerárquica y parroquial en sucesión y vitalidad.

He aquí la estadística de la Iglesia Católica en Irlanda:

1º. La jerarquía consiste en cuatro arzobispos, de los cuales dos son primados, y 24 obispos.

2º. Hay veinte y ocho diócesis, con 1.080 parroquias y 3.440 curas.

3º. Existen 2.349 Iglesias y capillas públicas.

4º. Hay una universidad, 25 colegios, 116 escuelas superiores y 7.000 escuelas primarias.

5º. El número de católicos que viven en Irlanda según el censo de asciende á 4.141.933. Es tan evidente la condición de la Iglesia Católica de Irlanda, que toda descripción es superflua; pero se puede añadir una observación, á saber: el gran acto de justicia por medio del cual el Parlamento Británico y la opinión pública de estos reinos hizo reparación al pueblo católico de Irlanda, por el desestablecimiento de la Iglesia protestante, fué traído por dos causas distintas: una la repudiación justa y generosa por la población católica de estos reinos de la injusticia y opresión religiosa de los últimos siglos: y la otra, el poder moral de la raza católica de Irlanda. No hay pueblo que aprecie más la justicia en sus gobernantes que el irlandés, así como no hay pueblo más leal cuando se le trata bien, pues no hay pueblo más cristiano.

La actitud de la Iglesia Católica en Inglaterra, Escocia é Irlanda para con todas las formas del Cristianismo que existen en derredor de ella, no es de hostilidad, sino de esperanza. Cree en todas las doctrinas cristianas que creen las comuniones separadas en Inglaterra; quisiera que todos creyesen las doctrinas cristianas en que ella tiene fe; no quisiera disminuir ninguna de las verdades que conservan, su misión no es desmoronar, sino construir; su obra no es la destrucción sino la conservación, porque en espíritu y en acción es del todo constructora y conservadora. Anhela que caigan sobre Inglaterra torrentes de bendición como el rocío de los crepúsculos; quiere que la tierra que estaba desolada se regocije, y que el desierto florezca como el lirio. Cada nueva luz que brilla en Inglaterra es motivo de acción de gracias, y ha ido descendiendo visiblemente sobre Inglaterra duran- te tres generaciones.

La misión de la Iglesia Católica en Inglaterra es de paz, de caridad, de orden, benevolencia y beneficencia, y para conservar estas cosas defiende inflexiblemente la tradición de la educación cristiana que desde la misión de S. Agustin hasta el día ha permanecido inquebrantable.

Sus pensamientos hacia Inglaterra son de paz. Aquellos que desconfían de ella no conocen á la Iglesia Católica. Aquellos que quisieran excitar contra ella á los ingleses, sean cualesquiera que sean sus intenciones, no son amigos de la Gran Bretaña.

III

He tratado de condensar en el anterior capítulo los datos más principales que se refieren á la historia y al estado actual del catolicismo en la Gran Bretaña, con el objeto que ya dejo indicado, de llamar la atención hacia esta reacción católica que se observa en el seno de la protestante Inglaterra, y que ha tomado proporciones gigantescas en los últimos años. Reacción tanto más notable en los tiempos actuales, cuanto que en los países meridionales, en los que el catolicismo fué hasta hace poco la religión dominante y puede decirse única, allí es en donde ahora los propagandistas libre-pensadores y ateístas se han apoderado de las masas ignorantes y de muchas gentes de no muy arraigadas creencias ni sólida instrucción, y esas son las que están dando al mundo entero un espectáculo desconsolador y con frecuencia repugnante, tal es el fanatismo antirreligioso y brutal con que se manifiestan.

Los efectos de estos dos movimientos sociales divergentes son también diametralmente opuestos. La reacción católica en Inglaterra, de la que me vengo ocupando, marcha de triunfo en triunfo: ella fomenta, unifica, crea, instruye, auxilia al desvalido, recoge al huérfano, consuela al desgraciado, inspira á todos sentimientos elevados de honor, dignidad, magnanimidad y patriotismo, y desarrolla en su magnífica pureza las excelsas virtudes de la Fe, la Esperanza y la Caridad.

La propaganda ateo-comunista, más ó menos disfrazada, es una vil parodia de la barbarie más cruel y en el mayor desarrollo que se ha presentado dominante en los últimos veinte siglos sobre la faz de la tierra. Las hordas de aquel terrible Atila, Rey de los Hunos, que dejaba estéril el terreno sobre el que su caballo imprimía la marca de sus herraduras, fueron menos peligrosas, menos destructoras, menos crueles y tiránicas, menos profanas y bárbaras que esas hordas modernas, que tratan de hacer tremolar su bandera de sangre, destrucción y exterminio sobre los escombros á que quieren reducir las grandes conquistas de la civilización. Atila, al fin, se detuvo con sus ejércitos á las puertas de la ciudad eterna, cuando San León salió á su encuentro á pedirle que no pasase adelante el *"azote de Dios"*. Pero las hordas modernas que infestan la Europa, no se detienen por nada, ni ante nadie. Su profesión de fe es la destrucción completa del orden social, aniquilando, todas las instituciones en existencia, las nacionalidades, los Estados, las religiones positivas, la Iglesia, los Tribunales de Justicia, las Universidades, los Gobiernos, los ejércitos, la policía, las instituciones de crédito, la propiedad, y por último, la familia. ¡Destrucción, exterminio, y nada más!

Sería necesario entrar en muy complicadas consideraciones para examinar con alguna prolijidad la cadena no interrumpida de causas que han arrastrado una gran parte de las masas populares contemporáneas á esos extremos de anarquía á que se han lanzado frenéticas, haciendo abstracción completa de todo sentimiento represivo, de todo criterio, de toda lógica que influya benéficamente en los seres racionales para inclinarlos hacia el sendero de la virtud y del bien. Pero sin necesidad de entrar en el detallado examen de esas causas, en el momento puede concebirse que el libre examen, en toda su latitud y practicado sin excepción por toda clase de inteligencias, con variedad de temperamentos y caracteres, ha conducido las imaginaciones de las multitudes al laberinto en el que forzosamente tenían que perderse y se han perdido, porque fueron guiadas solamente por su osadía, su vanidad, su orgullo, su ambición y su muy limitado criterio, intentando cada microscópica individualidad definir por sí sola la verdad, sumariamente y sin error; cuando las más distinguidas lumbreras del talento y de la ciencia, después de muchas centurias, apenas han podido presentarnos depurada la síntesis de sus profundos estudios, para enseñarnos á comprender las verdades eternas.

El origen de la reforma protestante es bien conocido, y para el objeto de esta reseña sería superfluo recordar aquí sus principales antecedentes históricos.

Dividido en varias sectas el protestantismo desde el mismo momento de nacer, como tenía que suceder siendo su punto de partida el libre examen, esas mismas sectas se fueron fraccionando y separando más cada vez unas de otras, hasta formar una verdadera confusión de creencias, que se cuentan por docenas, y en las cuales se observa el curioso fenómeno de que la gran mayoría sus adeptos ignoran completamente lo que creen, ó sus diferencias con que enseña la religión ortodoxa. Tomando como punto de partida en Inglaterra la Iglesia Anglicana, que con algunas modificaciones es la fundada por Latero; y por punto de partida en el continente europeo la Iglesia Calvinista, más radies todavía que la Luterana, el protestantismo empezó á subfraccionarse manifestando dos tendencias opuestas: la una muy marcada hacia el catolicismo, y á cuyas diversas graduaciones ascendentes se les ha dado el nombre de *Alta Iglesia*. La otra tendencia, muy marcada también hacia el deísmo, tanto que algunas de esas sectas niegan rotundamente la divinidad de Cristo, como los Socinianos, que son ya el extremo más radical del protestantismo, y en el cual desaparece por completo la grandeza y sublimidad sobrenatural del Hombre—Dios.

Esta tendencia radical del protestantismo ha dado vida á las diversas subdivisiones descendentes, que se apellidan la *Baja Iglesia,* y que han sido y están siendo el más precoz y fecundo semillero de los prosélitos del ateísmo, del materialismo, del indiferentismo religioso, de la Internacional, del comunismo, y en fin, de la guerra declarada por el proletariado contra el organismo actual de las naciones.

Las más avanzadas de estas sectas radicales religiosas, antes de desprenderse por completo del disfraz de misticismo puritano que les sirve para poder presentarse con cierto carácter acomodaticio, han llevado sus pueriles extravagancias al más extremoso absurdo. Establecen, por ejemplo, que los templos no deben de tener adornos profanos, porque esos adornos, por sencillos ó poco alegóricos que sean, conducen, según ellos, á la idolatría; por lo tanto, así interior como exteriormente, no quieren que se diferencien sus templos del más sencillo almacén destinado á depósito de mercancías; y aun en este caso sólo debe utilizarse el modesto edificio en el mismo concepto que se utiliza un paraguas cuando llueve ó calienta demasiado el sol. Fuera de estas circunstancias el mejor templo para congregarse esos sectarios creen que es el campo raso y el aire libre, sin otros utensilios profanos que un banquillo, sobre el cual pueda encaramarse el pastor para dirigir la palabra á su rebaño.

Como muchas de estas sectas han suprimido las jerarquías eclesiásticas y todo carácter sacerdotal, es entendido que cada uno de sus miembros tiene el derecho de constituirse en predicador ó misionero, lo cual es un atractivo para algunos que desean, á poco costo, adquirir fama de oradores religiosos entre las gentes de su barrio. Los oyentes de estos predicadores no indican interesarse mucho en sus sermones, á juzgar por el mudo desdén con que van desfilando, después de escuchar algunos minutos al orador. Sin embargo estos sectarios han inoculado en las masas el virus de la incredulidad, á la par que han causado una herida mortal al protestantismo de Lutero de Calvino, ridiculizándolo.

Todos los anatemas del Concilio de Trento no dieron á la reforma protestante un golpe tan tremendo, ni siquiera comparable al que le han asestado sus mismos disidentes con los nombres de Metodistas, Anabaptistas, Cuákeros, Puritanos, Unitarios, Evangélicos, Spurgeonistas, Mormones, etc., etc. Y esto se comprende, pues nada puede haber más perjudicial al propio decoro del protestantismo, que la osadía de innovadores como el Reverendo Spurgen, por ejemplo, fundador de una secta que parece destinada á traficar, á guisa de bautismos por inmersión, en baños fríos, y el cual se exhibe al público instruyéndolo de su viaje á Roma, hasta las puertas del Vaticano, con el objeto de insultar más de cerca al Pontífice Pio IX, haciendo alarde de esos insultos que tan tristemente ponen de manifiesto la misera humanidad del Reverendo, y su carácter bufo de innovador.

Los protestantes de la Iglesia Anglicana, sobre todo los de elevada instrucción, tienen marcada prevención á esos sectarios que forman el elemento más deletéreo de la reforma protestante; pero como su disidencia está basada en el principio de interpretar la Biblia según mejor le plazca á cada cual, de aquí resulta que no pueden atacar sus extravíos sin recibir de rechazo los mismos ataques. Tal vez de esto ha nacido el movimiento en sentido opuesto, llamado Puseista, iniciado hace ahora cuarenta años por algunos Doctores de la Universidad de Oxford, entre ellos los señores Vaughan, Thomas, Newman y el Dr. Pusey. Los antiguos reformadores estaban adheridos al *latitudinarismo,* ó mejor dicho eran hombres de pocos escrúpulos de conciencia; los nuevos desean ser más exactos en el dogma y en la disciplina, y dicen: "Conservemos el símbolo de S. Atanasio y las formas todas del bautismo; ningún acomodamiento con el espíritu del siglo; inculquemos los formularios, lejos de dejarlos caer; no olvidemos las obligaciones que desde nuestra regeneración en Jesucristo por el santo bautismo, hemos contraído con la Iglesia. No olvidemos tampoco que la voz de los obispos es la voz del mismo Dios. Manifestemos que nuestros obispos, enlazándose con los Apóstoles por una legítima sucesión, ellos solos por consiguiente, y los ministros establecidos por ellos, deben ser escuchados y obedecidos en asuntos espirituales. Hagamos entender que la Iglesia no depende del Estado, sino que la alianza de la Iglesia es por el contrario un honor para el Estado. Reanimemos la disciplina decaída; revivamos la inteligencia por el recuerdo de las verdades que desgraciadamente nuestra Iglesia ha olvidalo temporalmente, pero nunca las ha perdido; guardemos los días de abstinencia y las festividades de los santos, sujetándonos á las rúbricas; tengamos abiertas las iglesias; hagamos todo esto y nuestra Iglesia aparecerá lo idolátricas, que es realmente, una Iglesia pura y apostólica, que ha rechazado las corrupciones doctrinales y las prácticas supersticiosas, si no idolátricas, de su infortunada hermana de Roma, doctrinas todas claramente reprobadas por la antigüedad que invocamos con confianza y respeto".

Algunos de los prosélitos de esta escuela se pasaron ya al catolicismo; otros formaron una nueva Iglesia, todavía más aproximada al catolicismo, que se llama Ritualista, la cual está atrayendo á su seno las clases más distinguidas de la Iglesia Anglicana. Ha restablecido casi por completo los ritos de la Iglesia Católica, las vestiduras sagradas, los cirios, el incienso, las imágenes, la confesión auricular, los conventos de ambos sexos, etc., etc. Hace muy pocos días más de 480 clérigos anglicanos suscribieron una manifestación pidiendo la Confesión Sacramental; y en una palabra, la parte más sensata de los protestantes, al ver el abismo á que caminan los disidentes de la baja Iglesia, retroceden espantados y tratan de abrazar algo que excite los sentidos, que imponga recogimiento y respeto, que inspire idealismo místico, que toque al corazón, que mantenga vivas les creencias cristianas que se han ido marchitando, secando y extinguiendo casi del todo dentro de los muros de esos templos protestantes que nada enseñan, que nada inspiran, que más bien que templos para rendir en ellos culto á Dios, parecen anfiteatros para enseñar en ellos cómodamente al auditorio clínica ó materia médica. Esta reacción de la alta Iglesia protestante es tanto más digna de alabanza cuanto que proviene de la necesidad que trae en pos de sí el convencimiento espontáneo; y es excusado decir que del ritualismo protestante al catolicismo no hay sino un pequeño paso que dar. Se comprenderá ahora perfectamente ese incremento y desarrollo que está recibiendo la Religión Católica en Inglaterra y el que es muy probable que seguirá recibiendo cada día.

Pero estos triunfos de la Iglesia Católica en la Gran Bretaña están amargados en el continente con varias persecuciones directas contra el catolicismo. En el nuevo Imperio de Alemania el Gobierno ataca duramente á la Iglesia Católica y libra con ella una batalla, de la que no recoge tan inmediatos triunfos como de la guerra con el Austria en 1866 y con la Francia en 1870 y 1871.

Los ataques del Gobierno contra la Iglesia Católica son por medio de leyes que tratan de destruir su organismo y libertad. En la primer legislatura de 1872 hizo aprobar tres leyes depresivas para el clero católico; la primera impone pena de dos años de prisión en una cárcel ó fortaleza á todo eclesiástico que en el ejercicio ó con ocasión de sus funciones trate de asuntos del Estado delante de cualquier junta ó reunión, de manera que ponga en peligro la paz pública; la segunda quita la inspección de las escuelas de enseñanza primaria á los ministros del culto, pasándola á delegados directos del Gobierno, amovibles á voluntad de éste; la tercera destierra de Prusia á los Jesuitas y las congregaciones unidas á la Sociedad de Jesús, y dispone que los Jesuitas y congregaciones puedan ser expulsados del territorio por una simple medida de policía, aun cuando posean la nacionalidad alemana. Otros varios proyectos de ley contra el clero católico fueron aprobados por las dos cámaras prusianas en enero de este año. Uno de ellos dispone que el clero (católico) reciba su instrucción en las universidades del Estado (protestantes) ó en seminarios autorizados por el Gobierno, que no podrá tolerarlos sino en poblaciones que carezcan de universidad, exigiendo á estos seminarios las mismas garantías que á los establecimientos oficiales. Al terminar los estudios preparatorios los eclesiásticos deberán sufrir un examen para demostrar que están dispuestos á ser dóciles. Los dichos seminarios quedarán sometidos á una inspección rigurosa, no pudiendo aumentar su número, ni permitirles que admitan nuevos discípulos. Los obispos no podrán colocar en los cargos eclesiásticos sino á sacerdotes aprobados por el Estado.

Otra ley arregla minuciosamente las condiciones con que cada individuo podrá tener ingreso en una nueva iglesia, las que se reducen principalmente á su propia declaración y á una módica retribución en favor del Estado. Otra somete las sentencias episcopales y todos los casos de disciplina eclesiástica, á un alto tribunal, en cuyas resoluciones las influencias corresponden al poder civil. Otra por último, limita el poder disciplinario de la Iglesia, de manera que no pueda nunca oponerse á un acto del Estado. Un escritor protestante, al comentar tan arbitrarias disposiciones, ha dicho: "Ciertamente, no se sabe qué facultades quedan á los obispos católicos prusianos; semejantes leyes los convierten en meros prefectos eclesiásticos".

El Gobierno prusiano no se contentó con esas leyes: hallándose ellas en completa oposición con los artículos 15 y 18 de la Constitución, reformó esos artículos constitucionales, añadiéndole al primero "La Iglesia Evangélica, la Católica Romana y cualquier otra sociedad religiosa quedan sometidas á las leyes y á la vigilancia del Estado"; y al segundo añadiendo que "la ley fija los derechos del Estado respecto de la educación, empleo y destitución de los eclesiásticos y fija los poderes del poder disciplinario eclesiástico".

Para dar un motivo á estos ataques arbitrarios, el Gobierno prusiano se queja de que los católicos han sido hostiles á su política antes y después de la guerra con Francia. La Italia, dice, era simpática a los franceses en 1870, por razón del catolicismo. En el Parlamento prusiano el partido de la oposición, llamado del centro, era compuesto de católicos; en Silesia se había formado un partido polaco favorecido por el clero, y en todas las provincias de Prusia se ha tratado de introducir un dualismo funesto, creando un Estado dentro de otro Estado. Desde entonces no ha encontrado otro medio de vivir en paz que declarando la guerra al catolicismo.

Tanto los dos Arzobispos de Posen y Colonia como los demás Obispos católicos de Prusia, protestaron colectivamente contra las leyes que atacan la libertad é independencia de la Iglesia Católica, en cuya protesta dicen las siguientes notables palabras: "Esas leyes violan los derechos y las libertades que pertenecen á la Iglesia de Dios, según el orden establecido por él. Son una negación completa del principio que en los pueblos cristianos, desde Constantino el Grande, ha servido de regla á las relaciones entre el Estado y la Iglesia; principio que reconoce en el Estado y en la Iglesia dos poderes diferentes establecidos por Dios, y no consiente que esos poderes, cuando por la multiplicidad de los puntos de contacto y lo complejo de sus relaciones tienen que fijar los límites de sus facultades, procedan separada y arbitrariamente; por el contrario, los obliga á ponerse de acuerdo acerca de las providencias que se han de tomar. La Iglesia no puede reconocer el principio del Estado pagano de que las leyes del Estado son la única fuente del derecho y de que no corresponden á la Iglesia otros derechos que los que le confieren las leyes y la Constitución del Estado: no puede reconocer semejante principio sin negar la divinidad de Jesucristo, de su doctrina y de la Iglesia que la fundado, sin hacer depender el cristianismo mismo de la voluntad arbitraria de los hombres".

El Gobierno prusiano quiso también atacar al catolicismo, protegiendo el cisma iniciado por el famoso teólogo y canónigo de Múnich, Döllinger ; pero desistió de su proyecto porque Döllinger y los de su escuela han declarado que ellos son los mejores intérpretes de la doctrina católica, y rechazan toda alianza estrecha con los protestantes ó con los reconocidos anteriormente como cismáticos. No por eso el Gobierno prusiano pierde momento ni oportunidad para destruir la más leve sombra de poder y autoridad de la Iglesia Católica, tarea de muy problemáticas consecuencias porque los decretos imperiales y las leyes que traten de avasallar las conciencias de los que tienen entera fe en sus creencias religiosas, no ejercen la misma fuerza, ni producen idénticos efectos que las baterías de ametralladoras y de cañones Krupp que aniquilan ejércitos, desmoronan imperios é imponen á los vencidos la ley arbitraria del vencedor.

Lástima es, por cierto, que el grande hombre, el profunde político y estadista, el enérgico y afortunado Príncipe Bismarck, que supo con tanta maestría fundar un Imperio y consolidarlo; que cuenta el número de sus grandes concepciones por el de sus grandes triunfos, descienda del elevado puesto en que lo han colocado sus hechos para mezclarse en una cuestión que no tendrá ningún otro resultado final el de dejar consignado un paréntesis en la elevación de miras que revelan todos sus demás proyectos.

Si de Alemania se vuelve la vista á Italia, hállase allí palpitante la misma contienda, esto es, el poder civil atacando á la Iglesia católica por todos lados, despojándola de cuanto posee, disolviendo las asociaciones de religiosos regulares, y asestando sus principales tiros contra el venerable Pontífice, que desde su reclusión en el Vaticano dirige espiritualmente y con poder siempre creciente á los millones de católicos esparcidos por todos los confines del Universo.

En Francia los ateístas se presentan ya descaradamente formando Asociaciones ofensivas, con una audacia tan agresiva, que en realidad es alarmante, y causa muy serios temores para lo porvenir; pues ninguna calamidad peor puede caer sobre las naciones que la guerra de la religión; y jamás se han hacinado materiales tan poderosos para hacerla estallar como los que actualmente se encuentran en fermentación en toda Europa, pero especialmente en Francia, España, Italia, Suiza y Alemania.

Hace ya años que empezó á oírse en los Estados Unidos y en Europa el nombre de esa escuela de incrédulos llamados "Free thinkers", ó libre pensadores. Profesan éstos, como lo indica su nombre, la teoría de pensar libremente en todas las cuestiones, pero especialmente en las religiosas y metafísicas. Entienden por "pensar libremente" el no creer en cosa alguna religiosa, sobrenatural, ni espiritual; niegan la inmortalidad del alma y la existencia de Dios, y á partir de esas dos negaciones son en todo lo demás pensadores libres.

Pero, como sucede á todos los que toman la palabra libertad como un mito acomodaticio, en contradicción y pugna perenne consigo misma, los libre pensadores empiezan por negar á los que no piensan como ellos, la libertad de pensar libremente, ó sea el libre albedrío que reconoce el catolicismo, y que da doble brillo á la fe de los católicos. No se contentan con profesar que piensan libremente, cuando se ve que forman una escuela perfectamente definida de negación, la cual, desde el momento que se impone á sus afiliados, les priva de la libertad de pensar y los hace esclavos de la incredulidad; los libre pensadores van más allá, á saber, tratan de imponer á la sociedad sus ideas de negación, presentándolas disfrazadas con ese título bombástico de sus asociados, siendo esta su segunda contradicción con lo que significa su título.

Bien es cierto que los libres pensadores son los que menos piensan y menos necesidad tienen de pensar. Cuando el hombre hace profesión de fe, materializando su inteligencia y su ser hasta hacerlos descender al nivel de las inteligencias y seres irracionales ¿qué necesidad hay entonces de pensar?

El pensamiento humano es una facultad superior y espiritual q conduce positivamente á la idea de Dios, á la inmortalidad del alma, a la religión, al cristianismo, á la ortodoxia del catolicismo, en fin. Despójese el hombre de esa facultad superior de pensar, que le conduce a las verdades sobrenaturales, y quedará reducido á un animal como otro cualquiera con instintos más o menos desarrollados y aceptables. ¿Será este el bello ileal de los libre pensadores?

Hace ya dos años que en la ciudad de Lyon, en Francia, se ha dado á conocer una sociedad con ese nombre de "Libre-pensadora" cuyo lema es "no más clérigos al nacer, no más clérigos al casarse, no más clérigos al morir". Los fondos de la sociedad se aplican á los gastos en que puedan incurrir sus miembros al rechazar la intervención eclesiástica en esas tres épocas; y es su objeto, por todos los medios de que puedan disponer, el aumentar el número de personas que prueben su independencia de las *supersticiones teológicas,* como ellos les llaman, limitándose á las ceremonias civiles; á cuyo fin los miembros de la asociación, y de otras sociedades que le sean aliadas, tienen que concurrir à todo entierro civil del cual tengan noticia, bajo pena de multa.

De las tres épocas mencionadas en el lema de la sociedad, es claro que solamente en los entierros se pueden hacer manifestaciones públicas. No parece que pueda ser bastante motivo para congregar los miembros de una sociedad semejante, el nacimiento de un niño, cuyos padres han determinado no bautizarlo; ni tampoco es muy á propósito el acto del registro civil de un matrimonio, cuyos dos cónyuges declaran no pertenecer a religión alguna. Solamente un funeral combina las dos condiciones esenciales, á saber, un ceremonial necesario de alguna clase y una exclusión indudable del elemento religioso; y por esto la sociedad de los libre pensadores dirige todos sus esfuerzos multiplicar y hacer ostentación de los funerales civiles. La primer necesidad, para hacer un entierro, es, positivamente, el que haya alguno á quien dar sepultura; y parece que los libre pensadores de Lyon no tienen escrúpulo respecto á los medios de satisfacer su hambre de cadáveres para enterrar. Su objeto es impresionar al público con la idea de que forman ya una secta ateísta mucho más numerosa de lo que es en realidad, y esto lo consiguen seduciendo á aquellas personas que por indiferentismo, por debilidad ó por miseria entregan los cadáveres de sus parientes á los agentes de esa sociedad que les promete enterrarlos con pompa civil, y algunas veces darles encima una recompensa monetaria. En muchos casos ha sucedido que las personas enterradas civilmente por la sociedad de libre pensadores han vivido religiosamente y han manifestado su horror de morir sin auxilios espirituales ó de ser enterrados sin las últimas oraciones de la Iglesia, dichas por un sacerdote. Se citan especialmente dos niños enterrados civilmente en Lyon, los cuales habían hecho su primer comunión pocos días antes de espirar; uno de ellos, de once años de edad, fué acompañado á la tumba por unos cuatro mil libre pensadores. La policía de Lyon ha declarado que muchas familias le han pedido protección para librarse de los insultos y las impertinencias de los libre pensadores, por haber rehusado entregarles los cadáveres para ser enterrados por la asociación. En consecuencia de la actividad que han desplegado, los funerales civiles de Lyon han subido al número de 107 durante los dos últimos meses, de manera que una ó dos veces al día los libre pensadores han alterado el orden público con sus manifestaciones dirigidas á herir y escandalizar el sentimiento católico, haciendo recorrer las calles de la ciudad á esos entierros irreligiosos durante el mediodía, y algunas veces insultando á los cortejos fúnebres de otros entierros que hallaban accidentalmente en las mismas calles.

De resultas de estos escándalos, el Prefecto del departamento del Ródano tuvo que imponer á los entierros civiles un reglamento especial, por el cual solo se permite que sean enterrados à cualquier hora del día los cristianos, señalando la hora de seis de la mañana en verano y de las siete de la mañana en invierno para los funerales de los que hayan de ser enterrados civilmente, prohibiendo los discursos al lado de sus sepulcros y limitando los acompañamientos.

Este decreto ha dado lugar á muy serios debates en las cámaras francesas y en la prensa europea, pues por todas partes cunde ya la alarma, á causa de los esfuerzos de los ateístas, en todos los terrenos, para aumentar su número y sembrar en la sociedad la semilla de la impiedad y de la incredulidad más absoluta.

Los libre pensadores, he dicho ya, son los que menos piensan y saben pensar. Hablan frecuentemente de Voltaire y de Rousseau; citan las obras filosóficas de Epicuro, Descartes, Holbach y Diderot, que probablemente no han tomado jamás en las manos; y sin más razones ni controversias, hacen tabla rasa con todo cuanto se oponga á su negación absoluta de la divinidad.

¿Y cuál será el objeto de esos libre-pensadores que tanto se esfuerzan por suprimir á Dios? Es que suprimiendo á Dios creen que pueden también suprimir sus conciencias; suprimiendo al Hacedor Supremo de tantas maravillas, creen poder participar ellos mismos del botín, esto es, aplicarse algunos de los atributos de Dios; y miserables insectos de la creación, quieren soñar algunos momentos que son gigantes, y para esto se embriagan con las más cínicas blasfemias.

Y por desgracia los gobiernos, algunos inconscientes de lo que hacen, son los instrumentos ciegos de esta propaganda que tiende á desmoralizar los pueblos y á disolver por completo las sociedades. Los Gobiernos han legislado inaugurando la persecución al catolicismo, unas veces atacando la propiedad de la Iglesia, otras veces atacando las corporaciones religiosas; cuándo sembrando dificultades en las relaciones con el Pontifice Romano, cuando negando toda autoridad diocesana y de disciplina à los obispos. Los Gobiernos suprimieron en muchas partes los conventos; en lugar de los conventos su suprimidos se han constituido los clubs revolucionarios, en los cuales se conspira y se revoluciona diariamente; en vez de casas de beneficencia, sostenidas por asociaciones religiosas, que tuvieron que disolverse perseguidas con encarnizamiento, hay ahora grandes palacios consagrados al vicio, á la molicie, á las pasiones desenfrenadas, al juego, á las bacanales, á la vida inimitable de los tiempos de Antonio y Cleopatra. Los Gobiernos han sembrado vientos, y pronto, muy pronto recogerán terribles tempestades. Vino la gran cuestión de la libertad de cultos en los países que éran eminentemente católicos; los protestantes fueron los que clamaron más por la libertad, de cultos en todas partes, porque se les permitiese tener Iglesias, repartir biblias, y que no se molestase á los disidentes del catolicismo romano. La libertad de cultos se estableció últimamente en España, Italia y muchas Repúblicas de América; pero esas libertad de cultos se convirtió en el momento en una cruda persecución contra la Iglesia católica; los protestantes no sacaron de esa concesión hecha á los clamores, sino el honor poco envidiable de haber sido ciegos instrumentos de los ateos.

Los protestantes pidieron á los gobiernos de las naciones que eran católicas, el que se les permitiese tener cementerios. Sus argumentos al fin triunfaron; se les dió permiso para que tuviesen cementerios, pero los Gobiernos revolucionarios fueron todavía más allá, secularizaron los cementerios católicos, y la misma tierra cubrirá ahora al católico que al protestante, al cristiano que al mahometano, al deísta que al ateo. Los protestantes también en esto han tenido el honor de la iniciativa, consiguiendo mucho más de lo que deseaban. Ya no podrán tener los cementerios separados que pedían; pero en cambio tendrán cementerios civiles, de los que se hará desaparecer todo signo exterior, toda leyenda contemplativa que haga alusión a las creencias religiosas ó á la vida futura-

Dada la libertad de cultos, los gobiernos tuvieron la ocurrencia de raciocinar que los Estados no debían inclinarse más en favor de una religión que de otra, por lo tanto que debían de profesar el ateísmo; y de un salto colocados en ese terreno, sacaron la consecuencia de que, por lo tanto, debían perseguir al catolicismo. El matrimonio civil fué otra de sus victorias para hacer feliz la humanidad; destruyeron en el matrimonio todo lo que tiene de santo, todo lo que tiende à engrandecerlo, y lo redujeron á un simple contrato, esto es, al concubinato autorizado. Detrás del telón estaban los libre pensadores aguardando el momento oportuno; y dado el matrimonio civil, propusieron por medio de los internacionalistas la destrucción de la familia. Los gobiernos no se contentaron con civilizar los matrimonios: algunos estadistas ateos, que han ocupado las gradas del poder en esas naciones que están atravesando un periodo terrible de fermentación revolucionaria, de una sola plumada cuando han podido, o cubriendo las formalidades legislativas si fué necesario, haciendo grandes alardes de hombres libres y de respetar la libertad de sus semejantes, anularon los bautismos que se administran á los recién nacidos según las creencias cristianas de sus padres, y establecieron el registro civil, que les imprime cierto sello de filósofos ateos desde que empiezan la lactancia. Como consecuencia del matrimonio civil y del bautismo civil, ha venido el entierro civil después de la secularización de los cementerios; esto es, se ha venido á poner en práctica, con muy pocos rodeos, lo que dice el lema ya citado de los libre- pensadores, "no más clérigos al nacer, no más clérigos al casarse, no más clérigos al morir":

Pero no se limitan algunos gobiernos á plantear en el terreno del derecho el ataque constante al catolicismo, reasumido descaradamente por los libre pensadores en un paralogismo ateo; van mucho más allá: quieren destruir también todos los medios por los cuales un joven pueda iniciarse en las verdades religiosas y abrazarlas cariñosamente; y para esto se empeñan en civilizar también la enseñanza, eliminando de ella toda la parte religiosa y de moral cristiana; en resumen, llega su osadía tiránica á pretender que en vez de los elementos del Cristianismo, en vez del Catecismo Católico, se enseñe á los jóvenes á no creer en nada, á despreciar la idea de Dios, á despreciar al prójimo, á despreciar á sus propios padres, á mirar con desdén sus propios hermanos, á ser independientes, filósofos, librepensadores, ateos, utilitaristas y ultra epicúreos.

La gran cuestión de suprimir la enseñanza religiosa en todas las escuelas y colegios en donde se educa la juventud, es el gran golpe que están están preparando los incrédulos para epicureizar el mundo. Pero si llega a suprimirse por completo en Europa la enseñanza religiosa durante una generación solamente, la sociedad actual desaparecerá por completo; y los internacionalistas, los comunistas, los libre pensadores y los ateos, agrupados bajo una sola bandera de general exterminio y con un solo nombre, pondrán en práctica sus diabólicas teorías, hasta que llegue el momento en que cansado el cielo de ser testigo de tanta perversidad, tanta osadía y tanto orgullo de los hombres, haga descender fuego sobre las ciudades en que habiten, como en otro tiempo sobre las poblaciones criminales del tristemente famoso valle de Pentápolis.

IV

La circunstancia de que en un país en que habitan diferentes razas, en que se hablan varios idiomas, y en que, sobre todo, los municipios y las instituciones locales constituyen la vida política, y que sin embargo exista en él un sistema de persecución religiosa contra una sección de la comunidad, como el que existo en Suiza para perseguir á los católicos, es tan extraordinaria y llama tanto la atención, que he creído que debía consagrar un capítulo separado para trazar un bosquejo del triste cuadro que presentan esas persecuciones.

La República de Suiza ha sido señalada siempre como un modelo de las instituciones republicanas, como el oasis europeo donde puede gozarse la más amplia libertad, como un pequeño paraíso en el cual palpitan, con un solo corazón, todos los corazones unidos de los hombres libres; y sin embargo, en esa Confederación Helvética tan admirada, en donde hay libertad bastante para que se reúnan á deliberar todos los conspiradores, todos los agitadores políticos, sociales y religiosos de Europa, no hay libertad bastante para permitir á los católicos que observen su culto y promuevan los intereses de su pacífica y moralizadora religión dentro de los límites de aquella máxima de Jesucristo de "dar á Dios lo que es de Dios y al César lo que es del César".

El Gobierno de cada uno de los cantones suizos en los cuales han sufrido intervención los católicos, ha sustituido las autoridades eclesiásticas legitimas, y ha castigado como un delito el que los católicos, eclesiásticos ó seglares, se nieguen á acatar y reconocer sus decretos que afectan al catolicismo. Esta persecución es á la par que injusta, pérfida; es pérfida porque los cantones católicos que forman parte de la Confederación Helvética, recibieron la solemne promesa de que los católicos no serían molestados en sus creencias religiosas; y es injusta porque aquellos que la imponen dan pruebas de un fanatismo indisculpable. No se proponen ya la conversión de los católicos al protestantismo, ni intentan solamente aniquilar al catolicismo. Los argumentos de que antes se echaba mano para justificar las persecuciones religiosas, no existen ya; no se trata de una religión trabada en lid contra otra; no: el Estado ateo es el que lidia y guerrea en Suiza contra todas las religiones.

Entre los que protestaron con mayor energía contra los procedimientos del Gobierno de Berna y de Ginebra, de los cantones de Aargau, Soleure y otros, hay suizos que no son católicos, sino que pertenecen á la iglesia protestante establecida en el país, entre los que figuran de una manera notable M. Naville, de Ginebra, conocido escritor sobre cuestiones sociales; M. Vogt, de Zúrich. y M. de

Mestral, pastor protestante en Lausanne y miembro del Sinodo. M. Eugenio Naville escribió contra el arbitrario destierro de Monseñor Mermillod, diciendo que su expulsión del país era una violación del derecho común, pues el obispo de Lebrón no ha violado ninguna ley del cantón sobre todo no ha sido encausado ni juzgado, de manera que su destierro no ha sido más que un acto arbitrario con fines políticos. Dice M. Naville —y eso con incontrovertible lógica y sincero común sentido— que el Gobierno que se arroga tan arbitrario y tiránico poder, bajo cualquier pretexto que sea, pone en inminente peligro la libertad de todos los gobernados, porque lo que un Gobierno ordena hoy contra un católico, y refiriéndose á la obediencia á sus superiores espirituales, podrá mañana otro Gobierno con diferentes fines políticos ordenarlo contra un protestante por cualquier otra razón; y así sucesivamente, añado yo, cada fracción política que sube al poder en cada Estado, con creencias diversas en materias religiosas, podrá seguir la misma línea de conducta, legalizando sus persecuciones arbitrarias con el precedente de que han hecho otro tanto los que más blasona ban de libertad absoluta é ilimitada dentro del derecho común, y de un respeto sagrado á los derechos inalienables é imprescriptibles del hombre.

M. de Mestral ha escrito cartas elocuentísimas contra estos actos, en las cuales muy especialmente hace notar que esos ataques contra los católicos son real y verdaderamente ataques contra todas las religiones, fundados en la falsa aserción de la absoluta supremacía del Estado, en cuya técnica hallan ó pretenden hallar su justificación los Gobiernos. He aquí los periodos más notables de una de sus cartas dirigidas á la LIBERTÉ de Fribourg: —"Los berneses, tanto el Gobierno como el pueblo, son conocidos desde mucho tiempo como partidarios ardientes de la omnipotencia del Estado en el dominio de la religión, y de que esta debe estar supeditada sin derechos propios, ante el poder del Estado. Por esta razón apellidan rebeldes, malos ciudadanos, hombres peligrosos, etc., á todos los eclesiásticos, tanto católicos ante como protestantes, que dan muestras de independencia y dignidad, y que colocan en primera línea los deberes que se les ha confiado atender y cumplir para con la Iglesia de la que son ministros. En el Jura son perseguidos los sacerdotes por el delito de ser fieles á a sus obispos; en iguales circunstancias, serán tratados de igual manera los pastores protestantes. El gobierno de *Neufchatel* acaba de preparar una ley que tendrá el efecto de subyugar la Iglesia protestante en ese cantón, abriendo de par en par las puertas al puro racionamiento.

Después continúa el mismo autor tratando de las causas que se han inventado para apoyar la actitud hostil del poder civil contra los

católicos: "En los debates del Gran Consejo de Berna y en la prensa suiza en general, se habla extensamente del peligro á que se exponen los Gobiernos con motivo de las pretensiones de la Santa Sede, el dogma de la infalibilidad, el *Syllabus,* etc. La mayor parte de los que así declaman saben que las frases que para este efecto se emplean, son vanas y artificiales. No existen tales peligros, especialmente en las actuales circunstancias de Europa y del Papado. Si esos que incitan á la guerra que se hace contra la Iglesia católica desde las márgenes del Spree á las del Aar y del Leman fueran á decir lo que en realidad desean, descubriríase entonces que su objeto es sacudir el yugo de Jesucristo así como el del Papa. Lo que ellos temen es el cristianismo, es una acción sobre la conciencia y la vida, es su virtud regeneradora y su disciplina severa. Al dirigir sus golpes contra in Iglesia y sus ministros, es su objeto el herir la religión de Cristo, encadenarla y mutilarla. Sobre este punto no puede abrigarse la más mínima ilusión".

Los argumentos del protestante M. Vogt, en este mismo asunto, son todavía más notables: m

"El dogma de la infalibilidad del Papa no está más en contra dicción con la razón humana, que el dogma de la infalibilidad de la Iglesia reconocido por los adversarios de la infalibilidad papal. La sensación que causó este dogma procede de la necesidad en que se encuentra el partido más débil y menos numeroso de los católicos, de llamar en su ayuda la intervención del Estado con el fin de que pueda éste fallar á su favor".

"La opinión de que *in lege Christi reges sacerdotibus debent es se subjecti,*[10] según las palabras de Santo Tomás de Aquino, es común en el antiguo y en el nuevo catolicismo; es común de todos los

---

[10] **Traducción: En la ley de Cristo los reyes se deben someter a los sacerdotes. Nota de Colección Erandique.**

hombres religiosos que no pueden imaginar que haya sociedad organizada sin religión, y debe de entenderse lo mismo con los poderes que gobiernan las repúblicas que con los que gobiernan las monarquías. "Obedecer á Dios antes que à los hombres", es una máxima que pertenece a todos los cristianos, y no es exclusiva de los infalibilistas. Las doctrinas intempestivas no constituyen por sí solas una usurpación ó agresión; las doctrinas no son actos. Un Estado libre debe de soportar lo mismo las teorías revolucionarias que las ideas heréticas. Si entre nosotros llega alguno, aunque sea profesor, á injuriar la República, nadie le impone silencio, así como en la libre Inglaterra se sufre el que Sir Charles Dilke pida la supresión de la monarquía y el establecimiento de la República. Un Gobierno liberal no tiene más derecho de poner entredicho al ejercicio de las funciones eclesiásticas de un sacerdote, simplemente porque ha aceptado la doctrina de la infalibilidad, que un Gobierno conservador al querer castigar y expulsar un libre pensador eclesiástico.

"Si la doctrina de la infalibilidad fuese realmente de tal naturaleza que no pudiese vivirse con sus adherentes en una misma comunidad civil, no bastaría entonces el perseguir unos cuantos clérigos; lógicamente no habría otra cosa que hacer sino dividir la Confederación en dos partes, como lo estaba el territorio de Appenzell en el siglo XVI, y prohibir la entrada de los católicos infalibilistas en nuestros territorios, mientras que Lucerna, Friburgo, etc., podrían prohibir la entrada en su territorio de los no infalibilistas. Pero el mantenimiento de la integridad de la Confederación es nuestro deseo, y nos otros no somos de aquellos que desean una guerra religiosa, que sería la desgracia de nuestro país y el escándalo de la edad presente".

"Es fácil de comprender la razón por que los hombres políticos, cuando llegan á tener en sus manos el poder, caen en la tentación de abusar de la autoridad que se les ha confiado. Pero por esta misma razón todo ciudadano libre está en la obligación de ejercer la vigilancia más celosa, de manera que los grandes principios de los que dependen nuestra condición civil y política, á saber, la libertad de pensar, de creer y de enseñar, se mantenga inviolable por todos los que disfrutan de ella y contra todos los que la atacan".

"Desde el tiempo en que empecé á pensar yo mismo en los asuntos políticos, mis oídos han estado constantemente escuchando esa misma bulla declamatoria contra el Ultramontanismo, y le observado con frecuencia que los que tocan esa trompeta con más energía, son ellos mismos poco capaces de producir ningún trabajo serio en el campo de la ciencia política. También he notado que todo el aparato que despliega el Estado en tales asuntos, nunca pudo conseguir el que se transformasen católicos, real y verdaderamente ortodoxos, en libre pensadores".

He transcrito esta larga cita de M. Vogt, por su poder lógico, y por el valor que tiene viniendo de una autoridad protestante tan imparcial como lo es la suya.

Pero antes de empezar la narración de los acontecimientos á los que alude particularmente, séame permitido recordar algunos hechos anteriores que confirman lo que dice M Vogt, á saber, que los recientes decretos del último Concilio celebrado en el Vaticano, solamente son frívolos pretextos para llevar adelante los proyectos contra el catolicismo.

Es necesario recordar que los primeros ataques organizados contra la constitución de la Iglesia católica en algunas partes de Suiza, han empezado hace veinte y cinco años. Desde esa fecha, en el cantón del Ticino, las autoridades se han ocupado incesantemente en molestar la minoría con toda clase de cortapisas y obstáculos en todo lo referente á la religión.

Ellas empezaron por destruir los conventos y cerrar cuatro universidades católicas, como también un seminario para sacerdotes; y algún tiempo después, en el año de 1855 han promulgado una constitución civil para la Iglesia del Cantón, cuyas cláusulas consisten en atribuir á las autoridades civiles la jurisdicción que pertenece de derecho á los obispos. La autoridad diocesana en este caso era el obispo de Como y Milán, de cuya jurisdicción no se habían separado los tesineses cuando entraron á formar un cantón suizo en 1803.

El cantón manifestó deseos de formar una diócesis separada, y llegó la Santa Sede á ocuparse del asunto; pero antes de realizarse el proyecto se cortaron todas las negociaciones á causa de las medidas violentas de las autoridades del Cantón, que quisieron que su constitución civil fuese observada bajo las más rigurosas medidas.

A las peticiones hechas por el pueblo y clero, dirigidas al Consejo federal el 16 de febrero de 1856, este ha contestado:

"El Consejo Federal no encuentra razón para que haya de intervenir en tales negocios, puesto que el libre ejercicio de la religión católica no ha recibido ningún perjuicio". Este lenguaje cínico en los momentos en que las autoridades del Cantón estaban entonces persiguiendo la Iglesia Católica, es el mismo que las autoridades de Berna usan hoy respecto á los católicos del Tura. El decir que es libre el ejercicio de la religión católica y que no encuentran razón para que hayan de intervenir en tales negocios, es tan sarcástico y maligno como se puede colegir de los siguientes hechos: muchos feligreses fueron multados fuertemente por haber celebrado la visita diocesana de su obispo de una manera solemne; los consejos municipales fueron multados por no haber prohibido la celebración de algunas festividades de la Iglesia; algunos sacerdotes han sido castigados de igual manera por haber llevado á sus obispos cartas lacradas; las misiones, los retiros religiosos y los jubileos fueron entredichados.

El 22 de julio de 1859 la Asamblea federal promulgó un decreto prohibiendo en territorio suizo el ejercicio de toda función episcopal por prelados extranjeros. Este decreto quitaba toda autoridad episcopal sobre el Cantón del Ticino al obispo de Como y Milán, sin haber antes preparado el arreglo de unir el cantón de Ticino á otra diócesis, ó formar una diócesis separada. Todos los obispos suizos protestaron contra este decreto, recordando á la Asamblea el procedimiento adoptado por los políticos suizos cuando Ginebra fué separada de la diócesis de Annecy y reconstituido el obispado de Basilea.

Dirigiremos nuestra atención un momento á esta última diócesis. Es necesario retroceder al Congreso de Viena, para partir de su posición legal.

De acuerdo con el deseo expresado por la Confederación Helvética, y por el artículo 3° de un acto del Congreso fechado el 15 de marzo de 1815 la diócesis de Basilea quedó unida al cantón de Berna. El cantón se obligó á contribuir en justa proporción con las otras provincias de la diócesis al mantenimiento del prelado, del capítulo y del seminario. En el "Acto de reunión" entre las antiguas y nuevas porciones del cantón de Berna, fechado el 14 de noviembre de 1815, dice así el primer artículo:

"El libre ejercicio de la religión católica, apostólica, romana queda garantida, como también el sostenimiento de su condición actual en el obispado de Basilea. El obispo y los curas disfrutarán sin molestia la totalidad de su jurisdicción según los arreglos establecidos por la ley pública entre las autoridades religiosas; ellas ejercerán libremente las funciones de su ministerio, particularmente las del obispo en sus visitas episcopales; y todos los católicos la práctica de su religión".

El 26 de marzo de 1828 se firmó un concordato entre la Santa Sede y los cantones de Zug, Lucerna, Soleura, Thurgau y Aargau; por este acto todos estos cantones fueron comprendidos en el obispado de Basilea, la residencia del obispo se fijó en Soleura y el derecho de elegir un futuro obispo se concedió al cabildo del obispado, por el artículo 19 que así dice:

"Los canónigos que componen el cabildo tienen el derecho de nombrar obispo de entre los clérigos de la diócesis".

Cuando se firmó este concordato en Lucerna fué seguido de una bula del Papa León XII, llamada *Inter præcipua* que lleva fecha del 7 de marzo de 1828. Muy recientemente, el 11 de junio de 1864, se firmó otro concordato entre la Santa Sede y el cantón de Berna, por el cual se incorporó al obispado de Basilea la parte antigua del cantón que había quedado separada; la parte principal de la estipulación dice así:

"A las porciones así reunidas se extenderán las disposiciones de la convención de 26 de marzo de 1828 con referencia á la reorganización del obispado de Basilea, y las de la Bula de León XII *Inter præcipua* del 7 de mayo de 1828, según las cuales el obispo ejercer sobre ellas su jurisdicción espiritual".

Se ve evidentemente que la posición del Obispo de Basilea con respecto al Gobierno de los cantones en su diócesis está perfecta y legalmente definida sin lugar a duda alguna, y así se entendió y se admitió hasta hace nueve años.

Pero el deseo de subyugar el poder espiritual, y la mala fe de las mismas personas que firmaron la convención del 26 de marzo de 1828 fué conocida al momento y fué descubriéndose cada vez más hasta la pretensión de deponer al obispo que ocupa actualmente la silla. Dos días solamente después de firmada la Convención de Lucerna por los cinco cantones, firmaron un tratado secreto entre ellos mismos, comprometiéndose á proceder en contravención á lo públicamente pactado. Es imposible hallar un ejemplo de mayor inmoralidad en faltar á la fe de una convención pública.

En ese tratado secreto se comprometían á que la elección de obispo confiada á los diez canónigos de la diócesis, tratarían de que recayese siempre en candidatos del agrado del Gobierno. Se reservaban el derecho de establecer el seminario en Soleura, dirigirlo é inspeccionarlo, sin embargo de que en la Convención pública se ponía bajo la dirección é inspección del obispo. Hicieron arreglos, para mejor llevar à cabo sus designios, á fin de convertir la conferencia que se había reunido para negociar con la Santa Sede, en una corporación permanente; y desde entonces hasta ahora ha continuado con el título de "Conferencia diocesana", que se reúne dos ó tres veces al año.

No teniendo realmente asuntos de qué tratar, ha asumido funciones que no tiene el derecho de ejercer, y ha sido una fuente continua de innovaciones y conflictos.

Según la Convención de Lucerna, no hay lugar para tal corporación, porque todos los detalles en los que solamente puede intervenir el Poder civil, por la misma Convención se han traspasado á los diversos gobiernos cantonales, y no á ningún cuerpo colectivo.

El espíritu que ha animado á esta llamada "Conferencia diocesana" puede comprenderse con algún ejemplo de sus intrusiones. En el tratado secreto entre los cantones, con respecto al seminario de Soleura, han acordado tener voz para el nombramiento de profesores, de manera que ninguno pudiese ser elegido sin su aprobación; además han querido tener también comisionados que asistiesen á los exámenes, cuyas pretensiones dieron por resultado quo la diócesis estuviese treinta años sin seminario. Solamente en 1858 fué cuando el obispo de Basilea obtuvo del Gobierno los medios para establecer el seminario ofrecido en la convención de 1828. Como todos los actos han sido guiados por la mayoría, esta intrusión ha venido prácticamente á convertirse en que los protestantes dirigiesen los estudios de los católicos con respecto à la religión, y no solamente eso, sino también la dirección de los sacerdotes católicos en sus estudios teológicos. Un solo ejemplo bastará para manifestar lo repugnante de esta tiranía: la "Conferencia diocesana" en 1869 declaró que cierto manual de teológico, que es muy usado en la Iglesia Católica, fuese suprimido en el seminario. El obispo consintió, é introdujo otro Kenrick, arzobispo de Baltimore. La Conferencia consideró ese cambio irónico, y el 2 de abril de 1870 cerró el seminario de su propia autoridad y despreciando la autoridad del obispo. El obispo entonces quiso dar un curso privado de teología en su casa, pero la liberal "Conferencia Diocesana" declaró que el obispo no podía hacer tal cosa sin su consentimiento y cooperación.

El informe dado por el Diputado por Zug á su Gobierno, indica perfectamente que la "Conferencia diocesana" es un cuerpo que actúa enérgicamente contra los católicos porque está en mayoría protestante. Después de quejarse ese Diputado del espíritu extremadamente hostil que se desarrolla en todos los actos contra la Iglesia Católica, añade:

"Los hombres que componen esta conferencia no debían olvidar que han sido nombrados por una mayoría protestante, y los negocios que discuten y rotan son esencialmente católicos".

El 29 de enero último la Conferencia famosa de Soleura ha decretado solemnemente que Monseñor Eugenio Lachat, obispo de Basilea, había sido depuesto de sus funciones. Pero no solamente ha querido hacer ver que había dejado de ser obispo de Basilea, sino también que había quedado de hecho degradado de su rango episcopal, puesto que desde el mismo momento fué simplemente tratado de Monsieur Lachat en vez de Monseñor ó Ilustrísimo. Los cantones de Soleure, Berna, Aargau, Thurgau y Basilea tomaron parte en este decreto, contra el cual protestaron los de Zug y Lucerna, negando la competencia de los Gobiernos que ellos representan para degradar á un obispo, y declarando que Zug y Lucerna continuarían reconociendo sus funciones episcopales.

Es necesario observar que la "Conferencia diocesana" no es un tribunal judicial: el obispo ni fué acusado ni juzgado por ningún crimen contra las leyes del país; sin embargo fué condenado y castigado. Este acto fué simplemente la expresión de una mayoría absoluta en asuntos en los que no tienen más derecho para mezclase que los transeúntes.

La "Conferencia diocesana" después de otras varias disposiciones, dió una proclama al pueblo, en la cual deplora sentidamente la interrupción de la paz que hasta entonces tan felizmente había reinado en la diócesis, y que había sido destruida por la conducta del obispo desde el momento que ocupó la silla episcopal. Los principales puntos de queja los clasifica así: que ha proclamado el dogma de la infalibilidad, a pesar de haber decidido lo contrario el "Consejo Diocesano", que ha suspendido los curas de sus funciones, en sus curatos, sin la concurrencia del Estado; que ha violado la Convención diocesana y la Bula del Papa; que ha faltado á su juramento de obediencia à varios Gobiernos.

Todos estos cargos son infundados y solamente fútiles pretextos. para la persecución; en sí mismos contradictorios, y es completamente innecesario recurrir á las pruebas para demostrarlo.

El obispo fué expelido de su residencia episcopal el 17 de abril último por un comisario de policía, el cual hizo caminar al obispo á la gran plaza próxima al palacio, y allí le dijo:

—¡Mis órdenes están ya cumplidas, está usted libre!

(Jegt sind sie frie).

El obispo en el mismo momento penetró en el territorio de Lucerna, en donde reside de actualmente.

Habiendo comunicado luego una orden á todos los eclesiásticos de esos cantones para que cesasen en sus relaciones oficiales con Monseñor Lachat, pero particularmente que se abstuviesen de ejecutar ninguna orden ó medida dirigida por él, los curas en todos los cantones firmaron una protesta, en la cual explicaron la imposibilidad en que se hallaban de dejar de reconocerle como su verdadero obispo.

En el cantón Soleura se tomaron en el momento medidas ridiculas contra esos buenos sacerdotes contumaces; pero en Berna fueron de carácter trágico. Todos los curas de Soleura que firmaron la protesta, han sido multados desde veinte y cinco hasta cien francos, según la gravedad de su firma; los que firmaron por medio de apoderado fueron castigados con una multa menor que los que pusieron sus propias manos para inscribir sus nombres en el documento. En Berna el Consejo ejecutivo suspendió de sus funciones eclesiásticas á los que firmaron dicha protesta, dándoles catorce días para someterse á las autoridades, pasados los cuales serían citados á la Corte de Casación de Berna, á cuya Corte se le indicaría que pronunciase su destierro definitivo. Un periódico de París, llamado La Liberté, escribió con este motivo la siguiente sentencia:

—Si el hacer una protesta es un crimen en Suiza, en esa pretendida tierra de la libertad, entonces puede decirse que el tirano GESSLER ha sido un hombre tan bueno como GUILLERMO TELL.

Los curas suspendidos de sus funciones y amenazados de exclusión definitiva son noventa y siete, esto es todos, los que ocupan el cantón de Berna.

El fallo del Gobierno de Berna en esta cuestión, pronunciado el 18 de marzo de 1873, compone un larguísimo documento, en el que aparecen fundadas todas las arbitrariedades que contiene en la idea de asimilar los curas á funcionarios civiles del Estado.

Por este procedimiento el conflicto entre el Estado y la Iglesia se reduce á que el Estalo niegue á la Iglesia el derecho do suspender los sacerdotes de sus funciones porque hayan violado los cánones, asumiendo el Estala el derecho de suspender ó dimitir cualquier número de sacerdotes si no obedecen las disposiciones del Gobierno del Estado, aun cuando esas disposiciones sean incompatibles con sus deberes hacia la Iglesia, y por lo tanto incompatibles con sus creencias religiosas, respecto á las cuales, el Estado no tiene autoridad para decidir ni para imponerlas á nadie. Por esto ha sido imposible para los curas de la diócesis de Basilea dejar de reconocer y obedecer á Monseñor Lachat como su obispo, y mucho menos aceptar otro impuesto por el Estado.

No es, pues, una simple supremacía sobre la Iglesia la que quiere el Estado, sino una completa observación de la Iglesia por el Estado, y el derecho de decidir los dogmas religiosos que han de creer ó rechazar los católicos; esto es que el Estado —que ataca la infalibilidad del Jefe Supremo de la Iglesia, *ex cátedra* y en materia de dogmas, á fuerza de poder conservar su pureza— se declarará á sí mismo *más infalible que el mismo Pontífice Romano*, sin necesidad de recurrir á los concilios ecuménicos de todos los arzobispos, obispos y padres de la cristiandad. Y no solamente se declara el Estado infalible para conservar ó explicar los dogmas reconocidos desde la fundación de la Iglesia de Jesucristo, sino también para negar ó destruir esos dogmas á placer y conveniencia de unos cuantos gobernantes civiles de su pequeña República en Europa, llamada Suiza, cuyos gobiernos antes ellos mismos no son católicos ni creen en el catolicismo, ni tal vez en cristianos, sino los más implacables enemigos de toda religión y sobre todo del catolicismo, que es la religión que les hace más sombra. ¡Qué contradicción! ¡Qué falta de lógica y de común sentido!

Un documento expedido por el Consejo de Berna indica que el Gobierno calculaba de antemano que sus extraordinarias medidas causarían una resistencia de parte de los católicos, y que turbarían la paz pública; y de antemano se dispone á emplear la fuerza armada contra los católicos contumaces en sus creencias. Dice así la circular á los prefectos encargados de la ejecución de las disposiciones del Gobierno:

"Tomaréis cuidado de imponer á los Consejos municipales y á los alcaldes, de la responsabilidad que sobre ellos pesa dado el caso de alterarse el orden público, y les significaréis que si tuviesen lugar disturbios de esta clase, sería la inmediata consecuencia el empleo de medidas represivas militares, á expensas de las communes referidas".

Es perfectamente claro que el Gobierno del cantón principal en Suiza pensaba nada menos que en una resistencia armada, contra sus propias medidas, por los ciudadanos del mismo cantón; y todo esto sin otro motivo que la infabilidad del Papa; no á causa de esa doctrina en sí misma, que hasta ahora no ha pasado de ser, ni pasará probablemente en lo sucesivo una definición teológica; sino porque un número de ciudadanos se empeñan en prohibir á otros ciudadanos, que son eclesiásticos, hasta el derecho de creer en esa definición".

M. de Mestral explica esta intolerancia agresiva contra los católicos, por la existencia en Suiza de un fuerte partido que desea destruir toda creencia religiosa, cuyo partido, desgraciadamente, se halla extendido en casi todas las naciones de Europa; pero algunos creen que además en esta persecución se encuentra mezclada la mano oculta del Gobierno prusiano, que ha creído deber manejar, como una nueva arma para sus ambiciones políticas, las disidencias religiosas; y esto se comprende al ver que las medidas más extremas y opresivas son las tomadas en la frontera francesa, allí donde pueden resultar complicaciones diplomáticas.

Una carta del prefecto de Porentruy ha circulado en los periódicos del distrito de Jura, cuyos renglones respiran la más vulgar intolerancia y pasión furiosa en todo lo que se refiere á cuanto tenga algo de católico. Está dirigida al "departamento de Justicia y Policía en Berna". Después de decir horrores contra cuanto aparezca clerical, excita á los naturales "á organizarse y armarse ellos mismos contra tal falange (los clérigos, etc.)". Concluye con el siguiente párrafo:

"Bismarck es el primer hombre de Estado en el mundo, y él ha descubierto el verdadero remedio para los males que amenazan la sociedad. Él arroja de Alemania sobre Francia los gusanos que han destruido ya esta última nación, y que son ciertamente más formidables todavía que los Uhlanos. Los cañones de la Iglesia son más peligrosos todavía que los cañones Krupp".

El 28 de abril se publicó otro decreto prohibiendo á los curas suspendidos toda clase de funciones eclesiásticas en cualquier edificio dedicado al culto católico, privándoles de ejercer sus funciones en las escuelas, ó de tener algún empleo público de cualquier clase que sen, especialmente en procesiones ó funerales en que se usen vestimentas sacerdotales, predicaciones ó catequizaciones públicas. Después sigue la lista de multas desde diez hasta cien francos.

Otro documento del mayor de Porentruy dirigido á sus gendarmes, les encarga que vigilen cualquier tentativa que se haga para reunir suscripciones á favor de los curas depuestos, pues en tal caso caerán bajo las leyes contra la mendicidad. *La Gazette Jurasienne* ha noticiado al público que no ofrecía sus columnas para las suscripciones en favor de los curas depuestos, por temor de la persecución; y ahí tenemos en la célebre República de Suiza, en la liberal Confederación Helvética, despojados unos hombres de en posición social, sin formación de causa, y condenados á morir de hambre ò á ser tratados según las leyes para mendigos, si las personas caritativas intentan reunir una suscripción para auxiliarlos; y todo esto por el grave delito de que son católicos y no quieren faltar á los deberes que su religión les impone.

En un discurso pronunciado por M. Folletéle en el gran consejo de Berna, después de examinar la expulsión de Monseñor Lachat legal é históricamente, se expresó como sigue:

"Colocáis nuestros sacerdotes entre la apostasía y su conciencia". Si permanecen fieles, vosotros entonces los expeléis y los exponéis á las necesidades y privaciones. Nos ponéis á nosotros mismos entre nuestra conciencia y el temor. Nuestra conciencia nos ordena protestar enérgicamente, como lo hacemos, no solamente en el nombre de nuestros constituyentes, sino también en nombre de toda la población católica. Nuestros intereses nos dicen que si protestamos, nuestro país será destrozado. No dudéis, señores, que los católicos del Jura están indignados por la deposición de su obispo y la persecución de sus clérigos. No es sino el temor de atraer sobre nosotros una represión armada, lo que nos detiene de levantarnos como un solo hombre para protestar".

Uno de los principales protestantes en el cantón, M. de Gonzenbach, habló contra el edicto del Gobierno diciendo, entre otras cosas, lo siguiente:

"Este edicto es, de hecho, la supresión del servicio divino entre una población de 60.000 almas. Es lo cierto que Monseñor Lachat solamente ha depuesto un sacerdote, en tanto que el Gobierno, que ha calificado este acto como un crimen, ha depuesto próximamente un ciento".

Sobre estas penosísimas escenas de violencia fanática, una luz siniestra se vislumbra con la aparición en el Jura, en los mismos momentos, de la Internacional. Una proclama de esa sociedad se ha distribuido en el distrito de Porentruy, la cual invita á los operarios y trabajadores á unirse à la Internacional, para estar listos para *el gran día de justicia que pronto llegará, cuando las fábricas y las minas pertenecerán á los unos y el suelo á los otros*.

No terminaré este artículo sin acumular algunas citas más, sacadas de documentos públicos y alocuciones en los periódicos, cuyo lenguaje caracteriza perfectamente la persecución contra los católicos de Suiza y conduce á creer que existe una verdadera demencia en los que la incitan, tal es la monstruosidad de los temores y razonamientos en que la fundan. El Landamman Keller, de Aargau, se ha expresado así:

"Sin embargo de que estamos en el mes de junio, una nieve negra está cayendo, que nos impide de avanzar. Hombres resueltos y valerosos están listos para el trabajo de limpiar el camino. El poder que tenemos que combatir es formidable: pero así como antes el Capitolio ha debido su libertad á la brisa que ha descendido de los Alpes (?) así también el Vaticano será derribado por el aliento que saldrá de nuestros pechos. Peleamos por la independencia de nuestro país para sacudir el yugo que Roma le ha impuesto".

Otro orador de Friburgo, en vez del estilo metafórico, adopta el sentimental:

"¡Oh, mi patria, mi querida Suiza! ¿puedes tú negar la libertad ofrecida á tus hijos? ¡No! Tú no ves el torrente que se despeña, se levanta furioso, brama y, si no te le opone una barrera, cubrirá el suelo de escombros y de ruinas. La única barrera contra el ultramontanismo es la revisión. Estamos dispuestos á ceder á ciertas susceptibilidades cantonales, pero queremos una revisión que nos ponga fuera del alcance de todos los golpes de Roma y de los federalistas aliados con el Papa".

M. Cornaz, Vicepresidente de la Asamblea, explicó el objeto de los ataques contra los católicos, diciendo:

"Nosotros radicales de Neufchatel nos atrevemos á deciros que no estamos aquí para desarrollar el programa revisionista de los conservadores de nuestro cantón. Este programa está impreso en colores muy pálidos. Lo que nosotros queremos es una reforma constitucional, que libre á nuestro país de los jesuitas que han penetrado en él, ó que se ocultan en él bajo diversos disfraces. *Queremos ver un pueblo que no esté sujeto á ningún yugo religioso, ni protestante ni católico; declaramos guerra al fanatismo, venga de la Biblia ó del Syllabus"*.

Basta de Suiza. El ateísmo desenmascarado se ve surgir por todas partes contra el cristianismo; muy particularmente contra el catolicismo que representa la unidad, la fuerza y la resistencia de la Iglesia militante. El ateísmo ha escalado el poder, apoderándose de los Gobiernos de las naciones. Lo ha escalado disfrazándose con el manto de la libertad, y llevando escondido entre sus pliegues la daga deicida, y el puñal asesino de las conciencias.

V

En los dos capítulos anteriores he tratado de dar una idea aproximada de los ataques y persecuciones que sufre la Iglesia católica algunas naciones europeas, si bien lo he hecho á grandes rasgos, superficialmente y sin pretensiones de método, ni siquiera de hilación. Pero por esos desaliñados bosquejos se puede venir en conocimiento de varias importantes conclusiones que voy á recapitular:

Hay en la actualidad en efervescencia una inmensa conspiración antisocial y antirreligiosa, cuyo virus se ha inoculado, por distintos medios, en una gran parte de las clases diversas que forman la sociedad; esa conspiración tiene por punto de partida el ateísmo, y por uno de sus principales objetos la propagación del ateísmo; sus más potentes instrumentos de fuerza y de propaganda son, por un lado la libertad, interpretada y practicada en el sentido de ilimitada licencia y libertinaje; por otro lado el libre examen, llevado al extremo de dar más importancia, crédito y autoridad á las aberraciones de los espíritus extraviados, á la excentricidad superficial y á la osadía de pigmeas individualidades, que al común consentimiento, al estudio profundo y metódico, y á la enseñanza lógica, caracterizada y uniforme de los grandes maestros de la humanidad.

Esta conspiración antisocial y antirreligiosa se ha ido desarrollando bajo una multitud de formas escalonadas, presentándose sus combatientes con una variedad inmensa de disfraces, y con un verdadero arsenal de armas alevosas, en todos los terrenos en que pueden dar una batalla.

Es su primordial tendencia el minar, destruir y aniquilar el catolicismo, único enemigo que le es terrible por la solidez y unidad de sus doctrinas, por la pureza y potencia de su moral y por el número de sus adeptos.

Destruido el catolicismo, si tal cosa fuese posible, todas las sectas cristianas disidentes ó heterodoxas carecerían de fuerza de cohesión y resistencia, y serían destruidas también por ese libre examen que les dió vida, como por un nuevo Saturno mitológico que devora sus propios hijos; ó como por el Simón del desierto que sepulta, bajo las tórridas arenas arrastradas por sus furiosas corrientes, los aislados arbustos de los oasis, frágiles en sus raíces y en su savia vital. Aniquilado el cristianismo, entonces el paganismo, el deísmo, el panteísmo, el racionalismo y materialismo, serían simplemente barquillas sin timón, conducidas por una corriente vertiginosa al más animal y degradado ateísmo. Y, si el ateísmo pudiese existir en realidad y dominar, toda idea del bien y del mal desaparecería, la ley y el derecho existirían en la fuerza bruta individual, y los hombres se convertirían en fieras sanguinarias, con instintos terribles, que harían avergonzará la misma naturaleza por haber producido tan monstruosa creación.

¡Las escenas de destrucción y exterminio, de tiranía y venganzas, de bacanales sangrientas de la revolución del 93, fueron dirigidas por ateos! Las recientes escenas de la Commune de Paris, de pillaje, asesinato, incendio y destrucción, pequeña muestra que ha revelado los fatídicos intentos de la sociedad Internacional, fueron dirigidos por ateos. Las escenas de crueldad salvaje, de inaudita barbarie, de canibalismo atroz que acaban de tener lugar en algunas ciudades de la infeliz España, fueron predicadas por ateos, dirigidas por ateos y ejecutadas por ateos internacionalistas y libre pensadores, convertidos en verdugos carniceros de sus semejantes.

Para preparar la propaganda atea y herir libremente, sin ser heridos, los ateos han inventado la algarabía de los derechos imprescriptibles é inalienables del hombre.

Con el objeto de eludir el castigo de sus crímenes y burlarse con más descaro de la justicia humana, esos mismos ateos han preparado el terreno, pidiendo la abolición de la pena de muerte. A fin de eludir las leyes y no temer la fuerza material de los Gobiernos, han ideado apoderarse de los instrumentos de la fuerza, han pedido armas con diversidad de pretextos, y la han obtenido para aterrorizar la sociedad, poniéndolas en las manos inconscientes del populacho y de las turbas desenfrenadas. Decididos á obtener un fácil triunfo y á imponer su tiranía aniquiladora, han hecho predicar los ateos la supresión de los ejércitos regulares, la supresión de las tropas disciplinadas; y han conseguido sembrar el desorden y la desmoralización más terrible en cuerpos militares que tenían diez siglos de brillantes tradiciones y de gloriosos recuerdos.

Con el objeto de promover la confusión, entronizar el caos y producir una universal desolación, han tratado de romper los diques que pueden contener ese mar de cieno, amenazante de inundarlo todo; y para ello han empezado á hablar de una república universal, con una vida de comunidad universal cual si fuera posible que los hombres, que apenas pueden entenderse concretados en pequeñas comunidades, pudiesen entenderse y unirse en una sola y general familia, destruyendo los océanos que los separan, los ríos que los dividen, las cordilleras que les sirven de limites naturales, la diversas nacionalidades de la tierra.

Y para que las ideas de los ateos estén fuera de toda comprensión humana, y se presenten como perennes é inescrutables contradicciones ellos se han apoderado también de la idea política de federación, que significa liga, unión, alianza de varios Estados independientes con un objeto de interés común, para ponerla en práctica en el opuesto sentido de lo que ella significa, esto es, como sinónima de fraccionamiento destructor; el *divide et impera* maquiavélico, para conseguir el aniquilamiento social; lo mismo que la idea de libertad se ha puesto en práctica en sentido contrario á su significación, entronizando la licencia en su lugar, para establecer la más desenfrenada tiranía.

Tal es el rudo, pero gráfico boceto, en que están delineados los triunfos de la propaganda atea en Europa, bajo el punto de vista que se presenta al frio é imparcial observador.

Y es extraordinario el observar quienes han sido los hombres que sirvieron de instrumentos más útiles y potentes para esa propaganda, muchos de los cuales, sin voluntad propia, arrastrados por un funesto destino, han puesto al servicio de los ateos sus talentos y su ciencia, su oratoria y sus conocimientos literarios, y hasta el poder civil de las naciones cuando ha llegado á sus manos, todo ello para dar vitalidad prestada á la idea parásita del ateísmo; y sirviendo así de mecánicos conductores á la disfrazada propaganda, como sirven los alambres metálicos para conducir la chispa eléctrica que ha de volar la mina preparada clandestinamente para producir una espantos catástrofe.

En apoyo de esta aflictiva verdad pudiera citar aquí una multitud de ejemplos, con los cuales sería fácil llenar un volumen de comentarios y observaciones.

Los reformadores del siglo XVI, desde Erasmo hasta Calvino, desde Lutero á Zuinglio, no han hecho más que preparar el renacimiento del ateísmo, rompiendo la unidad católica, y estableciendo el principio más revolucionario en materias de religión, como lo es el que cada uno interprete las Escrituras á su albedrío, guiado solamente por la fe, por amor y caridad. Negada por los innovadores la autoridad de la Iglesia Católica constituida, y bajo el pretexto de corregir grandes abusos introducidos por la maldad ó ignorancia de algunos hombres en el seno de la Iglesia, proclamaron el derecho de rebelión contra la autoridad de los Cánones, de los Concilios, de los Santos Padres y de la Iglesia cuya cabeza es el Pontífice; principio tan disolvente en religión, como en política lo es el mismo principio proclamado en Francia en 1793.

Calvino y Lutero, Erasmo y Zuinglio fueron en sus innovaciones religiosas lo que Robespierre y Marat, Danton y Fouquier—Tinville lo fueron en sus innovaciones políticas. Los reformadores protestantes, desde los propios momentos de aparecer, ya no pudieron entenderse entre sí; sus opiniones eran diversas, se acusaban de herejes unos á otros y se odiaban y anatematizaban mutuamente. Sólo en dos puntos estuvieron conformes: en sus odios contra la Iglesia Católica, Apostólica, Romana y en el principio de no reconocer otra autoridad en materias de fe que la libre interpretación de las Escrituras.

Los revolucionarios franceses tampoco pudieron entenderse: se acusaban mutuamente de retrógrados y tiranos, y unos á otros se fueron condenando á la guillotina. En dos puntos también estuvieron conformes: en sus instintos sanguinarios y en sus iras contra toda autoridad que no fuese la suya propia.

Lutero y Calvino denunciaron la simonía y la inmoralidad de la corte romana, para luego atacar íntegramente los principios fundamentales del catolicismo, proclamándose independientes y regenerados. Pero fogosos agitadores religiosos, y no píos ni evangélicos, lo que alcanzaron fué enseñar á sus sectarios el más seguro camino para marchar de reforma en reforma, de duda en duda, de negación en negación, hasta el ateísmo.

Robespierre y Dantón dirigieron acusaciones y ataques semejantes á la dinastía francesa y al sistema de Gobierno monárquico; y luego atacaron y destruyeron todas las instituciones existentes que estaban al alcance de sus manos, sembrando el luto, el terror y la consternación en Francia, empapando el suelo francés en sangre inocente, y ejerciendo la más execrable dictadura que han presenciado los siglos, y esto en nombre de la libertad. Pero también tiranos crueles, más que repúblicos honrados, han sembrado por todo el mundo el desprecio á la autoridad, á las leyes y á los deberes del hombre, principios disolventes que conducen al comunismo, á la Internacional y al ateísmo.

Entre los reformadores del siglo XVI, y los jacobinos del siglo XVIII, se desarrolló la propaganda filosófica alemana y la propaganda de los enciclopedistas franceses, consecuencias ambas de la reforma protestante, y precursoras del ultraterrorismo.

El 9 termidor, y luego el genio militar de Napoleón I, eclipsaron por algunos años la propaganda atea; pero luego volvió á renacer, si bien de una manera vergonzante, después de la caída del imperio. Agitadores políticos de profesión, espíritus turbulentos y revolucionarios por excelencia, y pertinaces desorganizadores de la sociedad, cuyos nombres me abstendré de estampar en estas páginas, empezaron á conmover la Europa; y las ideas demagógicas de estos hombres y de la multitud de sus secuaces por un lado, y por otro los escritos filosóficos de la Alemania panteísta, y los principios económicos modernos, aplicados á las relaciones entre el capital y el trabajo, formaron el conjunto de esa nueva escuela, en guerra declarada contra Dios, contra la propiedad, contra la sociedad y la familia.

En esta lucha colosal, dividida en dos campos, que con frecuencia se mezclan y confunden en uno solo para combinar sus ataques —los campos de la religión y de la política— figuran y tercian hombres de la más vasta inteligencia, que con sus escritos y sus predicaciones, muchos de ellos con la mejor intención y buena fe, pero ciegos en cuanto á conocer el influjo que ejercen sus pensamientos sembrados en medio de una sociedad profundamente agitada, son los verdaderos zapadores de la propaganda, flanqueando el camino á la demagogia de la Internacional.

Emilio Castelar ha consagrado, durante veinte años, su portentosa oratoria, á predicar é infiltrar en las masas las más avanzadas ideas, con la fe de un apóstol y la honradez de un Porcio Catón; sus oraciones sublimes que electrizaron tantos corazones, sirvieron para empujar la revolución social, para desmoronar y destruir lo existente: pero ahora, sus más admirables discursos son impotentes para detener esa misma revolución á la que dió tan funesto empuje, y que tal vez termine por envolverlo y absorberlo en sus retozos draconianos. La incomparable oratoria de Castelar, sin que él sea ateo ni internacionalista, ha venido á servir en último término para dar triunfos à los internacionalistas y á los ateos.

Ernesto Renán dedicó sus conocimientos orientalistas y sus facultades de escritor, á la publicación de novelas en que se disputan la supremacía, la osadía y el cinismo, falsificando la historia y haciendo jirones los libros santos. Insulto provocativo lanzado contra el mundo Cristiano por un espíritu extraviado, amparado de la libertad de imprenta. Detrás de cada capítulo de las obras de Renán, hay la sombra de un ateo lanzando una siniestra carcajada de regocijo.

El naturalista Darwin, cometiendo un estupendo abuso de sus superiores conocimientos científicos, se lanza á averiguar el origen del hombre y la serie de sus metamorfosis; y por un encadenamiento sofistico de su monomanía antropológica, el germen animal primitivo del hombre cree encontrarlo en un informe molusco ó en un zoófito; y á poco en los minerales, porque de deducción en deducción va á parar en que, siendo el hierro uno de los componentes de la sangre y el fósforo y el calcio también componentes de los huesos, el hombre debe ser una excrecencia animada procedente del reino mineral. Darwin enseña de esta manera el materialismo, apoyándose cruelmente en sus conocimientos científicos, que están al alcance de muy pocos.

De la misma manera en los anfiteatros de anatomía, algunos doctores en la ciencia médica, impotentes para añadir un día más de vida á los señalados por Dios para la existencia de sus creaturas, enseñan á sus discípulos burlescamente á buscar con el escalpelo el lugar que ocupa el alma en la región encefálica, para luego sacar discípulos tan prominentes que declaran la "guerra á Dios, á los reyes y á la tisis". Y sin embargo, á ese alarde orgulloso de materialismo, sabe contestar un niño, diciendo que el alma es un espíritu que no ocupa dentro de la materia animada más espacio que una idea ó un pensamiento de los que emanan de sus facultades.

José Pedro Proudhom, raciocinador intrépido, pensador audaz, pero consecuente en sus raciocinios, hermana el socialismo con el ateísmo, y lanza al mundo su famosa memoria preguntando "Que'est-ce que la Propriété?"[11] y contestando él mismo, "La Propriété c'est le Vol".[12] Y con la misma audacia, no contento con haber dado la clave mágica á los comunistas, siembra por todas partes sus ideas, tan revolucionarias como independientes, en sus escritos numerosos, entre los cuales figuran las "Contradictiones Économiques"; "Confessiones d'un Révolutionnaire"; "De la Création de l'Ordre dans l'Humanité"; "De la Justice dans la Révolution et dans l'Eglise" y tantos otros,

Y hasta hombres altamente pacíficos, estadistas célebres, grandes patricios, clásicos distinguidos, filósofos platónicos, llenos de convencimiento y de buena fe, depositan su óbolo en medio de ese caos de doctrinas subversivas, que al fin forman un todo heterogéneo, pero concreto, de materiales inflamables, que, lanzados por una sola fuerza de proyección, caen en medio de la sociedad, como metralla explosiva, cuyos gases ayudan á trastornar los cerebros, preparándolos para la propaganda ateísta.

Para que un hombre se halle en posición de comprender, analizar y refutar todas esas predicaciones, todos esos escritos que conducen al ateísmo y á la Internacional por un dédalo de intrincados sofismas, argucias y sutilezas de gran efecto, sería necesaria una inteligencia privilegiada, adornada con vastos y profundos estudios preparatorios, que, á no ser elementales, absorberían por completo la vida de cualquiera. De aquí resulta que, para destruir tantos elementos destinados á extraviar la humanidad, son insuficientes los conocimientos aislados de la generalidad de los hombres; y si la propaganda ateísta no fuese en si misma una mala causa, esencialmente antipática y repugnante la humanidad, aun en su primitivo estado salvaje, la ventaja estaría de parte de los que osados abusan de sus facultades de inteligencia y de sus conocimientos, eligiendo un campo que les es familiar para poder en él combatir y predicar con ventaja.

Sin embargo, los efectos y las consecuencias son palpables: "La vida de Jesucristo" por Renán, en manos de personas poco versadas con las Escrituras, y sin la fe católica en toda su pureza que sirve de

---

[11] ¿Qué es la propiedad?
[12] La propiedad es un robo.

egida á la virtud y á la inocencia, al hallarse frente à frente de tantas citas y datos, al parecer muy serios y formales, y al frente de investigaciones practicadas en manuscritos griegos y hebreos, que de hecho admiten como auténticos, les convence plenamente de que cuanto está escrito en aquel libro es irrefutable, y que debe ser una verdad, por ejemplo, que Jesucristo tenía varios hermanos de la misma madre, y que la Magdalena lo amaba con amor profano.

Cae un libro de Darwin en poder de un hombre ó mujer que jamás se le ocurrió estudiar antropología, ni aun siquiera elementos de historia natural, y al leer tan científicas elucubraciones, cuanto menos las comprenda le parecerán más profundas, cuanto más confusas y obscuras lo parecerán más claras, y pronto empezará á pensar seriamente si entre sus progenitores moluscos habrá habido alguna suculenta ostra de la costa de Mobila, ó alguna ostra perla del Golfo de Panamá.

Mutatis mutandis tales son los efectos y las consecuencias de esas predicaciones y escritos, que han trastornado las cabezas de tantos hombres y mujeres de instrucción poco profunda, con propensión á admitir y dar crédito á las más extraordinarias y absurdas innovaciones; y que han hecho también perder el norte magnético á no pocas grandes inteligencias, ávidas de singularizarse de algún modo, aun á costa de su propia conciencia.

En la constelación terrenal de filósofos libre pensadores, desde el tiempo de la reforma hasta nuestros días, entre los cuales son prominentes los nombres de Hobbes, Giordano Bruno y Spinoza, Condorcet y Diderot, Holbach, Hegel y Kant, no hay uno solo que haya añadido un sistema ó pensamiento nuevo en filosofía á los sistemas y pensamientos de Pitágoras, Platón, Anaxágoras, Epicuro, Pirrón Antístenes, Aristóteles y tantos otros; ni hay herejía de los modernos libre pensadores que no so halle entre las herejías que aparecieron en los primeros tiempos del Cristianismo, y que no haya sido victoriosamente combatida y refutada unánimemente y sin discrepancia por los Santos Padres, por los Concilios y por todos los grandes teólogos posteriores hasta el día de hoy. Es por lo tanto una verdadera contumacia la renovación de los mismo sistemas filosóficos y de las mismas herejías religiosas, fundados en los mismos sofismas ó argumentaciones; y no es culpa de la Iglesia

Católica el que, para contener las herejías introducidas para falsificar la unidad y sencillez de su dogma, haya tenido que entrar en definiciones tan metafísicas como lo han sido las herejías que ha tenido que combatir.

Entre la multitud de publicaciones que dejamos aludidas en este artículo, y que indirectamente, y sin que tal sen la voluntad de sus propios autores, ayudan en último término al general desconcierto de ideas que están perturbando las poblaciones de Europa en materias de religión, debo de citar uno que hace poco vió la luz pública, y se titula "Ensayos sobre la historia de la Religión Cristiana en la Europa Occidental, desde el reinado de Tiberio hasta la terminación del Concilio de Trento" por el Conde de Rusell. Es de tanta más importancia esta obra en las circunstancias actuales de agitaciones religiosas, cuanto que su distinguido autor es un hombre universalmente conocido y respetado; y de mi parte soy uno de sus más fervientes admiradores complaciéndome en reconocer en él al filósofo, al gran estadista, al historiador, al ilustre patricio que ha prestado tantos servicios á la nación Inglesa, y al que la historia colocará en lugar distinguido, para que le tributen profundo respeto y gratitud las futuras generaciones. Y por esto mismo voy a permitirme hacer algunas respetuosas observaciones críticas á los "Ensayos" del Conde, para demostrar, hasta donde me sea posible y dentro de los escasos límites de esta reseña, que á pesar del buen deseo, del gran talento, conocimientos y experiencia consumada del autor, se coloca fuera del terreno del historiador imparcial, y acumula argumentos sobre argumentos, y deduce consecuencias, fundado nada más que en los historiadores de su propia escuela, en los teólogos protestantes, por los cuales tiene simpatía, y en su propia opinión; pero sin tomar en cuenta ni una sola autoridad católica, ni siquiera los Concilios ecuménicos anteriores al de Trento.

El Conde de Russell, encerrado en el circulo vicioso de interpretar las Escrituras y la historia completamente á su libre albedrio, y poniendo de una plumada à un lado todas las grandes autoridades de la Iglesia Católica durante diez y nueve siglos, presenta un resumen, un compendio de sus personales creencias, para manifestar en última síntesis que sus simpatías se dirigen al deísmo, y que las confesiones cristianas que reconocen el misterio de la Trinidad, están en el error.

En una palabra, el Conde de Russell sienta los principios de una religión especialísima, acomodada á su raciocinio, sin tomar en cuenta otro criterio que el criterio propio, repitiendo aseveraciones que han sido combatidas mil veces y mil veces renovadas, con la misma tenacidad y el mismo fin.

VI

Después de los dos primeros "Ensayos" en los que el Conde de Russell describe elegantemente el estado de Roma bajo el imperio de Augusto, y el advenimiento del Cristianismo cuando Roma disfrutaba de una gran tranquilidad política en medio de la más corrompida inmoralidad, y de un ateísmo prevaleciente, habla en el tercer "Ensayo" de los apóstoles San Pedro, San Juan y San Pablo, y al citar las palabras inmortales de Jesucristo "Tú eres Pedro, y sobre esta roca edificaré mi Iglesia", el Conde cae en su primer gran error, diciendo lo que sigue: "Esta, debe observarse, ha sido una autoridad dada solamente á Pedro. No fué dicho ni indicado que sus sucesores tuviesen el mismo poder, ó ni siquiera que tendría sucesores".

El Conde de Russell, en muy pocos renglones, pretende echar por tierra la base del catolicismo, y no menos las pruebas acumuladas y las controversias victoriosas que han sostenido la doctrina de la Iglesia Católica en tan debatida cuestión, en millares de volúmenes escritos durante diez y nueve siglos.

La creencia católica es, que San Pedro fué no solamente la cabeza del colegio apostólico, sino el pastor de la Iglesia universal; que el Pontífice romano es el sucesor de este Príncipe de los apóstoles; que, como él, tiene autoridad y jurisdicción sobre la Iglesia y que todos los fieles sin excepción le deben respeto y obediencia. Tal es la definición del Concilio florentino, con la que se ha conformado el Concilio de Trento. Siendo esta doctrina la base de la catolicidad y de la unidad de la Iglesia, los teólogos de todas las sectas heterodoxas han empezado por desfigurarla, á fin de hacerla odiosa, han dicho que el Papa, según los católicos, es un soberano espiritual y temporal del mundo entero; una especie de Dios sobre la tierra, con un poder despótico, arbitrario y tiránico, con la autoridad de hacer nuevos artículos de fe, de instituir Sacramentos nuevos, de abrogar los cánones y las leyes eclesiásticas, de cambiar absolutamente la doctrina cristiana, y otras calumnias parecidas, todo lo cual es tan absurdo que sería directamente opuesto á los deberes del Pontífice y pastor de los fieles, y lejos de mantener el orden en la Iglesia, introduciría en ella la confusión. Es absurdo el confundir una potestad suprema con una potestad absoluta, ilimitada, y que no está sujeta á ninguna ley; la potestad del Soberano Pontífice está limitada por los cánones, por las mismas pruebas que establecen su autoridad y por la tradición no interrumpida de la Iglesia.

Cuando San Pedro confesó la divinidad de Jesucristo, le respondió el Maestro divino: "Te digo que eres Pedro, y que sobre esta piedra edificaré mi Iglesia, y las puertas del infierno no prevalecerán contra ella. Te daré las llaves del reino de los cielos; lo que atares ó desatares en la tierra, será atado ó desatado en el cielo". En el estilo de la Sagrada Escritura, las puertas del infierno son las potestades infernales; las llaves son el símbolo de la autoridad y del Gobierno, y el poder de atar y desatar es el poder de la magistratura, todo lo cual fué dado á San Pedro para asegurar la solides y perpetuidad de la Iglesia.

El Salvador dijo también á los apóstoles: "Yo os dejo un reino como mi Padre me lo ha dejado... para que os sentéis en las doce sillas, y juzguéis las doce tribus de Israel". Después de resucitado Jesucristo y de haber exigido al apóstol tres veces la protesta de su amor, le dice: "Apacienta mis ovejas, apacienta mis corderos".

El maestro divino había designado á su Iglesia bajo la figura metafórica de un redil, cuyo pastor quiere ser él mismo; y San Pedro fué adornado del mismo cargo que se había reservado Jesucristo, y todo el rebaño le fué recomendado. Se ve aquí que San Pedro fué nombrado por Jesucristo el primero de los apóstoles, sobre cuya piedra ha querido fundar y fundó su Iglesia; y el mismo San Mateo, al enumerar los apóstoles, dice que el primero es Simón, llamado Pedro. ¿Y habría dado Jesucristo esa primacía á San Pedro, para que no tuviese sucesión, y habría sido la intención de Jesucristo fundar una Iglesia que desapareciese con San Pedro, antes siquiera de echar raíces sobre toda la tierra? Esto es inconcebible, un absurdo y una contradicción con la voluntad manifiesta del Salvador.

En virtud de esa misma primacía que fué dada á San Pedro, y después de la Ascensión, se puso á la cabeza del colegio apostólico, tomó la palabra, é hizo elegir un apóstol en lugar de Judas. San Pedro fué el primero que predicó á los judíos anunciándoles la resurrección de Jesucristo. El mismo dió razón al consejo de los judíos de la conducta de los apóstoles, castigó á Ananías y Safira por su mentira, confundió á Simón Mago, recorrió las Iglesias nacientes, recibió orden de ir á bautizar á Cornelio, tomó la palabra y dió el primer dictamen en el Concilio de Jerusalén.

El elocuente Bossuet, en su sermón sobre la unidad de la Iglesia, se expresa de esta manera: "Pedro se presenta de todos modos el primero; el primero en confesar la fe, el primero en la obligación de ejercer el amor, el primero de todos los Apóstoles que vió al Salvador resucitado de entre los muertos, como había sido el primer testigo de ello delante de todo el pueblo; el primero cuando se necesitó llenar el número de los Apóstoles, el primero que confirmó la fe por un milagro; el primero en convertir á los judíos; el primero en recibir á los gentiles; el primero en todas partes. Pero no puedo decirlo todo; todo contribuyó á establecer su primacía; sí, todo, hasta sus propias faltas... La potestad dada á muchos lleva su restricción en su división; en vez de que la potestad dada á uno solo, y sobre todos y sin excepción, contiene la plenitud. Todos recibieron la misma potestad, pero no en el mismo grado ni con la misma extensión. Jesucristo empieza por el primero, y en éste la desarrolla toda á fin de que sepamos que la autoridad eclesiástica, establecida primeramente en la persona de uno solo, no es distribuida, sino con la condición de ser siempre devuelta al principio de su unidad; y que todos los que tengan que ejercerla, deben estar inseparablemente unidos á la misma cátedra."

"Esta cátedra es aquella cátedra tan celebrada por los Padres, en la que han ensalzado como á porfía el primado de la cátedra apostólica la primacía principal, la fuente de la unidad en la silla de Pedro, el grado eminente de la cátedra sacerdotal; la Iglesia madre, que tiene en su mano la dirección de todas las demás Iglesias; la cabeza del episcopado, de la que sale la luz del gobierno; la cátedra principal, la cátedra única y sola, en la que todas guardan la unidad."

Los católicos entienden las Sagradas Escrituras según las entendían los que fueron instruidos inmediatamente ó muy de cerca por los Apóstoles; según la tradición, el uso y la antigua creencia de la Iglesia. Sin esta regla invariable de inteligencia, no hay en las Escrituras pasaje alguno que no pueda ser interpretado á placer por los sofistas, cayendo en los errores en que cae el Conde de Russell en sus "Ensayos" y en los que caen todos los protestantes.

Que la sucesión de San Pedro fué establecida, admitida y reconocida universalmente desde la fundación de la Iglesia de Jesucristo, está completamente demostrado por la historia y por los hechos; sin esa sucesión no se hubiese conservado la Iglesia Católica hasta el siglo XVI en que los protestantes se separaron de ella; ni tendría el mismo protestantismo la más leve sombra de fundamento, pues no hallarían con qué llenar la continuidad de la Iglesia desde Jesucristo hasta su pretendida reforma protestante.

A fines del siglo I 6 principios del siglo II, San Clemente Papa, sucesor de San Pedro, escribió dos cartas á los Corintios que le habían consultado; los exhorta á la paz y á la sumisión hacia su obispo, y les habla en nombre de la Iglesia romana.

Hegesipo, convertido del judaísmo al cristianismo, vino á instruirse á Roma hacia el año de 160, y formó el catálogo de los obispos de Roma desde San Pedro hasta el Papa Eleuterio.

Algunos años antes el filósofo San Justino, convertido en la Palestina, vino también á Roma, en donde enseñó, presentó sus dos apologías á los emperadores y padeció el martirio. Roma se consideraba ya entonces como el centro del cristianismo, sin embargo de que el cristianismo nació en la Judea.

San Ireneo, á fines del mismo siglo, demostró la sucesión de los Papas desde San Pedro hasta San Eleuterio, como hizo Ilegesipo; dice que San Clemente, por su carta á los Corintios, restableció su fe y les enseñó la tradición recibida de los apóstoles. "Porque es necesario, dice, que toda Iglesia, esto es los fieles, que son de todas partes, vengan á esta Iglesia por su primacía principal, en la que los fieles de todas partes han conservado siempre la tradición que viene de los apóstoles".

"Maximoe et antiquissima et omnibus cognitoe á gloriosisimis duobus apostolis Petro et Paulo fundate et institute Ecclesia, eam quam habet ab apostolis traditionen et anunciatam omnibux fidem, per successiones episcoporum pervenientem usque ad nos indicantes, confundimos eos qui, quoquomodo... præter quám quod oportet colligunt. Ad hanc enim Ecclesiam, præter potentiorem principalitate neccesse est omnes qui undique sunt fideles; in quá ab his qui sunt undique conservata est ea que est ab apostolis tradi tio". [13]

Orígenes dice que San Pedro es el edificio y la piedra sólida sobre que edificó su Iglesia Jescristo, y que á San Pedro fué dada la autoridad soberana de apacentar las ovejas.

"Petro cúm summa rerum de pascendis ovibus traderetur, et super ipsum velut petram fundaretur Ecclesia, nullius confessio veritatis alterius ab eo nisi charitatis, exitur". [14]

Y Tertuliano llama también à San Pedro la piedra de la Iglesia, que ha recibido las llaves del reino de los cielos.

"Memento claves Dominun Petro, et PER EUM Ecclesia reliquisse". [15]

A los herejes de los primeros siglos de la iglesia no se les ocurrió hablar con el afectado desprecio que hablan los protestantes negando el poder de los papas, y alegando que su autoridad es usurpada. Este lenguaje se empezó á oír desde los dos siglos antes de la llamada reforma protestante.

Serían innumerables las citas que podría hacer aquí de los Padres de la Iglesia, todos contestes en reconocer la supremacía de San Pedro y su perfecta sucesión; citaré, sin embargo, á San Jerónimo:

---

[13] El mayor y más antiguo y conocido por todos por los dos gloriosísimos apóstoles, Pedro y Pablo, fundó e instituyó la Iglesia, que tiene la tradición de los apóstoles y la fe anunciada por todos, por la sucesión de los obispos que llega hasta nosotros, diciéndonos, confundamos a los que, de cualquier manera se juntan más de lo necesario. Porque a esta Iglesia, además, todos los que son fieles por todas partes deben estar ligados por un principado más poderoso; en el cual los que están por todas partes conservaron lo que fue transmitido por los apóstoles.

[14] Cuando a Pedro se le encomendó la suma de las cosas acerca de apacentar las ovejas, y sobre él como una roca se debía fundar la Iglesia, ninguna confesión de verdad salió de él sino la de la caridad.

[15] Recuerda que las llaves fueron dejadas a Pedro, y POR ELLA a la Iglesia.

—No siguiendo á más jefe que á Jesucristo, estoy unido en comunión con vuestra santidad, es decir con la cátedra de San Pedro. Sé que la Iglesia ha sido edificada sobre esta piedra. El que coma el cordero fuera de esta casa, es un profano. El que no esté en el arca de Noé, perecerá en el diluvio. No conozco á Vital, no admito á Melecio, ni sé quién es Paulino. El que no está en el redil con vos, va errado, es decir, el que no está con Jesucristo, es un antecristo.

San Agustin, en el siglo V, habla todavía con más energía que los padres anteriores; escribiendo contra los donatistas establece los principios de San Cipriano. Después que la condenación pronunciada por los concilios de África contra los pelagianos había sido confirmada por los papas, sostuvo que su causa estaba concluida y su sentencia sin apelación.

Inútil sería citar los monumentos en favor de la autoridad de los papas después del siglo V, porque los enemigos de esa autoridad reconocen que desde el siglo IV fué aumentado considerablemente; pero no se puede pasar aquí por alto el testimonio de San Bernardo, cuando dice:

—Quis est? sacerdos magnus, summus pontifex. Tu princeps episcoporum, tu hær. s apostolorum, tu auctoritate Moyses... potestate Petrus, unctione Christus. Tu es cui clures tradita, cui oves creditæ sunt. Sunt quidem et alii coli janitores et gregum pastores; sed tu tanto gloriosus, quanto et differentius utrumque pros cæteris nomen hæreditasti. Habent illi sibi assignatos greges, sin. guli singulos. Tibi universi crediti, uni unus. Nec modo ovium, sed et pastorum tu unus omnium pastor. Unde id probem quæris? Ex verbo Domini. Cui enim non dico episcoporum, sed etiam apos- tolorum, sic absolute et indiscreta tota commissæ sunt oves?[16]

---

[16] ¿Quién es? Gran sacerdote, sumo sacerdote Eres el líder de los obispos, estás aquí, los apóstoles, vosotros por la autoridad de Moisés... por el poder de Pedro, por la unción de Cristo. Tú eres aquel a quien muchos han sido entregados, a quien se han confiado las ovejas. Hay, en efecto, otros cultos que son porteros y pastores de rebaños; pero tú eres tan gloriosa, tanto y más diferente, que has heredado ambos nombres en favor de los otros. Tienen rebaños asignados a ellos, si tragar cada uno. Todos te son fieles, uno por uno. Y no sólo de las ovejas, sino también de los pastores, tú eres el único pastor de todos. ¿Dónde buscas esa prueba? De la palabra del Señor. Porque a los cuales

No hay en el día en toda la Iglesia ninguna tilla episcopal, cuya sucesión sea más conocida y cierta que la de la silla de Roma; hubo cismas, antipapas, pontífices que no fueron universalmente reconocidos; pero todos los cismas han terminado siempre para tributar obediencia á los papas legítimos.

Antes de terminar su tercer "Ensayo", dice el Conde de Russell: "Así es que la religión Cristiana, según ha sido enseñada por el mismo Jesucristo, por Pedro, por Juan y por Pablo, es una y es la misma, prescribiendo amor á Dios y amor al hombre. Aceptar esta religión á medias es, según las palabras de Pablo, introducir odios, diferencias, emulaciones, cóleras, luchas, sediciones, herejías, envidias, muertes, borracheras, orgías y otras por el estilo".

Perfectamente admitido lo que dice el autor de los "Ensayos" en las líneas anteriores; pero, justamente lo que enseñó Jesucristo, lo que enseñó San Pedro, San Juan y San Pablo, es lo que enseña hoy la Iglesia Católica y lo que enseña el Sumo Pontífice, legítimo sucesor de San Pedro y de los apóstoles; y por eso mismo, aceptar esa religión á medias, es caer en todas las desgracias que San Pablo refiere en las palabras que de él quedan citadas, y en las que cae el Conde, que de su propia autoridad pone á un lado la historia, ó la acomoda á sus opiniones; y antes de haber probado cosa alguna, ni aun siquiera tomado en cuenta las controversias de tantos siglos, siempre terminada en favor de la Iglesia Católica, añade lo siguiente: "Tales han sido los efectos de la corrupción de la Cristiandad, ya hayan sido introducidos por las fantásticas teorías de los Padres, ya por la desordenada ambición de la Iglesia de Roma, ó ya por los eruditos errores de Duns Scotus ó Tomás de Aquino, de Lutero ó de Calvino".

Ese sistema de inclinar la balanza, lanzando tan terminante acusación contra la Iglesia que tiene diez y nueve siglos de existencia, sería muy cómodo, si todos los lectores de los "Ensayos" del Conde de Russell lo creyesen infalible, más allá todavía de lo que lo es el mismo papa; pues la infalibilidad del romano Pontífice solamente se extiende á definir las materias de fe, consultando los libros santos, la tradición y los Concilios; y no llegan ni á contradecir la historia, ni á formular consecuencias apasionadas que sean contrarias á ella. Pero

no digo de los obispos, sino también de los apóstoles, así absoluta e indistintamente están encomendadas todas las ovejas.

no sucediendo esto, no habiendo temor alguno de que sea universalmente considerado el autor de los "Ensayos" como árbitro único para decidir en materias religiosas, sin aducir pruebas y fundándose solamente en el más libre y más individual examen, parece inútil el seguirlo á todos. los puntos en que incurre en gravísimas aseveraciones, cuya refutación, además, no puede compendiarse en esta modestísima reseña.

Desde el "Ensayo" IV, hasta el XV, recorre el autor los progresos de la religión Cristiana hasta el reinado de Constantino; describe el origen del Concilio de Nicea, introduciendo una dura crítica contra la canonización de los Santos y contra el culto de la Virgen María; trata de la elevación de la Iglesia Romana y de su historia hasta el nacimiento de las órdenes monísticas; pinta el escolasticismo Cristiano y las persecuciones contra los herejes; bosqueja la historia de los Papas León X, Adriano VI, y Clemente VII; perfila la reforma protestante, destacando en su boceto en primer término las figuras de Lutero, Calvino, Zuinglio y Erasmo; y presenta una reseña del Concilio de Trento; pero todo esto *inanis torrens verborum* [17] y tan fuera de la historia imparcial, que á pesar de haber llamado el autor simplemente "Ensayos" á sus trabajos sobre la Historia de la religión Cristiana, frecuentemente parecen discursos de algún metodista, que á su placer despedaza la fe ortodoxa, para repetir una vez más las mismas acusaciones y los mismos anatemas contra el Catolicismo y el papado, olvidando que todos esos recursos están ya rebatidos, y no vale la de pena que sean renovados por un hombre tan sabio, tan clásico y, sobre todo, tan original como el autor de los "Ensayos".

El objeto del Conde de Russell, además de atacar á la Iglesia Católica y al papado, es, terminantemente, el atacar también el dogma cristiano admitido por los mismos protestantes; y para ello recurre á todos los resortes de que se han valido los disidentes más extraviados desde los primeros siglos de la Iglesia. Al hablar del culto de la Virgen, recuerda el culto que los paganos de Grecia y Roma daban á Juno, á Minerva, á Venus y á Diana. Refiriéndose a las persecuciones contra los herejes, dice sarcásticamente: "La ambición de Julio II, las pasiones incestuosas de Rodrigo Borgia, el amor á los placeres de

---

[17] **Torrente vacío de palabras.**

León X, los flagrantes pecados de cien Papas, se pueden consentir con indulgencia, con tal de que la igualdad de Dios hijo con la de Dios padre se sostenga firmemente; la procedencia del Espíritu Santo del padre y del hijo se asegure descaradamente; la conversión del pan y del vino en carne y sangre de Jesucristo sea aceptada con indudable fe. Así también los asesinatos de Felipe II, los libertinos adulterios de Luis XIV fueron absueltos inmediatamente por los confesores cortesanos, estipulando que los herejes fuesen quemados en España, y los hugonotes degollados en Francia".

Cuando con tan determinado fin se recorre la historia; cuando la pasión induce á emplear la elocuencia, *flebile ludibrium,*[18] en materias tan graves; cuando se recurre á hechos y á individualidades concretas, para atacar una sociedad abstracta que unida por una sola creencia puebla los ámbitos del mundo, toda refutación sería profanar la controversia sin objeto. Echaré, sin embargo, una mirada sobre los flagrantes pecados de cien Papas, á los que se refiere el Conde de Russell.

El fogoso protestante Davisson, que escribió contra los romanos Pontífices el cuadro más infiel y escandaloso que puede escribirse, no ha podido acusar nominalmente más que á veintiocho; y á los siete últimos solamente porque han sido enemigos de los protestantes, y porque han aprobado los rigores contra ellos. Quedan, pues, doscientos veintidós Papas contra los que Davisson no ha encontrado ningún cargo que hacer. Pero es un proceder odioso y detestable el escudriñar una historia de diez y ocho siglos, para sacar de ella todos los crímenes verdaderos ó falsos que se atribuyen á los Papas, exagerándolos hasta lo extraordinario; y no decir nada de las virtudes, de la caridad evangélica, de las buenas obras y de los servicios prestados á la humanidad por todos los demás Pontífices.

La caridad, el valor heroico, la vida humilde y pobre de los Papas en los tres primeros siglos de la Iglesia, son innegables. Los talentos, el celo, la vigilancia laboriosa de los Pontífices en los siglos IV y V son incontestables. Los trabajos y los esfuerzos hechos por ellos en los siglos VI y VII para disminuir y contener los estragos de la

---

[18] **Una broma triste.**

barbarie, para salvar los restos de las ciencias y de las artes, de las leyes y de las costumbres, no pueden dudarse. En los siglos VIII y IX los Papas han tratado de humanizar con la religión los pueblos del Norte, y han hecho grandes esfuerzos para contener la desolación de los mahometanos. Solamente en los siglos posteriores han podido los enemigos de los Papas hallar personajes y hechos que censurar, justamente en los tiempos en que la Italia estaba desgarrada por tiranuelos que disponían de la silla de Roma á su gusto, y colocaban en ella á sus hijos 6 á sus hechuras, arrojando á los legítimos poseedores. Y sin embargo, muchos de los hechos acriminados á los Papas están improbados, pues son referidos por herejes ó cismáticos, por hombres de partido ó por escritores que recogían los rumores populares sin averiguar la verdad. Pero aun cuando todos los crímenes de los Papas echados en cara, fuesen ciertos é incontestables, esto no destruiría ni su carácter, ni su misión, ni su calidad de pastores, ni su autoridad,

"El mal pasajero, dice Chateaubriand, que hicieron algunos malos Papas, despareció con ellos; pero sentimos aún todos los días la influencia de los bienes inmensos é inestimables que el mundo entero debe á la corte de Roma. Esta corte se ha manifestado siempre superior á su siglo. Tenía ideas de legislación, de derecho público; conocía las bellas artes, las ciencias, la civilización, cuando todo estaba sumido en las tinieblas de las instituciones góticas; no se reservaba exclusivamente la luz, sino que la derramaba sobre todos; derribaba las barreras que las preocupaciones habían levantado entre las naciones. Trataba de suavizar nuestras costumbres, sacarnos de nuestra ignorancia, y arrancarnos nuestros hábitos groseros y feroces. Los Papas, entre nuestros antepasados, fueron los misioneros de las artes enviados á los bárbaros, y los legisladores entre los salvajes. Es, pues una cosa generalmente reconocida que la Europa debe á la Santa Sede su civilización, una parte de sus mejores leyes, y casi todas sus artes y ciencias".

"En las conmociones públicas muchas veces se presentaron los Papas como grandes príncipes. Ellos fueron los que despertando á los reyes, levantando la alarma, y formando ligas, impidieron que el occidente fuese presa de los turcos. Solo por este servicio prestado al mundo por la Iglesia, merecía que le levantasen altares".

Si existiese en medio de la Europa un tribunal que juzgara en nombre de Dios á las naciones y á los monarcas, y que evitara las guerras y las revoluciones este tribunal sería la obra maestra de la política y el último grado de perfección social; los Papas, por la influencia que ejercían en el mundo cristiano, estuvieron en posición de realizar este hermoso sueño".

Una de las más penosas acusaciones que hace el Conde de Russell contra los Papas, en sus "Ensayos", es la de que hayan vendido las gracias de la Iglesia, los beneficios, las indulgencias y las dispensas. Ciertamente que algunos fueron culpables de esta simonía; pero fueron principalmente los Papas reducidos á subsistir de limosnas en Francia durante el gran cisma de Occidente. Pero se aventura una calumnia cuando se asegura que los Papas han concedido por dinero la absolución de los crímenes cometidos y por cometer. A tanto no ha llegado el deplorable escándalo.

Tampoco son ciertas otras acusaciones que se hacen contra los Papas, de que permitían ó autorizaban con su conducta, contra los herejes, la mentira, la perfidia, la violencia, los asesinatos y los suplicios. No fué la Santa Sede la que ha encendido en los Países Bajos y después en Francia y en Suiza, las guerras teológicas que causaron tantas desgracias y males. No fué la Corte de Roma la que quemó á Juan de Huss y á Jerónimo de Praga; un Emperador levantó la hoguera, y prelados alemanes, franceses y españoles la incendiaron; Roma, entonces en la humillación, no tuvo en ello parte. No fueron mandados por la corte romana los soldados que devastaron los valles de Cabrieres y de Merindol; los inquisidores que se presentaron en la Cruzada contra los albigenses, habían sido llamados por Simón de Montfort y por otros seglares. Los crímenes de Julio II y de su predecesor no tuvieron á la religión por objeto, por motivo, ni siquiera por pretexto.

No es más feliz el Conde de Russell al compendiar la historia del Concilio de Trento bajo el punto de vista protestante; al describir la Iglesia de Escocia y de Inglaterra en el Ensayo XVI; el resultado general de la reforma en el Ensayo XVII, y el porvenir de la Iglesia de Inglaterra y de la Iglesia Católica Romana en los Ensayos XVIII y XIX.

El Conde de Russell no admite otra luz ni otro guía en religión que el dictado de su criterio. Niega el símbolo de San Atanasio, la transubstanciación y la Trinidad, y se inclina marcadamente al Socinianismo. Es partidario ardiente de la supremacía del Estado sobre las Iglesias y de la enseñanza civil, con absoluta exclusión de la enseñanza religiosa. Colocado de lleno bajo del pórtico del templo deísta, antes de penetrar en él, hace un esfuerzo para dar una cordial despedida al cristianismo, recomendando ardientemente á todos los cristianos que interpreten individualmente las Escrituras, por la fe, guiada por el amor y caridad; condiciones bastante abstractas para que produzcan los más complicados resultados, ó sea el caos en materia de creencias. "Dejad que se haga la luz, y la luz será hecha", dice el Conde de Russell. Pero la luz no puede hacerse cuando cada átomo humano tiene el derecho de incrustar un punto negro en el foco en donde debe brillar la luz. No puede hacerse la luz cuando cada entidad humana interpone un lente doble cóncavo para divergir los rayos que deben de producirla, en vez de usar lentes doble convexos que converjan los rayos que deban de concentrarla en un solo punto. No puede dudarse que los Ensayos del Conde de Russell, que motivan este artículo, tienen cierto sello que claramente indica los extensos conocimientos que posee el autor, y su facilidad de presentar las cuestiones para fascinar con su brillantez y sacar el mejor partido de sus pinceladas y toques maestros. Pero, en mi juicio, ni una sola de sus conclusiones podría resistir una discusión seria, ni uno solo de sus comentarios atacando al catolicismo y al papado puede admitirse como de un escritor imparcial que respeta escrupulosamente la verdad histórica y toma en consideración las épocas y las circunstancias.

He aquí uno de los pocos períodos en que el conde concede algo al catolicismo de lo que enseña la historia, pero con el objeto de formar un inmediato contraste y ese mismo mérito presentarlo manchado con cieno:

"Si queremos ir distribuyendo encomios y censuras, acciones de gracias y expresiones de reconvención entre las comuniones de los cristianos, diremos lo siguiente: Venerable por su antigüedad, la Iglesia Romana ha sido construida con piedra y con paja; adórnanla mármoles de mil colores, piedras preciosísimas, y pinta las imágenes de madera á quienes se concede más veneración que á los preceptos de Cristo y á los mandamientos de Dios. Ha querido la Iglesia Romana gobernar el mundo, y en lugar de justicia y paz ha planteado la más execrable tiranía. Se ha afanado por encaramarse encima de paganos y protestantes instituyendo leyes morales de divino origen y doctrinas puras, y al pretender hacer esto no ha logrado más que viciar esas mismas leyes por medio de dispensas y absoluciones que transigían con los crímenes más horrendos y los más asquerosos vicios".

"Y no obstante y á pesar de todos sus defectos, de todas sus imposturas, de todas sus artimañas, ha conservado cuidadosamente la Iglesia Católica Romana el precepto siguiente: *Fe, Esperanza y Caridad,* las tres virtudes mayores, pero mayor que todas la caridad ó amor. Existe entre los católicos en sus mutuas relaciones una esencia purísima de afecto, que no se trasluce en los escritos morales de Grecia y Roma; una benevolencia tan lejana de la soberbia de los estoicos, como de la blandura afeminada de los epicúreos, y que nada tiene de común ni con la arrogancia humana, ni con la vanidad de la erudición escolástica y académica. Los católicos que se han conservado puros ó que han abandonado los vicios de la mocedad ardiente y extraviados, son humildes, llenos de benignidad y suave compasión, son sus actos impregnados de santidad, rebosan de amor para con sus semejantes; sin cesar sale de sus labios la dulce frase de "Señor, apiadaos de mí, pobre pecador". Dan generosamente á los menesterosos; perdonan las faltas ajenas, y se postran humildes y fervorosos ante su Creador".

Lástima grande es que este precioso cuanto espontáneo y verídico cuadro, que el Conde de Russell presenta de la colectividad de los católicos, trate de desprestigiarlo con conceptos apasionados, que en verdad dicen muy poco, porque todo aquello que se encuentra en manos de los hombres tiene que presentar lunares más o menos grandes, los cuales no afectan el conjunto, por más que se exagere su importancia. Aun así, y admitiendo por un momento las exageraciones del Conde de Russell, bien se puede exclamar con entusiasmo: "Bendita mil veces sea una religión que conserva y practica, según los mismos enemigos de esa religión confiesan, las tres grandes virtudes teólogas: la Fe, la Esperanza y la Caridad, y que á pesar de la debilidad humana y de las encontradas pasiones de los hombres, á pesar de las excepciones aisladas y abusos que de vez en cuando puedan notarse, pone sinceramente en práctica el precepto divino de *amarnos los o unos á los otros,* y sus miembros están dispuestos siempre á humillar su vanidad y orgullo y à pedir perdón por sus faltas al Dios de las alturas".

En su último Ensayo", que trata del desarrollo del cristianismo, dice el Conde de Russell: "Examinando la historia de la Iglesia Romana por este texto, se descubre".

1°— Admitiendo la cronología de los hombres eruditos, de que el San Pedro fué crucificado y San Pablo decapitado en Roma; yo no encuentro autoridad para asegurar que iba á tener lugar la perpetua sucesión de una cabeza como papa; y mucho menos que ningún cuerpo de cardenales ó príncipes hayan sido autorizados para dar su voto afirmativo ó negativo en la elección de un papa.

2°— Aparece claro, según la historia, que las palabras adoptadas en el Concilio de Nicea *de la misma substancia* son palabras no autorizadas por la escritura, y fueron insertadas solamente con el objeto de refutar, destruir é imponer la pena capital á los defensores de la heregia arriana.

3°— Que los artículos adoptados en París del que es llamado Credo de San Atanasio, eran artículos derivados de la traducción arábiga de las teorías de Aristóteles, y, sin embargo, que pueden estar de acuerdo con la lógica aristotélica, se hallan en completa contradicción con las palabras de Cristo. abp

4°— Que la doctrina de la transubstanciación del pan y vino de la santa comunión en cuerpo y sangre de Cristo, no se encuentra en las Escrituras, y afirma la presencia de Cristo en la tierra, estando en el cielo.

5°— La Iglesia Romana ha adoptado muchas prácticas supersticiosas, oraciones a los santos, de los cuales no sabemos si fueron santos o no, y súplicas para la intercesión de hombres y mujeres falibles y pecadores, en vez de humildes plegarias al trono de Dios Todopoderoso.

6°— Que algunos de los hombres más viciosos que vivieron en aquellos tiempos, conocidos por los más escandalosos y horribles crímenes, ocuparon el trono de Pedro de unas edades á otras y fueron reverenciados como guías infalibles.

7º— Que las guerras más crueles, las más sangrientas ejecuciones y los más destructores estragos de los países civilizados, fueron sancionados por aquellos que debían de dar ejemplos de perdón y olvido, como en el caso de los albigenses, de los arrianos, de los luteranos, de Juan Huss, de Jerónimo de Praga y de otros muchos en Italia y España, en Francia é Inglaterra, en Alemania y los Países Bajos.

8º — Que los errores y crímenes, la falsificación de las decretales, la usurpación del poder secular, las bendiciones otorgadas con motivo del día de San Bartolomé y otros degüellos; el asumir el predominio sobre la ciencia y los conocimientos astronómicos y físicos, no han sido todavía abandonados como se deben abandonar los errores hijos de la flaqueza humana ó de la incuria casual, sino que son sostenidos en el *Syllabus*[19] papal de 1870 como juicios infalibles de un señor soberano cuya supremacía espiritual y temporal es incontestable".

Algunos renglones más para contestar sumariamente á todas esas conclusiones del autor de los "Ensayos", que mil y mil veces han sido presentadas y contestadas anteriormente por multitud de autoridades católicas, y que pueden leerse en multitud de obras escritas al efecto que refutan victoriosamente esas acusaciones fundadas en argucias y sutilezas.

El Nuevo Testamento contiene tres clases de promesas en orden á la enseñanza de la fe; unas que fueron hechas á Pedro, otras hechas á los apóstoles, y otras que tienden á la unidad y perpetuidad de la Iglesia. Estas promesas están perfectamente explicadas por el Cardenal Litta en una obra titulada *Lettres sur les quatre articles dits du clergé de France* [20], en la 19 y 20. En ellas puede encontrar el Conde de Russell, lo mismo que cualquiera que lo desee, una refutación irre- cusable de las deducciones que saca el autor de los "Ensayos" en su recapitulación 1.

Es bien sabido que Arrio ha enseñado que el hijo de Dios era una criatura de una naturaleza ó esencia inferior á la del padre, proposición condenada en el Concilio de Nicea, donde se decidió que

---

[19] **Programa de estudios.**
[20] **Cartas sobre los cuatro llamados artículos del clero de Francia.**

Dios Hijo es consubstancial al Padre, ó "de la misma substancia", como cita el Conde de Russell. Diez y siete obispos de la misma opinión que Arrio, rehusaron desde luego suscribir á firmar su condenación y la decisión del concilio; doce de éstos se sometieron pocos días después, y al último solamente quedaron dos de todos los referidos diez y siete, los cuales fueron desterrados juntamente con Arrio, por el Emperador. Pero el anatema que se vió precisado á pronunciar el concilio contra el error no le destruyó. Arrio volvió al fin de su destierro y reuniendo partidarios, empezó á propagar nuevamente su herejía, cometiendo toda clase de persecuciones y atropellos. Si la herejía de Arrio no hubiese sido planteada, la Iglesia Católica no hubiera tenido que contenerla empleando su autoridad para definir ese punto del dogma, y no hubiera tenido que introducir la palabra consubstancial que fué causa de tantas disputas teológicas. Pero es sumamente difícil comprender en qué sentido puede el autor de los "Ensayos" decir que fué introducida esa palabra para imponer la pena capital á lo arrianos, puesto que la historia nos enseña que en consecuencia del Concilio de Nicea, reunido, en virtud de las órdenes del Emperador Constantino para extirpar esa herejía, solamente Arrio y dos obispos más fueron desterrados; y las persecuciones y excesos posteriores fueron provocadas por los mismos arrianos y continuadas con más ó menos energía según la voluntad de los Emperadores de Oriente y de algunos reyes godos del Occidente.

Es evidente que si las tres personas divinas, el Padre, el Hijo y el Espíritu Santo, no son un solo Dios en el sentido más riguroso y exacto, el cristianismo tal como subsiste en todas las comuniones que no son Arrianas ó Socinianas, es un verdadero politeísmo, pues que rendimos á estas tres personas divinas el mismo culto supremo.

Entre los paganos y nosotros no habría más diferencia sino que ellos admitían mayor número de dioses que nosotros, y que nosotros sabemos disfrazar nuestro politeísmo con sutilezas que á ellos les eran desconocidas. Jesucristo dijo que había venido al mundo para enseñar á los hombres á rendir á Dios el culto de adoración en espíritu y en verdad. Jesucristo ha dicho: "Mi padre y yo somos una misma cosa", Juan x. 31; "El que me vé, vé á mi Padre". xiv, 9; "Todo lo que es de mi Padre, es mío", xvi. 15. En estos textos y otros semejantes ha fundado el Concilio de Nicea la condenación del Arrianismo, y

301

fundándose en esta enseñanza introdujo la palabra "consubstancial al padre" en el símbolo.

Desde que los Arrianos desconocieron la divinidad de Jesucristo, les fué necesario destruir sucesivamente todos los dogmas del cristianismo, la Trinidad, la Encarnación, la redención de los hombres por Jesucristo, el pecado original, la necesidad del bautismo para los niños, la eficacia de los sacramentos, etc. Han hecho consistir la religión cristiana en creer sólo la unidad de Dios; en considerar á Jesucristo como un enviado de Dios; sin tener en cuenta las mismas palabras de Jesucristo; en tomar el Evangelio como única regla de fe según lo interprete cada uno. Y esto es el deísmo puro, en que he dicho ya cae el Conde de Russell en sus "Ensayos".

Pasaré por alto las demás conclusiones que saca el Conde de Russell en su último "Ensayo". Tendría que penetrar demasiado en cuestiones teológicas, que son impropias de un folleto de las dimensiones del presente; y tendría que penetrar en el campo de la discusión de hechos históricos, que presenta el Conde Russell de una manera parcial y exagerada, en la cual, si bien no se puede dudar de la buena fe del ilustrado conde, se ve en cambio una apreciación fanatizada y subyugada á las creencias socinianistas de que hace profesión de fe. Ha sido mi objeto dar cuenta de este libro, escrito por el conde de Russell, para indicar sus tendencias, y para demostrar que grandes hombres en Europa, hombres pacíficos y de orden, célebres estadistas y pensadores, producen obras que minan la sociedad en sus creencias, sin pretenderlo muchas veces sus autores; siembran teorías y enseñanzas peligrosas, que por grados conducen á la incredulidad más absoluta y como inmediato resultado á la anarquía de las masas populares y á todas sus consecuencias.

VII

Al escribir este opúsculo indicando los rápidos progresos del catolicismo en Inglaterra y la encarnizada guerra declarada en toda la Europa por los ateos y libre pensadores contra el catolicismo, he tenido en vista un objeto muy especial. No he tomado la pluma para escribir un folleto con pretensiones literarias y dogmáticas, ó por la simple vanidad de escribir para el público; no he pensado tampoco en circular este modestísimo cuanto desaliñado trabajo aquí en Europa, en donde la actividad incansable de los hombres de inteligencia y las facilidades que las imprentas ofrecen, producen diariamente multitud de obras de variados matices y de un mérito indisputable, las cuales, á pesar de la voracidad de lectura desarrollada en todas las clases sociales, pasan muchas de ellas casi desapercibidas, ó nacen, brillan y desaparecen con la rapidez que un fugaz meteoro que cruza el espacio. Mi objeto ha sido muy distinto y mucho más limitado y modesto; y voy á manifestarlo:

Del otro lado del océano hay un nuevo mundo, descubierto por Colón, conquistado en su mayor parte hace cerca de cuatro siglos, por guerreros españoles que han trasplantado á la América sus virtudes, y sus defectos, que han realizado la más grande epopeya que registrar los siglos, y que han dado á conocer la religión de Jesucristo en toda su pureza ortodoxa desde el río Oregón hasta el estrecho de Magallanes.

Ese nuevo mundo descubierto por católicos, ha sido poblado de nuevo por católicos; y ese nuevo mundo después de tres siglos de tutela por la madre patria, creyó llegado el día de su emancipación, y se llamó independiente, dividiendo su inmenso territorio en Estados gobernados según los principios republicanos.

Acababa de desaparecer en Europa, á fines del siglo último, como desaparece un incendio aplastado por los escombros y ruinas que produce, una república atea, que había perseguido el cristianismo, que pereció ahogado con la sangre que hacía saltar de sus víctimas la afilada cuchilla de la guillotina; y sobre los principios republicanos pesaba el estigma de la degradación y las maldiciones de los hombres pacíficos, honrados y de buena fe. Y sin embargo de este entonces reciente y terrible precedente, la América se dividió en Estados republicanos, libres é independientes, y esos Estados han consolidado su autonomía, y muchos de ellos, á pesar de sus guerras intestinas y fratricidas, son ya poderosos, grandes y felices.

Desde la primera República francesa se hicieron en Europa nuevos ensayos con el Gobierno republicano, unos abortados, otros que tuvieron vida fugaz y perecieron con descrédito, otros que se han suicidado ó prepararon cuidadosamente los instrumentos que han de producir ese fin. ¿Cuál es, pues, la causa de que el gobierno republicano en Europa se presenta siempre como una sangrienta utopía, y sin embargo ha podido consolidarse en América en multitud de Repúblicas? La razón me parece muy clara, muy sencilla y muy práctica. Los Gobiernos republicanos que han aparecido en Europa, emanados de las revoluciones anárquicas, han tenido por jefes hombres sin sólidas creencias religiosas, por lo común ateos ó materialistas, energúmenos en sus odios y en sus iras contra todos los cristianos, pero particularmente contra los católicos. Esos hombres han cometido la imperdonable torpeza de perseguir á la mayoría de la sociedad, à las personas más caracterizadas, más virtuosas, más tranquilas, más laboriosas é inofensivas; á las personas que forman el elemento de orden y de fuerza moral en las sociedades bien constituidas: á las únicas que pueden hacer guardar el equilibrio con sus virtudes cívicas, contrapesando las pasiones y las ambiciones, los vicios y la degradación, para evitar que esos elementos disolventes gangrenen y deterioren el cuerpo social. Entre los republicanos europeos ha habido desgraciadamente ciertos hombres que no se han contentado con abogar con vehemencia por las más avanzadas teorías políticas, y con reclamar las más radicales y atrevidas reformas en el sistema de regir y gobernar los pueblos, sino que han querido también introducir un completo trastorno en las condiciones y relaciones sociales, y han atacado con indisculpable violencia las más venerandas instituciones, las creencias más sagradas, las tradiciones más respetables. A estos hombres no debe considerárseles por ningún concepto como representantes del gran partido que defiende las instituciones republicanas conservadoras, basadas en la razón, la justicia, y la verdadera libertad. Forman al contrario una sección de individuos descarriados que por su violencia é insensatos excesos comprometen y perjudican a la causa liberal.

En América se han consolidado las Repúblicas con tanta más fuerza y consistencia, cuanto ha sido el respeto á la religión, á la verdadera libertad, al orden y á las clases sociales más virtuosas. Las repúblicas en América se han consolidado porque tuvieron á su lado la gran mayoría de los ciudadanos honrados y de valer; y muchas de las conmociones que ha habido en las repúblicas americanas, las más sangrientas, las más terribles, las más desoladoras, han sido promovidas por esos mismos hombres sin creencias, por los plagiarios del ateísmo europeo, que después de leer algunas obras utópicas de los libre pensadores alemanes y franceses, han querido singularizarse declarándose sus panegiristas, y no pocas veces ensanchando y ampliando sus utopías hasta la febril monomanía, hasta la locura furiosa, para apoderarse de los gobiernos corrompiendo y desmoralizando las masas, y destruyendo, bajo frívolos pretextos, todos los elementos religiosos que son necesarios para conducir los pueblos por el sendero de la virtud y del respeto á las leyes y á las autoridades constituidas.

Las repúblicas de la América Central están más expuestas que otras de origen español á ser infectadas por esa plaga funesta de los ateístas y de los libre pensadores, porque la escasa y diseminada población de esas repúblicas, y la fuerza material de sus Gobiernos, no son bastantes para contener una propaganda internacional que puede caer repentinamente sobre esos pueblos desprevenidos. cansando en ellos grandes estragos.

Ningún medio es más eficaz para consolidar los Gobiernos republicanos en toda su pureza, que el evitar cuidadosamente las persecuciones religiosas y el respetar estrictamente las religiones cristianas. Las propagandas anti religiosas excitan las pasiones, perturban el orden y traen funestas consecuencias. Los Gobiernos que persiguen el catolicismo, bajo cualquier pretexto, en naciones en que hay gran número de católicos, pierden pronto su prestigio, se debilitan, se aíslan y terminan aborrecidos, desacreditados y despreciados por todos aquellos á quienes hayan querido imponer el yugo bárbaro de su incredulidad.

La tranquilidad política de que goza Inglaterra es debida en gran parte á la libertad religiosa. Los partidos políticos no están demarcados, como en otros países, por las creencias religiosas de los hombres que las forman. La libertad y la ley es igual para todos. Un Gobierno que persiguiese hoy á los católicos de Inglaterra, se suicidaría lo mismo que un Gobierno que persiguiese á cualquier secta cristiana, en tanto que sus adeptos no ofendan la moral pública, y no falten á las leyes establecidas. En otras naciones sucede todo lo contrario; los hombres políticos, según los matices ó la escuela que representan pertenecen de hecho también á una escuela filosófica ó á una religión determinada. En los países meridionales de Europa, por ejemplo, los hombres de los partidos conservadores representan el elemento católico; los hombres radicales en política representan el elemento volteriano, el libre pensador ó el ateo. De aquí resulta que las creencias religiosas imponen el partido político, y el partido político las creencias religiosas. Un católico en Europa, si quiere apoyar por patriotismo ó por convicción un Gobierno republicano rojo, tiene antes que apostatar de la religión de sus padres, porque los católicos son perseguidos por esa comunión política y no pueden pertenecer á ella sino como plantas exóticas Para ser republicano rojo en Europa, es necesario ser antes ateo y encarnizado enemigo del cristianismo. Es necesario abogar por la destrucción de los templos, por el exterminio del clero, por la abolición del bautismo, del matrimonio religioso, del entierro en sagrado y de toda enseñanza cristiana. Con semejantes principios no hay Gobierno republicano que pueda existir por largo tiempo, porque por grande que sea la desmoralización de la humanidad, esos principios son inconsistentes con la naturaleza humana, que tiene innata la idea de un Dios y de un culto externo, la idea de lo bueno y de lo malo, de la familia y de su propia conservación.

Los Gobiernos republicanos no podrán echar raíces en Europa, en tanto que representen el radicalismo extremo, ó tenga abierta de par en par la puerta á las excentricidades y persecuciones del ateísmo, al pillaje, incendiarismo y crímenes de la Internacional.

No podrán florecer y dar frutos en América las repúblicas que sigan las huellas de los republicanos rojos europeos, persiguiendo la religión de Jesucristo, sin otro motivo ni causa que la arbitrariedad de los propagandistas ateos, decididos á trastornar la sociedad y á dominar con audacia estupenda sobre la civilización y el común sentido de las gentes.

El gran problema social está planteado. La gran batalla se está librando. De un lado se encuentra el catolicismo, apoyado por los hombres esencialmente conservadores. De otro lado se halla el ateísmo, apoyado directa ó indirectamente por los hombres que se dicen radicales. Los colores intermedios entre estos dos extremos, son únicamente tintas de transición, que tienen que desaparecer, las más cercanas al catolicismo como desaparece la aurora matutina para que luzca en toda su plenitud el día: las próximas al ateísmo, como desaparece el aturbonado crepúsculo de la tarde para que dominen las sombras de la noche.

Si triunfa en toda su pureza la religión de Jesucristo, se salvará la sociedad, se salvarán las naciones, los pueblos y los Gobiernos; y el sol esplendoroso de la moral cristiana y de la libertad y la justicia, demarcará una vez más los límites legítimos de los deberes y de los derechos del hombre constituido en sociedad civilizada.

¡Pero ay de la sociedad, de la civilización y de la familia, donde quiera que triunfen los pseudo-filósofos modernos!

¡Ay de los pueblos en donde la inteligencia humana, sumida en la oscuridad del ateísmo, no tenga una estrella, ni un faro luminoso que le enseñe el puerto de la ESPERANZA ETERNA!

Antes de poner fin á la narración de estos sucesos y polémicas religiosas, séame permitido hacer unas rápidas reflexiones sobre la anarquía intelectual que por todo el mundo parece haber difundido la filosofía del día y muy particularmente la alemana, que ha echado al suelo las creencias más santas y consoladoras y minado profundamente los solos y únicos cimientos en que descansa la sociedad.

Las consideraciones en que voy á entrar, aunque á primera vista parecerán á algunos demasiado abstractas y que en nada se ligan ó tienen que ver con la materia de que he tratado, le son, por lo contrario, pertinentes, puesto que la aplicación de esa falsa filosofía y de esas teorías racionalistas á la religión, á la moral, y á la política, son las que precisamente motivan esas especiales agitaciones de la sociedad moderna, y esa persecución encarnizada contra el catolicismo, que es el baluarte más formidable, ó más bien el único que se opone á la moderna propaganda.

A riesgo, pues, de parecer ascético y difuso, y de que se me achaque de tratar sobre objetos extraños al título de esta breve reseña, me permitiré hacer algunas reflexiones respecto de esas falsas teorías á que aludo, para probar con la posible concisión que su aplicación práctica al gobierno de los pueblos solamente conduce á una deshecha anarquía, al caos más completo, y en último resultado al más absoluto y brutal despotismo.

En otros tiempos, que hoy se califican de oscuros y supersticiosos, los hombres buscaron cuidadosamente un principio, una autoridad que tuviese derecho de imperar.

Afanáronse en buscar siempre la ley, y consideraron siempre la ley como suprema. La ley suprema no era otra sino la religión. Era la ley más antigua, la más autorizada y á ningún individuo o nación asistía derecho alguno para disputar su dominio. El carecer de ley, de religión y de moral se suponía que era el mayor de los males para el Estado, así como que una autoridad puramente política pudiese exigir la obediencia en lo divino y en lo humano, en lo temporal y lo espiritual.

Empero, todo lo ha llegado á cambiar el espíritu moderno. Hoy en día se menosprecia aquella autoridad divina, único origen del verdadero poder y del verdadero derecho y á la que todos los hombres deben acatamiento y obediencia. Para el hombre se reclama el derecho y la autoridad absoluta de imponer por su cuenta la ley que se lo antoja, y arreglar y modificar todas las cosas divinas y humanas sin sujeción á más trámites que los que acierte á dictarle su individual capricho. Nuestros filósofos modernos sostienen la supremacía universal absoluta, y, como dicen ellos, el ilimitado e inalienable derecho del hombre para sobreponerse á la religión, á la moral natural y revelada, y á la política, conforme lo inclinen su pasión y su albedrío. La duda reina suprema é insolente, y no queda institución que no se halle expuesta á los embates incesantes de aquella inquieta y disolvente influencia, y con funesta cuanto obstinada obcecación se pretende, nada menos que volver á construir de nuevo in estructura religiosa y política que constituye el más sólido pilar de la sociedad.

Quieren los llamados reformadores de la sociedad que haya Estado sin haber soberanía divina. Comienzan por emancipar al Estado de toda obediencia para con la autoridad divina, y luego quieren que se obedezca ciega y servilmente á aquel Estado que fué el primero en dar el ejemplo de una inaudita rebeldía. ¿Con qué derecho esos, que ebrios de soberbia, han osado conculcar la ley sacrosanta y eterna, profanar el santuario del poder divino, lanzar tantas blasfemias contra la autoridad más veneranda, hacer cínica muestra y alarde de una rebelión incalificable, hija del más mundanal orgullo, y que proclaman ufanos una libertad que no es más que ruina y perdición lamentable: con qué derecho, se erigen ahora en soberanos absolutos y exigen de sus semejantes una sumisión y una obediencia à la que les es materialmente imposible y vedado el alegar ni sombra siquiera de legítimo derecho?

Abyección y servilismo seria dar homenaje á un poder humano que hubiese querido, en un arrebato de demente orgullo, eximirse del poder divino. Tiranía intolerable sería la de unos cuantos hombres que pretendiesen avasallar al resto de la humanidad, después de haber ellos sacudido el yugo de la autoridad de Dios; es decir que, bajo pretexto de emancipar el pensamiento hubiesen lanzado lejos de si todas las trabas que enfrenar pudiesen sus pasiones, á fin de dominar entonces sin estorbo é impedimento en los pueblos, tristes víctimas, á quienes hubiesen conseguido imponer su férreo y usurpado despotismo. Impídase la sumisión del Estado à Dios, y queda reducida á nada la sumisión del súbdito al Estado.

Y sin embargo, lejos estoy de perder de vista las diferencias que existir puedan entre la Iglesia y el Estado. No ignoro cuán distintas son, administrativamente hablando, entrambas instituciones. Pero esa independencia tiene sus límites, y sus límites bien definidos y marcados. Tanto como el Estado siga manteniéndose rigurosamente dentro de los límites de la ley natural, tanto como continúe sin tropiezo ni pausa caminando por la senda que le ha sido marcada, tanto como no deje de prestar homenaje á los mandatos y preceptos de aquella Potencia soberana á la que está debiendo su propio sér, permanece incólume su libertad de acción, entera su independencia, dentro del círculo que le ha sido trazado en derredor, y cuya circunferencia abarca suficiente espacio para dejarle toda la soltura y desahogo á que puede razonablemente aspirar.

La ley natural se halla incluida en la sobrenatural y revelada, ó sea en la autoridad divina, viniendo á ser en consecuencia el poder eclesiástico su guardián y custodio. A la Iglesia, pues, corresponde el derecho de erigirse en juez de ambas leyes amalgamadas para ella en una sola; á ella le incumbe hacer frente á todo linaje de ataques y hostilidades, sin reparar en la calidad ni el número de aquellos por quienes son dirigidos.

¿Qué es el Estado, pues, para todo creyente? Un tribunal subalterno que no hace más que poner en ejecución los fallos de la

Corte suprema en la esfera espiritual y sacerdotal que á ella le corresponde, y en esta consiste y de esta depende el modificarlos, el enmendarlos, ó el alterarlos por completo conforme lo tuviere por conveniente. Aceptada la supremacía de la ley de Cristo, no cabe ni es admisible solución diferente; el que cumple los preceptos de aquella ley soberana, cumple ipso facto los de la ley natural, é importa tener presente además nadie se exime de la obligación de obedecerla, ni los grandes de la tierra, ni los más humildes mortales.

Lejos de mí la idea de abogar por la amalgamación de las potestades civil y eclesiástica. Inconmensurable distancia las separa y las animan un espíritu, una índole, un carácter, unas tendencias cuya diversidad es incontestable. No menor distinción existe entre la supremacía de la Iglesia en su aspecto divino y la supremacía temporal á que haya podido alcanzar el clero al seguir la carrera de la política. Esta profesión tan incompatible con el carácter sacerdotal, priva al sacerdote que la abraza del especial venerable carácter á que le haría acreedor su espiritual y sagrada misión, si concretándose à ella se abstuviera de tomar parte en las mundanales lides de la política.

Pero muchos eclesiásticos que inhábiles para resistir á los impulsos de la ambición humana no han titubeado en lanzarse al torbellino de la política, no sólo han perdido el prestigio con que su santa profesión los circundara, sino que ni han logrado siquiera coger los lauros perecederos que tanto apetecían, y malográndose por completo sus aspiraciones y su sed de honores y de mando, han venido á ser poco menos que nulos sus méritos y servicios en la mundana tarea que mal aconsejados y ciegos se empeñaron en emprender. Pero los errores y los actos censurables de que hayan podido hacerse culpables, no fueron cometidos en su carácter de sacerdotes, sino en el de políticos. Al asumir las atribuciones de cuerpo político la Iglesia, vería convertirse su autoridad en supremacía de Estado. El principio que he procurado sostener estriba, sí, en la supremacía eclesiástica, pero sin apartarse jamás de su índole sacerdotal y pastoral, y como defensora y guarda fiel de la ley divina natural y revelada, de aquella ley que es igualmente suprema para los individuos como para las naciones, para el príncipe como para el súbdito, para el rey como para la comunidad, para el noble como para el plebeyo, para el pobre como para el rico.

No es, pues, admisible, en mi opinión, el que la Iglesia gobierne y administre civilmente. Bástale á esta, por cierto, su alta, su sublime misión de enseñar y custodiar la ley de Dios. Pero dentro de estas atribuciones venerandas, de estas prorrogativas sobrenaturales, su libertad es completa, absoluta, omnímoda, y su autoridad irresistible é incuestionable. Al quererlas usurpar, estréllanse miserablemente. las potestades humanas, así como se estrellan las olas del mar en sus eternos embates contra los inmóviles peñascos de la costa. En sus estériles cuanto sacrílegos esfuerzos para llevar à efecto tan inútil usurpación esas potestades, no hacen más que rebelarse contra la majestad divina y despojar alevosamente al hombre de sus derechos más respetables y más sagrados.

La supremacía de la Iglesia bajo el aspecto divino debe reclamarla el católico como un derecho inalienable, y al hacerlo así no renuncia ni un átomo de sus derechos y privilegios de ciudadano libre en el Estado libre. La soberanía divina lejos de oponerse á la libertad, la cimienta y la fortalece. Cuando han sido colocadas en bandos opuestos la autoridad y la libertad, lo han sido por la carencia de depues no nos priva de la libertad el Hacedor Supremo; quien nos despoja de nuestros derechos es el hombre, quien al hacerlo despoja también á Dios de los suyos. Resumiéndose y compendiándose todos los derechos humanos en uno solo, á saber el derecho de ser gobernados por Dios y por Dios solo, resulta que, manteniendo de una vez la supremacía en todo de la ley divina, no tienen los hombres porque inquietarse respecto de sus derechos, puesto que se hallan estos firmemente asegurados bajo su sacrosanta garantía.

Aceptado el principio de que la soberanía divina es tan esencial para la libertad como para la autoridad, principio fundado en el dogma así como en la sana filosofía, vienen al suelo todas las objeciones que puedan hacerse contra los derechos que reclama la Iglesia. Tan lejana está la Iglesia de ser hostil á la libertad, que ella es por lo contrario su más firme apoyo, su más sólido sostén, ya que ha proba que la base de toda libertad es la presencia de la soberanía divina, única suprema, ante la cual no puede haber ni autoridad ni esclavitud.

Al dar expresión á estos pensamientos, tampoco es mi propósito abogar á favor de tal ó cual forma de Gobierno. Ya es axioma en política que la forma gubernamental, considerada en sentido abstracto, es de secundaria importancia, y que la condición esencial es que el Gobierno de una nación sea administrado con justicia, rectitud y sabiduría. Todos los días hieren nuestros oídos injustos cargos y acusaciones contra la Iglesia, al efecto de que esta favorece exclusivamente sistemas políticos autocráticos y despóticos. Tan fútiles acusaciones caen por su propio peso. Desvanécense ante la reflexión, como las tinieblas ante la luz del sol. ¿Puede acaso tan venerada y sublime institución, que por su índole es infinitamente superior y extraña á las ambiciones y aspiraciones humanas, inclinarse á favor de este ó de aquel sistema político, á favor de esta ó de aquella combinación administrativa, de esta ó de aquella escuela gubernamental? Creo excusado traer aquí pruebas que refuten tan errado como pueril concepto.

¿Qué es lo que requiere, pues, la Iglesia de las instituciones sociales, de los cuerpos políticos, de los Gobiernos? Requiere esa misma libertad dentro de su especial esfera, que se halla pronta á concederles en la suya y que les concede sin envidia, sin restricción, y con mano generosa; y exige ante todas cosas, y como condición esencialísima, la más implícita obediencia á la ley de Dios. ¿Quieren los pueblos sustituir por otro el Gobierno político que les rige? ¿Quieren, por ventura, cansados de tiranía, hastiados de abusos palaciegos, saciados de intrigas cortesanas, dar expresión positiva de su voluntad nacional y recordar al mundo, por medio de un cambio, que aun en los países monárquicos los pueblos no han sido hechos para los reyes sino los reyes para los pueblos? ¿Quieren acaso las naciones constituidas democráticamente oponerse á los desvaríos de la demagogia, enfrentar al populacho, contener con mano firme la licencia, que es el abuso de la libertad ¿Quieren, según las vicisitudes de la política, según sus inclinaciones del momento, elevar al poder á cierto y determinado grupo de hombres que mayor fé y confianza les inspiren, y apartar á los que le hagan sombra y le parezcan peligrosos ó al menos sospechosos? En tan dolorosas emergencias, en tan lamentables convulsiones, en tan tempestuosas agitaciones que con harta frecuencia trastornan y conmueven la humanidad, la Iglesia, fiel á su misión sagrada, se limita á explicar á sus hijos la ley divina. Su voz elocuente domina el estridor de las armas, el clamoreo de las muchedumbres, y sobresale su aspecto venerable, sereno, imponente por encima del tumulto, de la lucha la confusión. Pero ¡ay! esa voz divina los Gobiernos y los pueblos obcecados en sus delirios, no pocas veces la desoyen en su daño, dejándose arrastrar por la corriente impetuosa de sus ambiciosos anhelos y de sus pasiones violentas, corriendo en pos de la felicidad política, de la perfección en el modo de gobernar los hombres, olvidados de que aquella felicidad, aquella perfección, solamente se encuentran en la inefable ley divina y en el seno de la misma Iglesia. Mas no por eso los abandona esta madre cariñosa. Esta sin tregua, sin descanso, á toda hora, manifiesta su carácter sublime y divino y exhorta á gobernantes y gobernados á dejarse guiar por aquella fulgurante luz, por aquel meteoro resplandeciente, por aquella brillante estrella que jamás los podrá extraviar. Es en verdad una maestra sublime y tierna, rebosando de amor, procurando siempre el verdadero bien del pueblo, tanto en lo temporal como en lo espiritual y eterno. Perdonar, consolar y salvar es su misión excelsa, y esta misión la hace invencible. Sus enemigos crueles y encarnizados se afanan en vano por destruirla. Vanos son sus ataques, fútiles sus calumnias, superfluos sus vituperios. Al intentar anonadarla no hacen más que privarse á sí propios de la consolación suprema y única: y al hacerlo así recogerán el triste, el funesto fruto que ellos mismos han sembrado. Podrán destruirse á sí propios, á ella jamás.

Londres, —1873.

ÁLVARO CONTRERAS

Nació en Cedros en 1839. A los diez y seis años obtuvo en la Universidad de Tegucigalpa el grado de Bachiller en Filosofía.

Dió á conocer sus felices aptitudes para el cultivo de las letras, colaborando en un periódico liberal, fundado por el Licenciado don Céleo Arias.

Tuvo á su cargo por algún tiempo la redacción del periódico oficial de Honduras.

Habiendo entrado al ejercicio del poder, como Senador, el General don José María Medina, Contreras lo combatió enérgicamente por la prensa. Medina entonces lo expulsó del país. Contreras se dirigió á los minerales de Llamaval, en donde el General don Trinidad Cabañas preparaba el pronunciamiento de San Miguel contra el Gobierno del Doctor Dueñas. El General Cabañas lo nombró su Secretario. Las fuerzas del Gobierno, al mando del General González, derrotaron á los revolucionarios, y Cabañas y Contreras se embarcaron en La Unión en un buque de guerra inglés, con di rección á Panamá.

En 1865 se hallaba en Costa Rica, y allí estuvo escribiendo en La Gaceta Oficial, primero, bajo el Gobierno del Doctor Castro, y en La Estrella de Irazú, después, bajo la Administración del señor Jiménez, á quien hacía la oposición con varios correligionarios suyos. Este periódico fué suprimido, y Contreras fundó en su lugar El Debate.

En 1870 tomó parte en la revolución que derrocó al señor Jiménez; y luego fue uno de los Diputados á la Convención reunida por el Presidente Provisional señor Carranza, ante la cual presentó, con un compañero suyo, un proyecto de Constitución. La Asamblea fué disuelta por don Tomás Guardia, y Contreras se vió obligado á salir de Costa Rica. Dirigióse á El Salvador, á donde llegó cuando acababa de caer la Administración Dueñas, debido á la victoria que las armas de Honduras alcanzaron en Santa Ana el 10 de abril de 1871.

Contreras fué nombrado por el nuevo Gobierno redactor de El Boletín Oficial. Después fundó La Opinión. En 1872 figuró como Diputado por Chalatenango en la Asamblea Constituyente que convocó el Mariscal González. En 1875 fundó un nuevo periódico, al que intituló La América Central, porque era su objeto trabajar por la reconstrucción de la patria.

En 1876, caída la Administración Valle que Contreras había defendido, se dirigió á León en donde fundó La Libertad. Atacaba en este periódico de un modo tan rudo á los Gobiernos de Centro América, que el Presidente don Pedro Joaquín Chamorro dijo á Contreras: "O guarda Ud. silencio ó se marcha del país". Contreras hizo lo último, y se dirigió á Panamá, en donde escribió, en varios periódicos, en defensa del Perú y Bolivia, que á la sazón estaban en guerra con Chile. Sus artículos fueron reproducidos con aplauso en la América del Sur.

Después volvió á El Salvador. Fué bien recibido por el Presidente, Doctor don Rafael Zaldívar, quien lo comisiono para el discurso oficial en la inauguración del monumento erigido al General don Francisco Morazán.

Contreras había llegado enfermo á aquel pais, y allí espiró el 9 de octubre de 1882. El Doctor don Ramón Rosa dice de él que fué "tribuno y periodista, el más fecundo de la América Central".

CARTA A DON FÉLIX ICAZA

(En Panamá).

INÉDITA

¿Y qué hay para Céspedes hoy? ¡Ni el fruto que soñó su patriotismo para legarlo como herencia de bendición á su posteridad! ¡Hoy apenas si se pronuncia su nombre, no se puede ni aún grabarle sobre su sepulcro, perdido en lo ignorado, ¡donde yacen todos los muertos anónimos!

A Morazán no quiero ni mentarle, porque él personificó la libertad y la República en mi patria, ¡y mi patria le asesinó el mismo día de su independencia!

Y sobre todas esas catástrofes, sobre todos esos dolores y esos duelos á que ha dado lugar el heroísmo perseguido ó abandonado por la ingratitud, no hay corazón bien puesto que no se conmueva y estremezca al pensar en la caída del astro más brillante en la constela.

¿Quién puede contemplar con indiferencia los últimos instantes de Bolívar, el numen prodigioso de la emancipación de medio mundo? Creador de cinco pueblos, se vio al fin como extranjero, como perseguido, como precito en la patria inmensa que nació del aliento de su alma.

Padre desconocido y abandonado por innúmeros hijos; Mesías, Apóstol y Pontífice de una religión nueva destinada al último rescate de la humanidad; él se vio solo como genitor sin prole, como sacerdote sin templo, como arcángel precipitado del cielo para vagar en el vacío inmenso de la ingratitud, donde el genio se arde y se consume en su propia llama, sin que sus contemporáneos le comprendan, ¡le ayuden y le salven!

¡Caracas le proscribe, Santa Fé le asecha y San Pedro Alejandrino recoge su cabeza angustiada para mandarla al regazo de la eternidad!

Negra y helada noche de ingratitud cayó sobre el alma del que convirtió en hombres millones de máquinas de sangre, en héroes la mayor parte de esos hombres y en ciudadanos á todos esos héroes transfigurados por los milagros de la libertad. La envidia, puñal asesino de las grandes almas —puñal asesino de las grandes personalidades que dan vida y aliento á un pueblo y muchos pueblos— la ingratitud, veneno que mata las naturalezas mejor hechas para el bien de la humanidad, ¡determinaron la muerte de Bolívar, cuando apenas contaba 47 años de prodigios y glorias inmortales!

¡Así se fue Bolívar de entre los humanos á la región eterna de la gloria! Y San Pedro Alejandrino, que recogió sus últimos estertores, permanece todavía olvidado, sin ser el sitio de romería, el santo sepulcro del Jesucristo americano. ¡Y los gobiernos que se apellidan de independencia y libertad no le han consagrado hasta hoy como un santuario, donde cada lágrima puede ser un rescate de las almas honradas que le sobreviven!

¡Ingratitud, horrible ingratitud que parece romper el hilo del progreso moral en la trama de la historia! Tal es el vacío que yo noto en la gloria incomparable del héroe americano. Pienso que su figura no ha sido todavía cincelada para presentarla con todos sus perfiles y relieves à la admiración del mundo.

Pena me causan todas las obras enciclopédicas de la Europa que he leído sobre el Genio del Nuevo Mundo. Inexactas o deficientes, sólo le visto en cada una de ellas un miserable bosquejo del tipo que en mis ensueños de americano, *sin lo alismo insensato,* pienso que será, en no lejano porvenir, el más grande de la humanidad, después del que le enseñó la grandeza del heroísmo desde la cima resplandeciente del Calvario.

Alfonso Esquiros escribe la "Historia de los Mártires de la Libertad" desde Solón y Sócrates hasta Abraham Lincoln, sin hacer mención de ningún hispanoamericano... ¡y calla hasta el bendito nombre de Bolivar!.

Así nos tratan muchos escritores del Viejo Mundo. Pero la ignorancia, el silencio ó el desprecio de ellos nada podrán contra la verdad, la virtud y la gloria, que aquí cantará la humanidad regenerada. Ellos pasaran, al soplo divino de Dios, como aristas que el huracán arroja en el otoño.

Entretanto, hay que preguntar á la filosofía y la conciencia humana, si la vida no es el genio, In gloria y el merecimiento de los que graban en medallas imperecederas la imagen del deber alumbrada por el espíritu del bien. La América del Sur está dando la respuesta.

Caracas decreta la celebración del centenario do quien allí nació para vivir eternamente en el corazón de todos los americanos.

Cartagena *la redentora,* capital del Estado que lleva el nombre del Héroe, prescribe el mismo festival para 1883, haciendo así reparación contra los errores del pasado y glorificando con altura el nombre colombiano. Alguien ha tenido después la feliz inspiración de proponer al Congreso de esta República que ella unida celebre el mismo grandioso acontecimiento, erigiendo en una de las extremidades del canal interoceánico la estatua monumental del libertador de Sud América.

Los trámites parlamentarios hicieron llegar el asunto al dictamen de Ud., señor Icaza, y su juicio se ha explayado en elocuentes conceptos sobre la sagrada memoria que me ocupa en este momento.

La palabra de U. ha vibrado en el Parlamento colombiano como la voz justiciera de la posteridad que levanta y dignifica al creador de esta familia de repúblicas en formación. Pero U. ha hecho dos innovaciones fundamentales en el proyecto: es la primera, que las cinco repúblicas emancipadas por Bolívar celebren su centenario y levanten el monumento de su gloria con el producto de una suscripción general promovida en todas ellas: es la segunda, que el Congreso Internacional americano determine la forma del monumento y de la fiesta que simbolicen la apoteosis del Libertador.

Nada más justo, nada más elocuente, nada más grandioso que pedir á la América congregada para deliberaciones de paz y de fraternidad el homenaje de su culto al que se dio existencia independiente, la iniciación de las instituciones libres y el orgullo supremo de los pueblos que tienen otorgada por el destino la supremacía del progreso y de la civilización en lo futuro.

Aquel inspirado sublime fue el más poderoso motor de la fraternidad americana escrita en leyes que formarán un núcleo de resistencia contra todos los conquistadores, contra todos los representantes del odioso sistema de la fuerza.

La iniciativa poderosa de aquel genio hizo aparecer en 1826 el primer Congreso Continental como aurora de confederación y alianza, en que por desgracia no figuraron en armonía los elementos que se necesitaban para dar consistencia á la gran concepción del Libertador. Pero á pesar de tal fracaso, él será en la historia americana el Aquiles, el Ulises y el Homero de la Ilíada y la Odisea de este Nuevo Mundo.

¿Y qué más se necesita, mi querido amigo, para dar fuerza y justificación al valentísimo dictamen de U, en honor de Bolívar?

Ese documento es para mí un tesoro que no puedo encarecer bastante. Le hace honor á Nueva Colombia, le hace honor al Istmo, y todavía mayor á por su patriótica espontaneidad y por la elevación de sus ideas cuando trata de su patria, de la América, y sobre todo de la justicia humana para enaltecer por ella la memoria de los grandes hombres.

Mi distinguido amigo el *neo colombiana* don José María Torres Caicedo y el venezolano doctor Antich han mostrado gran celo por figurar como autores de la iniciativa del pensamiento que dio el nombre de Bolívar á una calle de París. Muy grande, muy opulenta, muy civilizada por las inspiraciones de la ciencia y del arte, es indudablemente la capital de la Francia, sustentadora del pensamiento moderno; pero con todo eso, yo no puedo ver en la aceptación *obligada* del nombre de Bolívar para una de sus avenidas ó carreras, un título de gloria que aumente la infinita que lleva sobre sí el creador de un Mundo de libertad.

Para tal incidente se ha solicitado el *patrocinio* de Víctor Hugo, la lumbrera del siglo XIX. Con perdón de esa Omnipotencia de la gloria del pensamiento, yo que soy átomo invisible ante sus merecimientos y sus admiradores: yo que soy oruga que no puede ni sentir el vuelo de esa Águila caudal, me atrevo á murmurar que Bolívar no necesita ni una sola de sus palabras de benevolencia para ser grande entre los más grandes de la historia y de la humanidad.

Genio por Genio, estoy muy lejos de pensar que el francés brille más y signifique más en lo futuro que el incomparable colombiano. Las obras de ambos vivirán escritas en libros inmortales: la de Víctor Hugo en páginas admirables de la inspiración con que Dios visita la cabeza de los grandes: la de Bolívar en cada palabra, en cada frase, en cada discurso y en cada acción con que formó pueblos que le llevarán hasta *"el término del mundo"* como la libertad como el verbo y la imagen de la libertad.

Así, pues, mi querido amigo, pienso con los que creen que la América debe glorificar á Bolívar creando algo que le simbolice con los Andes por su pedestal, con los mares por sus eternos cantores y con los astros ecuatoriales por su diadema imperecedera. Pero todavía pienso que los ingenios americanos congregados por el filial amor al genio, deben escribir á competencia, y publicar con el apoyo de todos sus Gobiernos, el gran libro de las Glorias Americanas en que Bolívar se destaque como padre de los dioses en el Olimpo de la libertad.

Su amigo de corazón.

¡UN GRAN DESASTRE Y UN GRAN DUELO! [21]

La catástrofe anunciada sobre la pérdida del *Huáscar* es una triste realidad que ha envuelto, por el momento, con el crespón del infortunio la bandera de los aliados en la guerra suramericana que tiene suspensa la atención del mundo.

El precioso templo de las glorias navales del Perú, ha caído al fin bajo los multiplicados golpes de ariete de la escuadra chilena, vencedora por la fuerza y por el número, en monstruosa desproporción, de su gigante adversario.

En esa batalla de uno contra muchos, el pendón chileno flamea victorioso sobre las huellas del primer marino de la América del Sur, aniquilado en su presto, el fuego por de los cañones enemigos, que les han formado la última aureola de la gloria para iluminar su vuelo á la inmortalidad.

¡Chile posee por trofeo él esqueleto del *Huáscar,* pero quizás no puede ni contemplar una sola gota de la sangre que calentó el corazón del genio de sus terrores!

Sobre el destrozado castillo donde ha resplandecido tanto el heroísmo peruano encendido entre las ondas del mar por el santo amor de la patria; no queda ninguna reliquia, ningún fragmento de la fornida corporal de los apóstoles armados que han ofendido su existencia en holocausto sublime á la religión sublime del debería.

Miguel Grau, Elías Aguirre, Diego Ferrer, Gervasio Santillán y tres más cuyos nombres ignoramos, ocuparon sucesivamente el puesto de honor que les había señalado el alma del Perú en presencia de la muerte, que ha venido á golpear sus puertas en la hora tremenda de la gran prueba que comienza.

Grau desaparece entre la tempestad de fuego que le lleva en un instante á la región de lo ignorado. El último fulgor del héroe transfigura á sus dignos sucesores en la misma cima del martirio, y todos ellos desaparecen como águilas que arrebata el huracán y pierden su asidero en la borrasca. Pero esas águilas ven la gloria por

---

[21] Dictado directamente al cajista por falta de tiempo, es una verdadera improvisación.

delante al resplandor del rayo, y dejan atrás, en su nido la sombra imponente que observarán siempre con espanto los que no han podido seguir su encumbrado vuelo.

La tempestad ha pasado, y los chilenos están en posesión de una gloriosa ruina, donde mientras dure se agitarán inquietas esas mismas sombras que oscurecen y avergüenzan la victoria de los que tienen hoy la preponderancia del número en el mar.

Vencer á diez con mil, romper una caña con el peso de una encina, apagar la voz de dos cañones con doce y reducir á la impotencia á un solo buque con una escuadra que cuenta entre los suyos dos que tienen doble magnitud y coraza que su adversario, son cosas iguales y tan hacederas en el mundo, que no merecen los honores de un aplauso, y mucho menos los vítores y las alabanzas con que cantan los pueblos las hazañas de sus héroes.

El glorioso ariete peruano se mueve con rumbo al Sur en cumplimiento de una orden. La mitad de la flota chilena va del Norte en su persecución, y le encuentra en la bahía de Mejillones de Bolivia, donde el combate se hace inevitable y se empeña con desesperación durante hora y media de prodigios que se prolongan por dos horas más al llegar la otra mitad de la misma flota que tras la segunda división de los chilenos agresores. Esos prodigios quedan escritos sobre el Huáscar destrozado: sobre ese monumento de elocuencia muda que dirá más al mundo y á la historia sobre las figuras inmortales del lira de todos los poetas del Continente americano incomparable Grau y de los que con él se han levantado en grupo luminoso al cielo de la patria, que la pluma de los escritores y la lira de todos los poetas del Continente Americano.

De la plana mayor del Huáscar legendario sobreviven el oficial Canseco, el médico Doctor Távara y dos personas más que seguramente no pudieron hundir la nave para buscar en los abismos del océano UNA TUMBA DIGNA DEL HOMBRE, como lo contaba Caro presintiendo á Grau y á los que con él se fueron á vivir en la inmortalidad.

Los cañones y las olas les han cantado el himno funeral, mientras llega la apoteosis que les hará la humanidad.

Y los marinos de la costa, cuando pasen por el Morro de Mejillones —por ese sitio donde han brillado la gloria y el martirio

323

luminosamente confundidos— dirán á los viajeros con respeto: ¡he aquí donde acabaron!

Pero vive el Perú, heredero de los mártires que le han enseñado la grandeza del sacrificio por la patria. Ese pueblo debe responder al infortunio con una con una de esas grandes explosiones del sentimiento nacional que llevan al triunfo sobre ruinas y desastres.

¡Ay del egoísmo y de la indiferencia si no se convierten en valor y abnegación para salvar la honra del Perú y ver cumplida la vindicta americana que pide a sus hijos el amor de la patria y de la independencia!

Pero el pueblo de Grau está de pie, y tiene que ver su augusta sombra á toda hora sin avergonzarse. Le manda vencer y vencerá. Si no fuera capaz de reverenciar sus manes con el triunfo final del patriotismo, tendría que borrar ese nombre luminoso de su historia; tendría que apagar la más brillante estrella de su cielo.

Mas no puede suceder eso allí donde hay tesoros que sacrificar por la defensa del derecho y del nombre nacional; allí donde hay corazones ardiendo en la llama del orgullo; allí donde hay hijos, madres y esposas que defender, y donde las miradas de todos esos ídolos del corazón infundirán el heroísmo á los indiferentes, y si lloran su muerte, del llanto mismo con que mojen el suelo brotaran nuevos héroes que saluden la victoria bajo el el estandarte de la patria. Fe, fortaleza y constancia, para dominar la adversidad, es lo necesita el vencedor sobre el monumento que debe levantar à la coronas del memoria de los muertos contra los más que creemos que le sobra, para triunfar y deponer las inmortales de Mejillones.

DISCURSO

Pronunciado el 15 de septiembre de 1882, por don Álvaro Contreras, en nombre del Poder Ejecutivo Supremo de El Salvador, en acto solemne de la inauguración del monumento erigido á la memoria del ilustre General don Francisco Morazán.

SEÑOR PRESIDENTE:
Señoras y Señores:

Estamos en presencia de la personificación en bronce del primer héroe centroamericano.

El cincel del artista ha venido a inmortalizar la noble imagen del hombre extraordinario que por maravillosa manera supo improvisarse el señor de la victoria, el numen del patriotismo, el genio de la libertad, el inmortal favorito de la guerra.

Desde que Morazán entre en escena deja de ser un hombre para convertirse en una misión.

Su figura gigantesca no se puede medir por la falta de los caudillos, porque ha venido de lo ignorado con la fuerza prodigiosa de un destino que deslumbra, que se impone para realizar una grande idea, para ser el alma de un sistema, para luchar y morir por la transfiguración de un pueblo.

Esa idea es la unificación compacta de la nacionalidad centroamericana.

Ese sistema es el gobierno de la libertad, organizado en instituciones que promueven la constante ascensión del hombre hacia una vida superior.

Esa transfiguración es la imagen de la Patria engrandecida por el desarrollo integral de todas sus fuerzas, de todas sus facultades, de todos sus elementos de perfección y de poder.

Suprimid el genio de Morazán, y habréis aniquilado el alma de la historia de Centroamérica.

Sin la acción del héroe desaparece el drama de nuestra vida nacional.

Sin ella no es posible hallar clave de filosófica expresión al biografía de la familia centroamericana.

Protagonista de una gran tragedia, nuestro gran Capitán se destaca fascinador desde su primer campo de batalla, de donde se le ve en todas partes, llevando sobre su frente aquella aureola de los predestinados que se hacen sentir de un modo misterioso pero formidable.

Él es el sol que se alza en el Oriente de nuestra existencia como nacionalidad emancipada.

Desde su aurora hasta su ocaso, no es posible verle con el ojo sereno de la indiferencia.

Él no puede menos que causar deslumbramientos.

En unos, el éxtasis profundo de la admiración.

En otros, la insania de la cólera desesperada por su impotencia.

En los espíritus jóvenes y sedientos de progreso, ese deslumbramiento es algo como los embelesos de ideal que llena la imaginación de pintorescas ilusiones.

Es algo como las perspectivas lontananzas de lo porvenir, en que las palmas y las coronas de la gloria forman la primera visión de la almas elevadas.

Por eso el General Morazán es saludado, en acordes de admiración y simpatía por el partido de la libertad, desde que se revela como el genio tutelar de la revolución emancipadora, como el apóstol armando del pueblo que quiere adelantar, como el reformador que necesita la sociedad para destruir los errores y las iniquidades que rebajan su naturaleza.

El último disparo del triunfo en el campo de La Trinidad, al Sur de Honduras, le proclaman por decreto de la Providencia, el más eximio representante de la Patria en sus ardientes impulsos de civilización y libertad.

Esto pasa en el crepúsculo del año 1827 y desde aquel momento histórico, el General Morazán es el espectro aterrador de la reacción colonial; es el hombre sobre cuya cabeza se condensan todas las tempestades de odio que se forman en el corazón y en el cerebro de les enemigos empedernidos del derecho, de los hombres envidiosos y cobardes, de los que tienen privilegios y granjerías, que se nutre con la sangre y la carne de los pueblos.

El partido que en Centro América se ha llamado conservador, siguiendo la moda francesa, y que sonó conservar *a todo trance* y para siempre las prerrogativas y honores del poder en su provecho; se alzó en implacable guerra contra el coloso que supo luchar por quince años contra los que al fin le asesinaron.

El General Morazán no es paladín que vibra su espada contra las huestes españolas, como muchos otros de este continente. Pero lucha contra los más genuinos y obcecados representantes del espíritu colonial, que brega con pertinacia y con furor por mantener impreso el sello de Felipe II y de Fernando VII sobre la frente del pueblo centro americano.

La carrera de aquel genio es un gran combate librado contra más de 300 años de absolutismo y de tinieblas.

El privilegio le miró con indignación y con horror.

La soberbia nobiliaria de los elementos materialistas de la sociedad que quieren fundar timbres y preponderancia en la sangre, le juró guerra sin tregua como al enemigo formidable de sus pretensiones, como al genio de sus terrores, como al vengador de los padecimientos populares.

El General Morazán emprende primero la reivindicación de las prerrogativas y derechos de los estados federales: prerrogativas y derechos inicuamente conculcados en Honduras por el poder nacional, confundido por entonces en intereses y pasiones con el enemigo secular de la libertad.

Corre el año de 1827, y el Ejecutivo Federal lanza traidoramente desde Guatemala una expedición exterminadora que capitanea un hondureño sin entrañas.

La vieja capital de aquel Estado, país que meció al rumor de sus pinares la cuna del insigne Morazán, fue reducida á pavesas en el año terrible en que los llamados conservadores de la América Central se anticiparon á los comunistas y petroleros de París, de Alcoy y Cartagena.

Comayagua envió al cielo en espirales el humo de sus escombros como el satánico aliento de sus quemadores.

El insigne Presidente, profundo pensador y eminente político don Dionisio de Herrera, es transportado á Guatemala entre profanaciones y tormentos.

Aquella tempestad de fuego, producida por la saña de la colonia encarnada en sus viejos instrumentos de iniquidad, sacudió con gran fuerza el nido del águila centroamericana, que desde las cumbres de sus azules montañas arrebató su atrevido vuelo para Nicaragua, en demanda de auxilios que le permitieran volver en son de guerra.

Morazán obtiene del Coronel Ordóñez unos pocos jefes y oficiales, con los que emprende su marcha sobre la costa meridional de Honduras, resuelto á castigar á los imperdonables quemadores de Comayagua.

Al poner planta en su nativo suelo, reúne tropas y se encuentra con una fuerza que El Salvador envía en auxilio del Gobierno legítimo de Honduras.

El pueblo salvadoreño, que ha llevado y llevará por siempre en su organismo mucho tuétano de león para defender la libertad y con ella todo lo que es grande, salió como amigo al primer encuentro del héroe que debía ser después el padre amoroso de sus glorias, el ídolo imperecedero de su culto.

Con sus pocos hondureños, nicaragüenses y salvadoreños, el campeón improvisado del derecho se presenta en la encañada de La Trinidad, donde besan el polvo los infames profanadores de su cuna. Él hace un gesto de mando á la victoria, y la victoria le obedece, levantándole en sus brazos hasta las más encumbradas eminencias de la gloria.

Sucesor legítimo en el ejercicio del Ejecutivo Supremo de Honduras, el antes desconocido Consejero de Estado, se transforma de pronto en repúblico, en guerrero y gobernante de primer orden.

Reorganiza y ensancha, como por encanto, sus pocos elementos, monta para proseguir su gloriosa cruzada hasta la metrópoli de Centro América, y el trotón de guerra que obedece á sus impulsos, salta de cumbre en cumbre por las montañas de Honduras, atraviesa sus pampas y salva sus ríos para venir al oriente del Salvador, donde las ondas cadenciosas del Pacífico cantan al héroe la más grandiosa epopeya de sus triunfos.

Está en San Miguel y el comercio egoísta le niega su apoyo, y casi le trata con burla ó menosprecio, porque no lejas de aquella ciudad se ve la luz del vivac y se descubre el campamento del más hábil y renombrado caudillo militar de la reacción.

Morazán monta otra vez y se presenta en Gualcho. Aquellos comerciantes y cuantes como ellos viven la vida del caracol, concurren á presenciar la liza, creyendo celebrar un festival por la muerte de la libertad. Pero el trotón de las montañas y las pampas hondureñas acentúa con sus relinchos la primer diana de la victoria en presencia pampas hondureñas de los aterrados enemigos del mejor hijo de la patria.

A Gualcho sigue el prodigioso movimiento por el llano de la Pava; y la capitulación del fundo San Antonio hace caer de hinojos al Coronel Aycinena con don Miguel García Granados y todos los secuaces del absolutismo, en presencia del gigante de la democracia centroamericana.

El ínclito vencedor sigue su marcha triunfal con rumbo à Guatemala.

Entonces le nombra general en jefe del ejército destinado á combatir los elementos refractarios á la libertad, el gobierno de El Salvador, de esta bendita tierra que debía ser el santuario de su corazón y el templo consagrado á su inmortalidad.

El héroe se sitúa en Ahuachapán, y de allí da un salto portentoso sobre La Paz para ir á caer en la Antigua, y después volar á San Miguelito con el noble objeto de proteger á los vencidos, auxiliar á los que cayeron con vida en la demanda, y enaltecer á Terrelong y Corzo, les héroes principales de aquella gran jornada.

Pocos días después está en las Charcas. El número superior y todas las ventajas de sus enemigos abren paso al invencible misionero de la redención de Centro América.

La espada del predestinado es como el emblema de una nueva fe. Ella vence, y después brilla en el espacio como un signo de esperanza, de justicia y libertad.

El arco triunfal de las Charcas se extiende hasta Guatemala, y la antigua capital de Centro América abre sus puertas al vencedor laureado, se rinde ante el héroe que marcha siempre alumbrado por el faro de la gloria y lleva en su frente la centella de la inspiración.

¿En dónde aprendió la táctica, en donde la estrategia el que tan alto levantó el pedestal de su fama en una rápida carrera de triunfos inmortales?

Morazán se hizo táctico y estratégico en presencia de sus enemigos, al vencerlos.

Él tenía el arte de la guerra escrito en el libro invisible de su genio, que reveló sus páginas al mundo en constantes y maravillosas intuiciones.

Sus colegios y academias militares fueron las escuelas primarias, que empezó á bosquejar Honduras en tiempos anteriores á la independencia. Pero debo hacer constar aquí que las gotas de sangre corsa, de sangre italiana que palpitaba en las venas del ilustre descendiente de los Morazani, pueden haber sido un oculto y poderoso resorte con que el Divino Artífice del hombre quiso engrandecer al nuestro, como formó tantos ejemplares humanos de singular elevación, que ilustraron el nombre de la Italia desde César hasta el Corso colosal de Santa Elena.

El General Morazán vuelve de Guatemala con su cabeza coronada de laureles y se oculta modestamente en el silencio de su hogar.

No tiene mando alguno cuando la Patria Vieja, la Patria Grande le aclama como Presidente de la República Federal de Centro América.

Gobernante de una gran Federación, descuella como el más avanzado reformador de su tiempo en la América Española.

México, Venezuela, Colombia, Chile, la República Argentina y todas las otras del Sur, no habían intentado siquiera ensayar las instituciones libérales que Morazán puso en vigor hasta sacrificarse por ellas, cuando colocó á Centro América en el puesto de la vanguardia republicana entre las nuevas nacionalidades de origen español.

Este fenómeno histórico, de gran valía para nosotros, es desconocido y olvidado por muchos; pero séame permitido decir que no pocos sudamericanos de talento superior, con quienes cultivo cordial amistad, se complacen en reconocer espontáneamente ese blasón supremo de nuestra gloria nacional.

La reacción colonial viene desde el extranjero en ondas de fuego y aparece en los lindes de México, en Omoa y otros puntos del Centro. Morazán, con la libertad de imprenta, de palabra, de asociación, del creencias y de cultos, con el juicio por jurados y la supresión del cadalso político, lucha en todas partes como el paladín invicto de la patria.

Los taimados representantes de los privilegios tradicionales y del fanatismo, forman espuria alianza con el elemento bárbaro, que tiene á su cabeza una fiera perfectamente organizada para combatir la libertad.

Eso por Guatemala.

Por Honduras, un oscuro sacristán de villorrio calla de pronto las campanas, apaga los cirios y cierra las puertas de su templo para embrazar un arma en servicio de la patria. Pero poco tiempo después se enciende en la soberbia del ángel rebelde, y entra en perenne combate contra el genio que fué siempre el castigo de su espíritu altanero.

Carrera en Guatemala, Ferrera en Honduras y Quijano en Nicaragua, aúllan y se agitan como lobos hambrientos por vencer á Morazán.

El cacique de Mita y el sacristán de Cantarranas aparecen como los protagonistas más tenaces de aquel drama terrible, representado á fuego y sangre para llevarnos al fraccionamiento, á las rivalidades desastrosas, á la pequeñez y la miseria moral que nos afrenta cuando nos vemos sin la grandeza y el poder que debiéramos haber alcanzado ya, según el designio manifiesto de la Providencia del Progreso.

Con el nombre de *reforma* de la constitución federal se levanta un cisma contra la religión de la patria, se enciende una guerra de secesión, una guerra separatista que reduce á cinco fragmentos la unidad hermosa de la nación, y coloca sobre las aras rotas de sus altares á los tenebrosos representantes del caudillaje, que se alza torpe y orgulloso entre las ruinas ensangrentadas del pueblo centroamericano.

Reducido Morazán á los dominios de El Salvador, que fué siempre lealtad, siempre sacrificio y heroísmo en los grandes trances nacionales, sobrevino la invasión de Nicaragua con dos ejércitos debelados á un tiempo en el Espíritu Santo, por luchador que hizo el gran luchador que hizo à Ferrera poner pies en polvorosa con la frente abatida por el orgullo avergonzado.

Este sacristán, de gran carácter y de gran talento, pero de funesta inspiración política para la patria, no tuvo ningún designio moral, ningún alto pensamiento de humanidad, y sólo se propuso ser el primer déspota de Honduras y rivalizar locamente con el genio cuya envidiable fama le desveló por mucho tiempo.

Osado y pertinaz volvió á los campos de El Salvador, buscando el desquite de su primera desastrosa derrota.

Su flagelador marcha otra vez á cargarle donde lo encuentre; pero la reacción liberticida toma los cuarteles de esta ciudad y la familia del héroe como rehenes, con cuya muerte le amenaza si no se rinde. Él prefiere la patria á la familia, y por un acto sublime de insuperable abnegación, se transforma en el primer santo de nuestro calendario nacional. Retrocede como un rayo que viene á hacer explosión sobre la cabeza de los rebeldes; restablece en un instante el orden legal, y liberta y deja en seguridad á los objetos idolatrados de su corazón, para volver acto continuo á San Pedro Perulapán, en donde con número muy inferior al de su enemigo emprende otro combate formidable, que concluye con el puntapié que dió á Ferrera hasta hacerle ir á caer avergonzado en las concavidades de las montañas hondureñas. A pesar de tanto prodigio, la causa de la libertad se desquicia y se derrumba por todas partes en la América Central.

En Guatemala está Carrera, que resume todos los instintos y propensiones de su raza y personifica la barbarie.

Aquella comarca se conmueve bajo las pisadas del guerrero bravío que se desprende sobre ella como el tigre aterrador de las montañas.

Morazán marcha con un pequeño ejército, y á viva fuerza penetra en la ciudad, donde comenzó á eclipsarse la estrella de la fortuna! Las muchedumbres bárbaras le asedian como incontable hormiguero, y el grande hombre toma la resolución heroica de romper el cerco de fuego, encomendando la operación al inmortal Cabañas, quien abre paso á la más famosa retirada militar que ha tenido efecto en Centro América.

Morazán y los suyos vuelven á El Salvador, y sin darse punto de reposo hacen rumbo hacia las playas sudamericanas.

El Mariscal Gamarra, el renombrado jefe de estado mayor general en la función memorable de Ayacucho, brinda con el mando en jefe del ejército del Perú, para combatir á Santa Cruz, al insigne guerrero centroamericano que se presenta como peregrino y se niega modestamente á recibir aquel honor.

Muere Gamarra en campaña, y muchas ilusiones se desvanecen en la mente de Morazán, que regresa con muy pocos elementos al seno desgarrado de la patria. Toca en estas riberas de su amor y de su encanto, y sin pérdida de momento retrocede á Costa-Rica, de donde le llama un partido poderoso que desea suprimir á Carrillo con su terrible dictadura.

El gran soldado de la libertad llega con una pequeña falange hasta muy cerca de la capital costarricense. El ejército de Carrillo capitula y se pone voluntario bajo las banderas del que penetra en San José como vencedor sin sangre y como jefe aclamado por inmensa mayoría.

El pueblo le nombra su mandatario, y él establece un gobierno liberal, un gobierno representativo en que las leyes son la norma de toda voluntad. Pero Nicaragua le amenaza por la frontera del Guanacaste, y él desea mantener la integridad del Estado que gobierna y agrupar á la vez todos los elementos que quieran seguirle en sus propósitos de reorganizar á Centro América. Reúne fuerzas con aquel doble objeto para llegar á una solución trascendental. La mano de un cónsul inglés, cuyo nombre no quiero ni mentar, y el oro del viejo bando exterminador se hacen sentir entro el pueblo ignorante, que se juzga comprometido por Morazán en una guerra de aventuras y como conducido por su mano á perecer sin razón en extranjeros lares.

Aquel pueblo no pudo comprender ni comprende aún, la idea redentora de una sola patria centroamericana.

Creyéndose desde entonces una verdadera nacionalidad disgregada del gran todo que nos legó la España y trataron de constituir los padres de la independencia el alzamiento de Costa-Rica contra el General Morazán, se explica perfectamente por una de las falsas concepciones del egoísmo disociador, por las intrigas y maquinaciones de todos los elementos reaccionarios empeñados en la obra impía del fraccionamiento.

La sublevación popular comienza la tragedia sangrienta que termina en el cadalso abominable levantado el 15 de septiembre de 1842, para sacrificar al mártir á quien hoy glorificamos como el primer enviado de la Providencia para enseñar su destino al pueblo centroamericano.

Durante tres días de riña fratricida, de muerte y de pavor, el ilustre Cabañas defiende su bandera con una poca fuerza, y se bate en las calles de San José como si fuera la figura fabulosa de Marte realizada para la historia.

Pero al fin todo concluye con la traición de un hijo de Cartago, el engaño criminal de un extranjero y el asesinato perpetrado á la luz crepuscular del primer día memorable que acabo de mencionar.

Pocos momentos de vida dejan las turbas enfurecidas al mártir para consignar sus últimas palabras en el más bello y más elevado testamento escrito para la humanidad por uno de los primeros hombres del Nuevo Mundo.

Ningún héroe, ningún patriota, ningún repúblico ha muerto con más fe que Morazán en el progreso indefinido de la libertad.

Ninguno, que yo sepa, ha pedido á la juventud que imite su ejemplo sublime de sacrificarse por la patria. Él se declara culpable y sin rencores en presencia de sus verdugos, y con acento de apocalíptica tristeza afirma que los últimos latidos de su poderoso corazón se llevan á ultratumba su invencible

El patíbulo del General Morazán es para él una luminosa transfiguración; es "la esplendente nube en que puso firme el pie para remontarse al cielo".

Yo condeno con severidad el crimen, pero jamás tendré una sola palabra de execración para maldecir á la familia costarricense. Una atmósfera moral preñada de pasiones y errores invencibles oscureció la conciencia de muchedumbres estultas y espíritus perversos, en aquella sociedad en que también tuvo Morazán muchos amigos, muchos admiradores que sufrieron por él hasta después de su muerte.

¿Y qué decir contra las dos generaciones que han venido después sin ninguna participación en aquel drama de horror?

Menos justificable es aún proferir algo rencoroso, cuando sabemos que Nicaragua y hasta el mismo Honduras ¡ay!, celebraron con festines y regocijos públicos el sacrificio atroz de Morazán.

Silencio, pues, en este punto, si queremos la reintegración de la patria por la concordia y la fraternidad! Toca al actual Gobierno salvadoreño el honor de haber llevado á cabo la glorificación del héroe favorito de este pueblo del Capitán insigne que quiso legarle sus cenizas, como para identificarse con él hasta por el polvo que le sirvió de forma en este mundo.

El bien inspirado gobernante que está realizando esta primera apoteosis del heroísmo y del genio en la América Central, ofrece con ella ejemplo edificante á la juventud que debe ser elemento de regeneración por las virtudes; estímulo poderoso á los honrados servidores de la patria; tentadora emulación á los que siguen la carrera de los héroes; aplicación del buen gusto por el arte á la cultura nacional.

¡Pueblo generoso de El Salvador, pueblo querido de mi corazón! Cuando sea necesario que vuelvas á luchar por las garantías sociales y los derechos del hombre, por la integridad y la independencia de la patria centroamericana, congrégate al pie de este monumento, pidiendo inspiraciones al "Semidios" de nuestra historia. Él pondrá su imagen en tu pecho, y triunfarás en todos los grandes lances que te esperan.

Y vosotros, respetables veteranos que marchasteis en ardiente tropel en pos del adalid glorioso, haciendo luz de libertad con vuestros aceros vencedores y con ellos segando laureles para su frente y para la vuestra, inclinaos un momento con gratitud y con respeto ante el gobernante liberal y civilizador que os ha traído á esta gran fiesta de la patria para vincular su nombre y el vuestro á la gloria inmortal de Morazán.

¡JUVENTUD á quien el prócer encomendó la coronación de sus esfuerzos malogrados! Apercíbete á desarrollar con valentía los gérmenes de nuevas creaciones y de vida nueva que llevas en tu alma, porque la sombra de Morazán estará moviéndose inquieta hasta que un espíritu de los tuyos vuelve, como la paloma de Noé, llevándole el mensaje de la resurrección de su patria, mientras llega la procesión de los nuevos mártires que deben ir á confundirse con él en la inmortalidad.

¿DEBE ENSEÑAR EL ESTADO?

La cuestión de la enseñanza oficial es una de las más trascendentales para los Gobiernos civilizados de los tiempos modernos.

Proporcionar al pueblo la mayor suma de instrucción y procurarle mayor moralidad, obligándole á recibir ese bien, les la misión más noble y elevada que puede realizar la poderosa instrucción del Estado. Mucho se ha discutido y se discute aún este problema, que lleva en sus entrañas los destinos venideros de la humanidad. Los partidarios de la falsa libertad, que proclama como fórmula suprema de su ideal el dejar hacer y el dejad pasar, rechazan toda intervención autoritaria en la enseñanza, sosteniendo que la educación del hombre debe ser, obra de su propia iniciativa y de su propia iniciativa de sus propios esfuerzos, dirigidos cuando más por los estímulos de la familia y el, amor de los padres.

La escuela de la tradición sostiene todavía con tenacidad y con fervor, en algunos países, que la iglesia debe reemplazar á la familia y al Estado de esa labor gloriosa de formar al hombre y al ciudadano por la cultura del corazón y del entendimiento.

Nosotros pensamos que ninguna de las tres tendencias extremas debe ser exclusiva en la ejecución de la obra importante que nos ocupa.

Si el Estado quisiera enseñarlo todo y en todas partes, á toda hora y según las doctrinas que tuviese por verdaderas, con exclusión de las demás y de las revelaciones espontáneas del pensamiento, tendríamos la consagración de un despotismo socialista erigido en maestro infalible de la moral y del arte, de la religión y de la ciencia.

En ese caso, Licurgo sería el tipo inmortal de la perfección en los legisladores.

Esparta sería el modelo de los pueblos antiguos y modernos, eternamente conservado en las claridades de la historia como el paraíso genesiaco para seducir con el incentivo de su completa perfección.

La sociedad humana quedaría convertida en una gran máquina, donde todos los hombres no serían más que piezas d resortes colocados por el gran maquinista del Estado en las funciones artificiales y arbitrarias, que quisiese imponerlas como representante de Dios en el movimiento espiritual de los pueblos.

La doctrina liberal debe condenar como atentatorio ese absolutismo absorbente que tiende á sofocar en la naturaleza humana las actividades ardientes del alma que hacen de la criatura libre un obrero incansable de sus destinos, un colaborador inteligente del progreso, un artífice inspirado de su suerte.

La doctrina liberal necesita y debe reclamar la valiosa protección del Estado para el ejercicio del derecho, y para el cumplimiento de todas las condiciones indispensables à la prosecución del bien, cuando éste se halle fuera del alcance de las fuerzas privadas.

En esa medida y con tal fin admitimos nosotros el amparo protector de semejante institución. Mas allá le vemos como á usurpador, le vemos como á un tirano, le vemos desnaturalizando su misión.

El Estado tiene la facultad legítima de exigir à todas las personas que se instruyan en cierto grado, que aprendan los rudimentos de la civilización para cumplir los fines de la sociedad.

El Estado necesita que todos los asociados conozcan los derechos y los deberes del hombre, del ciudadano.

Necesita eso del hombre, porque la libertad y las buenas costumbres le dan vigor y fortaleza, gloria y esplendor á un mismo tiempo. Necesita eso del patriota; donde hay patriotas, porque donde hay virtudes hay la humanidad aumenta el número de sus amigos y bien hechores; el pueblo alza su frente cada vez más alta por el soplo divino del amor al bien, por la noble satisfacción de la independencia que hace crecer el santo orgullo de los conquistadores del progreso.

Donde cada ciudadano es un Mesías de toda revolución moral y verdadera, un apóstol de un confesor de la justicia, un soldado de la libertad; las generaciones inmortales de los héroes y los mártires que glorifican los anales del mundo, y nos indemnizan de todas las especies en el de la y miserias que postran á nuestra.

¿Queréis funcionarios virtuosos, patriotas abnegados, filántropos edificantes, todos esos tipos que forman un catecismo viviente para la educación del pueblo con el ejemplo de lo bueno? Dejad al Estado que enseñe, y si no lo hace, exigidle imperiosamente que cumpla con ese deber. Si él manda que vuestros hijos aprendan los elementos de la ilustración, obedeced al punto como miembros de una comunidad cristiana donde no hay derecho à la ignorancia.

Los partidarios de la libertad absoluta contra la enseñanza obligatoria, son los abogados de la barbarie, los defensores del instinto sin ley que rebaja al hombre al nivel de los brutos, los verdaderos ateos del progreso.

Su pretendido derecho á las tinieblas es una negación de los destinos inmortales del hombre, un ataque á los designios de la Providencia las leyes de la natural, una rebelión contra las leyes naturaleza y los altos fines de la humanidad.

Es necesaria, pues, la coacción del Estado para poner un freno á esa resistencia criminal, á esa tentativa suicida que quiere fueros para lo absurdo contra la autoridad de la razón, que clama por la ignorancia que es la tumba de las almas.

El Estado debe, pues, enseñar porque tiene derechos y obligaciones que comparte con los niños y con sus padres.

Sumo sacerdote de la religión del patriotismo, guardián de la independencia y gran motor del progreso nacional; él necesita hombres instruidos y morales para llenar su alta misión; él necesita obreros de la riqueza y de la ciencia para llegar al engrandecimiento de la patria; él necesita legisladores y magistrados sabios que coloquen la justicia sobre todos los intereses, y guerreros que la defiendan con su sangre en el camino de la gloria.

Los niños tienen derecho á que se les dé gratuitamente cierta suma de instrucción con los elementos comunes que todos los miembros de la sociedad ponen en manos del Estado.

El tesoro, formado montículo de la instrucción pública gratuita y obligatoria en este doble sentido de recíprocos derechos y deberes.

¡Y entendedlo bien, enemigos de la luz! —El niño es un objeto sagrado, porque es el germen de progresos venideros cuyas copias originales guarda Dios en su conciencia; porque es el bosquejo de la sociedad transfigurada; porque es la prolongación de nuestro ser para mejorarse con el tiempo en los avances de la civilización.

El Estado no puede cerrar las puertas de la escuela, del colegio, del instituto nacional á ningún niño, cualquiera que sea su condición. Tampoco se le puede resistir cuando él manda que todos penetren à los establecimientos de enseñanza primaria que debe e costear para bien de la nación.

Si tiene el deber ineludible de mantenerlos abiertos, tiene también el derecho de hacer que no permanezcan como santuarios abandonados, como templos desiertos, donde no arde el fuego sagrado, donde no hay sacerdotes que le mantengan, donde no hay altares ni creyentes. He ahí nuestra doctrina en orden al primer grado del problema capital de la enseñanza a los padres tienen también el derecho natural de procurar á sus hijos la que mejor se conforme con sus aspiraciones y sus planes, con el santo deseo de hacerlos más perfectos que el común de los hombres, según la concepción que se han formado de la perfectibilidad y engrandecimiento del ser intelectual, según los medios con que cuentan para glorificar así la bendita misión de la paternidad.

Mientras ellos hagan eso, no debe intervenir, bajo ningún concepto, la acción imperativa del poder como institución docente de la sociedad.

En esa esfera se levanta, como las flores espontáneas de los campos, por virtud de la naturaleza, la flor gallarda de la libertad que se colora con los tintes varios de las diversas profesiones adoptadas por los hombres según sus aptitudes y su vocación.

Hemos dicho que todavía hay quien reclame para la Iglesia el magisterio público que necesita la sociedad para no vegetar envuelta en las tinieblas de la ignorancia.

En nuestro concepto, la iglesia es y debe ser un cuerpo docente en materia de moral y religión.

Fuera de ese objeto supremo, carece de misión y autoridad.

Carece también de poder y recursos para colmar sus aspiraciones y dar satisfacción á todas las que ha puesto la mano de Dios en el alma de los pueblos.

Fuera de las relaciones entre la criatura y su creador, mediante el sentido sublime de la conciencia que pone en comunicación el cielo con la tierra; la iglesia no tiene que hacer nada con el desarrollo del hombre y de la sociedad.

Aquella sagrada institución carece de fuerza material para obligar a los rebeldes á que reciban la instrucción elemental más indispensable al desarrollo de las facultades que necesita educar el ser inteligente para llenar su papel en este mundo.

Aquella sagrada institución no es ni puede ser el tesoro nacional para satisfacer las muchas exigencias de la educación, que reclaman el concurso del oro pagado por el pueblo á los gobiernos para la buena administración de sus intereses generales.

La Iglesia no puede fomentar la agricultura, el comercio, la industria, las ciencias y las artes, que forman otros tantos fines de la vida temporal; porque carece de jurisdicción y elementos para campear en esas esferas que se escapan de su imperio y á su alcance.

Desde este de vista, que no es posible desconocer sin negar el sentido común y las verdades mismas de la religión; los legisladores nicaragüenses de 1877 han obrado con perfecto derecho al encomendar al gobierno de la República, como el órgano superior del Estado, la organización, pago y vigilancia de la enseñanza primaria como base de la moralidad y civilización, que debe ganar el pueblo para ser menos desgraciado en los tiempos venideros.

La ley manda que se enseñe religión en las escuelas; y como según el Código Político del país debe ser protegida católica, apostólica romana, claro está que el concordato queda intacto, y el clero nicaragüense en libertad completa para llenar sus obligaciones y aun para consagrarse al profesorado, según la oposición establecida en las últimas disposiciones de la ley.

La lógica es inflexible, y en este caso no deja lugar á las torcidas interpretaciones de las causitas vulgares.

Pero la ley de instrucción primaria es apenas una rama del árbol grande á cuya sombra necesita crecer la República de Nicaragua.

Faltan las otras dos ramas complementarias del árbol, es decir, las que representan la instrucción media ó secundaria y la profesional o superior.

Sin liceos o colegios y sin universidades nacionales, se trabajará solamente en favor de las clases obreras, se hará menos obscura la vida del proletariado; pero no tendremos aquellas grandes especialidades, aquellos facultativos eminentes que hacen florecer la literatura de los pueblos y forman el orgullo de su nombre.

¿Quién no sabe aquí que los hombres más esclarecidos de este país se formaron casi todos en la antigua Universidad de esta

Metrópoli, famosa en el pasado por la resonancia de sus glorias intelectuales y por la luz bien hechora que se irradiaba de su foco?

Huérfano el pueblo nicaragüense de aquella madre fecunda que manaba de su seno la vida del pensamiento, siente en estos momentos los dolores y la extenuación de la orfandad.

CRESCENCIO GÓMEZ

Nació en Tegucigalpa el 19 de abril de 1833. Fueron sus padres don Juan Gómez y doña María Santos Valladares.

Hizo sus estudios en la Universidad de Honduras, y recibió el título de Abogado por el año de 1855.

El 1° de septiembre de 1865 entró á desempeñar las funciones de Ministro de Hacienda y Guerra, y en este carácter firmó el decreto de promulgación de la Constitución Política emitida el 28 del referido mes, bajo la Administración del General don José María Medina.

El 18 de agosto de 1869 se hizo cargo del Ministerio del Interior, habiendo permanecido en él hasta julio de 1870. En 1872 ejerció por algunos meses el poder, en su carácter de Diputado Designado.

El General Medina se levantó en armas el 16 de diciembre de 1875, contra el Presidente don Ponciano Leiva, y éste tuvo que capitular en Cedros en 1876. El General Medina, que se había proclamado Presidente, depositó el poder en su Ministro General don Marcelino Mejía el 8 de junio de ese año, y el señor Mejía, cinco días después, lo depositó en el señor Gómez. El señor Gómez se dirigió a Comayagua, en donde estuvo ejerciéndolo hasta el mes de agosto.

Durante el Gobierno del Doctor don Marco Aurelio Soto que se inauguró en Amapala el 27 del mismo mes, el señor Gómez prestó también sus servicios al país. Fue Diputado á la Asamblea que dictó la Constitución de 1.° de noviembre de 1880 y luego pasó á desempeñar las funciones de Magistrado de la Corte Suprema de Justicia. Permaneció en ellas hasta 1884, en que el Presidente don Luis Bográn lo llamó al Ministerio de Gobernación. Conservó este cargo hasta espirar el segundo período de gobierno de dicho presidente.

El señor Gómez ha desempeñado en la Universidad, en diferentes épocas, varias clases, entre otras, la de Economía Política; y en su casa ha dado gratuitamente lecciones sobre derecho a los jóvenes que han solicitado sus enseñanzas, atraídos por sus profundos conocimientos en esa vasta ciencia, a los que debe su justa fama de eminente jurisconsulto.

SALATIEL ANDINO

El 14 del mes pasado falleció en la ciudad de Danlí el señor don Salatiel Andino, natural de Tegucigalpa. Aquella constitución vigorosa, que parecía destinada a una larga vida, sucumbe a los 37 años.

Deja el señor Andino, al despedirse de la escena del mundo, una intacta reputación. Sus amigos, y cuantos tuvieron la ocasión de reconocer sus nobles cualidades, no podrán menos que rendir homenaje á su memoria.

Pero ya que nos ocupamos en este artículo, de tan distinguido ciudadano, procuraremos delinear, á grandes rasgos, el cuadro que ofrece su importante vida. Infante el señor Andino, estuvo asistido de los cuidados de una madre tierna y cristiana, que trato de inculcarle sanos y delicados sentimientos. Mas no se limitó sólo á esto aquella estimable señora, sino que solícita por cuanto podía interesar al niño, lo consagró al aprendizaje de las primeras letras.

Dotado el discípulo de felices disposiciones, adelantó con presteza; y al acercarse á la adolescencia, poseyendo ya las materias que abraza la instrucción primaria, se hallaba en capacidad de recibir la enseñanza superior.

En 1846, al abrirse la Universidad de la República, entró á cursar Gramática Latina, teniendo ya algunas nociones en este arte. Salido de él, estudió Filosofía, Derecho Civil y canónico, instruyéndose suficientemente en cada cual de estas materias. Era tal, sin embargo, su modestia, que rehusó obtener grado académico.

A continuación se dedicó el señor Andino á negocios de comercio, y desde esta fecha, en que su nueva y exclusiva ocupación lo puso en mayor contacto con las personas, se hizo notar más por sus relevantes prendas. Hijo respetuoso y sumiso, hermano apasionado y solícito, amigo afable y consecuente, ciudadano probo y esforzado, se concilió la estimación general.

Su natural bondad, sus liberales condiciones, de que dio tantas muestras, en afán por servir, su desinterés llevado hasta el extremo, le dieron el puesto eminente á que era acreedor. En 1859, el señor Andino viajó por Europa, en asuntos de su profesión, y así que se desembarazo de ellos, regresó á la ciudad natal. Un mes después de su vuelta falleció una de sus apreciables hermanas, y al cabo de seis, su predilecta madre.

Los grandes espectáculos del viejo continente, no pudieron menos que impresionar al joven viajero. París, Londres, Edimburgo y algunas otras poblaciones con sus bellos monumentos, eran objetos que nunca olvidaba.

Su claro buen sentido le hacía concebir también, que tales maravillas, ni eran exclusivas de aquel suelo, ni pertenecen a pueblos que comienzan su carrera: veía en esas construcciones gigantescas el esfuerzo de los siglos, é imaginaba un día esplendoroso, aunque distante, para las razas jóvenes de estos países.

En 1863, cuando la ciudad de Tegucigalpa proseguía conmovida, después de la revolución que se había consumado en el país, el señor Andino prestó muy nobles y patrióticos servicios en favor del orden.

Contando con la estimación que le dispensaban las varias parcialidades, aceptó por poco tiempo, la Comandancia de dicha ciudad; y mientras sirvió este destino, y después como particular, se enfrentó resueltamente a las dificultades. El aspecto de las cosas era, entre tanto, para temer nuevos disturbios; e interesado el señor Andino en evitarlos, no pudo eximirse de tomar parte en las cosas públicas.

En noviembre del mismo año de 1863, fue electo Diputado por el departamento de su origen, y concurrió a la Cámara que en marzo del siguiente se instaló en la ciudad de Gracias. En 1865 asistió á la Asamblea ordinaria que se reunió en esta capital.

Hombre de acción más bien que de tribuna, se presentaba silencioso en estos cuerpos, comunicándoles, oportunamente, su robusta energía. Sin presumir nada de si misino, poseía las altas dotes del hombre público.

La fe entusiasta con que procedía siempre en los negocios, lo llevaba algunas veces á ser dogmático. Concebida la idea, la encontraba justificada con su creencia ardiente.

Naturaleza susceptible y eléctrica, debió probar, á medida de sus vivas impresiones, los sinsabores que trae la política. Pero su carácter levantado y vigoroso lo preservaba del desaliento. En 1868 el señor Andino volvió a sentarse, por última vez, en los bancos de la tribuna. Disuelto el Congreso, se despidió de los asuntos públicos, y no salió ya del círculo de sus quehaceres privados.

Quebrantos de fortuna, hijos en mucha parte de su liberalidad y el natural deseo de repararlos, lo obligaron al fin a dejar a Tegucigalpa. Partió de allí para ocuparse de una empresa de minas, en el distrito de Aramecina, bajo la protección de en pariente y amigo don Sinesio Andino. Mas a tal punto le fue adversa la suerte en estos trabajos, que durante ellos, comenzó a experimentar serias alteraciones en su salud. Alejándose, como era consiguiente, del lugar de la empresa, dispuso residir al lado de su consabido amigo, en el ingenio de minas que posee cerca de Reitoca. Privado de toda ocupación, a causa de su enfermedad, cuidaba de aplicarse oportunamente las recetas de los facultativos.

Pero al venir al reposo esta alma de tantos afanes, al volver sobre sí misma en las horas silenciosas de su retiro, al entrar en altas consideraciones, al apreciar con calma las cosas y los sucesos, al reconocer, en fin, que la fantasía engaña á cada paso, no se agitó más, yendo en pos de quimeras e ilusiones. La realidad de la vida se le presentó entonces de plano, y no tuvo ya más afección dominante, que la de su estimable y virtuosa hermana, la señorita doña Ramona Andino. Único objeto de su pensamiento vivía por ella y para ella.

Al comprender el señor Andino que su salud empeoraba notablemente, dejó el lugar de su residencia y se trasladó á la ciudad de Danlí, en busca de facultativos. La resolución fue tardía.

Los profesores de dicho lugar lo asistieron con la mayor solicitud; pero el mal había tomado graves proporciones, y no fue posible salvarlo.

El 14 del mes pasado, presentándose á la muerte con serenidad, entregó su espíritu al Creador.

Séanos licito preguntar ahora: ¿Por qué la muerte tiene el derecho de herirnos en nuestras más caras afecciones? ¿Por qué nos arrebata esos seres benéficos y humanos que viven para el alivio de sus semejantes? ¿Por qué el hermano tierno, el amigo cariñoso, que ayer estaba con nosotros, mañana duerme el sueño eterno? ¡Triste condición de los humanos! ¡No poder sustraerse de tan dura ley! ¡Haber visto la luz del día, para sumirse después en la noche del sepulcro!

Cuando se esquiva el ruido del mundo y en el silencio de la reflexión se aborda el problema de las cosas humanas, y la nulidad del hombre se ve entonces clara y patente, sólo la idea de una Providencia benéfica que todo lo rige, puede aquietar nuestra zozobra. Este concepto grandioso explica los misterios de la existencia...

Mas si el infausto suceso de la muerte del señor Andino ha podido afectar á cuantos lo estimaban, ¿cuál habrá sido la impresión del amigo de su infancia, del amigo de su juventud, del hombre que estuvo ligado con él más íntimamente? Profundo es el posar que nos agobia, y mustios los días que vemos correr. Desfallece nuestra vida y se siente marchito el corazón, sin la compañía del que tanto estimábamos.... Damos el pésame á su virtuosa y desolada hermana, rogando á la Providencia le envíe el consuelo y la felicidad.

Tegucigalpa ha perdido uno de sus mejores hijos: la patria un eminente ciudadano: la desgracia el mejor de sus favorecedores: la justicia su más celoso defensor. Los amigos del señor Andino no gozarán ya de su presencia; pero vivirán de sus caros recuerdos.

El pueblo no verá más a su Representante denodado; pero lo llevará siempre en su corazón, y a través de las borrascas del tiempo, y contra la injusticia de los hombres, pregonará muy alto su excelso mérito.

Comayagua: 4 de enero de 1870.

VALENTÍN DURÓN

Nació en el mineral de San Antonio de Oriente el 14 de febrero de 1830. Trasladado á Tegucigalpa en su niñez, adquirió los primeros conocimientos luchando con las dificultades de que su origen humilde y la pobreza le tenían rodeado.

Después ingresó a la Universidad, y el 26 de enero de 1853 obtuvo el título de Abogado. En aquel año se hallaban en Tegucigalpa, como Diputados al Congreso que se reunió por iniciativa del General Cabañas para trabajar por la reconstrucción de la República de Centro América, los señores don José Francisco Barrundia, don Gerardo Barrios, don Enrique Hoyos, don Buenaventura Selva y otros notables centroamericanos.

Durón se captó la estimación y la amistad de estos personajes, y tuvo la satisfacción de ver honrado con la presencia de ellos, su examen de grado.

El señor Durón fue nombrado en 1863 con los señores Licenciados don Inocente Bonilla, don Martin Uclés y don Pío Ariza, para elaborar un proyecto de Código Penal. La comisión cumplió su encargo, pero la obra no se imprimió, y se perdió por desgracia.

El señor Durón desempeñó altos puestos oficiales. Fue Profesor de Derecho Canónico en la Universidad, Magistrado de la Corte Suprema de Justicia de Tegucigalpa y Diputado á la Asamblea Constituyente que dictó en Comayagua la Constitución de 28 de septiembre de 1865. El 21 de noviembre de 1871 entró al ejercicio de la Cartera de Gobernación en el Gabinete del General don José María Medina, puesto del cual se separó el 16 de julio de 1872. Regresó a Tegucigalpa, y fue electo Rector de la Universidad. En este carácter fundó "El Monitor de Instrucción Pública", periódico destinado a dar a conocer la marcha del establecimiento y a propagar conocimientos útiles.

En el mismo año de 1872 fundó un Colegio de enseñanza primaria y secundaria, de cuya importancia puede dar idea el hecho de haberse prolongado su existencia hasta que le acometió al señor Durón la grave enfermedad que lo postró en su lecho por más de un mes, para no dejarlo levantarse más.

El señor Durón falleció en la Villa de Concepción o Comayagüela, lugar de su habitual residencia, el 5 de noviembre de 1874. Sus restos descansan en la Iglesia de la expresada Villa.

DISCURSO

pronunciado en el Salón Municipal de Tegucigalpa, en conmemoración del LIII aniversario de nuestra Independencia

SEÑORES:

El Honorable Cuerpo Municipal de esta ciudad se ha servido encomendarme que pronuncie en este día una palabra consagrada á la Independencia Nacional.

Aunque el encargo es grave, por la naturaleza del asunto y porque tantos hombres eminentes se han ocupado de él con maestría, en términos que hacen difícil la ampliación de sus altos conceptos, no he podido rehusar el corresponder a la muestra de distinción con que me ha honrado aquel noble Ayuntamiento.

Señores: El gran suceso que nos toca conmemorar hoy, es de aquellos cuyas consecuencias van muy lejos y ejercen una poderosa influencia en el destino de los pueblos. Toda emancipación entraña el beneficio de la libertad, y esto solo es ya un supremo bien. Después de varios siglos de dominación extraña, Centro América declaró en 1821 que tenía una vida nacional propia, que podía regirse por sí misma. Declaración sublime que hará siempre el honor de los ínclitos patricios que la impulsaron, y de la generación toda que la acogió con entusiasmo. Permitidme, señores, que os demande en este momento un recuerdo de gratitud para esas grandes almas que fundaron la patria y abrieron nuestro porvenir: qué nunca llegue para ellas la noche del olvido.

Narrar, señores, el hecho en todos sus pormenores y en todos sus desenvolvimientos, es ajeno á mi propósito. Vosotros lo conocéis muy bien, y mi relato os fastidiaría inútilmente. Yo no enunciaré sino las generalidades más indispensables para la exacta apreciación de los hechos.

Durante muchos años hemos vivido, señores, consagrados al debate de las cuestiones políticas que surgían de la Independencia. Esta idea ha preocupado todos los ánimos. Nuestros escritores, nuestros hombres de estado, nuestros mandatarios, todos á la vez han dedicado una especial atención a aquellos problemas. Han creído ver allí la solución del progreso de estos pueblos. Las ciencias, las artes, el comercio, la agricultura apenas han merecido ligera mención en nuestras polémicas y escritos; figurando mucho menos en los proyectos y actos gubernamentales. Pero la historia tiene que pedirnos cuenta de esta general tendencia, y hay que mostrar alguna razón, algún motivo, por lo menos una excusa para que no se vitupere el camino que hemos traído.

Señores: Cuando después de una densa noche en que harto se ha sufrido, viene un día refulgente y bonancible, el espíritu queda poseído por mucho tiempo de esta última impresión. Así, estos pueblos, después de haber sacudido el yugo del poder español, en el temor de volver á la servidumbre, en el alborozo de su nueva vida, mecidos por mágicas esperanzas, debieron llevar sus primeras consideraciones a lo que debía asegurar su emancipación y sus derechos recién conquistados. Lo demás por entonces debió parecerles secundario: así como el individuo acometido por una larga y penosa enfermedad, al salir de ella solo piensa en la conservación de su existencia, postergando todos los otros bienes.

De este modo podemos disculpar á los que nos han precedido, de haberse ocupado con tanto ardor en la vida política. Mas nosotros, señores, a quienes nos ha tocado venir en distinta situación, cuando no hay peligro por la independencia de la patria, ni remotamente se alcanza que lo hubiera: cuando todos estamos de acuerdo con los derechos del hombre, cuando no es presumible que haya quien desconozca que todos somos iguales, que todos somos libres, que a todos se debe la misma seguridad, que la soberanía es del pueblo y que por lo mismo a todos toca la institución del Gobierno, ¿habremos de continuar debatiendo exclusivamente estas teorías, sin pensar en las mejoras sociales, que son la base de las mejoras políticas, sin pensar en mejorar al pueblo para mejorar al Gobierno? No, señores. El momento nos llama claramente á tomar el rumbo opuesto. Trabajemos para que el individuo cobre afición a las ocupaciones útiles, porque el trabajo trae la riqueza, y la riqueza la dignidad y la independencia. Trabajemos para que el individuo se ilustre, porque la ilustración disipa los errores y las preocupaciones, y abre campo á las reformas pacíficas. Trabajemos para que el individuo sea moral, porque sin la práctica de los deberes, no es posible el orden ni el engrandecimiento de las sociedades. Trabajemos porque el individuo sea religioso, porque el día en que se borre la idea de Dios, todo se reluja y venimos á parar al caos. Trabajemos, en fin, por todos los demás bienes positivos al pueblo, hagamos por que el Gobierno se ocupe.

Así podremos ir eficazmente de estos altos objetos, porque se imponga estos ímprobos trabajos, prestándole todo nuestro concurso la verdadera prosperidad.

Y es tanto más fácil entrar hoy en esta vía, cuanto que el estado de la cuestión política ha venido á ser muy distinto de lo que fue en los primeros días de la emancipación. Comunes como son las ideas y las creencias en los dogmas políticos republicanos, no se concibe por qué no podríamos unirnos todos en el esfuerzo de hacer el bien de la patria. Es hora ya, señores, de prescindir de la exagerada importancia que se ha dado a las denominaciones políticas, y de reconocer que esos nombres implican muchas veces lo contrario de lo que expresan.

Mucho menos se debe proseguir en el funesto sistema de increpare mutuamente las parcialidades políticas, pues esto sería mantener siempre el germen de la discordia y el trastorno. Es fuerza comprender que esas querellas que de tiempo en tiempo se levantan, en que cada cual pretende quedar justificado y arrojar la falta sobre su adversario, a más de ser enteramente inútiles para el objeto, encienden de nuevo rivalidades siempre peligrosas. Los partidos deben saber que la historia no se borra nunca, que los errores de los unos los pone al lado de los errores de los otros: que el bien que se dispensa, quien quiera que lo haga, tiene que consignarlo en páginas de oro y de estimarlo como un título de galardón. Así que la idea generosa, la idea grande en este punto, es la de amnistiarse recíprocamente las parcialidades, la de dar al olvido sus disensiones y estrecharse con sinceridad, para que la patria se alce majestuosa en brazos de todos los ciudadanos.

Pero, señores, estas ideas que tan provechosas pueden ser en la conducta práctica de gobernantes y gobernados, no es sino hasta muy tarde, ¡triste es decirlo! cuando los desastres y las calamidades han postrado hasta el extremo, que han venido a proclamarse franca y resueltamente en las altas regiones del Poder. Permitidme, señores, que aluda al ciudadano presidente don Ponciano Leiva, que celebra con nosotros este día, y cuya modestia no temo ofender, en gracia de la notoria verdad que voy a enunciar.

Desde 1821, con raras excepciones, los ciudadanos que se han encargado del Poder en las varias secciones de Centro América, han mostrado un excesivo apego al partido que los ha elevado: de donde ha venido que una porción de la sociedad se haya creído autorizada para sobreponerse à la otra. Pues bien, el señor Leiva, rompían lo heroicamente con esta desgraciada tradición, nos ha dicho en el manifiesto de inauguración de su Gobierno: "Conocedor de la índole de los partidos políticos de Honduras, no veo en ellos sino una división que ha establecido el interés más o menos exagerado de círculos personales en competencia. Esos círculos han estado en duelo, y su lucha no ha hecho más que hacer tardía o entorpecer la marcha del progreso gradual de nuestra patria. Sin embargo, es tiempo aún de que reconociendo nuestros errores, busquemos el buen camino, que fácilmente hallaremos si obramos con sinceridad y patriotismo. De mi parte pongo desde luego al servicio de la Nación lo poco que valgo, esperando que mis compatriotas harán otro tanto".

Y luego en su programa de administración, de 24 de enero último, concluye: "No debo vanagloriarme de venir a implantar hoy los principios liberales en Honduras, pues ellos se han proclamado y han sido adoptados por nuestros antecesores desde el año de 1821: a la perfección de su práctica es a lo que se encaminarán solamente mis débiles esfuerzos. En este concepto y por lo que á vosotros toca, estáis en posesión de todos vuestros derechos: haced de ellos el uso legítimo que os compete, sin olvidaros al mismo tiempo de los deberes que tenéis para con el Estado".

Aquellas y estas últimas palabras serán siempre dignas de la mención más honrosa; y traducidas en hechos pueden resolver el arduo problema del Gobierno. Y si los jefes de las otras Repúblicas hermanas, en la mira de corresponder á su misión, se inspiran en estas impersonales y patrióticas ideas, surgirán indudable mente los principales elementos con que puede fundarse la unidad nacional tan deseada.

No entraré, señores, en otras consideraciones sobre la independencia, porque ya os he manifestado que no era esta mi intención. Como habréis comprendido, mi objeto ha sido expresar algunas de esas verdades más salientes, provocadas por el momento y que pueden sernos muy beneficiosas. Mas no debo concluir sin excitaros á todos vosotros, señores, para que cooperéis en la grande obra de la instrucción al pueblo. Este ha sido mi dorado ensueño desde mis primeros años, y á ello he consagrado gran parte de mi vida. Quizá por eso tropiece a cada paso con esta idea y la emita fuera de lugar, aunque tal vez se liga bien con este gran día. Porque tened entendido, señores, que sin la educación popular, sin costumbres bien formadas, sin hábitos virtuosos, sin amor al deber, sin pundonor individual y social, sin religiosidad y sin perseverancia en la mejora, todo cuanto se nos diga de perfectibilidad de las instituciones, son bellas utopías, son ilusiones generosas, se obra en el vacío, se construye sobre arena.

ADOLFO ZÚNIGA

Nació en Tegucigalpa, el 6 de noviembre de 1835. Fueron sus padres don Mateo Zúniga y doña Micaela Midence. En la Universidad de Honduras hizo sus estudios hasta obtener el título de Abogado. Posteriormente, y durante la Administración del General don Gerardo Barrios en El Salvador, fue á este país y en él obtuvo, después de un lúcido examen, el título de Doctor de la Universidad de aquella República. El examen lo había dedicado al General Barrios, con quien lo ligaban ya estrechos vínculos de amistad.

El período presidencial del General don Santos Guardiola iba á terminar el 17 de febrero de 1860. Los partidos se preparaban para lanzar sus respectivas candidaturas. Uno de ellos anunció que trabajaría por la reelección del General Guardiola. El Doctor Zúniga entonces fundó *El Amigo del Pueblo,* periódico en que defendió la candidatura de don José María Lazo y combatió con calor la reelección del General Guardiola. Asegúrase que en esa lucha electoral hubo absoluta libertad de imprenta, y se aduce como prueba que el Doctor Zúniga a pesar de sus vigorosos ataques á la reelección, no fue víctima de persecuciones ni atropellos de ninguna clase. La candidatura Lazo fue vencida, y el General Guardiola reelecto.

El 13 de enero de 1874, derrocada la Administración del Licenciado don Céleo Arias por los Gobiernos de El Salvador y Guatemala cuyos ejércitos ocuparon á Comayagua, subió al poder, elevado por éstos, don Ponciano Leiva. Este nombró en la misma fecha Ministro de Relaciones Exteriores al Dr. Zúniga.

Pero los servicios que el Doctor Zúniga prestó al Gobierno de Leiva no se limitaron al desempeño de su cartera. Fundó un periódico al que denominó *El Nacional* y en él defendió la política observada por la Administración y escribió importantes artículos sobre hacienda y otras materias.

El Gobierno de Guatemala, que había cooperado á que Leiva subiera al poder, incitó á pronunciarse al General don José María Medina. El Gobierno de Leiva cayó, y en 27 de agosto de 1876, después de una espantosa anarquía, inauguró el suyo el Doctor don Marco Aurelio Soto en el puerto de Amapala.

A partir de esa fecha se restableció el orden y entró el país en las vías de su reconstitución. El Doctor Soto encontró defectuosas a su juicio, la Constitución de 1865 y la que el 23 de diciembre de 1873 emitió la Constituyente convocada por el Licenciado don Céleo Arias. En esta virtud convocó el señor Soto una nueva Constituyente. El Doctor Zúniga figuró en esta Asamblea como Diputado por el departamento de Olancho, presentó un proyecto de Constitución y defendió, con su colega el General Bográn, el sistema unicamarista contra el bicamarista que propusieron los Diputados don Céleo Arias y don Crescencio Gómez. La Constitución se emitio el 1.° de noviembre de 1880, y en ella quedó establecido el sistema que defendió el Doctor Zúniga.

Antes de esto, ya el Doctor Soto había aprovechado las aptitudes y conocimientos del Doctor Zúniga nombrándolo en comisión con los señores Doctor don Carlos Alberto Uclés y Licenciado don Jerónimo Zelaya para redactar los Códigos Civil, de Comercio, de Minería, Penal y de Procedimientos que se promulgaron el 27 de agosto de 1880 y empezaron á regir el 9 de enero del año siguiente.

Después fue nombrado con el mismo Doctor Uclés y el General don Enrique Gutiérrez para redactar un proyecto de Código Penal Militar. La Comisión dio cuenta de su encargo el 15 de mayo de 1881, y el proyecto fue promulgado como ley el 31 del mismo mes para empezar á regir el 27 de agosto siguiente.

Durante la Administración del Doctor Soto estuvo redactando el Doctor Zúñiga el periódico *La Paz,* en el cual escribió sobre temas de política, economía, literatura y jurisprudencia, y además sobre mejoras materiales.

En la Administración del General don Luis Bográn fue Diputa do al Congreso, y combatió enérgicamente la tentativa de unión centroamericana que encarnó el decreto dictado por el General don J. Rufino Barrios el 28 de febrero de 1885.

Después fue nombrado Agente Financiero del Gobierno para hacer ciertos arreglos con los tenedores de bonos de la deuda de Honduras en Londres y la Compañía que se había organizado en dicha ciudad para la construcción del ferrocarril interoceánico de este país.

Habiendo vuelto al ejercicio del poder el señor Leiva, nombró al señor Zúniga Ministro de Justicia e Instrucción Pública. El actual

Gobierno que preside el Doctor don Policarpo Bonilla ha hecho un llamamiento a los servicios del Doctor Zúñiga, nombran dolo individuo de la Comisión que reformará los Códigos vigentes.

NECROLOGÍA

Ha fallecido en la ciudad de Tegucigalpa, á las diez de la noche del 5 del corriente, el señor Licenciado don Valentín Durón, Rector de la Universidad de la República.

El señor Durón frisaba apenas en los cuarenta cinco años de su edad.

Su muerte ha sido tan inopinada como generalmente sentida. El señor Durón, hijo de una familia pobre, pero honrada, hizo sus estudios y coronó su carrera en la Universidad de Tegucigalpa. Con una aplicación asidua y dotado de una inteligencia bastante despejada, sobresalió desde luego entre sus condiscípulos, augurando lo que debía ser: honra y prez de la patria y uno de los más bellos ornamentos del foro y de las letras en Honduras.

Recibido de Abogado el señor Durón, cuando apenas tendría de veinticuatro á veinticinco años se consagró al ejercicio de su profesión, donde adquirió laureles que no marchitará el tiempo. La fama del señor Durón, como jurisconsulto, es universal en toda la República. En las lides forenses se distinguía por su habilidad y por cierto espíritu de conciliación, que lo hacía salir airoso de las mayores dificultades, evitando los gastos, disgustos y tiempo mal empleado en los largos procesos. Si sus alegatos judiciales se coleccionasen, podríamos ofrecerlos con orgullo como muestras del saber concienzudo, de dialéctica vigorosa y de contundente elocuencia. Y esos trabajos serían tanto más apreciados al saber que el señor Durón no tuvo verdaderamente escuela. Fue hijo de sí mismo todo.

El señor Durón fue arrastrado como todos los hombres de algún valer en estos países á la política militante. En ese difícil y escabroso terreno siempre mantuvo su carácter conciliador, nunca fue apasionado y siempre estuvo al servicio de las buenas ideas. Aunque figuró en uno de nuestros círculos ó agrupaciones políticas, en sus últimos años, como todos los hombres de alto pensar en Centro-América, no creía y le eran odiosas las denominaciones de bando con que se disfraza la ambición, para corromper primero y aniquilar por último á los pueblos.

El señor Durón, recorrió casi todos los puestos públicos, donde siempre permanecía poco, porque les tenía profunda aversión. Fue

Ministro, Magistrado, Representante, Gobernador, Juez, Rector y Catedrático de la Universidad.

En una vida tan activa y fecunda sobresalían dos rasgos característicos y excepcionales en nuestras sociedades politiquitas. Pasión por el trabajo y por la instrucción elemental del pueblo. Hacía poco que había fundado en Tegucigalpa un Liceo de instrucción primaria y secundaria á donde concurría un número considerable de niños de aquella ciudad y aun de otros departamentos. A este plantel de enseñanza había consagrado toda su atención y todos sus desvelos. Los alumnos le profesaban entrañable cariño, y es seguro que si la muerte del señor Durón habría sido siempre una pérdida, hoy ha sido una pérdida inmensa, pues de aquel foco, que sustentaba con desinterés y por el solo amor al bien, habrían irradiado rayos de luz, de doctrina y moralidad por todos los ámbitos de la República. Cuando el señor Durón nos anunció la idea de fundar su colegio, nosotros le respondimos, con la familiaridad de hermanos: "Has herido la dificultad". Positivamente, educar es crear: instruir à los pueblos es hacerlos aptos, es crearlos para la República. Es imposible el ejercicio del más perfecto y complicado de todos los Gobiernos con masas ignorantes, minas en explotación, de minorías ambiciosas y turbulentas.

Como hombre privado, el señor Licenciado Durón era un cumplido caballero, buen padre, excelente esposo, amigo ingenuo y cabal. Sus maneras afables é insinuantes le granjearon la estimación general y una especie de universal simpatía. Cosa no vista y que sorprende en nuestras descompuestas sociedades. En derredor del lecho mortuorio del señor Durón, se veían agrupados todos los colores y todas las clases sociales. Su casa era un campo neutral en la lucha suicida que todos llevamos nuestro contingente de odio, de pasión o interés.

Los funerales del señor Durón correspondieron á sus notorios méritos y al aprecio que le profesaban sus conciudadanos.

La Universidad, que presidió la pompa fúnebre, encargó el elogio del ilustre difunto al señor Licencia de don Martin Uclés, Consejero de Instrucción Pública y Decano de la Facultad de Derecho. El señor Uclés se expresó con maestría y elocuencia pasando en revista los méritos, servicios y virtudes del señor Durón. Sentimos mucho no tener á la mano aquella notable pieza literaria para reproducirla en nuestras columnas.

Una muchedumbre inmensa seguía el cortejo fúnebre. Hacían el duelo el señor Presidente de la República, los señores Ministros del Despacho y los señores Magistrados de la Suprema Corte de Justicia. El Ministro de Instrucción Pública Doctor don Esteban Ferrari improvisó en nombre del Gobierno la siguiente alocución:

"Señores: Hace apenas pocos días que el patriotismo nos congregaba al derredor del Supremo Mandatario de la República para celebrar á la sombra del pabellón nacional el aniversario de nuestra emancipación de la metrópoli española. Una de las voces autorizadas que en aquella solemnidad recibieron encargo de ser la expresión de nuestros más íntimos sentimientos, fue la del hombre benemérito cuya prematura muerte ha venido a sorprenderos.

Sí, Durón ha dejado de existir. Faltos de tiempo para exhibir esa importante existencia bajo sus múltiples aspectos cumple solamente à nuestro propósito en esta dolorosa circunstancia tributar en nombre del Gobierno, á tan cara memoria el homenaje más sentido y reverente y á que sin duda es acreedor el que, como el ilustre difunto, fue en el país un promotor activo é incansable de su prosperidad. Qué el recuerdo de su vida de labor fecunda no se borre nunca de nuestra mente para honra del muerto y para útil enseñanza de los vivos. Dije".

Damos fin á nuestro artículo con las bellas palabras del señor Ministro de Instrucción Pública.

Qué la tierra sea leve al señor Durón: qué su virtuosa y desconsolada señora sea fortificada en su inmensa desventura con los consuelos de una religión que santifica el dolor; y qué sus tiernos hijos, al llegar a las cumbres de la vida, puedan decir con orgullo: SOMOS DEL LICENCIADO DURÓN.

Comayagua, noviembre 17 de 1876.

(De El Nacional No. 28, correspondiente al 17 de noviembre de 1874.)

EL GENERAL MIGUEL GARCÍA GRANADOS

La muerte acaba de hacer una víctima ilustre. El General don Miguel García Granados falleció en a las cuatro de la tarde del ocho de septiembre.

Comunicada la infausta nueva por el telégrafo el 10, y difundida en el acto, la sorpresa primero y el pesar después, dominaron en todos los ánimos. No parecía, sino que la muerte de tan ilustre repúblico venía como á nublar todos los esplendores con que el Gobierno y el pueblo se aprestaban á celebrar el primer día de la patria, y el primer triunfo de nuestro modesto progreso: no parecía sino que la muerte del General García Granados, ocurrida en aquellos momentos de entusiasmo patriótico y de grandes y halagüeñas esperanzas, era como una advertencia de que los días sombríos, de que los días de luto aún no han pasado para Centro América. Con efecto, muchos de los que nos asociamos à las grandes fiestas de septiembre llevábamos la alegría, la satisfacción en el semblante, pero el duelo en el corazón. ¡Tal es la miserable condición del hombre, tal es la nada de las cosas humanas!

El General García Granados era muy conocido y sumamente popular en Honduras. En Tegucigalpa tenía amigos íntimos; tenía muchos amigos que quizás siempre ignoró; tenía muchos simpatizadores, y tuvo admiradores sinceros y entusiastas, después que descendió tan noble como ejemplarmente del Poder.

El General García Granados fue liberal en Guatemala, y esto basta á explicar el que su nombre haya sido tan querido, tan popular y simpático en todos los ángulos de Centro América. El afecto y estimación que profesábamos en esta ciudad al General García Granados se comprende fácilmente por nuestra mancomunidad de ideas y de principios y por nuestras tradiciones. La villa de Tegucigalpa se opuso heroicamente en 1821 á la anexión á México, proyectada y momentáneamente realizada por los retrógrados de Guatemala, resistiendo las órdenes é insinuaciones proditorias del Gobernador Tinoco, quien ya se disponía á sojuzgarla, valiéndole tan noble conducta el título de Ciudad, y á su Ayuntamiento el de Patriótico. Aquí, en la villa de Tegucigalpa, nacieron Morazán, los Herreras, los Márquez y Vijiles, y cien más otros campeones y mártires de la gran causa liberal de Centro América. ¿Cómo no amar y estimar al General Miguel García Granados?

Consumado el demente suicidio de la Patria con la ruina y desaparición del Gobierno Federal: caído en el patíbulo el General Morazán, gloria y esperanza de Centro América: el ensayo de libertad y República hecho en Guatemala en 1848, parando en catástrofe: las tentativas patrióticas del General Cabañas para reorganizar á Centro-América, durante su Gobierno en Honduras, defraudadas: los titánicos y generosos esfuerzos del General Gerardo Barrios para encauzar los grandes elementos liberales á grandes fines en El Salvador, determinándose en el cadalso del 29 de agosto de 1865: Barrundia proscrito y muerto en el destierro: Molina ultrajado y escarnecido en su venerable vejez, muerto de aflicción y pesadumbre por la Patria, antes de morir la muerte de la naturaleza: toda la noble generación que trabajó y consumó la independencia, que se opuso à la afrentosa anexión al Imperio Mexicano, que firmó la Constitución de 1824, y que dio á los centroamericanos altos ejemplos de virtud republicana, toda esa noble generación, guadañada ó proscrita: Carrera, aquel gran malhechor social, cuyos asesinatos innúmeros, nadie aún se ha atrevido á contar, coronado por la victoria, elevado á la apoteosis por el paganismo católico: Carrera, Presidente vitalicio de Guatemala, dominando por sus influencias ò por la fuerza de sus bayonetas en todo Centro América: Carrera, el más digno y fiel representante de la reacción conservadora en la más bella sección del Nuevo Mundo, soñando con que aquella negra noche sería eterna y eterno su poder: el patriotismo mudo, cabizbajo, tembloroso, como avergonzado: la nueva generación, casi sin ideas y sin aspiraciones, acostumbrándose á llamar Gobierno, y buen Gobierno, á aquel monstruoso engendro del fanatismo y la barbarie: el que no contento, resignado: es aquí, á las puertas de este Edén del Mundo, es á las puertas de Centro América, donde debió inscribirse, en aquella época nefasta, el letrero dantesco: "Perded toda esperanza los que entraís".

El triunfo de la reacción había sido completo. Durante los últimos años del reinado de Carrera, ya no le quedaban enemigos que exterminar ni resistencias que vencer. Ni una sola queja, ni una sola protesta, ni una sola palabra se levantaba en aquel vasto cementerio. Pocos hombres queden ya, exclamaba en medio de sus triunfos, plácida y risueña la prensa del retroceso y del oscurantismo en Guatemala. Y tenía sobrada razón, y decía exactamente la verdad.

Plugo á los consejeros del General Carrera crear una Asamblea o Cámara Legislativa que representase netamente los intereses de la facción dominante, sin participación alguna del pueblo, pero que al mismo tiempo diese alguna satisfacción á las amargas é insistentes censuras que llegaban del exterior contra aquel orden de cosas tan irregular, sin precedentes y sin nombre. Especie de diván turco ó de Congreso paraguayo, la Asamblea de Guatemala, ¿qué temores podría inspirar á la tiranía sistemática, ensoberbecida y victoriosa? ¿Qué palabra independiente podía levantarse en aquel refugio de los intereses egoístas y de la iniquidad canonizada? ¿Qué hombre de patriotismo podía atreverse á hablar de libertad, de derechos y garantías con toda una ilustre generación segada á sus espaldas? ¿Qué varón fuerte no debía trepidar ante los terribles y acostumbrados ejemplares del General Carrera? ¿Quién podría pensar en hacer oposición, en llamarse opositor en aquella época de terror y de esclavitud del pensamiento?

Sin embargo, en medio del mutismo y del pavor, la idea liberal, la idea de justicia germinaba latente en las almas levantadas y en los corazones generosos. En el centro de todo un continente, consagrado ú la libertad republicana, ¿cómo no irradiar alguna luz de los grandes fanales encendidos al Septentrión y al Mediodía, en México y Colombia? Guatemala, Centro América estaban virtual ó materialmente sometidas á la dominación de Carrera; pero siempre queda algo que los tiranos no pueden esclavizar: el pensamiento. El pensamiento se abre paso, allí donde concluye el imperio de la fuerza, allí donde concluye el dominio de la espada. El sable siempre será batido por el espíritu, como dijo Napoleón.

Todas las quejas, todos los ayes, todos los lamentos de una sociedad martirizada; todas las amargas reminiscencias de un pasado doloroso y sombrío, todas las nobles aspiraciones al porvenir, se concentraron, podemos decir así, en el cerebro y en el corazón de un hombre, en aquella época aciaga: le infundieron aliento casi sobrehumano, para poder balbucear palabras de oposición al despotismo engreído con sus triunfos y acostumbrado á la obediencia pasiva: podía perder su fortuna y su cabeza en la demanda, pero habló.

Ese hombre fue don Miguel García Granados.

García Granados se atrevió á hablar donde todos callaban, se atrevió á protestar cuando todos se resignaban: García Granados se atrevió á ser y llamarse francamente opositor. ¡Opositor en los buenos tiempos de Carrera!

En aquellas Asambleas mudas de terror, ciegas de espíritu, como acaba de decir con tanta propiedad el señor Soto, Presidente de Honduras, ¡quién lo creyera!, allí se incubaba la libertad de Guatemala. Allí se pronunció la primera palabra de oposición y esa palabra, encarnándose en el alma y en el corazón del pueblo, más tarde, algunos años después, se llamó revolución.

Es un hecho incontestable que el poder del General Carrera, a pesar del tiempo, de sus triunfos y de sus consagraciones, siempre fue antipático, casi aborrecido en los Estados de Centro-América, y muy especialmente en el Salvador y Honduras, que más de una vez fueron victimados por aquel gran victimario de hombres y de pueblos. Notorios son los infructuosos pero patrióticos esfuerzos de estos Estados para deshacerse del poder asfixiante de Carrera. Así que todo síntoma de oposición era acariciado, abultado, poetizado, como el iris de toda bella esperanza.

El nombre de don Miguel García Granados comenzó por entonces a sonar en Centro América. Su oposición parlamentaria era un tal acto de valor cívico, era un tal timbre de gloria, que no podía menos de arrebatar la admiración y el entusiasmo. El nombre de don Miguel García Granados era repetido por todas las bocas y era el asunto de casi todas las conversaciones políticas. El instinto del pueblo, siempre más previsor y certero que los juicios y cálculos de los hombres de estado, no se equivocaba en la importancia trascendental que atribuía á aquella oposición de un solo hombre, contra un poder tan respetado y temido.

Es probable que los consejeros de Carrera, educados en la escuela de la fuerza y acostumbrados solamente á soluciones de fuerza, no hayan acordado valor alguno social ni político, á aquella oposición, que por lo noble y heroica parecía desatentada. Es probable que hayan visto con desdén, y hasta con agrado á veces, la oposición de don Miguel García Granados.

Al crear aquel simulacro de Representación Nacional, no debemos olvidar que se tuvo por principal objeto dar algunas satisfacciones á la opinión liberal del mundo, que tan acerba se mostraba contra un orden de cosas tan anómalo, tan irregular y nunca visto. Así que ciertas palabras de oposición convenía á aquella grotesca farsa de República.

Pero es cierto que las intemperancias de lenguaje de García Granados excitaron más de una vez los instintos bravíos del General Carrera, y que á haber obrado por sus propios impulsos, habría aplicado su garra al cuello, y ahogado la palabra del orador de la oposición. Carrera fue detenido, muy á su pesar, y contra su inflexible lógica patibularia. García Granados, emparentado con las familias del Poder de Guatemala: García Granados, noble de verdad por su patriotismo y sus talentos, noble también en el sentido tradicional y mentiroso, que se ha dado à esta palabra en la Metrópoli de Centro-América: García Granados, por su alta posición social, por su fortuna, por su educación, por sus gustos y hábitos de gran señor y de rico-hombre, no parecía un opositor peligroso, no parecía un opositor que pudiese bajar desde su altura al terreno de los hechos, no parecía un opositor que pudiese hacer guerra, que pudiese entrar en campaña, y menos hacer una campaña tan activa, tan enérgica, tan llena de incomodidades y peligros, casi legendaria, como la que llevó á término feliz.

García Granados fue tolerado: su oposición más acentuada: sus prestigios y su personalidad crecieron, y su nombre, traído en las brisas de nuestros golfos, de nuestros lagos y de nuestros ríos, y repetido por todos los ecos de la gran cordillera andina, fue para unos palabra de aliento y de esperanza, y para otros símbolo de unión, grito de guerra.

Muerto el General Carrera, el Gobierno personal quedó herido de muerte: fue literalmente decapitado.

La conocida debilidad del Gobierno que le sucedió trajo la insurrección armada. La traición y el canibalismo se aunaron para ahogar el movimiento del General Cruz. Todavía el Gobierno del General Cerna quiso dar pruebas de grande energía: mandó pasear la cabeza del infortunado Cruz en la punta de una lanza por las calles de Guatemala. Esta escena preparada por el miedo para remediar el terror es repugnante, es execrable. Tal vez Carrera no lo habría ordenado y menos consentirlo.

Fue por entonces, que comenzó á nombrarse, que comenzó á sonar, que comenzó á hablarse en Centro América de cierto joven intrépido, perseverante y tenaz; carácter atrevido, altivo é indomable. rico de oro y de grandes y levantados sentimientos; guerrillero sublime. á la manera de Garibaldi, que había jurado redimir á su patria, que aparecía y desaparecía; que era y sería mortalmente herido en los combates, y que pronto resucitaba más vivo, más activo, más vigoroso, más enérgico, y más deslumbrante de gloria y de popularidad; que era ruda é implacablemente perseguido por los sicarios del poder, pero que se escapaba como sombra; joven héroe, no le y simpática figura, que flotando entre la poesía y la leyenda, se le llamaba entonces J. Rufino Barrios.

Fue también por entonces que el Gobierno del General Cerna ordenó el destierro de don Miguel García Granados.

García Granados aceptó con placer el ostracismo: se despidió de su hogar, de su familia y de la patria, resuelto à jugar su vida fortuna al triunfo de la libertad de Guatemala.

El puesto de combate de García Granados estaba de antemano señalado en la frontera mexicana: allá estaban los gloriosos restos de las últimas tentativas frustradas; por allá, por los departamentos de Occidente, la opinión estaba más exacerbada y compacta contra el Gobierno incapaz y tiránico del General Cerna, y allá estaba de pie y amenazante el joven heroico, à quien ya la fama señalaba como uno de los caudillos de la libertad guatemalteca.

Carecemos de tiempo y espacio, y aun de datos minuciosos y precisos, para contar todos los episodios heroicos de aquel movimiento memorable. Abnegación, valor, constancia, rudas fatigas, grande inteligencia de la guerra, fe inquebrantable en el triunfo de la más santa y hermosa de las causas: -he aquí lo que tanto distinguía y hacía presagiar como indefectible, el triunfo de los dos caudillos de la revolución liberal de Guatemala. García Granados y J. Rufino Barrios se habían encontrado y entendido: se señalaron recíprocamente el primero y segundo puesto de combate, y marcharon en derechura á su objeto.

De victoria en victoria llegaron hasta los campos de San Lucas, donde dieron el golpe de gracia al Gobierno de los treinta años que parecía invulnerable. Costó trabajo que se creyera en Centro-América que el Gobierno del General Cerna había caído, al empuje de una revolución, sin ayuda, sin auxilio y sin participación de Gobiernos extraños. La revolución de Guatemala triunfó por si misma; sus caudillos vaciaron sus bolsas, como habrían derramado toda su sangre en aras de la libertad y de la regeneración de su patria. Esto hace más envidiable y meritorio su triunfo.

El 30 de junio de 1871 hizo su entrada triunfal en Guatemala el ejército vencedor en San Lucas. Jamás se ha visto una ovación más popular, más entusiasta, más enérgica. Todo el pueblo de Guatemala se conmovió, se levantó como una vasta oleada para recibir al ejército y á los caudillos victoriosos. Ese din, 30 de junio de 1871, el pueblo de Guatemala llamó à don Miguel García Granados el LIBERTADOR. Tal exceso de gloria, no puede pasar sobre la cabeza de un hombre, tal vez sin conturbarla. El 30 de junio de 1871 es el gran día de don Miguel García Granados. Tales días se cuentan una sola vez en la vida de los más afortunados. Después de ese día, el General don Miguel García Granades, presidente Provisional de Guatemala, debía comenzar á probar las amarguras del Poder.

La revolución de 1871 se desenlazó de la manera más liberal ya magnánima. Ni una lágrima, ni una sola gota de sangre se hizo derramar: ninguna persecución, ningún ultraje, ninguna injuria personal vinieron á empañar aquel hermoso triunfo. Las sombras de treinta años huyeron y se disiparon ante el espléndido sol del 30 de junio. Pocos pueblos tienen tan honrosas páginas como esa página inmortal en la historia de Guatemala.

Completo olvido del pasado: perdón absoluto é incondicional para todos los vencidos: libertad absoluta de imprenta y de reunión: todos los derechos individuales garantidos: tolerancia y seguridad para todas las opiniones: todo el credo liberal, en fin, francamente proclamado é hidalgamente practicado. He aquí el programa: he aquí la obra en perspectiva del ilustre Libertador de Guatemala.

El General García Granados había recibido su educación en Inglaterra y en los Estados Unidos de América. Conocía à fondo las libres instituciones de ambos países, y su ideal político, era nada menos que implantar en Guatemala aquellas gloriosas instituciones que dignifican al hombre y que levantan y hacen verdaderamente grandes á los pueblos. No podía caber ideal más noble y elevado en la cabeza de un caudillo victorioso, de un caudillo que acababa de ser perseguido y proscrito, de un caudillo que tenía á la mano todas las naciones, tan comunes en la América española, de llegar al poder absoluto. El General García Granados, liberal en la oposición, se mantuvo liberal en los grandes días de su vasta popularidad, en los grandes días en que la corriente irresistible de una revolución victoriosa lo elevaba à las esferas del poder. Este será el gran mérito, ante la posteridad, ante la historia, del General García Granados.

¿Cómo correspondió el partido vencido á la nobleza y á la magnanimidad de la revolución de 1871 ¿Cómo correspondieron los hombres de los treinta años al programa liberal y á la conducta eminentemente republicana, del presidente provisional de Guatemala?

Todo el mundo lo sabe: Meses después del 30 de junio de 1871, la montaña estaba en armas, amenazante, formidable; las partidas facciosas llegaban hasta las puertas de la capital: la traición haciendo de las suyas: los cuarteles vendidos, y faltó poco para que el Presidente Provisional y sus Ministros hubiesen sido capturados, y tal vez fusilados, en el mismo Palacio de Gobierno.

¡Tal fue el resultado inmediato del arranque liberal de 1871!

El General García Granados encalló, allí donde han encallado tantos otros hombres honrados y de buena fe, que han querido fundar la libertad por medio de la libertad; que han querido la tolerancia para todos, así para amigos, como para enemigos; que han querido dominar el caudillaje y las facciones por medio de la imparcial justicia y de la más estricta y escrupulosa legalidad. Bellas y nobles aspiraciones que no pueden menos de honrar al patriotismo generoso, pero que todos los días dan los más tristes y amargos resultados en la práctica... magnanimidad del General García Granados fue traducida como debilidad: su tolerancia, su respeto profundo á las garantías y derechos de todos los ciudadanos so consideraron como falta de poder: toda su conducta de Magistrado integérrimo y de repúblico intachable fue falseada, censurada, desvirtuada, combatida, escarnecida, desacreditada, hasta que —¡quién lo creyera!— el Gobierno inaugurado bajo tan brillantes auspicios, el 30 de junio de 1871, llegó á caer en el desprecio. Si el General García Granados no hubiera tenido una reputación bien cimentada de hombre de talento y de valor, le habrían calificado los mismos hombres á quienes salvaba, de imbécil y cobarde. Tal es la conducta, tal es la odiosa labor de nuestros partidos sin idea. les, sin principios y sin programas definidos. Ambiciones, venganzas, apetitos y vientres, he ahí el campo estéril que saben escamotar, ya en la oposición, ya en el poder: casi siempre carecen nuestros partidos ó círculos hasta del instinto de su propia conservación. Así que, y cuando se ven obligados á alzar de obra en su misión disociadora, cuando la mano de la inexorable justicia descarga sobre ellos, hay poca voluntad hasta para compadecerlos.

Los amigos más entusiastas y sinceros de la libertad en Guatemala: la gran mayoría de los hombres que iniciaron o coadyuvaron al movimiento liberal de 1871, veían un peligro, y un peligro inminente en la conducta generosa y magnánima del General García Grana dos: todos los hombres comprometidos en la revolución veían sus cabezas amenazadas por la cuchilla de la reacción siempre implacable, si el Jefe del Gobierno, no asumía una actitud más resuelta, más enérgica, si no dictaba medidas decisivas y eficaces para detener, para atajar, para sojuzgar y vencer la contrarrevolución. Tales medidas, tales resoluciones no entraban en la índole, ni en el carácter, ni en las ideas del General García Granados. Así que, sus mismas relevantes dotes, sus mismas envidiables cualidades lo hacían inaparente para el ejercicio del Gobierno, y llegó á ser inconveniente aun para sus mismos amigos. Todo el mundo pensaba, dentro y fuera de Guatemala, que el General García Granados no era el hombre llamado á dominar el elemento bárbaro instigado por el fanatismo, y que se había desbordado ya en la funesta, en la cancerosa é inacabable guerra de montaña.

El General García Granados debió comprenderlo así, y elevó su renuncia á la Asamblea Constituyente. La Asamblea denegó la renuncia mala. y dio un voto de confianza al Ilustre Libertador de Guatemala.

Este acto de la Asamblea, que podía haber inspirado alguna esperanza en la estabilidad del Gobierno, dio escasos ó ningunos resultados. La reacción continuó sus trabajos con mayor vigor, y los liberales temían más y más todos los días por el éxito de la revolución.

Dentro y fuera de Guatemala se creyó que aquel orden de cosas. No podía continuar, y que se hacía necesario poner al frente del Gobierno al hombre que representaba más netamente los ideales y las energías de la revolución. La opinión liberal de Centro América proclamaba abiertamente el nombre del General don J. Rufino Barrios.

Así las cosas, y no habiendo podido la Asamblea Constituyente emitir la Constitución, prueba evidente de que la revolución se hallaba contrariada en sus fines, y casi parlamentariamente vencida, fue convocado el pueblo á los comicios para que eligiese Presidente Constitucional, como una medida extraordinaria y de urgencia, como una medida á todas luces salvadora. El pueblo respondió al llamamiento que se le hizo, dando sus votos al General don J. Rufino Barrios.

El General García Granados entregó el Poder al elegido de los pueblos, á su amigo y compañero de armas, no sólo con tranquilidad y calma, sino con agrado, con placer. ¿Puedo hacerse mayor elogio del General García Granados? Si García Granados hubiera sido un ambicioso vulgar, un caudillejo de encrucijada ó de montaña, de estos que nacen y mueren todos los días oscuramente en Centro-América, fácil y muy fácil le habría sido encender la guerra civil en Guatemala. Dueño moral y materialmente del Poder, con prestigios, con relaciones y entronques respetables, con valor y talento, ¿quién le habría impedido dividir las filas de la libertad en beneficio de la reacción, de su vanagloria, ó de sus medros personales?

Pero García Granados era un hombre real y verdaderamente superior, y ha muerto leal, y ha muerto limpio y puro al pie de su bandera.

Centro-América puede y debe presentar orgullosa ese noble ejemplo de abnegación y patriotismo á la juventud que se levanta. Absurdas interpretaciones, injurias atroces, calumnias difamación, censuras amargas y sangrientas, han respondido á la nobleza, á la magnanimidad y al desprendimiento del General García Granados. ¿Pero cuándo los amigos y defensores de la libertad han sido mejor juzgados y tratados por sus naturales é implacables enemigos? Don José Francisco Barrundia, el republicano incorruptible, decía por los años de 1826 con su elocuencia arrebatadora, incomparable:

"Siempre iguales tramas y odiosas supercherías se han puesto en uso para difamar á los libres, aunque nunca igual furia y perversidad. Éramos herejes y anarquistas cuando promovimos la independencia: éramos impíos, incendiarios y ladrones, cuando procuramos la libertad republicana y la separación de México: éramos locos, desorganizadores, atroces, cuando levantamos el sistema federal y la Constitución: somos ineptos, irreligiosos, conspiradores y sanguinarios ahora que la sostenemos y sentimos su ruina, tiempo hace meditada por el servilismo y la ambición".

¿Qué importan al General García Granados todos los dicterios, todas las inculpaciones de sus gratuitos enemigos? La memoria del Ilustre Libertador de Guatemala se levanta muy alto, muy por encima de semejantes miserias, y está resguardada por dos fechas memorables: el 30 de junio de 1871, el día de su gran triunfo, y el 10 de septiembre 1878, el día de eterno duelo, en que el pueblo de Guatemala, acompañó numeroso é imponente, silencioso y compungido, los restos de su Libertador á su última morada. ¡Honor al pueblo de Guatemala que así sabe apreciar á sus egregios ciudadanos, á sus hombres beneméritos!

Casi al firmar este artículo nos hemos preguntado á nosotros mismos, y es probable que á más de alguno ocurra igual pregunta: ¿Qué ideas, qué opinión tenía el General García Granados, en orden á la gran cuestión, á la cuestión madre en Centro América, la reconstrucción de la patria despedazada? Nosotros que tratamos muy de paso al General García Granados, y que conocemos muy poco sus escritos, no podemos citar hechos o palabras que nos revelen de una manera terminante sus opiniones en la grave y trascendental cuestión de la existencia de la patria, que tanto preocupa al patriotismo; pero no vacilamos en afirmar que el General García Granados, liberal y patriota, debe haber sido nacionalista sincero y convencido, porque tenía talento, mucho talento, porque tenía una instrucción tan variada como sólida, porque había viajado, porque era hombre de mundo, y sobre todo, porque era un distinguido economista.

Edmundo About escribía por los años de 1859 en la última página de un libro notable, Roma contemporánea: "Aquellos que se ocupan de estadística comercial han observado que el comercio en pequeña escala disminuye de día en día. En otros tiempos nuestras ciudades estaban llenas de tiendas grandes como la palma de la mano, donde una familia de tenderos ignorantes vegetaba hasta el día de su muerte. La comandita se ha apoderado de los negocios; los capitales pequeños se han reunido para formar millones; se toman en arrendamiento casas enormes y almacenes inmensos; se compran y amontonan mercancías y se hace el comercio en grande escala. Es toda una revolución, gracias a la cual el capitalista prospera y do bla su fortuna: los dependientes, sin arriesgar un centavo, se embolsan muy buenos sueldos, y el público compra más barato.

No estoy lejos de creer que llegará un día en que la política experimente un cambio parecido. Los pequeños Estados están condenados a vegetar como las pequeñas tiendas. Si yo fuera Rey del Piamonte, Rey de Prusia, fundaría un vasto establecimiento, con un capital de veinte á veinticinco millones de hombres, que se hallaría bien pronto en situación de dar la paz, la seguridad, el bienestar y la ilustración pública á un del curso corriente".

Guillermo de Prusia y Bismark, Víctor Manuel, Cavour y Garibaldi pensaban exactamente como el célebre Edmundo About en 1859, y han fundado esos vastos establecimientos que se llaman la Alemania y la Italia.

¡Qué! ¿No habrá en Centro América un hombre dado á cálculos, bastante patriota, suficientemente audaz o suficientemente ambicioso, que quiera fundar un considerable establecimiento, con un capital de tres millones de hombres, que se halle en situación de darnos la paz, la seguridad, el bienestar y la ilustración pública, siquiera á un diez por ciento del curso corriente? ¡Miguel García Granados Tegucigalpa, descansa en paz!

Tu vida pública y tu nombre son una alta enseñanza y una gloria de la patria. La posteridad bendecirá tu memoria, y la libertad reconocida te ha recibido ya en sus laminosos altares.

Tegucigalpa, octubre 27 de 1878.

NUESTRA RIQUEZA MINERAL

"No lo dudemos. Nuestra riqueza mineral labrará nuestra prosperidad y grandeza en un porvenir no lejano. Nuestra vecindad con los Estados Unidos de América casi explica el enigma de nuestro destino".

Estas palabras fueron las últimas de nuestro último artículo, y merecen alguna más detenida explicación.

Es notorio, y casi no hay quien pueda ignorarlo, que la civilización europea vino a América en busca del misterioso vellocino. Aquí la realidad superó en mucho á las fantásticas creaciones de la fábula. México y el Perú fueron el país del Dorado que con tanto ahínco buscaba el inmortal Colón. Hoy mismo, à tan corta distancia, casi parecemos dudar de los inmensos tesoros que escondía en sus entrañas la tierra de América. Y esto que en estos mismos momentos, los minerales de Nevada, han hecho bajar el tipo del valor de la plata en los mercados del mundo. Tal ha sido la abundancia.

Viniendo á nosotros y á nuestra pequeñez, hay que fijarnos en la influencia que ha ejercido nuestra riqueza mineral en el rol de nuestra embrionaria civilización.

Casi todas las poblaciones que caen del lado del Pacífico se han formado en Honduras en derredor de sus ricos minerales. Díganlo Choluteca, el Corpus, Sabanagrande, Ojojona, Yuscarán, Cantarranas, San Antonio, Santa Lucía, El Valle de Ángeles, Cedros, Minas de Oro, Opoteca y Tegucigalpa mismo, cuya etimología, y sus funciones durante el Gobierno colonial, explican suficientemente sus orígenes y las causas á que debe su existencia.

La plata y el oro, pues, de nuestros minerales detuvieron evidentemente á la población conquistadora en las crestas de nuestros cerros, formándose la mayor parte de lo que hoy llamamos República de Honduras.

Hay que fijarse, y llama mucho la atención, que la parte más árida y más inaccesible del país sea relativamente la más poblada. Y es porque el europeo buscaba el oro con desconocimiento y absoluto desprecio de cualquier otro género de riqueza. Para los conquistadores españoles la agricultura y la industria, casi no tenían significación: creían que el metal era la única riqueza, y lo buscaban con avidez.

Nosotros estamos recogiendo todavía las funestas consecuencias de es gravísimo error económico.

Si Honduras casi debe su existencia y sus relativos progresos á sus variados y extensos minerales: si nuestros rudos conquistadores atraídos por el oro formaron las poblaciones que hoy nos abrigan y que darán albergue mañana á nuestros hijos: si nuestra civilización, si nuestra cultura han nacido al lado de nuestras bocaminas; ¿por qué hoy con mejores elementos, y en contacto con la civilización universal, por medio del vapor y del telégrafo eléctrico, no podremos. acrecentar nuestra vida nacional en todas sus manifestaciones, empleando los mismos procedimientos?

Nuestros ricos minerales existen casi inexplotados: apenas hemos arañado la superficie de la tierra que nos reserva sus tesoros para los más espléndidos destinos: la ciencia moderna no ha visitado aún este país del oro y de la plata: nuestros trabajos, nuestros procedimientos mineros están inspirados todavía por las tradiciones de la conquista: el espíritu yankee, el espíritu de la raza sajona, que es el espíritu del, progreso moderno, no ha soplado aún en estas florestas encantadas. Mas peguemos el oído á la tierra, como hacían nuestros progenitores, y escucharemos el gran ruido del siglo que viene à nosotros, el gran ruido del siglo que se acerca.

Honduras no necesita más para llegar á la cumbre de su prosperidad que ser conocido. Por eso, empresas serias, como la del Rosario, tienen que ejercer influencia decisiva en nuestro porvenir. Es seguro, casi podríamos decir infalible, que cualquiera empresa minera acometida con honradez, inteligencia y capital en Honduras, dará una abundante retribución. Y ya sabemos que el éxito es todo en esta época positivista, y que es un elemento tentador.

Nuestros minerales que detuvieron al conquistador español, son los llamados á atraer, hoy á nuestro suelo los grandes conquistadores del siglo XIX, el capital y el trabajo: nuestros minerales, en cuyo rededor se han formado nuestras actuales poblaciones, escasas, indolentes y atrasadas como sus fundadores, son los llamados á renovar nuestra vida y nuestra sangre por medio del contacto estimulante de razas emprendedoras, y que están en posesión del maravilloso secreto de improvisar el progreso: nuestros minerales, en fin, están llamados más que en los oscuros tiempos de la conquista, á dar vida y á aclimatar grandes é industriosas poblaciones, haciendo desaparecer el desierto, que es el formidable enemigo que debemos combatir y vencer.

La emigración europea y americana vendrá solamente á nuestras poblaciones mediterráneas atraída por la tentación del oro. De otro modo no vendrá. Nosotros mismos, hace dos ó tres años, discurren do desde las columnas de este periódico, sobre nuestra mala situación económica, é impulsando el espíritu de empresa á la agricultura, decíamos: "Y no se crea que nosotres pensamos que la minería no es un grande, un poderoso elemento de riqueza. Muy al contrario, creemos que nuestros minerales tienen que producir cuantiosos tesoros, cuando sean explota los con inteligencia y capital: creemos más, que esos minerales son el único agente capaz de atraer á nuestro suelo la población, la inmigración industriosa de que estamos tan necesitados. Es una ley histórica que sólo el oro tiene el suficiente halago, el suficiente poder para atraer súbitamente grandes masas de seres humanos: testigo de ello toda la América de la conquista y en nuestros tiempos California".

Si para el caso la empresa del Rosario, la empresa de Santa Cruz, tienen éxito completo, como es perfectamente seguro, vendrán otras más y más empresas, y con esas empresas, masas de hombres, nuevas industrias é ingentes capitales. Lo que se necesita de toda necesidad es el primer éxito. Las primeras grandes remesas de oro y plata de nuestros minerales, serán los más activos y poderosos agentes de inmigración que podamos emplear en Europa y en la América del Norte.

"Cuando Dios, dice Mr. Pelletan, quiere atraer la civilización hacia otras regiones, oculta en ellas un tesoro. El eterno argonauta del progreso atraviesa el abismo para conquistar el misterioso vellocino....

El oro es el único seductor bastante poderoso para arrancar al hombre de su hogar y excitarlo á la expatriación. Ofrece, en efecto, al colono, una riqueza inmediata que reembolsa en poco tiempo el doble de lo gastado en la emigración, para los primeros gastos de trasplantación de la raza civilizada en medio de la raza aun sumergida en la barbarie, y acumula la población esparcida alrededor del cráter abierto de sus minas. Siembra por todos lados centros de productos, de cambios, fomenta el comercio y por él la cultura; coloniza, en fin, en toda la acepción poderosa y múltiple de la palabra.

El tesoro escondido de México ha servido á la humanidad menos por si mismo, menos por su riqueza, que por su influencia y por su atracción. Ha invitado y ha detenido á la raza europea con la hospitalidad de la América".

Concluimos, pues, como hemos empezado: nuestra gran riqueza mineral labrará nuestra ventura y grandeza en un porvenir no lejano. Nuestra vecindad con los Estados Unidos de América casi explica el enigma de nuestro destino.

MÁXIMO JEREZ

¡Jerez ha muerto! Esta noticia cubrirá de luto á Centro América, y hará derramar por todas partes abundantes lágrimas á la amistad y al patriotismo.

Honduras, donde está aún fresca la huella luminosa de aquel hombre extraordinario, donde aún repercute todavía el eco de su autorizada palabra, ha tenido el triste pero envidiable privilegio de ser el primer pedazo de tierra centroamericana á donde la funesta nueva ha llegado, y de ser el primero en sentir y deplorar con la más honda amargura la irreparable pérdida que la patria de nuestros ensueños acaba de sufrir.

Tal vez en ninguna parte como aquí, los grandes y generosos ideales, el patriotismo acendrado, la alta inteligencia y el nobilísimo carácter, los relevantes méritos y las virtudes públicas y privadas del General Jerez, han sido mejor comprendidas y estimadas: tal vez en ninguna parte como aquí, será más sincera y profundamente sentida la muerte del eminente repúblico, que fue el amigo de todos, y que tantas y tan grandes simpatías supo captarse en nuestra sociedad. El acaso no ha querido dar en vano y sin justicia á Honduras la eminencia en este gran duelo de la patria.

¡Jerez ha muerto! El amigo de Barrundia, de Cabañas y Gerardo Barrios, no existe ya. Aquel robusto y venerable vástago de la familia del heroísmo y del martirio, se ha extinguido el último; pero dejando en la atmósfera centroamericana tal reguero de luz y de ideas, capaces de dar vida y alimentar a cien generaciones, y de elevarnos en no lejano día, a la inmortal creación de la patria.

¡Jerez ha muerto! Y ha muerto como Barrundia, en la tierra clásica de la libertad y de la República; y ha muerto como aquél acariciando en su vasta mente grandes proyectos de libertad democrática de progreso civilizador y de patria regenerada. Y ha muerto cuando uno de los sucesores más dignos de Washington, el General Garfield, cuando uno de los hombres de Estado, de vistas más extensas en la gran República, Mr. Blaine, habían hablado a su alma noble y entusiasta, a su corazón intrépido y ardiente, palabras de aliento y simpatía por la grande y única causa de Centro América, la Unidad Nacional.

Jerez ha muerto materialmente, como en medio de una fruición ó de un deliquio patriótico.

Jerez estaba atacado, Jerez padecía la sublime enfermedad de la patria. Es el enfermo único de esta clase, que nosotros hayamos conocido en Centro América. Esa pasión vehemente, ese amor acendrado, intenso, delirante por la patria de nuestros invasores, forma toda la trama de su larga y tempestuosa vida pública. Jerez como revolucionario, como soldado, como sabio, como político, como diplomático; Jerez en la cátedra, en la tribuna, en los consejos del Gobierno, en los campos de batalla, jamás tuvo otro objetivo ni otro ideal. Jerez era como el apóstol lapidario de la Unidad Nacional. Donde quiera, y en todas las ocasiones, ya solemnes, ya vulgares de la vida, allí estaba él con su idea, su eterna é inseparable compañera.

¡Lunático sublime, asciende en olas de luz y de gloria á la cumbre de la inmortalidad! Ese es tu puesto. La juventud centroamericana, esta juventud ilustrada, entusiasta y nutrida de nobles y generosas ideas; la juventud liberal que tiene hambre y sed de patria, y que os ha llamado siempre maestro y padre intelectual y político, hoy, en el día del eterno eclipse y del supremo dolor, hará la promesa solemne de realizar el grande hecho, la revolución magna de que ha sido el Precursor! Pocos hombres tan ventajosamente dotados por la naturaleza como Máximo Jerez.

Muy joven fue la lumbrera de la famosa Universidad de León de Nicaragua. El latín, la escolástica, los derechos canónico y civil, y la literatura clásica grecorromana le fueron familiares cuando era casi adolescente. Parece que recibió los grados de Doctor en Filosofía y en Cánones, cuando apenas tenía veinte años. Desde entonces el nombre de Jerez volaba en alas de la fama por todos los ámbitos de Centro América. El mismo nos refería muchas veces con su natural é ingenua sencillez, con candoroso donaire, aquella dichosa época de su sabiduría.

Enviado á Europa como Secretario de la Legación Castellón, por los años de 1843 á 1844, allá sufrieron brusco y completo cambio todas sus ideas. El ergotizador hábil é invencible se hizo hombre: la civilización moderna hirió los ojos del colono borlado, que respirando el aire del siglo XIX, vivía en plena edad media, sin saberlo, aquí en las regiones de la luz, aquí en la América, la tierra del progreso, del derecho y de la libertad.

Para un hombre de tan alto talento como el joven Doctor Jerez, fácil le fue apreciar de un solo golpe de vista el atraso y los torcidos rumbos que seguían en su marcha social y política estos países, y abrazó con ardor y resolución, y con la tenacidad y constancia que formaban el fondo de su carácter, la noble causa del progreso moderno y de la libertad democrática.

Hombre de inflexible lógica, como todo hombre de genio, lo primero que debe haber chocado con sus nuevas ideas, con sus nuevas aspiraciones al regreso de Europa, fue la disolución de la patria. La lógica hizo a Jerez nacionalista intransigente, testarudo, y la lógica lo hizo sin duda todo lo que fue. *Primero es ser,* era su argumento favorito contra todos los separatistas de Centro América.

Pocos hombres hemos conocido que hayan profesado sus ideas con tan profunda fe, con tan entusiasta ardor como Jerez. Se habría embarcado como Colón, con rumbo á mares desconocidos, en busca de la nacionalidad, el hada de sus sueños, ó se habría hecho volar como Ricaurte en San Mateo, si del humo del incendio debía resultar la unidad de Centro América. Jerez probó con toda una vida de heroísmo, de sacrificios y martirios, hasta dónde alcanza el poder de las ideas cuando se albergan en una gran cabeza y en un bien puesto corazón.

Para Jerez, su persona, su familia, los intereses particulares nada significaban, la patria era antes que todo. Hombre á la manera antigua, en este siglo positivista y calculador, en este siglo de mezquindad y prosa, siempre era juguete y víctima de los prestidigitadores y de los farsantes políticos. Demasiado honrado y sincero, no poseía las malas artes, que aseguran los fáciles pero siempre efímeros triunfos, y la falsa y volandera popularidad.

Imposible nos seria en esta débil expresión de nuestro violento dolor, por la muerte de aquel humilde grande hombre, que fue nuestro amigo, reseñar los hechos de su larga y fecunda vida pública, pero ni siquiera pintar á grandes rasgos las múltiples y brillantes cualidades que le adornaban.

Pero, ¿quién no conoce en Centro América á Máximo Jerez? Su biografía y su elogio fúnebre están en la memoria y saldrán de la boca de todos. Pocos hombres han alcanzado en Centro América más universal nombradía y más vasta popularidad. Y es porque pocos, muy pocos, han reunido en grado tan eminente tantas y tan aventajadas dotes.

Filólogo, filósofo de la escuela de Augusto Comte y de Littré, matemático, orador parlamentario de primera fuerza, diplomático, jurisconsulto distinguidísimo, educacionista, tal vez el primer educacionista de Centro América; escritor que no escribía, sino que esculpía como Tácito y Pascal; pensador de una potencia y de una actividad incomparables; político idealista, político revolucionario, pocas veces político positivo; soldado intrépido cubierto de honrosas cicatrices; General entendidísimo, aunque deficiente de algunas de las cualidades indispensables para llevar los ejércitos á la victoria; propagandista incansable, tenaz, que tenía la fe del apóstol y la abnegación del mártir; hombre de grandes ideas, do vastas concepciones y de una actividad febril en la ejecución, y todo, y todo esto bajo una sencillez, una modestia, una humildad tan naturales, tan espontáneas como sinceras: tal es el hombre que hemos perdido. ¿Quién se le parece?

La causa liberal de Centro América, la causa de la reconstrucción nacional, que es la causa de las causas, ha perdido al hombre que tan dignamente la personificaba; ha perdido al hombre que le había consagrado toda su existencia y toda la fuerza de su indomable actividad y de su portentosa inteligencia; y ha perdido al hombre que habría derramado toda su sangre gota a gota, y aceptado gozoso el martirio, porque un día apareciera en el concierto de las naciones civilizadas, la República de Centro América.

Este es a nuestro juicio el gran mérito, el excelso mérito de Máximo Jerez. Por esto ha sido tan popular, tan estimado y querido, y por esto su nombre vivirá perdurable en la historia. La juventud centroamericana tiene entre tantos ejemplos detestables y vergonzosos, como nos presenta nuestra infecunda revolución, ese hermoso ejemplo de virtud republicana y de abnegación patriótica que imitar. La juventud centroamericana que ha bebido á raudales las doctrinas del gran maestro, se hará digna de su memoria, y hará que la luz sea en el caos de la disolución de la común Patria. Nuestra fe está en la juventud: esa era la fe, la esperanza, la grande y alentadora esperanza de Máximo Jerez.

¡Máximo Jerez, amigo respetado y querido! Estas líneas que literalmente escribo con mis lágrimas, no pueden dar á nadie, ni á mí mismo, la más ligera idea de mi intenso dolor: siento desolada el alma, huérfano el corazón. Ni cuando cayó heroico y glorioso Gerardo Barrios en el patíbulo del 29 de agosto; ni cuando murió Cabañas, pobre, abatido, enfermo de nostalgia por la Patria despedazada, casi olvidado, por no decir despreciado en Comayagua, he sufrido tal destrozamiento interior. Ya se ve eres el último. Yo contaré á mis hijos que á pesar de mi inferioridad en años, talentos y virtudes, que á pesar de la inmensa distancia que me separa de varones tau egregios, que siendo joven, muy joven todavía, fui amigo de Gerardo Barrios, de Trinidad Cabañas y Máximo Jerez. Esta leyenda aconseja, referida al calor del hogar, será sin duda mi último consuelo.

LA PAZ DE AMÉRICA

La unión y paz perpetua de los pueblos redimidos por su espada, tal fue la concepción más grandiosa del genio iniciador de Bolívar.

Desde que en 1822 concibiera en Lima la vasta mente del Libertador aquel gigantesco pensamiento, los trabajos de realización, si débiles é intermitentes, no han dejado de preocupar à los Gobiernos y pueblos americanos en sus lúcidos intervalos de cordura y patriotismo. El huracán revolucionario y los desastres de la guerra civil no han bastado á extinguir en el libre suelo americano la simiente de la idea más trascendental y generosa sembrada por la mano triunfadora en Carabobo y Boyacá.

La historia de los esfuerzos y trabajos para la Unión latino-americana está escrita en la memoria de todos los americanos: no es esta ocasión ni tenemos para qué recordarlo.

Cuando la guerra entre las Repúblicas de Chile, por una parte, y el Perú y Bolivia, por otra, daba como una última solemne desmentida á la idea del Libertador, tenemos que una convención era ajustada en Bogotá, entre los Gobiernos de los Estados Unidos de Colombia y Chile, con el objeto de eliminar para siempre del continente americano las guerras internacionales, comprometiéndose à perpetuidad á allanar cualesquiera dificultades y controversias que por el civilizado y humanitario medio del arbitraje. puedan suscitarse por el civilizado y humanitario medio del arbitraje.

Nosotros dimos a conocer el texto de esa convención y el despacho expedido á los Gobiernos de América por el Secretario de Relaciones Exteriores del Gobierno colombiano, recabando el envío de un Representante á Panamá, en el próximo mes de septiembre, para adherir á la citada convención. Hoy La Paz honra sus columnas publicando la contestación de la Secretaría de Estado del Gobierno de Honduras á la patriótica iniciativa del Gobierno colombiano.

Esa contestación es tal como no podía menos de esperarse, sensata en el fondo, correcta en la forma, y respirando las ideas y sentimientos del más puro y levantado americanismo. Estamos seguros que la América republicana discernirá justos y merecidos aplausos al notable y luminoso despacho del joven Secretario de Estado del

Gobierno de Honduras. Nosotros le presentamos nuestras más sinceras y entusiastas congratulaciones.

Si la paz, como dice el señor Santa María, Ministro colombiano, es una necesidad especialísima para la América Española y hay anhelo visible por obtener este inapreciable bien y conservarlo de un extremo a otro del continente, podemos tener por seguro que la iniciativa del Gobierno de los Estados Unidos de Colombia será favorablemente acogida por todos los Gobiernos americanos. Por lo que hace a Centro América, si bien pequeña y disuelta, ahí están las contestaciones de sus cinco Gobiernos, atestiguando á la América y al mundo, cómo vive y se agita aquí la grande idea de la paz y de la confederación de las nacionalidades americanas.

Tal vez la sangre tan abundantemente derramada en las playas del Pacífico no sea de todo punto estéril para la causa de la paz y del Progreso americano. Vencedores y vencidos deben haber recogido amargas, pero saludables enseñanzas. Para nosotros delito de la patria americana es cualquier guerra que surja con cualquier pretexto en las jóvenes naciones del nuevo mundo: pueblos hermanos, é idénticos en su origen, en su historia, en su pasado, en su presente y en su porvenir, sus guerras internacionales, casi asumen el carácter de luchas fratricidas, el carácter de guerra civil. Por eso es que nosotros, en nuestra humilde pequeñez, no tomamos parte por Chile, ni por el Perú y Bolivia en la recién pasada guerra: casi no quisimos saber los motivos públicos ó recónditos de esa desastrosa lucha entre pueblos hermanos. Nuestro criterio americano resiste toda consideración de guerra internacional entre pueblos americanos.

Llevando aún el luto de la América por la funesta guerra del Pacífico, hagamos votos, por que tales hechos que importan atraso, deshonor y mengua para estas pequeñas y nacientes nacionalidades, no se repitan más, y por qué la iniciativa patriótica y generosa, y eminentemente americana del Gobierno de los Estados Unidos de Colombia, reducida á leal y honrada práctica, elimine para siempre del continente americano, las llamadas guerras internacionales.

JURISPRUDENCIA
Cuestiones prácticas

I

Se suspenden durante los días feriados, los términos concedidos por la ley, ¿para interponer los recursos de apelación y casación?

El artículo 52 del Código de Procedimientos, hablando en general de los términos judiciales, dice: que se suspenden por el solo ministerio de la ley, durante los días feriados. Pero el artículo 174, que trata en especial de la apelación, establece que deberá interponerse en el término de cinco días fatales. Y el artículo 43 prescribe que el término para interponer el recurso de casación es de cinco días fatales, y que en el caso de haber sido dada la sentencia por cohecho, el término es de seis meses también fatales. Uno y otro término se contarán, según el propio artículo, conforme á lo dispuesto en el artículo 51, esto es, desde el día de la notificación, ó sea de momento á momento.

La palabra fatales, añadida á la palabra días, es una palabra superflua, redundante y sin sentido, ó, ¿es una palabra técnica, generalmente conocida y usada en el lenguaje del foro? ¿La frase días fatales en estos casos especiales, constituye ó no una excepción á la regla general sobre términos judiciales?

Término fatal, según el diccionario de la lengua, y en su acepción forense, es aquel cuyo plazo una vez cumplido no se puede prorrogar de manera alguna, y que corre de momento á momento con perentoria urgencia indeclinable. Nuestra legislación madre, la legislación española, de la cual ha tomado forzosamente nuestro Código de Procedimientos su tecnicismo, da á la palabra fatal exactamente la misma significación, muy especialmente en los casos de apelación. Escriche, condensando la doctrina de la jurisprudencia española, sobre este particular, se expresa así: "Los días designados para apelar son días continuos, no días útiles; y así deben contarse los feriados; ley 24, título 23, partida 3; y según Gregorio López, corren de momento á momento; glosa 5. de la ley 22, título 23, partida 3.

Este término es fatal y perentorio; de modo que, si los interesados le dejaren pasar sin interponer la apelación, ya no deben ser oídos, y la sentencia queda firme y pasada en autoridad de cosa juzgada; ley 24, título 23, partida 3. y ley 1.", título 20, Libro 11, Novísima Recopilación."

Igual doctrina asientan uniformemente el Conde de La Cañada, la Curia Filípica, febrero por Caravantes, y todos los Expositores españoles que nos son más conocidos y gozan de mayor autoridad.

Incomprensible, por no decir absurdo y ridículo, sería que un Código que ha tenido por principal objeto hacer breves y expeditos los juicios, acortando todos los términos, fuera á ampliar el único plazo judicial tal vez, perentorio y fatal, que establecía la legislación española. Pero no ha sido tal la mente del legislador hondureño. La letra y espíritu de los artículos 174 y 743 del Código de Procedimientos, que tratan en especial de los términos para interponer los recursos de apelación y casación, son una excepción á la regla general sobre términos judiciales.

In toto jure, generi per speciem derogatur.[22] Al género se le deroga por la especie, dice una regla del derecho civil por antonomasia. Este principio de la sabiduría romana lo estatuye terminantemente nuestro Código Civil en su artículo 17, que dice: "Las disposiciones de una ley relativas a cosas o negocios particulares prevalecerán sobre las disposiciones generales de la misma ley, cuando entre las unas y las otras hubiese oposición".

Cientos de casos podrían citarse en los diversos cuerpos de nuestra moderna legislación, en que las reglas generales se limitan por excepciones contenidas expresa ó implícitamente en los mismos Códigos. Baste considerar que la legislación actual no es una legislación casuística, sino científica, sintética y artística, cuyas partes no pueden considerarse ni entenderse aisladamente, sin romper la unidad y la trabazón lógica que preside y da vida al conjunto de la obra.

El Código de Procedimientos no definió la palabra fatal, porque un Código no es una obra didáctica, y porque esa palabra fatal tiene una significación técnica, harto usada y conocida en el foro. "Las palabras técnicas de toda ciencia ó arte, dice el artículo 25 del Código Civil, se tomarán en el sentido que les den los que profesen la misma

---

[22] Para ser justos, el género es despectivo por apariencia.

ciencia ó arte; á menos que aparezca claramente que se han tomado en sentido diverso". Nuestro Código de Procedimientos ha tomado, como decíamos poco ha, todo su tecnicismo de la legislación española, sin meterse à definir ó explicar todas las palabras ó locuciones técnicas, ya porque esto sería completamente extraño á la alteza y gravedad trascendental de su objeto, ya porque un Código tiene que ser interpretado y aplicado en definitiva, por la razón ejercitada de los magistrados y jurisconsultos.

Por las razones expuestas, y con vista del artículo 59 del Código Civil, que establece, que en los plazos que se señalaren en las leyes ó en los decretos del Presidente de la República, ó de los Tribunales ó Juzgados, se comprenderán aun los días feriados, á me á menos que el plazo señalado sea de días útiles, expresándose así, pues en tal caso no se contarán los feriados, pensamos que en los cinco días fatales señalados por la ley para interponer la apelación y casación, deben contarse los feriados como una excepción á la regla general establecida sobre términos judiciales en el Código de Procedimientos, y como confirmación del principio consignado en el artículo 59 del Código. Civil que acabamos de trascribir.

II

Los Tribunales de 2. Instancia deberán retener los procesos por todo el término que señala la ley, para interponer el recurso de casación, ¿cuando según la misma ley no ha lugar á dicho recurso?

"Si —dice el inciso 2. del artículo 161 del Código de Procedimientos—, trascurrido el término que la ley concede para interponer contra la sentencia definitiva los recursos de apelación ó de casación, no se hubiere interpuesto ninguno de ellos, el secretario respectivo lo certificará así à continuación de la sentencia, la cual adquirirá con este certificado el carácter de firme sin necesidad de más citación ni decreto".

Si la ley —dice el inciso 3, del propio artículo—, diere contra dicha sentencia ninguno de los recursos expresados en el inciso precedente, se mirará como firme desde que se hubiere notificado á las partes.

El artículo 193, concordante con los incisos citados, manda retener el proceso por todo el término que señala la ley para interponer el recurso de casación. Esto, por supuesto, cuando ha lugar á dicho recurse, pues si no procediese según la ley, la sentencia debe considerarse firme desde la notificación, según el inciso 3.° del artículo 161.

Frecuente es en nuestra práctica la apelación sobre incidentes o excepciones dilatorias; de esas que saben usar con singular maestría los tinterillos y Abogados arielistas. Las sentencias interlocutorias pronunciadas por los Tribunales de 2. Instancia en tales incidentes apelados, no son casables según la disposición terminante del artículo 738 del Código de Procedimientos, cuya estricta interpretación ha sido fijada ya por la jurisprudencia de la Corte Suprema de Justicia. ¿A qué fin retener entonces el proceso? Si la sentencia es firme en el sentido legal, debe procederse á su ejecución sin más dilaciones inoficiosas, que sólo pueden aprovechar á los litigantes de mala fe empeñados en alargar los pleitos.

Un Tribunal compuesto de tres jueces letrados, como las Cortes de Apelaciones, muy difícil, por no decir imposible, seria, que se equivocase al juzgar si la sentencia pronunciada ha recaído sobre definitiva, y si interlocutoria, pone término al juicio y hace imposible su continuación.

Para nosotros, es claro como un sol de verane, que cuando no ha lugar al recurso de casación contra las sentencias pronunciadas por los Tribunales de segunda Instancia, la sentencia es firme desde el acto de la notificación; que el proceso no debe retenerse un solo momento, y que debe procederse á la ejecución del fallo, conforme á los artículos 161 y 193 del Código de Procedimientos, que son perfectamente concordantes y que se explican el uno por el otro.

III

¿Puede pedirse reposición de una sentencia de 2? ¿Instancia que decide un incidente apelado?

Según el artículo 385 del Código de Procedimientos, si la sentencia apelada fuere interlocutoria y el Tribunal encontrase admisible é interpuesto dentro del término el recurso, decretará autos para resolver: no hay más trámite. Si la sentencia apelada fuere definitiva, hay expresión y contestación de agravios: pueden admitirse á las partes pruebas, según el artículo 192 del Código: hay vista solemne de las causas y alegatos de Abogados; pueden los Tribunales mandar á petición de parte informar en derecho; en una palabra, hay verdadera instancia, donde pueden ocurrir incidentes como en la primera; y es para este caso que el artículo 168 del Código de Procedimientos establece que puede pedirse reposición de las sentencias interlocutorias que recayeren en los incidentes promovidos en la sustanciación de los recursos de apelación ó de casación.

Una sentencia de una Corte de Apelaciones que decide un incidente apelado no es una sentencia interlocutoria que recae en un incidente promovido en la sustanciación de los recursos de apelación ó de casación. Por consiguiente, no puede pedirse reposición sin hacer violencia al texto claro y terminante del artículo 168 del Código, y sin desconocer por completo la inmensa diferencia que existe entre la apelación de las sentencias definitivas y las interlocutorias.

Apenas puede creerse cómo va introduciéndose la práctica abusiva y viciosa de pedir reposición de las sentencias pronunciadas por las Cortes de Apelaciones en los incidentes apelados en primera instancia.

Para concluir nuestro Código de Procedimientos ha querido hacer rápida la marcha de los juicios, sin ahogar la defensa. El Código estará lejos, muy lejos de alcanzar su objeto, con las interpretaciones poco meditadas é inspiradas por el viejo espíritu de la rutina, que se van dando á sus sabias disposiciones.

La práctica es el crisol donde se depura la bondad de las leyes. A nosotros que hasta ahora nos toca sostener personalmente una litis, se nos han ocurrido las observaciones apuntadas, y que sometemos humildemente á la consideración y examen de los Tribunales superiores de Justicia y de los jurisconsultos.

Continuaremos en un trabajo que no creemos enteramente inútil, a medida que la práctica nos vaya sugiriendo nuevas observaciones.

Muy contentos seríamos, si en el terreno de la discusión moderada y juiciosa, se nos convenciese de error.

Guayape, diciembre de 1882.

MANUEL MOLINA VIJIL

Hoy hace un mes que se consumó la infausta muerte de Manuel Molina Vijil.

Cuando el dolor es acerbo, desgarrador, intenso, la lira del poeta se rompe, la pluma del periodista se troncha, la palabra del orador se hiela en la garganta: sólo los ojos pueden hablar ese lenguaje mudo, inarticulado, pero de soberana elocuencia, que se llaman lágrimas: sólo el silencio tiene el poder de expresar lo que no es dado expresar á todos los idiomas de los hombres. Por eso es hasta hoy, que puedo dar algún desahogo al quebranto indecible, á la amarga pena de mi corazón, por la súbita muerte de Manuel Molina Vijil.

La familia del malogrado joven cuya vida apenas fue una aurora, es la familia de mi intimidad en Tegucigalpa. En la triste mañana del 9 de marzo, un grito desolado de mi esposa me despertó diciendo, "que Manuel Molina Vijil se había matado". Pocas veces un despertar más horrible, aun para un hombre como yo, que ha conocido los horrores y peligros de fratricida guerra y los horrores y peligros de nuestra funesta política, y á quien jamás propicia la fortuna ha brindado sus favores, que avara reserva para sus elegidos. Poca cuenta me doy de mis impresiones en aquel critico momento. Vuelo á la casa de la inmensa desgracia, de la sangrienta catástrofe. ¡Qué escena más lúgubre! ¡Qué cuadro más desgarrador!

Una hechicera y encantadora joven de diez y nueve años, cuya corona de azahares aún no se había marchitado en su frente de esposa, sublime en su desesperación y en su dolor, daba al cielo sus lamentos y sus quejas; y sus lágrimas, perlas del corazón, rodaban por sus encendidas mejillas, haciéndola más deslumbrantemente bella. La anciana madre con la cara rígida como un cadáver y manchada de sangre, con la mirada extraviada, con las ropas tintas también en sangre y sangre ¡ay! de su hijo idolatrado, recorría loca, muda, sombría, casi terrible, las galerías interiores de la casa, cayendo al fin de rodillas, y murmurando una plegaria, como para que no estallara el corazón, El ministro de Dios también de rodillas, encaminando aquel espíritu luminoso á las regiones de la luz. Los Médico Cirujanos, los hombres de la ciencia, con los instrumentos de salvación o de muerte en las manos, comprendiendo su impotencia para salvar á aquel amigo querido, á aquel comprofesor estimado, á aquel hombre en fin, pues la bala se había aposentado en el encéfalo; y en el fondo de cuadro tan desgarrador, el simpático y estimabilísimo joven Molina Vijil, tendido en su cama como en tranquilo sueño: ninguna contracción ningún gesto de dolor se notaba en su fisonomía: la cara conservó aún horas después de la muerte, el aire de jovialidad y de dulzura que formaban el fondo de su carácter; estaba sonriente y como gozoso de dejar la vida.

Mientras tanto, la noticia del suicidio de Molina Vijil había circulado con rapidez eléctrica por todos los ámbitos de la ciudad. Médico caritativo y generoso, poeta dulcísimo y á veces de esto arrebatador, joven ilustrado y culto, y de la más encumbrada posición social, su muerte hirió vivamente toda la fibra sensible de este pueblo espiritual y entusiasta: las muchedumbres, todas las clases sociales, afluían presurosas á la casa mortuoria; no habiendo unos ojos por áridos y secos que fueran, que no llevasen á la juventud y al talento segados en flor, el tributo de sus lágrimas. Día de inmenso duelo fue para Tegucigalpa el funesto 9 de marzo. Las oficinas públicas se cerraron, y hasta el Congreso Nacional, no por ostentoso decreto, sino por un sentimiento de pesar tan profundo como unánime, suspendió en ese día sus sesiones. Pocas veces este pueblo que tiene tantos y tantos superficiales defectos, ha probado cuánto sentimiento, cuánta moralidad, cuánta hidalguía y cuánto amor á lo bello, noble generoso abriga en su seno. y

¡Ah! Si mi natural y humilde filosofía hubiera podido alguna vez elevarse á la concepción del Dios personal inventado por todas las teogonías, que quiere, que aborrece, que se encoleriza, que se aplaca, que tiene poder, que interviene en todo y que lo dirige todo; que es bueno, que es justo, que es sabio, y que posee en fin todas las cualidades que tenemos en más precio los hombres, yo habría pedido á Job sus inmortales y desgarradores acentos para fulminarle en aquel trance fatal, y preguntarle, ¿dónde está tu sabiduría, dónde tu bondad, dónde tu justicia, dónde tu poder?

Pero la naturaleza tiene sus leyes inflexibles, y la única regla del criterio humano, la comprobación por la experiencia, prueba todos los días la eternidad de esas leyes. Ningún milagro ha bastado á cambiarlas en este siglo de los grandes progresos de la física y la quimio, del vapor y de la electricidad, de la prensa y de la discusión libres. Si alguna vez el milagro hubiera sido posible, se habría realizado allí, en aquella triste y desoladora escena, donde todos los corazones, donde todas las almas, donde todas las lágrimas pedían a grito herido y fervorosamente, la conservación de aquella vida tan útil, tan buena y prometedora de grandes y lisonjeras esperanzas. ¿Quién que hubiera conocido el carácter dulce y benévolo, el alma pura o ingenua y el corazón franco y abierto de Manuel Molina Vijil hubiera podido predecir su infausta suerte? ¿Quién hubiera creído, quién hubiera podido sospechar siquiera que el juguetón zenzontle del Guacerique, como le llamara yo mismo en horas felices, había de concluir su vida, tan llena de placeres y esperanzas, con el suicidio?

¿Quién hubiera creído que aquel joven lleno de ardiente caridad, inofensivo como un niño, había de empuñar un día el arma mortífera y acabar con su vida? ¿Y quién pudiera ni imaginárselo, cuando acababa de unirse en matrimonio á una linda y encantadora joven, en quien compiten las prendas de la belleza material y plástica con las prendas de la belleza moral é intelectual?

¡Ah! Manuel Molina Vijil padecía desde Guatemala de una grave y casi incurable enfermedad, que él ocultaba cuidadosamente hasta à sí mismo. Himeneo donde pensó encontrar el paraíso le abrió presurosamente las puertas del infierno. Ni en el suplicio de Tántalo ideado por la mitología antigua, ni en las visiones terríficas del Dante, ni en la voluptuosa embriaguez de suplicios y martirios del feroz y sangriento fanatismo de Fray Tomás de Torquemada, pueden contarse suplicios y martirios comparables á los suplicios y martirios que frenaron el cuerpo y el alma de Manuel Molina Vijil. Y esos suplicios y martirios se consumaban en largos días y en larguísimas veladas en un nido de amores, elaborado con cuidadoso primor, y al lado de una mujer, que ángel debiera llamarse, capaz de haber hecho felices a las piedras. Y esa mujer llamada por tantos títulos a ser feliz, fue tan infeliz, que no pudo, que no podía salvar del abismo insondable o cuyo borde se encontraba próximo á caer, al joven culto y simpático, tan bueno como caballeresco, a quien entregó su corazón y su mano, en momentos en que tenía ya por únicos dueños y señores el idiotismo ó la locura.

Manuel Molina Vijil, médico entendidísimo, comprendió toda la gravedad de la dolencia incurable que comenzaba á presentarse con sus más graves síntomas. Entonces, y en los accesos de enajenación mental que le sobrevenían, decía el desdichado, "que ya sentía el ruido de la cadena, que pronto sería atado á un poste", y se entregaba, ora á una profunda melancolía, ora á una desesperación sin límites, á que la vulgaridad y la maledicencia atribuía causas transitorias y superficiales de familia, que el tiempo comenzaba ya á destruir.

Hay que reconocer, en obsequio del malogrado Molina Vijil, que el día en que puso fin á sus días conservaba entera su razón. La noche víspera del fatal suceso, departió tranquilamente y hasta con jovialidad, con todos los suyos: veló el sueño de su encantadora esposa, para sacar el arma mortífera de un armario donde estaba depositada: se levantó á la hora acostumbrada y se vistió con sencilla decencia: esperó á que el alma de su alma saliese de su alcoba, para empuñar el arma; y médico, eligió científicamente el punto donde la bala tenía que producir infalible é instantáneamente la muerte.

Yo no excuso el suicidio de Manuel Molina Vijil: yo lo encomio y aplaudo, yo lo glorifico. Si Molina Vijil no hubiera tenido el suficiente valor para poner término á una vida que debía dentro de poco ser peso insoportable y dolor eterno para su familia, habría sido un ser abyecto y despreciable, que no habría merecido de seguro el profundo sentimiento y las abundantes lágrimas que se derramaron por su trágico fin. Matándose se redimió á sí mismo, redimió á su bella y encantadora esposa, y redimió á su anciana madre, que no vivía sino por él y para él. Manuel Molina Vijil loco o idiota, es algo así en que no se puede ni pensar. Manuel Molina Vijil muerto abnegada y valientemente en holocausto á los más nobles sentimientos que puede albergar el corazón del hombre, los sentimientos de hijo y de esposo, es algo grande, ejemplar, sublime y digno de los aplausos de todos los hombres de pensamiento, de todos los hombres que sean capaces de comprender el ideal verdadero de la vida.

¡Manuel Molina Vijil! Después de haberte aplaudido en los salones, cuando dabas al aire embalsamado los magníficos acordes de tu lira de oro, te aplaudo hoy, en el día del supremo dolor, ¡porque supiste morir valiente, generoso y abnegado! Poeta de los dulces y arrobadores arpegios, vivirás transformado eternamente en un rayo de luz de nuestra blanca luna, ¡ó en el perfume de alguna púdica violeta cultivada por invisibles y misteriosas manos!

Manuel Molina Vijil, en vida y muerte supiste conquistarte bellos títulos al afecto y al aprecio de los hombres. Yo te aplaudo y te envidio.

A la anciana madre, que ha sido, que es y será nuestra más querida amiga, qué saboreé á grandes sorbos la copa del dolor, pues es la única misión que le queda en la tierra, después de haber perdido un hijo como Manuel Molina Vijil: el dolor cuando es desgarrador, inmenso, tiene también sus voluptuosidades.

A la joven y encantadora esposa que ha tenido el triste privilegio de balancearse entre el altar y el sepulcro, ¡entre la suprema felicidad y el supremo infortunio, consuelo y resignación!

Tegucigalpa, abril 9 de 1883.

DISCURSO

en la apertura de la Universidad Central

La alteza del cargo confiado á mi desempeño forma singular contraste con mi exigüidad y falta absoluta de merecimiento. Regentar la Universidad Central de la República, que aparece, que renace á la vida circundada de gloriosos resplandores, animada por el espíritu del siglo, llena de promesas, y rebosando esperanzas para el porvenir, es sin duda un honor insigne; pero al mismo tiempo una función tan grave y difícil, que yo habría debido declinar, si no fuera que poderosos motivos empeñan mi gratitud con la que un día se llamó Universidad de Honduras, y si los más estrechos vínculos, vínculos para mí inviolables y sagrados, la mancomunidad de ideas y de principios, no me ligaran al Gobierno ilustrado y progresista, que hace tremolar hoy audazmente, y en medio del aplauso público, la bandera de la reforma en este viejo, pero respetable monumento de nuestra cultura intelectual.

Resignado, pero no convencido, he aceptado el alto y delicado encargo. Y cosa extrañita, tal vez muy natural, ahora, en esta ocasión por demás grave y solemne en que debería empeñar todas mis fuerzas, me encuentro flaco y débil, y como abrumado por la magnitud de la honra, por lo señalado de la distinción: mis palabras no podrán, estarán muy lejos de formar un discurso: apenas si basten para expresar mi grande, mi profundo, mi eterno reconocimiento hacia los miembros del Gobierno, que se han formado tan favorable concepto de mi escaso valer y de mi incompetencia.

Fecha inmortal será esta, 26 de febrero de 1882, en los fastos de nuestra civilización. La inauguración de la Universidad Central de la República, bajo una ley de progreso, de libertad é independencia, y con todos los elementos necesarios para el desarrollo y cultivo de la ciencia en sus más grandes ramificaciones, es un suceso tan notable y trascendental en la vida íntima del país y en sus relaciones con el mundo culto, que apenas debería encarecerse, pero cuyas lejanas como seguras y beneficiosas consecuencias escapan á la más sagaz penetración.

La necesidad de la reforma en los estudios universitarios ha sido generalmente sentida en nuestra América. Las Universidades, las Academias, los Colegios y Liceos, y aun las escuelas elementales, no son hoy lo que eran al proclamarse la independencia. La idea democrática no ha podido menos de influir poderosamente en el orden científico y artístico.

Secularizar la enseñanza, como secularizar el Estado, ha sido una de las grandes miras de la revolución, que á través de las más recias tempestades y de resistencias y oposiciones seculares, va llamando su misión progresiva y civilizadora en las jóvenes Repúblicas del Nuevo Mundo.

La Edad Media puso la enseñanza en manos de la Iglesia católica. En España, donde ni el Renacimiento, ni la Reforma alcanzaron la más pequeña influencia, más católicos que en ninguna otra nación de Europa fueron la ciencia y el arte. Tal sistema no pudo menos que ser transportado á América por la nación conquistadora. La fe sobre la ciencia, la palabra del Pontífice Romano sobre toda razón: he allí lo que se enseñaba en las famosas Universidades peninsulares, y lo que tenían que aprender forzosamente los privilegiados colonos americanos.

El latín, la escolástica, el derecho romano, el canónico y rea, y la medicina á veces, han sido las ciencias, los estudios diríase mejor, que hasta ayer no más, se han cultivado exclusivamente y con ahínco en nuestras Universidades, y llenado las cabezas de nuestros sabios. Las pocas honrosas excepciones, excepciones del genio han sido, y no de instituciones caducas, destinadas á apagar lo que hay de más sagrado y excelso el hombre, la luz de la razón.

Yo no acuso, yo no increpo á nadie, ni hago responsables á los hombres de los errores y de las preocupaciones de su tiempo. El progreso no se improvisa; y ley de la naturaleza es que la verdad se conquista lentamente, á fuerza de trabajos, de sacrificios y dolores, y que la especie, siempre una y eterna, acrezca día por día el patrimonio humano, el tesoro de la ciencia, sin cuidarse de los individuos que caen y pasan, sin dejar por lo común la más ligera huella, el más leve recuerdo.

Nuestras Universidades coloniales señalaron sin duda, y á pesar de todo, cierto progreso científico. Yo recuerdo, y no puedo menos de citar con respeto el nombre del señor Quitanilla, tercer Obispo de Honduras, que estableció una clase de latinidad: enseñar el idioma en que Cicerón, el varón más literato que ha archivado la memoria humana, pronunció sus grandes oraciones y cultivó la más alta filosofía; en que Séneca y Epicteto divulgaron la moral más pura, y fijaron la ley de la recta razón; en que Tácito imprimió el hierro candente de la historia sobre la carne viva de todos los tiranos, y en que el divino. Mantuano tradujo los ecos de los cielos como para hacer de la tierra un idilio ó una égloga, ¿no señalará esto un arranque de inteligencia, un pequeño, un grande paso hacia el progreso literario y científico, en el año de 1588 en Comayagua? Yo no tengo más que respeto y simpatías por el Obispo Vargas y Abarca, que fundó el Colegio Tridentino: ese Colegio, à pesar de las nebulosidades teológicas, debe haber despertado alguna inteligencia, derramado alguna la, hecho vislumbrar alguna verdad, y ofrecido campo y estímulo à la juventud. Y mi respeto y simpatías suben de punto por el Obispo progresista, y que debe haber sido hombre de considerable ilustración, don Antonio de Guadalupe, que fundó en 1784 una clase de filosofía. Esta sola palabra, fue á no dudarlo, una resplandeciente aurora en la profunda noche colonial.

¿Y cuál no será mi admiración entusiasta. mi profundo reconocimiento por los fundadores de esta Universidad de Honduras, que pasaron los primeros en cultivar la ciencia en nuestra patria, á quienes tanto y tanto debe el país, y á quienes yo en particular me considero deudor de lo muy poco que valgo, y aun de la señalada honra de ocupar hoy este elevadísimo puesto, y de dirigir la palabra á tan ilustrado auditorio? Los nombres, señores, de José Trinidad Reyes, Máximo Soto, Alejandro Flores, Yanuario Jirón, Miguel Antonio Rovelo, y del Presidente don Juan Lindo, deberían inscribirse en letras de oro en los ángulos de este salón, y sus retratos, colocarse en lugar distinguido y prominente, como para inspirarnos, como para ayudarnos en los trabajos que hoy emprendemos, y como los primeros y grandes factores de nuestro progreso científico y literario y de nuestra cultura intelectual la Universidad regenerada debe un acto de justicia á sus patriotas y abnegados fundadores.

La Universidad de Honduras, instituto calcado sobre las universidades coloniales, que era el único tipo que se conocía, adoleció por supuesto de todos los vacíos, de todas las imperfecciones, de las falsas vistas, de la torcida dirección, y aun de los absurdos de una época que ya no era la nuestra. Dio entera y exclusiva preferencia á las ciencias ó profesiones que hoy llamamos humanistas, como la filosofía escolástica, la teología y el derecho, olvidándose absolutamente de las ciencias ó profesiones realistas, para los trabajos del orden económico en la esfera de la producción como la agricultura, la mineralogía, la mecánica, la industria y el comercio, que son los ramos del saber humano de que más necesitan estos nacientes y desiertos países, que viven pobres é inertes en medio de la abundan, que estimula la actividad en todas sus manifestaciones.

Llenos de ideas abstrusas, con la infatuación natural á la ignorancia adornada con los postizos afeites de una falsa ciencia; empeñados día por día en luchar por la vida, en un mundo demasiado positivo, que nada entiende de silogismos ni de sutilezas metafísicas: irremisiblemente condenados á la pobreza y á la hambre, por la inflexible ley económica de la oferta y la demanda, ó á buscar en las sinuosidades de la política ocasión de mendigar ò asaltar un empleo, nuestros profesores humanistas, inútiles cuando ro perniciosos, han comenzado á ser vistos con desdén y hasta con repugnancia, por el buen sentido público de nuestras sociedades, que marchan y marchan rápidamente adelante, aunque no nos apercibamos de ello, y á despecho de todas las reacciones y del enervante y desconsolador pesimismo.

Los que mejor librados han salido de nuestras Universidades han sido aquellos que como el filósofo antiguo han aprendido á saber que nada saben, y que han buscado después en más serios, útiles y profundos estudios, la verdadera ciencia, que es algo muy positivo, algo la muy natural, porque no es más que el estudio y el conocimiento de la naturaleza, la ciencia que es luz y claridad, y que dista tanto, tanto, que no se parece á la algarabía metafísica, á la insustancial escolástica, que cual moneda falsa, han corrido entre nosotros, usurpando el nombre de ciencia.

Hace poco más de doce años que en este mismo sitio, y celebrando alguna de nuestras grandes fiestas universitarias, yo fui el primero,

¿por qué no he de decirlo? en dar el grito de insurrección contra los viejos estudios y proclamar la reforma. Dije entonces, como lo sostengo ahora, que nuestro sistema de instrucción andaba completamente descaminado, que no correspondía á las necesidades especiales y palpitantes del país, que lejos de favorecer el progreso lo estorbaba, y que la instrucción para ser útil y provechosa debía tomar otros caminos, que desde luego me atreví á señalar.

Mis palabras fueron entonces como un eco perdido, como un triste y desesperante monólogo; pero ya nacían á la vida intelectual en Guatemala, aun en medio de la reacción más implacable y ciega que haya tenido la América, los hombres que debían acometer las reformas más graves y trascendentales en esta sociedad que dormía para no despertar sino al estruendo del cañón, en esta tierra privilegiada, á quien la naturaleza ha prodigado à maravilla todos sus dones, y que sólo ha necesitado de inteligencia y luz para ser grande, próspera y feliz.

Yo no comprendía entonces, como no comprendo ahora, que en un país que posee los más vastos y feraces terrenos, aptos para todos los cultivos, y donde nacen y crecen espontáneamente el cafeto, el cacao, la caña de azúcar, el índigo, el algodonero, el tabaco, y cien y cien frutos más que uno solo bastaría para enriquecer á un pueblo, se carezca en absoluto de las más elementales nociones de agricultura, de botánica y química en sus aplicaciones agrícolas, y que no haya habido una escuela donde ramos tan importantes, tan prácticos y tan positivos se enseñen. Yo no comprendía entonces como no puedo comprender ahora, que en un país donde la ganadería ha formado y forma la mayor parte de su riqueza, y donde pampas y praderías inmensas convidan al desarrollo creciente de tan sencilla como productiva industria, no haya habido una escuela de veterinaria, ni se hayan ensayado, pero ni intentado ensayar siquiera, los métodos prácticos para cruzar y mejorar las ya degeneradas razas de nuestros ganados. Yo no comprendía entonces, como no comprendo ahora que dueños y señores de inmensos desiertos, donde no ha repercutido aún el eco del hacha del leñador, ni puesto su planta el hombre: como dueños y señores de tantas y tantas encantadoras florestas, donde crecen desde el caoba, rey de los bosques, hasta el plátano, gloria de la América, riqueza de sus hijos, hermosura de la tierra, valiéndonos de la pintoresca frase de nuestro sabio Valle, no se hayan enseñado jamás las artes mecánicas, que nos darían fuerza y poder para dominar y vencer nuestra naturaleza salvaje, y las ciencias físicas y naturales que nos harían conocer y explotar los tesoros de riqueza que guardan nuestras selvas y montañas. Yo no comprendía entonces, como no comprendo ahora, como Honduras que posee una riqueza mineral inagotable en todas sus cordilleras, en los lechos de sus ríos y aun en sus pequeños, murmuradores arroyos, no haya consagrado atención alguna al estudio de la mineralogía y de la metalurgia. Yo no comprendía entonces, como no comprendo ahora, como en un país tan extenso, que carece de vías de comunicación, sin las cuales la producción y el consumo, el comercio y la industria, son poco menos que imposibles, se haya descuidado al extremo el estudio de la ingeniería, que enseña á abrir fácilmente caminos, construir canales, fabricar y dirigir máquinas. Yo no comprendía entonces, como no comprendo. ahora, como en Honduras, colocado en el centro del istmo americano, destinado á unir los dos grandes continentes, y à ser el puente universal del comercio del mundo, se haya visto con absoluto abandono el estudio de las lenguas vivas, de las lenguas que hablan las naciones civilizadas, con quienes debemos ponernos en contacto, y que deben traernos sus hábitos de orden, de trabajo y de libertad práctica. Yo no comprendía entonces, como no comprendo ahora, ese desdén por la enseñanza de las industrias, de las artes y oficios, y esa ciega preferencia por el estudio de ciertas ciencias privilegiadas, que aparecen à los ojos del vulgo como las únicas capaces de dar honra y provecho.

El Código de Instrucción Pública que acaba de decretarse, ha venido á remediar todos esos grandes y ya crónicos males, á llenar inmensos vacíos, y á crear y fundar, en fin, la instrucción pública bajo bases sólidas, y con fines positivos, prácticos, apropiados á las necesidades del país, y consiguientemente útiles y provechosos.

La reforma no puede ser más sustancial y atrevida. Es un salto inmortal que ha dejado atrás el abismo. Hoy seguiremos con paso firme adelante, y entraremos tal vez ciegos ó deslumbrados, pero con esperanza que se traducirán pronto en hechos y trasformaciones fecundas, en el luminoso templo de la ciencia.

403

Allí están las facultades que componen nuestra Universidad Central; allí está especialmente nuestra interesante y bella facultad de ciencias; allí están nuestros colegios de segunda enseñanza, que enseñarán lo que literalmente no sabemos y de lo que más necesitamos, y que producirán hombres aptos para ocupar dignamente su puesto en el taller industrial, para acrecentar nuestra riqueza, y con nuestra riqueza material, el tesoro científico.

Nuestra enseñanza positiva, práctica, tiene que dar sus naturales resultados en todas las esferas del saber humano. En las ciencias sociales, en las profesiones humanistas, no será menos perceptible y fecunda la trasformación que hoy se inicia. A la sofistería escolástica, nebulosa y vacía, sucede la filosofía que piensa, discute y razona: en lugar del derecho público de los reyes se enseñará el derecho público de los pueblos: en lugar de la ley romana, goda ú ostrogoda, se aprenderá la ley conquistada por los esfuerzos de la gran revolución francesa, que fue una revolución humana, y de la cual son trasunto los Códigos de Napoleón, con tanta cordura adoptados en casi toda la América republicana.

Profesiones realistas, profesiones humanistas, todo cabe en el vasto plan de instrucción que el Código desarrolla. No hay preferencias ni exclusiones inconsultas en los dominios de la ciencia. Harto caro han costado á la América española esas preferencias y esas exclusiones.

Y es a la Universidad Central, a quien la ley entrega esa nueva y brillante creación de su espíritu innovador y progresivo; es a la Universidad Central a quien cumple invigilar la marcha y desarrollo de los estudios científicos y de las facultades que los representan, y es a la Universidad Central, en fin, a quien toca presidir el movimiento intelectual del país. ¿Qué más digna y grandiosa misión?

"A las Universidades corresponde principalmente, ha dicho uno de los más grandes filósofos de nuestro tiempo, la misión de ser en la enseñanza la representación viva de la universalidad de los conocimientos humanos, exponer libremente todas las ciencias en sus últimos principios, y en sus relaciones íntimas como ramas del árbol enciclopédico de la ciencia general, iniciar à la juventud en las fuentes supremas de lo verdadero, del bien, de lo justo y de lo bello, ensanchando sus ideas, ennobleciendo sus sentimientos, formando su carácter, conservando de esta manera, en el seno de un pueblo, el poder de los estudios superiores, y colocando así una trama brillante en el tejido de toda su cultura. La Universidad que no cumpliera con este objeto, privaría á la sociedad de la palanca más poderosa de la civilización, ahogaría, aplastaría el espíritu de la juventud y no formaría más que hombres de ideas estrechas, sin principios, sin carácter, y que, desprovistos de convicciones sobre las grandes cuestiones que interesan á toda la cultura moral de la humanidad, difundirían la indiferencia y el escepticismo respecto á los fundamentos morales del orden social".

Entiendo, señores de las Juntas Directivas, que todos y cada uno de nosotros, penetrados de estas ideas, estaremos de hoy en más, listos en nuestro puesto, á cumplir con el deber que la ley nos señala. Y ningún deber más santo, más humano que el de difundir la ciencia, aquí en la América que fue española, donde la ciencia tiene que ser la maza de Hércules para destruir todos los fanatismos, todas las supersticiones, todas las preocupaciones, todas las injusticias, todas las iniquidades, todos los errores, todos los absurdos que más ó menos disfrazados, forman aún la trama de nuestra vida intelectual, moral, social y política.

El día que la instrucción se difunda hasta en las últimas capas sociales; el día que la instrucción pública se eleve á la altura á que está llamada en este gran siglo de la razón y de la crítica, y en este continente consagrado á la libertad republicana; el día en que la ciencia libre de toda traba y de todo resabio de tradicionalismo, ejerza una verdadera influencia y tenga la dirección de la sociedad; el día que la ciencia mediante una organización más amplia, general y perfecta sea como una luz central de la vida, ese día, hasta ese día tendremos al hombre completo, hoy mutilado, casi ciego, paralítico, anémico y sin vida.

Cuando ese día, cuya aurora ya se anuncia en los horizontes del tiempo, llegue á este querido pedazo de tierra americana que es nuestra patria, y á quien todo lo debemos, ese día podremos decir en apocalíptica frase, como ha osado decirse de la libertad que es inmortal: la reacción ha muerto, sin esperanza de resurrección ni al tercer día como Cristo, ni al tercer año, ni al tercer siglo, ¡JAMÁS!

LEY DE MATRIMONIO CIVIL

La Gaceta Oficial, correspondiente al 23 de julio, registra la importante Ley de Matrimonio Civil, que hoy reproducimos. Esa ley era una necesidad, una reforma que ya se hacía esperar demasiado, si los grandes principios consignados en nuestra Constitución Política, no están llamados à ser letra muerta, bellas conquistas del progreso y de la libertad moderna en el papel. Con efecto, no podría concebirse la independencia de la Iglesia y el Estado, ni la libertad é igualdad de todos los cultos, con el matrimonio católico, reconocido y elevado al rango de institución civil.

Enhorabuena que antes de la Constitución de 1880, el Estado haya dado al matrimonio católico el carácter civil, reconociéndolo como tal matrimonio en sus leyes: la religión católica, apostólica, romana, era la religión del Estado, la religión oficial. Por consiguiente, lógico y natural era dar à los actos de esa religión cierto carácter, oficial, cierto carácter civil. Cambiado el principio reaccionario y restrictivo de la Constitución de 1865 por el liberal y amplio de la Constitución de 1880, el cambio en todos los ramos de la legislación secundaria que el Estado había abandonado á la Iglesia, era tan ineludible como necesario.

La Ley de Matrimonio Civil emitida por el Gobierno, en uso de las facultades que le fueron delegadas por la Asamblea Nacional Constituyente, al paso que establece la fórmula única que reconoce el Estado para el contrato del matrimonio, respeta y garantiza la libertad de conciencia, y respeta y garantiza el gran principio de libertad é igualdad para todos los cultos. Celebrado el matrimonio civil, los contrayentes, pueden, según los dictámenes de su conciencia, cumplir con los ritos de la religión, que profesen.

Teólogos y juristas están de acuerdo en que en el matrimonio hay un contrato y hay un sacramento. El Estado legisla sobre el contrato: la Iglesia legisla sobre el sacramento. Aun á los ojos de los partidarios de las dos potestades, la Ley de Matrimonio Civil hondureña es irreprochable.

Nosotros reconocemos en nuestra Ley de Matrimonio Civil una bondad relativa. Nuestro ideal sobre matrimonio dista mucho de esa ley.

Pero ley de transición, ha tenido sin duda, que acomodarse á nuestro estado social, á nuestras costumbres y à nuestro punto de partida histórico. El Legislador sensato no camina locamente y á saltos: mide y profundiza con serena y certera mirada el espacio que separa la realidad del ideal; ahí está la ciencia, ahí está el genio del Legislador.

Para nosotros, y creemos que en época cercana tal será, una ley de matrimonio civil debería limitarse á dos puntos: definición del matrimonio como contrato para todos los efectos civiles, é inscripción en el registro civil.

En cuanto á la capacidad de los contrayentes la ley no debería exigir por punto general, sino la que se requiere para todos los contratos, sin perjuicio de negar la inscripción, y por consiguiente el valor legal, todo matrimonio que no hubiera sido contraído en forma y por personas hábiles.

Si no nos equivocamos, este sistema es el sistema americano, donde no hay más que contrato ante el Notario, é inscripción en el registro civil, que es la que da al matrimonio el carácter de legalidad. En cuanto al divorcio, entendemos que nuestra legislación tiene que ir, y que reconocidas ir pronto, á la disolución del vínculo, por las causas por la gran mayoría de las legislaciones, y aun por el mutuo consentimiento. Ese monstruoso absurdo de la eternidad formal de vínculos que ya no existen, que ya se han despedazado, no podrá subsistir largo tiempo en este siglo de luz y de progreso, en este gran siglo de la filosofía y de las humanas rehabilitaciones.

Cuando al amor ha sucedido el odio, la indiferencia ó el desprecio, ¿puede existir ò concebirse siquiera el matrimonio, llenando sus altos fines en la familia y en la sociedad? Todas las legislaciones y todas las teologías, imponiendo y enseñando la indisolubilidad del vínculo, serán como han sido hasta hoy, impotentes, absolutamente impotentes.

Poned en lugar del sacramento ó del contrato el amor, y allí estará el verdadero matrimonio, el matrimonio del alma. Y esto ha sucedido y tendrá que suceder en todas las épocas y en todas las civilizaciones. Eneas y Dido, Abelardo y Eloísa, Ciclope y Galatea, Romeo y Julieta, Pablo y Virginia, no son meras fantásticas creaciones de poetas; son la realidad viva y palpitante, que los privilegiados del cielo, se encargan de mostrar á la humanidad, bajo el prisma encantador de la poesía.

Por supuesto, que las religiones y las leyes han venido en auxilio de la cambiante voluntad del hombre, dando à las uniones naturales, cierto carácter de santidad y de legalidad, que tiende á hacer duraderos los vínculos del corazón. Nosotros no desconocemos, nosotros aplaudimos la influencia bien hechora de las religiones y las leyes en la institución fundamental del matrimonio. Pero esa influencia, como todo bajo el sol, tiene sus límites: cuando se traspasan, lejos de ser esa influencia benéfica, es nociva. Apelamos aquí al testimonio irrecusable de todos aquellos que despreciándose ó aun aborreciéndose, y estando separados por insondables abismos, permanecen unidos en la forma por el santo vínculo matrimonial.

No sin razón ha dicho el cantor de Átala: "Al amor sólo le falta la estabilidad para ser al mismo tiempo el Edén antes del pecado ó el Hosanna sin fin. Lógrese que dure la belleza, que se conserve la juventud, que el corazón no pueda cansarse y se reproducirá el cielo. Tan cierto es que en el amor se encierra la felicidad soberana, cuanto que su quimera es el vivir eternamente; no pronuncia juramentos que no sea en su intención irrevocables; á falta de sus goces quiere eternizar sus dolores; ángel caído habla todavía el idioma á que estaba acostumbrado en la morada incorruptible, sus esperanzas se cifran en no cesar jamás; y en medio de su naturaleza y de su noble ilusión terrena pretende perpetuarse con inmortales pensamientos y con generaciones interminables."

Aplaudamos las religiones y las leyes que saben conciliar lo que hay de divino y humano, de permanente y mudable en el matrimonio: aplaudamos las religiones y las leyes que lejos de contrariar, ayudan y dirigen á nuestra flaca naturaleza: aplaudamos las religiones y las leyes que han procurado remedio, á lo que tal vez no puede remediarse nunca, la profunda desunión de los corazones, que en día feliz se confundieron, y que no vivían sino el uno para el otro.

Volviendo á nuestra Ley de Matrimonio Civil, calcada como está, sobre la ley española, entendemos que no podíamos hacer de ella mejor y más apropiado comentario, que reproducir el luminoso

Informe de don Manuel Ruiz de Zorrilla, ministro de Gracia y Justicia, al presentar á las Cortes el Proyecto de ley.

Cuando poco ó nada se puede producir bueno, siempre hay algún mérito en divulgar los grandes escritos. En nuestro próximo número comenzaremos á reproducir el citado informe, que no dudamos satisfaga el gusto de nuestros lectores más descontentadizos y exigentes.

1881.

CARTA Á JOSÉ JOAQUÍN PALMA

QUERIDO PALMA:

La amistad solícita y cariñosa ha querido reunir los gemidos de tu corazón, los ayes inarticulados de tu alma, las lágrimas ardientes de tus largas veladas de infortunio, convertidos por la magia de la inspiración y del arte en esas dulces, simpáticas y embriagadoras armonías, que vistiendo de flores inmortales tus dolores y tus cuitas, te han conquistado el bello y acariciado nombre de poeta. Tú, tan modesto como condescendiente y bueno, has respondido á las reiteradas exigencias de la amistad, sea. Y una cascada de perlas y diamantes se escapa de tus manos para enriquecer la ya brillante corona poética con que la América republicana engalana su frente. Ese es tu libro.

Se ha dicho que la poesía decae, y que los presta ya no son de esta época positivista. Aunque pertenezco a la secuela que proclama la razón como único criterio de la verdad, yo creo precisamente lo contrario, y te tomo por pequeño ejemplo. Llegas tú, pobre proscrito, desconocido a veces, a veces precedido por los ecos de la voladora fama, cantas, é inmensas simpatías te rodean, y el cariño y la amistad te siguen, y un coro de aplausos responde a las notas vibrantes, tiernas, delicadas y conmovedoras de tu lira siempre inspirada. Tal poder avasallador es el poder de la poesía, y el que lo ejerce, poeta hoy, profeta ayer, pero siempre hijo de la luz, sacerdote de la verdad.

La poesía, la verdadera poesía no es otra cosa que la razón por la imaginación y por el ritmo, no es otra cosa que la verdad nada bellamente expresada. Por eso este siglo de la razón y de la crítica, al paso que ha condenado irremisiblemente al olvido al desprecio a los versificadores, ha elevado hasta la apoteosis a los verdaderos poetas. El sublime mundo de lo ideal no es menos real y positivo que el mundo de la materia, que cae bajo el dominio de los sentidos. Esto explica el por qué han los pueblos más positivistas, más fríos, más calculadores, más prosaicos, prodigan su oro y sus aplausos, y tienen la más alta y orgullosa estimación por sus poetas.

Díganlo sino Bryan y Longfellow en los Estados Unidos de América. Siempre las civilizaciones se han encarnado en grandes

410

monumentos poéticos. Homero y Virgilio resumen la civilización antigua: los tiempos medios se condensan en los tercetos de Dante, y si bien la Edad Moderna por su prodigiosa fecundidad no ha encontrado todavía un gigante dominador de su olimpo es seguro que incuba en su seno algún desconocido Homero, que cantará con acentos hasta hoy nunca escuchados, la grandiosa é inmortal epopeya del trabajo, del progreso y de la libertad. Tal vez algunas temblorosas armonías de tu lira gemidora, Palma amigo, sirvan como de sutil y vaporoso encaje en el futuro monumento poético, que encerrará todas las lentas y trabajosas conquistas, todos los triunfos espléndidos de la moderna civilización.

Me anticipo al aplauso que acogerá desde el primer momento tu precioso volumen de poesías, verdadero ramillete de flores intertropicales, que hará más querido y simpático tu nombre.

Tu amigo.
Diciembre 8 de 1881.

INFORME DE LA COMISIÓN

al presentar el Proyecto de Código Penal Militar, al señor presidente
de la República

SEÑOR PRESIDENTE:

La Comisión encargada de redactar el Proyecto de Código Penal Militar, tiene el honor de poner hoy en vuestras manos su trabajo.

Las Ordenanzas de don Carlos III y la multitud de leyes, acuerdos y reglamentos emitidos con posterioridad à la independencia por los Gobiernos patrios, forman hasta estos mismos momentos, nuestra legislación militar.

Leyes atroces, escritas con sangre y fuego por los monarcas absolutos de Castilla, no pueden ser la regla ni la institución de un pueblo libre: anacronismo viviente en nuestra época; chocante contrasentido con los principios fundamentales de nuestro derecho político, esas leyes han caído en completo descrédito: su inobservancia ha sido como un homenaje tributadlo por nuestra jurisprudencia usual á las inspiraciones, á las conquistas de la filosofía y á las luces y á los adelantos del siglo.

Remedio estéril para tamaño mal ha sido el enjambre de leyes incoherentes y casuísticas dictadas por nuestros gobiernos, así como lo fueron en España la multitud de reales órdenes y aclaraciones posteriores, que forman con las Ordenanzas, algunos gruesos volúmenes; hacinamiento confuso de arbitrariedad y empirismo, que no obedece á ningún plan racional y filosófico, y donde ni el militar ni el jurisconsulto pueden encontrar luz alguna que los guíe en laberinto tan inextricable. Si se ha dicho, y con sobrada razón que nuestra legislación civil era un caos, quizá no haya un calificativo bastante propio, bastante enérgico para significar el estado de nuestra legislación militar.

¡Y qué mucho, si hasta hace poco, muy poco tiempo, hemos ido á buscar soldados para formar nuestro ejército al fondo de las prisiones, á las sentinas del vicio, ó en las arbitrarias y vejatorias levas forzadas, ó en la caza de hombres! ¡Y qué mucho, si hasta hace apenas dos años, que en un arranque de osadía patriótica, inspirado por el más profundo sentido político, fue decretado el servicio militar obligatorio, base racional y única, base esencialmente democrática para formar un ejército de soldados ciudadanos, capaz de sostener el orden, la Constitución y las leyes, y de defender la independencia y los sagrados fueros de la patria!

No habiendo ejército, ni medianamente organizado, nuestra legislación militar ha tenido que ser nula, frustránea ó contraproducente.

Que Honduras ha sentido la necesidad de un ejército regular y respetable: que nuestras instituciones militares demandaban imperiosamente una completa y radical reforma, está probado por el afán de leyes y reglamentos sobre la materia, que han demostrado todos ò casi todos nuestros gobiernos; está probado por la luctuosa historia de nuestros infortunios, y está probado por la incompatibilidad, por la absoluta incompatibilidad de nuestras libres instituciones con la organización, con la penalidad y el procedimiento militar de las Ordenanzas españolas.

Es á Vos, señor presidente, á quien estaba reservada la gloria de poner la primera piedra, hasta coronar con éxito tan brillante como inesperado, el modesto pero necesario edificio de nuestras instituciones militares.

Entre esas instituciones culmina en uno de los primeros puestos el Código Penal Militar, que afianza y entona la disciplina militar por medio del oportuno y adecuado castigo de los delitos y faltas; que hace sensible al soldado á las ideas de la dignidad y del honor, que le hace cobrar afición á la carrera, y desplegar en ella ese ardoroso entusiasmo, ese desprecio á los peligros y ese espíritu de subordinación, que son el alma de la milicia, y que llevan los ejércitos á la victoria. Plausible, muy plausible ha sido la idea de emitir un Código Penal Militar en armonía con nuestras instituciones, con nuestras costumbres y con la índole del ejército que acaba de formarse, con pasmo y asombro de todos, y en el cual se cifran la seguridad y la confianza pública, y las más gratas esperanzas del patriotismo: el único lado vulnerable, sin duda de tan feliz pensamiento, ha sido confiar à nuestra incompetencia, un trabajo que exige las más altas dotes de inteligencia, de saber y de experiencia.

En cambio, la Comisión, para corresponder de algún modo á la señalada honra que se le ha dispensado, y como para suplir en lo posible la deficiencia de sus aptitudes, ha estudiado con la mayor atención y detenimiento, no teniendo pretensión alguna de originalidad, loa diversos cuerpos de legislación militar últimamente emitidos en los Estados de Centro-América, en algunas Repúblicas del Sur. y en algunas naciones de Europa, para poder apropiar para Honduras lo mejor y más adecuado.

Entre los diversos códigos que la Comisión ha estudiado y comparado, se decidió á tomar por modelo de sus trabajos, el Código Penal Militar para el ejército del Reino de Italia, emitido en Florencia á 28 de noviembre de 1869. Código Militar para la monarquía europeas, pero monarquía inspirada en las ideas y en el derecho moderno, es incontestablemente de lo más filosófico, científico y completo, al pro pio tiempo que de lo más liberal y avanzado; tan liberal y avanzado, que la Comisión no ha hecho mayores esfuerzos para poner en armonía el conjunto de sus disposiciones con nuestra liberal y avanzadísima Constitución.

Dominan en el Proyecto dos ideas, dos principios capitales: 1º La ley militar castiga, en lo general, solamente los delitos militares cometidos por militares: 2º La jurisdicción militar no se extiende más allá de dende están directamente interesadas la subordinación y disciplina y la seguridad del ejército y el éxito de las operaciones mi litares. Hacer triunfar el derecho común del derecho privilegiado, realizando así uno de los principios fundamentales de nuestra Constitución Política, ha sido uno de los objetos, y tal vez el principal que la Comisión ha perseguido en su trabajo.

Siguiendo el excelente método del código italiano, el Proyecto está dividido en dos partes: la primera, la parte sustantiva, trata de los delitos y de las penas: la segunda, la parte adjetiva, trata de los procedimientos..

El Proyecto considera tanto el estado de paz como el estado de guerra. Y así divide tanto la primera como la segunda parte en dos libros. El libro primero de la primera parte trae las disposiciones comunes o generales relativas tanto al tiempo de paz como al tiempo de guerra: el libro segundo consigna las disposiciones especiales relativas al tiempo de guerra. El libro primero de la parte segunda trae las reglas del procedimiento penal comunes al tiempo de paz y al tiempo de guerra: el libro segundo establece el procedimiento especial, excepcional, para solo el tiempo de guerra.

Como es visto, la comisión poco ó nada ha podido tomar de la legislación militar existente: el conjunto del Proyecto es una innovación tan radical y completa, que impone á la Comisión el deber de explicar, aunque sea muy someramente, el plan, la estructura y las disposiciones más importantes de un trabajo, que si no está llamado á alcanzar larga vida, servirá al menos en lo porvenir, como base ó punto de partida de nuestras instituciones militares.

La Comisión expondrá, pues, los principales motivos del Proyecto, y procurará dar alguna idea general de él por el orden de partes y libros en que está dividido.

PARTE PRIMERA: LIBRO PRIMERO

Este libro define en general el delito militar: establece y clasifica las penas militares; da reglas precisas, claras y sencillas para su aplicación; define y enumera especial y detalladamente los delitos militares, imponiendo a cada uno la pena correspondiente, y por último trae disposiciones relativas à las personas extrañas al ejército, cuando éstas han cometido ó concurrido a cometer con militares un delito militar.

En el establecimiento y clasificación de las penas, el proyecto ha obedecido á una elevada concepción filosófica del objeto y fin de la penalidad militar, que á más del ejemplo, debe inspirar en el soldado ideas de honor, de dignidad y decoro, haciéndolo así apto y capaz de servir útilmente en las filas de un ejército, digno de este nombre.

Las penas militares, pues, son de dos clases: unas que no hacen indigno al condenado de pertenecer al ejército, y otras, que el Proyecto aplica con muy prudente economía, y para ciertos delitos que revelan una perversión completa del carácter moral del hombre, que lo hacen absolutamente incapaz de servir en el ejército, y que lo privan de todos los honores, distinciones y pensiones que la ley acuerda al soldado honrado y pundonoroso que sabe cumplir con su deber.

Así, hay dos escalas distintas de penas: la muerte, que ni los principistas más rígidos han pretendido abolir en la guerra, figura á la cabeza de ambas: la muerte por fusilación en el pecho, cuando se impone simplemente: la muerte por fusilación por la espalda cuando se impone, previa degradación. La índole diversa de los delitos á que so aplican estas penas, exige esta diversidad de ejecución.

En cuanto á la duración de las penas, el Proyecto ha seguido el Código Penal común: la reclusión militar no puede pasar de diez años, y cuando el culpable haya sido condenado por varios delitos, se le impondrán las penas correspondientes á las diversas infracciones, pero no podrá exceder el máximo de la condena de veinte años, aunque de ese tiempo exceda la suma de las penas impuestas por varios delitos.

El Proyecto no es ni ha podido ser extraño á la teoría científica de las circunstancias eximentes, atenuantes y agravantes. En muchos casos se determinan y especifican esas circunstancias. Atendida la naturaleza de los delitos militares, difícil, muy difícil, por no decir imposible, sería reducir ó clasificar el número de esas circunstancias, cuya variedad es ilimitada en el campo de los hechos. Hay necesidad, pues, de dejar à la prudente discreción, al juicio y á la equidad de los Tribunales militares, la apreciación de las circunstancias atenuantes: en cuanto á las agravantes hay que atenerse al texto de la ley, pues sería sumamente peligroso dar ese poder discrecional á los Tribunales.

El artículo 53 del Proyecto, establece: que siempre que concurran en un delito circunstancias atenuantes que no hayan sido expresamente excluidas ò tomadas en cuenta para determinar la pena, podrá ésta disminuirse á la inmediatamente inferior en grado. Y esta disposición es tanto más importante cuanto que las penas militares tienen toda la severidad necesaria para mantener la subordinación y disciplina en el ejército, ó para no malograr el éxito de una batalla ó de cualesquiera operaciones militares.

La Comisión, en las Disposiciones generales del Proyecto, que tratan de las penas y de su aplicación, y de la extinción ó prescripción de los delitos y penas, ha tenido muy en cuenta, al establecer reglas tan precisas, claras y detalladas, que el Código Militar será aplicado por militares, extraños por lo común, á los estudios forenses, y á quienes no debe imponerse más obligación que la de conocer á fondo la ley militar, que es la regla de su instituto. Así la Comisión cree firmemente, que aun en tiempo de paz, los tribunales militares no tendrán más que consultar su Código especial, para proceder y fallar en la casi totalidad de las causas.

Involucrar las disposiciones del Código Penal Militar con las disposiciones del Código Penal común, tal ha sido el uso legislativo corriente en los Estados americanos. que han acometido la tarea de revisar ó modificar las instituciones militares coloniales. El código italiano ha prescindido por completo de semejante sistema, elevando un cuerpo de legislación aparte para el ejército, que en muy pocos se roza con la legislación común. Esto hace verdaderamente inapreciable el modelo que ha seguido la Comisión.

En cuanto à las disposiciones especiales, sobre delitos, la comisión entiende que en esta parte del Proyecto serán muy pocos los vacíos o deficiencias que una larga práctica pueda presentar. La traición militar, el espionaje y el enganche, los delitos contra el servicio militar, la desobediencia, revuelta, motín é insubordinación, la deserción, el soborno, el abuso de autoridad, las lesiones entre militares, la calumnia y la difamación, la falsedad, la prevaricación y la infidencia, la corrupción, la venta, empeño ó enajenación de efectos militares, los hurtos, estafas y apropiaciones indebidas, el incendio y deterioro de edificios y obras militares; todos, todos, en fin, los delitos militares están especialmente previstes y penados en el Proyecto.

Como los delitos militares pueden ser cometidos por personas extrañas al ejército ó en complicidad con militares, el proyecto consagra el capítulo final de este libro, à establecer reglas generales de penalidad contra dichas personas, respetando siempre el gran principio de la unidad de fuero, y conciliando en lo posible las exigencias de la disciplina, con el derecho que tiene todo ciudadano para ser juzgado conforme à las leyes comunes.

Concluidas las disposiciones relativas tanto al tiempo de paz como al tiempo de guerra, el proyecto pasa á establecer las disposiciones especiales relativas al tiempo de guerra, que son el objeto del

LIBRO SEGUNDO

El estado de guerra y su cesación serán declarados por decreto del Congreso del Presidente de la República, según el artículo 233 del Proyecto; pero cuando el territorio de un departamento ó de una división o subdivisión militar, o el dependiente de una plaza de guerra, fortaleza ó puesto militar, sean invadidos por tropas enemigas, ó bien se hallen éstas á una distancia menor de tres jornadas de marcha, entonces deberá aquel territorio o plaza de guerra, fortaleza o puesto militar, ser considerado en estado de guerra, si el Comandante de las tropas allí situadas, así lo hubiese declarado.

Esta es una atribución ó facultad de defensa concedida a los comandantes militares cuando no puedan ponerse por cualquier evento, en comunicación con el Gobierno; pero esta facultad cesa cuando el enemigo se haya retirado más allá de tres jornadas ordinarias de marcha, ó cuando haya cesado todo peligro.

El estado de guerra presupone una mayor amplitud de la jurisdicción militar y mayor severidad en las penas aplicables conforme al Código Militar. Hay tiempos, hay lugares en que la intervención de la justicia ordinaria no sería ni siquiera concebible: no podríamos imaginárnosla Enmedio del tumulto de un ejército, funcionando en un campo de batalla, ó viajando á través de los países enemigos. Así, el Proyecto establece penas militares para ciertos delitos comunes cometidos por militares, y dispone que las que no se refieran expresamente al tiempo de guerra, se apliquen con el aumento de un grado cuando el delito haya sido cometido durante dicho tiempo.

En esta parte del Proyecto se prevén y castigan el incendio, la devastación, el homicidio, las lesiones y los delitos contra la autoridad pública, el estupro, el rapto y otros actos deshonestos, el salteamiento, la rapiña, el saqueo, las imposiciones ó exacciones arbitrarias, el pillaje, el hurto y las estafas ó fraudes, el falso testimonio y el soborno de testigos, y por último, el motín ó revuelta de prisioneros de guerra. Como es visto, todos estos delitos pueden cometerse en los campamentos, en las marchas y en los países enemigos, á donde la justicia ordinaria, por más que algunos sean delitos comunes, sería impotente ó imposible, y no iría más que á menoscabar el orden, la disciplina y subordinación del ejército.

Las disposiciones de este libro relativas al tiempo de guerra, son tan claras y precisas, y tan apropiadas á tal estado, que la Comisión entiende que bastará apenas sean leídas para ser comprendidas y aplicadas.

Conocidos los rasgos más salientes del proyecto en la parte primera, es llegado el momento de explicar, y explicar con alguna extensión, las disposiciones de la

PARTE SEGUNDA: LIBRO PRIMERO

Es en esta parte, donde el Proyecto se aparta más de lo existente: nueva es la organización de los Tribunales militares: nuevo es el sistema de la competencia, o de la jurisdicción militar: nuevo es el procedimiento; y nueva es, en fin, toda la teoría, todos los principios en que descansa la legislación procesal adoptada.

Una larga experiencia ha probado que los consejos de guerra y el procedimiento militar á la española, dan muy pocas garantías de acierto y de imparcialidad en los juicios: la organización de tales

Tribunales y lo irregular y anómalo de los procedimientos, no pueden coexistir con los principios fundamentales del gobierno libre. Así, en este punto, es donde la reforma de nuestra defectuosísima legislación militar, estaba más imperiosamente reclamada.

La Comisión no ha vacilado en constituir los Tribunales militares de la manera más liberal é independiente, y en dar al procedimiento militar toda la amplitud, toda la solemnidad del debate oral y público; medio sin duda el más eficaz de obtener seguro y ejemplar castigo de los delitos, y de que la inocencia salga depúrala y triunfante, no sólo ante el criterio estrecho de la ley, sino ante el gran criterio de la opinión pública. Este procedimiento entre militares es tanto más necesario y conveniente, cuanto que estimula el alto grado las ideas de honor, de dignidad, y las justas aspiraciones de fama y de renombre que deben formar el carácter del soldado.

Según el proyecto, la justicia penal militar se administrará por Jueces de instrucción, por Tribunales militares territoriales, por

419

Tribunales militares cerca de las tropas concentradas, y por el Tribunal supremo de guerra.

En todas las cabeceras de departamento y en los puertos, cuando el Presidente de la República lo crea necesario, habrá un Tribunal militar permanente: este tribunal se compondrá del Comandante de Armas del departamento ó del puerto, que será su presidente, y de dos jueces, que tendrán por lo menos el grado de segundo Comandante.

Para cada Tribunal militar se nombrarán tres jueces suplentes, que serán por lo menos Capitanes. Este número al parecer crecido de jueces suplentes tiene dos objetos: es el primero, que cuando el Tribunal supremo de guerra casa en la forma las sentencias de los Tribunales militares territoriales, los jueces suplentes tienen mar el Tribunal, para continuar conociendo en la causa que ha motivado la de casación: los Jueces que suscribieron la sentencia forcia casada no pueden ser imparciales, y la delicadeza y el honor en el militar son lo primero, aconsejan su separación; y es el segundo que como el número de oficiales superiores en servicio activo en los departamentos, es muy escaso, pueden con frecuencia los jueces propietarios ausentarse, pues su nombramiento no les obliga á residencia fija.

Además, la Comisión entiende, que nuestras instituciones militares deben ser cátedra y enseñanza, para que lleguen á penetrar en el espíritu del ejército. Mientras más oficiales se vean obligados á conocer y practicar la ley militar, más pronto se obtendrá este importante resultado.

En cada tribunal militar habrá un Fiscal militar y un sustituto ó suplente. La intervención del ministerio público en los juicios militares es á todas luces esenciales, supuesto que la acción penal por delitos militares es siempre pública, y se ejerce de oficio. No desconocieron esta verdad las Ordenanzas españolas, estableciendo un fiscal para los juicios militares, que asumía el carácter juez en el sumario, y de parte acusadora ante los consejos de guerra.

El nombramiento de los jueces, propietarios ó suplentes, y el de los fiscales militares, se hace por el presidente de la República: el cargo de los jueces es permanente, como una garantía de independencia, y dura un bienio desde la fecha del nombramiento. Se ha fijado este periodo relativamente corto, ya porque pocas veces recaerá el nombramiento en militares en servicio activo, que gocen de sueldo, ya para llamar sucesivamente al mayor número de militares al ejercicio de la magistratura, ya para hacer efectivo el principio de la alternabilidad escrito al frente de nuestra Constitución política.

El Mayor de Plaza, o bien un oficial nombrado por el presidente de la República, llenará en cada Tribunal militar las funciones de juez instructor.

En el caso de concentración de las tropas fuera del lugar donde residen los Tribunales militares, sea para un campo de ejercicios, sea por otras circunstancias, podrán establecerse por decreto del Presidente de la República, cerca del Comandante en Jefe de dichas tropas uno ó más Tribunales, según las bases establecidas para los Tribunales militares territoriales.

Cuando haya que someterse á juicio un General, se constituye un Tribunal militar especial. Este Tribunal se compondrá de un General Presidente y de dos jueces también Generales: en defecto de Generales los jueces serán nombrados del grado inmediatamente inferior: el nombramiento de los jueces se hace por decreto del Presidente de la República.

Este Tribunal especial tiene su asiento de derecho en la capital del Estado, pudiendo, por decreto del Presidente de la República, establecerse en el departamento en que se haya cometido el delito.

La creación de este Tribunal militar especial se explica por el alto grado que invisten los Generales, por las importantes y delicadas funciones que ejercen, y porque para poder juzgar de los delitos que cometan, ò de que sean indiciados, se necesitan las mayores dotes de saber y de experiencia, que no es lo común se encuentren en los Tribunales militares territoriales. Siendo la tendencia general del proyecto elevar, dar importancia y realce a la carrera militar, no podía menos de hacer una justa y conveniente distinción, en beneficio de aquéllos, que después de rudas y penosas fatigas y de haberse afrontado tantas veces á la muerte, han logrado ascender á los primeros grados del ejército, y que tal vez se ven arrastrados à un juicio por la prevención, por la envidia, por la ignorancia, por el odio y por las malas pasiones que siempre tienden á herir las reputaciones y las posiciones elevadas.

El Tribunal supremo de guerra tiene su asiento en la capital y se compone de un Presidente militar y de cuatro Jueces, tres Magistrados de la Corte Suprema y un militar. El nombramiento de los jueces se hace decreto del Presidente de la República. por Se nombran, además, en la misma forma, tres jueces suplentes, dos entre los Magistrados de la Corte Suprema, y en defecto de éstos entre los abogados integrantes de la misma, y uno militar. Se ha dado preferencia al elemento civil en la composición del Tribunal supremo de guerra, acatando el principio de la unidad de fuero, que hace al derecho común superior al derecho privilegiado, y siguiendo la práctica generalmente observada en los Estados centro- americanos, al organizar sus Cortes marciales.

Constituidos los tribunales militares, el Proyecto pasa á establecer reglas sobre la competencia. "Están sujetos á la jurisdicción militar. dice el artículo 312 del proyecto:

1. Todos los militares de cualquier grado pertenecientes al ejército, estén ó no en servicio activo:

2. Los inválidos:

3. Todos los individuos que por la Ordenanza militar ó por los reglamentos se asimilen á los militares;

4. Los desertores:

5. Los militares que están cumpliendo la pena de reclusión militar ó la de cárcel militar.

Continuarán sujetos á esta jurisdicción los militares que durante su servicio hubieren cometido un delito militar, aunque éste se descubra ó dé lugar á procedimiento cuando ya aquellos no pertenezcan al ejército.

A primera vista parece que según el inciso 1.° del artículo traserito, la jurisdicción militar, lejos de restringirse, se amplía; pero bastará recordar que en la parte primera del proyecto sólo se prevén y castigan los delitos netamente militares, para convencerse que la jurisdicción militar no se ha extendido un punto más allá, de donde es absolutamente necesario, para mantener la subordinación y disciplina del ejército ò asegurar el éxito de las operaciones militares.

El delito común, el delito no militar, el delito no previsto por la ley militar, se juzga y castiga, ya sean paisanos ó militares los culpables, por los Tribunales ordinarios conforme al derecho común.

Esta diferencia entre el delito militar y el delito común, apenas dibujada en la legislación antigua, es fundamental en el Proyecto.

Las reglas generales la competencia de los Tribunales militares son tan claras, explícitas y definidas, que con las disposiciones del Proyecto, será muy difícil que en un caso dado, el Tribunal militar pueda vacilar en prevenir en una causa cuyo conocimiento le compete.

En concurrencia de delitos y personas de la jurisdicción ordinaria y militar, el artículo 325 del proyecto establece: que cuando en uno o más delitos previstos por la ley militar hay complicidad ò conexión de militares con personas sujetas á la jurisdicción ordinaria, el conocimiento de todos ellos pertenecerá á los Tribunales ordinarios. Quiere decir que, en tiempo de paz, pues en la guerra hay sus casos de excepción necesarios, ningún hondureño podrá ser juzgado por Tribunales militares, cualquiera que sea el delito que cometa, cual. quiera que sea su complicidad. Este es el desarrollo natural del principio de igualdad democrática consignado en nuestra Constitución política, y un grande y señalado triunfo del derecho común sobre el derecho privilegiado.

El Tribunal Supremo de guerra es competente para conocer de los recursos de casación contra las sentencias definitivas ò de sobreseimiento pronunciadas por los Tribunales militares. El mismo Tribunal es también competente para conocer en los casos de revisión, competencia y designación de Tribunales militares, previstos en el Proyecto.

El Ministerio público tiene ciertas facultades generales, que el Proyecto establece, aparte de las atribuciones que le competen en la sustanciación de los juicios.

El procedimiento militar comienza por la instrucción preparatoria.

Según el artículo 340 del Proyecto, en cualquier delito militar cometido fuera del lugar del asiento del Tribunal, ó si por alguna otra razón el juez instructor no pudiese proceder al instante, será suplido por los Comandantes o subcomandantes locales, y en su defecto por el oficial de grado más alto, y en igualdad de grado, por el más antiguo entre los residentes en el lugar donde deba levantarse la instrucción preparatoria.

Este artículo está evidentemente calculado para prevenir en el conocimiento de los delitos que puedan cometerse fuera de la cabecera del departamento, que es el asiento del Tribunal militar, y donde reside el Mayor de Plaza, que es el juez instructor de derecho. Se ha querido que en un tan extenso territorio como Honduras, y habida consideración á la organización especial de nuestro ejército, en todos los pueblos haya jueces instructores militares, que á semejanza de los jueces de paz sean competentes para conocer de la instrucción criminal.

Pero el proyecto limita las facultades de estos oficiales instructores solamente á levantar las actas de la instrucción preparatoria. La índole del delito militar lo demanda así imperiosamente.

La instrucción preparatoria se reduce à recoger todas las pruebas del delito y á arrestar al delincuente infraganti. Todas las actas de la instrucción preparatoria se remiten de momento por los oficiales instructores al juez instructor del Tribunal militar competente. Es visto que si el juez instructor ha comenzado á levantar la instrucción preparatoria, él mismo debe continuar la instrucción formal.

La instrucción formal comienza por el interrogatorio del indicado, dentro de veinticuatro horas, sobre sus generales y sobre las circunstancias del delito. Las disposiciones del proyecto son tan claras y minuciosas que el juez instructor, por extraño que sen á las prácticas forenses, no necesitará más que leer el extenso capítulo 2. título 3. de esta parte del proyecto, para encontrar en la casi totalidad de los casos reglas fijas y seguras á qué atenerse en el procedimiento.

Concluida la instrucción, el juez instructor, con la intervención y previas conclusiones del fiscal militar, deberá hacer, sin retardo, relación de la causa al Tribunal militar.

El Tribunal militar asume desde ese momento el conocimiento de la causa, y provee auto declarando que ha lugar á continuar el procedimiento, ó pronuncia sentencia de sobreseimiento.

Si ha lugar á continuar el procedimiento, comienza la instrucción anterior á la apertura del debate ante el Tribunal militar. Concluida esta instrucción, el presidente del Tribunal militar, fijará el día del debate y ordenará la citación de los testigos que deban ser examinados. Las reglas de procedimiento que deben observarse en los debates son tan detalladas, claras y precisas, como destinadas á establecer una jurisprudencia nueva, digna y conforme con la nobleza y dignidad, con el brillo y lustre de la carrera militar.

Cerrados los debates se procede á la deliberación de la sentencia. El Proyecto fija también reglas no menos detalladas, claras y precisas sobre esta parte final del procedimiento.

Contra las sentencias de los Tribunales militares no se da el curso de apelación: tanto el fiscal militar como el indiciado o condenado deben ocurrir en casación al Tribunal Supremo de guerra, en los casos y en los términos que el Proyecto establece.

Cuando la casa sino no haya sido interpuesta o haya habido desistimiento, las sentencias de los Tribunales militares serán sujetas á la revisión del Tribunal Supremo de guerra, sin lo cual no pueden ejecutarse; á menos que se imponga al procesado la pena de cárcel militar, las de separación del servicio, remoción del grado ó suspensión del empleo, aplicadas como penas principales.

'También estar[a sujeta á revisión la sentencia que declare no haber lugar à procedimiento, cuando el fiscal militar no haya interpuesto el recurso de casación o haya habido desistimiento.

Grande, muy grande, inmensa es la línea de separación entre el procedimiento que establece el Proyecto y el procedimiento antiguo. Y no es un afán inconsulto de innovaciones y reformas el que ha guiado á la Comisión: es el convencimiento íntimo, profundo, convencimiento que una triste experiencia confirma todos los días, que con el enjuiciamiento á la española, por más que se decrete la publicidad de los juicios, siempre la verdad estará velada con sombras, siempre el crimen y la inocencia flotarán en cierta atmósfera de incertidumbre que no dice bien con el decoro y la dignidad militar; siempre los juicios serán tardíos, embarazosos y llenos de aplazamientos y dilaciones, que tanto repugnan á la justicia militar, que debe ser pronta, rápida, instantánea, para que sea ejemplar y eficaz.

Fecunda en enseñanzas, elocuente, elocuentísima debe ser la presencia de un militar, en un debate público y solemne, ante jueces que son sus iguales, que han abrazado su misma honrosísima carrera, saliendo abrumado bajo el peso de la condenación, ó absuelto en nombre de la justicia y de la ley. Si hay ejemplos que debieran presentarse para levantar el espíritu militar é inspirar ideas de honor y de dignidad en el ejército, es el ejemplo de la justicia militar, funcionando á puerta abierta, públicamente, con la imponente majestad de tribunales que van á decidir, no sobre la vida, la honra y la libertad de un hombre, sino sobre la libertad, la vida y la honra de un soldado, que tiene más derechos, si cabe, á conservar ilesos esos preciosos bienes.

La Comisión se complace en creer que después de algún tiempo, de algunos meses de ensayo de los nuevos procedimientos, se apreciarán sus grandes é incalculables ventajas.

Sentadas las reglas del procedimiento penal tanto en tiempo de paz como en tiempo de guerra, el proyecto pasa á establecer los procedimientos especiales para el tiempo de guerra, que son el asunto del

LIBRO SEGUNDO

En tiempo de guerra, el ejército que está en campaña, dentro o fuera del territorio del Estado, estará sujeto á los Tribunales militares organizados, en cuanto sea posible, según las bases establecidas para el tiempo de paz. Los jueces de estos Tribunales serán nombrados por el General comandante en jefe, se entiende si no lo ha hecho el Presidente de la República, y en su defecto por los Comandantes de División o de las fracciones de tropas destacadas y puestas en condiciones excepcionales, cuando se hallen separadas del cuerpo ó sean de armas diversas, ó por el Comandante de una plaza ò fortaleza declarada en estado de guerra.

En tiempo de guerra, dice el artículo 517 del Proyecto, estarán sujetos á la jurisdicción militar, por cualquier delito previsto en el presente Código:

1. Los militares y todas las personas que, bajo un título cualquiera, tuviesen empleo ó injerencia cerca de la esta los mayores, en las administraciones, ò los servicios relativos al ejército; ó que estén obligados á la prestación de obras o a cualquier suministro en provecho de los mismos.

2. Las personas adictas al servicio privado de los individuos comprendidos en el número precedente, y toda la agencia cualquiera, siga al ejército ò á un cuerpo de este;

3. Los prisioneros de guerra." Y el artículo 518 dice: "Estará sujeto á la jurisdicción militar cualquiera que sea culpable de los delitos de traición, espionaje, soborno, enganche, y de los previstos en los artículos 239, 242, 243 y 266.

"Sin embargo, en los casos previstos en los artículos 242 y 243, si se tratase de personas extrañas al ejército, la jurisdicción militar sólo será competente cuando se haya hecho un daño cualquiera á la administración militar".

Los casos del artículo últimamente transcritos son los únicos en que los paisanos pueden ser juzgados, declarado el estado de guerra por os Tribunales militares. Las razones de esta excepción son evidentes: la traición, el espionaje, el soborno, el enganche, etc., etc., son delitos que pueden afectar de una manera tan grave y directa la seguridad del ejército y el éxito de las operaciones militares, que no podría deferirse el conocimiento de estos delitos, que necesitan pronto, severo y ejemplar castigo á las dilaciones de la justicia ordinaria.

En el procedimiento militar en tiempo de guerra se observarán en cuanto sea posible las reglas establecidas para el tiempo de paz. Hay ciertas excepciones que el interés de la brevedad exige, y que el Proyecto establece claramente.

La sentencia en esta clase de juicios se ejecutará medíante las órdenes del comandante en Jefe.

Cuando en tiempo de guerra se creyese indispensable dar en interés de la disciplina un pronto ejemplo de la justicia militar, se podrá convocar, por quien corresponde, un Tribunal militar extraordinario con tal que el título del delito importe la pena de muerte y el indiciado sea aprehendido infraganti o perseguido por el clamor público ó por un hecho notorio. El Proyecto establece los procedimientos más breves y sumarios, pero siempre conciliables con la amplitud de la defensa ante el Tribunal militar extraordinario. En el caso de condena á la pena de muerte, se ejecutará en el término que fije el comandante respectivo, estando la tropa sobre las armas.

El proyecto concluye con un capítulo de Disposiciones generales y transitorias, cuya sola denominación indica su objeto y alcance. No pudiendo de ninguna manera coordinarse el nuevo con el viejo procedimiento, se dispone: que los procedimientos levantados conforme a las leyes militares anteriores se continuarán y fenecerán con entero arreglo á las mismas leyes: también se establece que siendo diversas las penas impuestas á un delito por la antigua y nueva ley, se aplicará siempre al culpable la pena más leve.

Tal es, señor Presidente, el plan, la estructura y el espíritu de las disposiciones que dominan en el proyecto de Código Penal Militar: una noción clara y distinta del delito y de la penalidad militar: el fuero privilegiado, tan exorbitantemente extendido, con grave daño del orden social y en pugna con las instituciones libres, reducido á justos y necesarios limites: los Tribunales militares organizados de una manera digna é independiente: el procedimiento breve, público y solemne: el estado de guerra previsto y reglamentado conforme á las enseñanzas de la ciencia y à las prácticas de las naciones cultas; y una marcada tendencia á levantar el espíritu de nuestro ejército é inspirar en el soldado ideas de honor, de dignidad y de gloria, son luz objetos capitales que el Proyecto ha tenide en mira, y que la Comisión entiende podrán realizarse en el terreno de los hechos, medíante la aplicación sincera inteligente de sus disposiciones.

La Comisión está muy lejos de pensar que su trabajo sea una obra acabada y perfecta: debe tener errores y vacíos que la práctica y la experiencia se encargará de subsanar y de llenar. Mientras tanto, la Comisión, que ha empeñado todas sus fuerzas, muy escasas, por cierto, en el desempeño del grave y dificilísimo encargo que se le confió, se estimará muy feliz, si logra contribuir á la prosperidad, honor y brillo del ejército, y secundar los altos propósitos que os animan, señor presidente, de dotar á la República de una legislación militar completa.

Tegucigalpa, mayo 15 de 1881.

SEÑOR PRESIDENTE DE LA REPÚBLICA.
ENRIQUE GUTIERREZ.
ADOLFO ZUNIGA.
ALBERTO UCLÉS.

ÍNDICE

www.ingramcontent.com/pod-product-compliance
Lightning Source LLC
Chambersburg PA
CBHW020414150626
46554CB00014B/1152